Leistungsunabhängige Nebenpflichten zum Schutz des Integritätsinteresses im deutschen und französischen Recht

Studien zum vergleichenden und internationalen Recht -
Comparative and International Law Studies

Herausgeber: Bernd von Hoffmann†, Erik Jayme
und Heinz-Peter Mansel

Band 179

PETER LANG
Frankfurt am Main · Berlin · Bern · Bruxelles · New York · Oxford · Wien

Julia Faenger

# Leistungsunabhängige Nebenpflichten zum Schutz des Integritätsinteresses im deutschen und französischen Recht

Eine rechtsvergleichende Betrachtung ausgehend von den Rücksichtspflichten des § 241 Abs. 2 BGB

PETER LANG
Internationaler Verlag der Wissenschaften

**Bibliografische Information der Deutschen Nationalbibliothek**
Die Deutsche Nationalbibliothek verzeichnet diese Publikation in der Deutschen Nationalbibliografie; detaillierte bibliografische Daten sind im Internet über http://dnb.d-nb.de abrufbar.

Zugl.: Köln, Univ., Diss., 2011

Gedruckt auf alterungsbeständigem,
säurefreiem Papier.

D 38
ISSN 0930-4746
ISBN 978-3-631-63072-3



www.peterlang.de

***Für Frank***

## Vorwort

Die Idee zu dem Thema dieser Arbeit entstand im Anschluss an meine Studienzeit in Frankreich. Im Rahmen des Deutsch-Französischen Magisterstudiengangs der Universität zu Köln und der Université Paris I hatte ich die Möglichkeit, zwei Jahre in Paris zu leben und zu studieren. Diese Zeit hat mich sehr geprägt und ich denke gerne an sie zurück – vielen Dank allen, die sich für den DFM einsetzen und diesen großartigen Austausch möglich machen.

Meinem Doktorvater Herrn Prof. Dr. Mansel danke ich sehr für seine umsichtige Betreuung während der Promotion. Herr Mansel war für meine Fragen immer erreichbar und seine Ratschläge waren mir stets eine große Hilfe.

Herrn Prof. Dr. Katzenmeier danke ich für die rasche Erstellung seines Zweitgutachtens und das unkomplizierte Procedere bei der Festlegung des Termins für die mündliche Prüfung.

Mein besonderer Dank gilt Coco und Jean-Paul Chonion, die mich während meiner Recherchen bei sich willkommen hießen und mir ein zweites Zuhause in Frankreich sind.

Ich danke meinen Eltern, dass sie mich mit ihrer Liebe zu Frankreich angesteckt und so auch den Grundstein für meine Bewerbung für den DFM in Köln gelegt haben. Durch ihre finanzielle Unterstützung war es mir möglich, die umfangreiche Literatur in den Pariser Bibliotheken zu sichten.

Am Entstehen dieser Arbeit hatten nicht zuletzt auch meine Freunde einen großen Anteil, die es mir nachgesehen haben, dass ich oft so wenig Zeit für sie hatte. Ganz besonders danke ich Frank Wißmann, Jenny Bryant, Anne Hanke und Sabine Schumann für ihre Hilfe bei der Korrektur des Druckentwurfs.

Köln, im April 2012 Julia Faenger

## Inhaltsverzeichnis

A. Einleitung ..... 13

B. Der Untersuchungsgegenstand ..... 17
I. Schutzpflichten des § 241 Abs. 2 BGB im deutschem Recht ..... 17
1. Historische Entwicklung ..... 17
a) Entdeckung des Rechtsinstituts der „positiven Vertragsverletzung" durch Hermann Staub ..... 17
b) Alternative Rechtfertigungen einer Haftung ..... 19
(1) Ausgehend vom Haftungstatbestand ..... 19
(2) Ausgehend vom Leistungsbegriff ..... 21
c) Aufnahme der „positiven Vertragsverletzung" in die Rechtsprechung des Reichsgerichts ..... 27
d) Adaptation der „positiven Vertragsverletzung" im Laufe des 20. Jahrhunderts durch Rechtsprechung und Literatur ..... 30
(1) Anerkennung in Rechtsprechung und überwiegenden Teilen der Literatur ..... 30
(2) Vereinzelte Ablehnung in der Literatur ..... 32
e) Kodifikation der „positiven Vertragsverletzung" im Rahmen der Schuldrechtsreform ..... 35
2. Terminologie und Inhalt der Rücksichtspflichten ..... 38
a) Uneinheitliche Terminologie ..... 38
b) Schutzinhalt der Rücksichtspflichten ..... 39
3. Abgrenzung zu den Nebenleistungspflichten ..... 40
a) Praktischc Relevanz ..... 42
b) Mögliche Kriterien ..... 42
4. Abgrenzung zu den Verkehrspflichten ..... 44
II. Die „obligation de sécurité" im französischen Recht ..... 49
1. Historische Entwicklung ..... 49
a) Entwicklung der „obligation de sécurité" in der Rechtsprechung im Bezug auf den Beförderungsvertrag ..... 50
(1) Vor dem 20. Jahrhundert ..... 50
(2) Seit dem 20. Jahrhundert ..... 52
b) Ansätze der Doktrin zum Schutz der körperlichen Integrität über die vertragliche Haftung ..... 54
c) Einführung einer Unterscheidung zw. „obligation de moyens" und „obligation de résultat" ..... 56
(1) Eine Unterscheidung verbunden mit der Entwicklung der „obligation de sécurité" ..... 56
(2) Unterscheidungskriterien ..... 59
(3) Bezugspunkt der Unterscheidung im deutschen Recht ..... 61
(a) Bedingung der Beweislastverteilung durch den Leistungsbezug der Pflicht ..... 62
(b) Bedingung der Beweislastverteilung durch die Erfolgsbezogenheit der Pflicht ..... 63
d) Aktueller Status ..... 65

(1) Eine Aufgabe der „obligation de sécurité“ zu Gunsten der deliktischen Haftung ... 67
(2) Eine Aufgabe der „obligation de sécurité“ zu Gunsten eines objektivierten Haftungssystems ... 69
2. Schutzinhalt der „obligation de sécurité“ ... 70
3. Abgrenzung zu Nebenleistungspflichten ... 72
4. Abgrenzung zu Verkehrspflichten ... 74
III. Begründung der Schutzpflichten und ihre Rechtsnatur ... 75
1. Begründung der Schutzpflichten aus einer zu Grunde liegenden schuldrechtlichen Verbindung ... 75
2. Eigenständiges gesetzliches Schuldverhältnis ... 83
a) Die Lehre vom sozialen Kontakt ... 85
b) Die Lehre von der Vertrauenshaftung ... 87
3. Zuordnung der Schutzpflichten zum Deliktsrecht ... 89
IV. Begründung der „obligation de sécurité“ und ihrer Rechtsnatur als vertraglicher Anspruch ... 93
1. Approche subjective ... 94
2. Approche objective ... 95
3. Kritik ... 95
V. Ergebnisse ... 96

C. Tatbestand ... 99
I. Schutzpflichten des § 241 Abs. 2 BGB im deutschen Recht ... 99
1. Tatbestandsvoraussetzungen ... 99
a) „Schuldverhältnis“ ... 99
b) „kann nach seinem Inhalt“ ... 100
c) „jeden Teil“ / „des anderen Teils“ ... 101
(1) Verpflichtung beider Beteiligter ... 101
(2) Relativitätsgrundsatz und seine Ausnahmen ... 102
2. Kriterien für die Anerkennung einer Schutzpflicht ... 104
II. Die „obligation de sécurité“ im französischen Recht ... 106
1. Tatbestandvoraussetzungen ... 106
a) Vertragliche Beziehung ... 106
(1) Keine „obligation de sécurité“ im Rahmen von „quasi-contrats“, deliktischen und quasi-deliktischen Schuldverhältnissen ... 106
(2) Rechtshistorischer Hintergrund ... 108
b) Richterliche Anerkennung der „obligation de sécurité“ in unterschiedlicher Ausprägung ... 109
c) Relativität ... 111
2. Kriterien für die Anerkennung einer „obligation de sécurité“ ... 114

D. Haftungsbegründung und Beweislast ... 119
I. Schutzpflichten des § 241 Abs. 2 BGB im deutschen Recht ... 119
1. Haftungsbegründung ... 119
a) Haftungsvoraussetzungen ... 121
(1) Pflichtverletzung ... 121
(2) Vertretenmüssen ... 130

(3) Schaden und Kausalität ... 132
b) Haftungsmodifikationen ... 133
(1) Direkte individulavertragliche Haftungsmodifikation ... 133
(2) Beschränkung gesetzlicher Haftungsmodifikationen auf die Leistungspflicht oder Durchwirken auf Schutzpflichten? ... 134
2. Beweislast ... 138
II. Die „obligation de sécurité“ im französischen Recht ... 141
1. Haftungsbegründung ... 142
a) Haftungsvoraussetzungen ... 142
(1) Die „inexécution“ der vertraglichen Pflicht ... 142
(2) Die „faute“ als zentrales Element der französischen Vertragshaftung neben der „inexécution“? ... 142
(a) Definition der „faute“ ... 142
(b) Die „faute“ als Haftungsvoraussetzung bei „obligations de résultat“? ... 143
(i) Haftung ohne „faute“ ... 144
(ii) Haftung basierend auf dem Erfordernis der „faute“ ... 145
(α) Gleichsetzung von „faute“ und „inexécution“ 146
(β) Die „faute“ als Gegenstück zur „force majeure“ 147
(3) Schaden und Kausalität als weitere grundsätzliche Haftungsvoraussetzungen ... 150
(4) Vorhersehbarkeit des Schadens ... 150
(5) Erfordernis eines „lien nécessaire“ zwischen dem schadensbegründenden Ereignis und der vertraglicher Leistungspflicht ... 152
(6) Keine „mise en demeure“ ... 156
b) Haftungsmodifikationen ... 157
(1) Vertragliche Haftungsbeschränkungen ... 157
(2) Gesetzliche Haftungsmodifikationen ... 161
2. Beweislast ... 164
a) Unterschiedliche Beweislastverteilung bei „obligation de moyens“ und „obligation de résultat“ ... 164
b) Begründungsansätze für die unterschiedliche Beweislastverteilung ... 165
(1) Abhängigkeit des Umfangs der Beweislast vom Umfang der Pflicht ... 166
(2) Abhängigkeit des Umfangs der Beweislast von Wahrscheinlichkeitserwägungen und Sphärengedanken ... 167

E. Verhältnis zum Deliktsrecht ... 169
I. Relevanz der Differenzierung der Haftungssysteme ... 170
1. Unterschiede zwischen vertraglicher und deliktischer Haftung im deutschen Recht ... 170
a) Unterschiede in der dogmatischen Einordung ... 170
b) Unterschiede in der Geltendmachung ... 173
2. Unterschiede zwischen vertraglicher und deliktischer Haftung im französischen Recht ... 177
a) Generelle Unterschiede zwischen vertraglicher und deliktischer Haftung ... 178

b) Ausbau der Sachwalterhaftung des art. 1384 al. 1er CCiv. als „deliktische Konkurrenz“ zur „obligation de sécurité“ ... 182
3. Fazit ... 186
II. System der Anspruchskonkurrenz im deutschen Recht ... 187
1. Gründe für das Prinzip der Anspruchskonkurrenz ... 187
2. Eine Verdrängung der deliktischen Haftung durch die vertraglichen Schutzpflichten ... 189
III. System des „non-cumul“ im französischen Recht ... 194
1. Entwicklung des Prinzip des „non-cumul“ ... 194
a) Gründe für das Prinzip des „non-cumuls“ und Standpunkt der Befürworter ... 194
b) Kritik und Aufweichungen des Prinzips des „non-cumuls“ ... 197
(1) Die „responsabilité délictuelle“ als Grundlagenhaftung „d'ordre public" ... 198
(2) Situationsbezogener Rückgriff auf die deliktische Haftung trotz Vertragsbeziehung ... 199
(a) Beschränkungen des Prinzip des „non-cumul“ ... 199
(b) Ausnahmen vom Prinzip des „non-cumul“ ... 201
2. Die „obligation de sécurité“ als Gegenmaßnahme zur Sachwalterhaftung des art. 1384 al. 1er CCiv. ... 202
a) Einführung der „obligation de sécurité de résultat“ ... 203
b) Einführung der „obligation de sécurité de moyens“ ... 205

F. Fazit und Perspektiven einer Schutzpflicht im Rahmen eines europäischen Privatrechts ... 209
I. Rechtsnatur der leistungsunabhängigen Pflichten zum Schutz der körperlichen Integrität vor dem Hintergrund eines Vergleichs der deutschen Schutzpflichten mit der französischen „obligation de sécurité“ ... 209
1. Entstehung der Schutzpflichten auf Basis des das Leistungsverhältnis regelnden Schuldverhältnisses ... 209
2. Abgrenzung zwischen deliktischen Verkehrspflichten und schuldrechtlichen Schutzpflichten ... 211
II. Handhabung leistungsunabhängiger Schutzpflichten im Rahmen eines einheitlichen europäischen Privatrechts ... 212

Literaturverzeichnis ... 219
Materialien ... 241
Zitierte Gesetzestexte ... 243
I. Vorschriften des französischen Rechts ... 243
II. Vorschriften des BGB a.F. ... 246

## A. Einleitung

Schon bei der Einführung des BGB im Jahr 1900 gingen einige deutsche Rechtsgelehrte davon aus, dass mit diesem Gesetz ein sowohl die deutsche als auch die französische Rechtskultur bereicherndes europäisches Gemeinschaftswerk geschaffen worden sei.

Auf der Basis eines gemeinsamen Hintergrunds beider Rechtssysteme mit Ursprüngen im römischen Recht sowie ähnlichen gesellschaftlichen und kulturellen Rahmenbedingungen, hätten sich die deutschen Rechtsgelehrten des „Rohdiamanten" des Code Civil bemächtigt, um ihn dann durch die Entwicklung des Bürgerlichen Gesetzbuchs zu schleifen. Dabei sei der Vorteil besonderer Vielseitigkeit und Flexibilität – und damit großer Praxistauglichkeit – der französischen Kodifikation mit der deutschen Stärke eines einheitlichen theoretischen Überbaus und einer durchgängigen Systematik kombiniert worden[1].

Durch die fast 100 Jahre währende – teilweise direkte und später adaptierte – Geltung des Code Civil in Deutschland[2], wurde das französische Zivilrecht auch Teil deutscher Rechtskultur. Bei den Beratungen zur Ausarbeitung eines deutschen Bürgerlichen Gesetzbuchs kam dem Code Civil ein besonderer Modellcharakter zu[3]. Diese stellenweise Anlehnung des deutschen BGB an das französische Zivilrecht wurde bereits damals in der Literatur begrüßt, denn „rien ne sert plus à l'intelligence réciproque et à la facilité des relations internationales qu'un droit commun"[4].

Nun wird weitere 100 Jahre später über den deutsch-französischen Rahmen hinaus eine Vereinheitlichung des Zivilrechts aller Mitgliedsländer der EU angestrebt. Das Europäische Parlament hat die Europäische Kommission bereits im Jahr 1989 mit der Vorbereitung eines einheitlichen europäischen Zivilgesetzbuches beauftragt[5]. Der zuletzt als endgültige Full Edition veröffentlichte „Draft Common Frame of Reference" – DCFR, der akademische Entwurf eines Gemeinsamen Referenzrahmens umfasst be-

---

1 Crome, Rhein. Zeitschrift f. Zivil- u. ProzeßR 1 (1909), 6 ff (insb. 9f.); ders., in Livre du Centenaire, II, 586 (587 ff und 606 bzgl. des Vertragsrechts); Eduard Müller, in Livre du Centenaire, II, 625 (634f.); Kritik an fehlender Stringenz des Code Civil bei Windscheid, Lehre des C. Napoleon von der Ungültigkeit der Rechtsgeschäfte, V.

2 Überblick bei Gross, JZ 2004, 1137 ff.

3 Als Beispiel einer Orientierung des BGB an den französischen Normen des Code Civil siehe die Anlehnung der ursprünglichen Formulierung des § 242 BGB an art. 1135 CCiv., von Kübel, in Schubert (Hrsg.), Vorentwürfe der Redaktoren für die erste Kommission zur Ausarbeitung des Entwurfs eines BGB, Recht der Schuldverhältnisse, Bd. 1, 1980, 379 ff. Weitere Beispiele bei Gross, JZ 2004, 1137 (1141f.).

4 Crome, in Livre du Centenaire, II, 586 (587).

5 Entschließung zu den Bemühungen um eine Angleichung des Privatrechts der Mitgliedsstaaten vom 26. Mai 1989, Abl. 1989 C 158/400f.; Entschließung zur Angleichung bestimmter Bereiche des Privatrechts der Mitgliedsstaaten vom 6. Mai 1994, Abl. 1994 C 205/518f.

reits zehn Themenfelder einheitlicher „Model rules“ und beinhaltet dabei Regeln des allgemeinen Schuldrechts und spezieller Vertragstypen genauso wie die Geschäftsführung ohne Auftrag oder das Institut der Trusts. Die Notwendigkeit eines einheitlichen europäischen Regelwerks besteht aber primär für den Bereich des Vertragsrechts. Basis der Europäischen Union ist der Zusammenschluss der nationalen Wirtschaftssysteme der Mitgliedsstaaten zu einem gemeinsamen europäischen Markt (Art. 3 Abs. 3 S. 1, 2, 5, Abs. 4 EUV[6]). Grundlage für den Austausch von Waren und Dienstleistungen sind Verträge. Unterschiedlichste nationale Gesetzgebungen und Regeln stellen in mehreren EU-Ländern operierende Händler jedoch vor Schwierigkeiten bei der Vertragsgestaltung: Verschiedene Anforderungen an die Wirksamkeit von Verträgen, unterschiedliche Gewährleistungsrechte, differierende Haftungsvoraussetzungen, abweichende Verjährungsfristen. Ein möglichst einfacher und reibungsloser Waren- und Leistungsaustausch erfordert also einen gemeinsamen zivilrechtlichen Rahmen für Abschluss und Abwicklung von Verträgen. Dementsprechend hat der Rat der Justizminister beschlossen, die Erarbeitung eines Gemeinsamen Referenzrahmens auf den Bereich des Vertragsrechts zu beschränken[7].

Für die in § 241 Abs. 2 BGB geregelten leistungsunabhängigen Pflichten zum Schutz des Integritätsinteresses stellt sich angesichts dieser Beschränkung die Frage, ob sie in einen europäischen Regelungskatalog aufgenommen werden sollten. Die Rechtsnatur der Schutzpflichten ist im deutschen Recht nach wie vor nicht abschließend geklärt. Während sich manche Stimmen dafür aussprechen, sie im Falle einer vertraglichen Verbindung von Schädiger und Geschädigtem als Bestandteil der vertraglichen Pflichten dem Vertragsrecht zuzuordnen, wollen andere den Integritätsschutz allein im Deliktsrecht verortet wissen. Abweichend sehen Vertreter einer „dritten Spur“ in den Schutzpflichten ein gesetzliches Schuldverhältnis zwischen Vertrag und Delikt.

Um die Rechtsgrundlage und Natur der Schutzpflichten des § 241 Abs. 2 BGB zu begreifen, hilft ein Blick in das Rechtssystem unseres linksrheinischen Nachbars. Zu

6 „Die Union errichtet einen Binnenmarkt. Sie wirkt auf die nachhaltige Entwicklung Europas auf der Grundlage eines ausgewogenen Wirtschaftswachstums und von Preisstabilität, eine in hohem Maße wettbewerbsfähige soziale Marktwirtschaft, die auf Vollbeschäftigung und sozialen Fortschritt abzielt, sowie ein hohes Maß an Umweltschutz und Verbesserung der Umweltqualität hin. … Sie fördert den wirtschaftlichen, sozialen und territorialen Zusammenhalt und die Solidarität zwischen den Mitgliedsstaaten. … Die Union errichtet eine Wirtschafts- und Währungsunion, deren Währung der Euro ist.“.

7 Mitteilung an die Presse, 8397/08 (Presse 96), 2683. Tagung des Rates der Europäischen Union – Justiz und Inneres, Luxemburg, 18. April 2008, S. 18 und Bericht des Ausschuss für Zivilrecht, n° 8286/08, Brüssel, 11. April 2008, Rn 10f. S. dazu auch Remien, GPR 2008, 124 (126). Später erweitert auf „Sonderverträge, die unter den gemeinschaftlichen Besitzstand fallen“ und die nicht per se aus dem Anwendungsbereich des Gemeinsamen Referenzrahmens ausgeschlossen werde sollen, Mitteilung an die Presse, 16325/08 REV 1 (Presse 344), 2908. Tagung des Rates der Europäischen Union – Justiz und Inneres, Brüssel, 27./28. November 2008, 30 und Bericht des Ausschuss für Zivilrecht, n° 15306/08, Brüssel, 7. November 2008, Rn 12; Bericht des Ausschuss für Zivilrecht, n° 8286/08, Brüssel, 11. April 2008, Rn 11.

diesem Zweck werden zunächst die Entstehung und Entwicklung von Pflichten zum Integritätsschutz in beiden Ländern dargestellt (Kapitel B.I und B.II). Besondere Bedeutung wird dabei den jeweiligen Ansätzen zur Begründung der Schutzpflichten beigemessen (Kapitel B.III und B.IV). Eine Gegenüberstellung der Tatbestände (Kapitel C) sowie der Haftungsvoraussetzungen (Kapitel D) gibt weiteren Aufschluss über die Rechtsnatur der Pflicht. Abschließend werden die Schutzpflichten in Abgrenzung zur Haftung aus Deliktsrecht betrachtet (Kapitel E). Die Ergebnisse dieser Gegenüberstellung bieten einen Anhaltspunkt für die Einordnung der Schutzpflichten des § 241 Abs. 2 BGB im deutschen Recht und damit auch für die Frage, wie aus Sicht des deutschen Rechts mit den Schutzpflichten auf europäischer Ebene verfahren werden sollte (Kapitel F).

„Wir können das Französische Recht stets als den Sauerteig betrachten, den wir der heimischen Speise fleißig beizumischen nicht versäumen sollten. Wir werden immer nur Gewinn davon haben.“

Carl Crome[8]

---

8 Crome, RZP 1 (1908), 6 (10); Zachariä/Crome, Handbuch des französischen Zivilrechts, Bd. I, IX.

# B. Der Untersuchungsgegenstand

## I. Schutzpflichten des § 241 Abs. 2 BGB im deutschem Recht

### 1. Historische Entwicklung

#### a) Entdeckung des Rechtsinstituts der „positiven Vertragsverletzung" durch Hermann Staub

Im Jahre 1902 veröffentlichte der Berliner Rechtsanwalt *Hermann Staub*[9] in der Festschrift für den 26. Deutschen Juristentag einen Aufsatz mit dem Titel „Über die positiven Vertragsverletzungen und ihre Rechtsfolgen"[10]. Unter der Bezeichnung „positiver Vertragsverletzung" entwickelte *Staub* einen Rechtssatz, nach welchem die schuldhafte Verletzung einer bestehenden Verbindlichkeit innerhalb eines Vertragsverhältnisses eine Ersatzpflicht für den dadurch entstandenen Schaden auslöse und darüber hinaus zum Rücktritt oder zur Forderung von Schadensersatz wegen Nichterfüllung berechtige.

Ausgangspunkt für seine Überlegungen war für *Staub* die Tatsache, dass die schuldhafte Verletzung einer Verbindlichkeit zum Schadensersatz verpflichte. Diese Erkenntnis sei zwar nach einem allgemeinen Rechtsgefühl unbestritten anerkannt[11], ein entsprechender Rechtssatz ließe sich aber im Gesetz nicht finden. Durch die Verzugsregeln sieht *Staub* lediglich die Fälle erfasst, in denen ein Schuldner unterlässt, was er tun soll, beziehungsweise die Leistung nicht so bewirkt, wie er verpflichtet ist. Für die gegensätzlich Situation, dass ein Schuldner etwas tut, was er hätte unterlassen sollen oder die Leistung fehlerhaft erbringt, stellt *Staub* eine Regelungslücke im Gesetz fest. Denn seiner Ansicht nach greift der § 286 BGB a.F. für eben diese Fälle nicht, in denen die Pflichtverletzung nicht in einem Unterlassen, sondern in positivem Tun liegt[12]. Der Tatbestand der Unmöglichkeit sei ebenfalls regelmäßig nicht erfüllt, da bei anfänglicher Schlechtleistung eine erneute – diesmal fehlerfreie – Leistung fast immer möglich sei[13]. Daneben waren die in den speziellen Gewährleistungsnormen der einzelnen Vertragstypen geregelten Ansprüche bei mangelhafter Leistung sehr beschränkt.

Zur Begründung eines entsprechenden allgemeinen, Schadensersatz gewährenden Rechtsgrundsatzes beruft sich *Staub* auf die Regeln der Analogie. In dem Fehlen einer

9 * 21.März 1856 – † 2. Sept. 1904, nach Studium in Breslau, Berlin und Leipzig als Rechtsanwalt in Berlin tätig, Bedeutung erlangten seine Kommentierungen des HGB, der WechselO und des GmbHG, Mitbegründer und -herausgeber der Deutschen Juristen-Zeitung.

10 Staub, in FS für den 26. Dt. Juristentag (1902), 29.

11 Staub, Die positiven Vertragsverletzungen, 94 („Niemand wird zweifeln ...").

12 Staub, Die positiven Vertragsverletzungen, 93f.

13 Staub, Die positiven Vertragsverletzungen, 96 ff.

expliziten gesetzlichen Normierung erkennt *Staub* eine planwidrige Regelungslücke, die Interessenlage im Falle einer Pflichtverletzung durch positives Tun hält er für vergleichbar mit jener bei einer Pflichtverletzung durch Unterlassen. So kommt *Hermann Staub* zu dem Schluss, dass in analoger Anwendung des § 286 BGB a.F. ein Rechtsgrundsatz bestehe, „wonach derjenige, der eine Verbindlichkeit durch eine positive Handlung schuldhaft verletzt, dem anderen Teil den hierdurch entstehenden Schaden zu ersetzen hat“[14].

In einer bloßen Schadensersatzpflicht sieht der Berliner Rechtsanwalt aber noch keinen ausreichenden Schutz. Gerade im Rahmen von Dauerschuldverhältnissen und sukzessiven Lieferungsverträgen könne dem vertragstreuen Teil dem „natürlichen Rechtsgefühl“ nach „nicht zugemutet werden, mit anzusehen und abzuwarten, wie der vertragsverletzende Teil“ den Vertrag „weiterhin fortgesetzt verletzt“[15]. Es müsse ihm für solche Fälle das Recht zustehen, vom Vertrag zurücktreten zu können. Auch hier bemüht *Staub* das Rechtinstitut der Analogie. Entsprechend der von § 326 BGB a.F. avisierten Situation, in der der Schuldner schuldhaft unterlässt, was er tun soll, gewährt *Staub* dem Gläubiger in analoger Anwendung des § 326 BGB a.F. ein Wahlrecht zwischen Rücktritt und Schadensersatz wegen Nichterfüllung des ganzen Vertrages für Situationen, in denen der Schuldner eine Vertragspflicht durch positives Tun verletzt. Diese Rechtsfolge soll aber gemäß der Ausgangsnorm „nicht bei *jeder* positiven Rechtsverletzung, sondern nur bei solchen Pflichtverletzungen, durch welche wesentliche Vertragspflichten verletzt werden“[16] eintreten. Das Kriterium der Gefährdung des Erreichens des Vertragszweckes gälte somit auch hier. Dagegen passe laut *Staub* die Voraussetzung des § 326 BGB a.F. – einer Fristsetzung mit Ablehnungsandrohung – von der Natur der Sache nicht auf die „positive Vertragsverletzung“, da diese typischerweise „unerwartet hereinbricht“[17].

Die gesetzliche Vernachlässigung der Fälle der „pVV“ als dritter Kategorie von Pflichtverletzungen neben Unmöglichkeit und Verzug resultiert aus einer Überbetonung des Tatbestandes der Unmöglichkeit der Leistung, dem im Gegenzug eine zentrale Stellung im BGB zugewiesen wurde. Dies geschah in der Absicht, die Kontroverse, welche das französische Zivilrecht im 19. Jahrhundert sehr bewegte – nämlich die Streitfrage, wann sich der Anspruch auf Primärleistung in einen sekundären Anspruch auf Schadensersatz wegen Nichterfüllung verwandelt – im deutschen Recht zu vermeiden[18]. Durch eine Bezugnahme auf die Unmöglichkeit der Leistung in den Regelungen der Leistungsstörungen sollte der Zeitpunkt bestimmt werden, zu dem der Primärleistungsanspruch in einen Ersatzanspruch übergeht und somit quasi bis zur letzten Möglichkeit eine Erfüllung in Natur sichergestellt werden.

Allerdings ist vor diesem Hintergrund nicht ohne weiteres nachzuvollziehen, warum bereits *Staub* und viele Autoren nach ihm die gerade auch auf den Schutz bestehender

14 Staub, Die positiven Vertragsverletzungen, 101.
15 Staub, Die positiven Vertragsverletzungen, 104f.
16 Staub, Die positiven Vertragsverletzungen, 106.
17 Staub, Die positiven Vertragsverletzungen, 107.
18 Köpcke, Typen der pVV, 9f.

Rechtsgüter abzielende „pVV“ mit einer Analogie zu den – eben durch eine Bezugnahme auf die Unmöglichkeit geprägten – Leistungsstörungsregeln begründeten. Denn gerade bei diesen Pflichten zum Schutz des Integritätsinteresses des Gläubigers kommt das Primat einer Erfüllung in Natur nicht zum Tragen. Mit Einführung der „Pflichtverletzung“ als zentraler Haftungstatbestand im Zuge der Schuldrechtsreform wurde der Unmöglichkeit die ihr eigentlich zukommende Bedeutung wieder zugewiesen und die notwendige Differenzierung zwischen der Verletzung positiven oder negativen Gläubigerinteresses vorgenommen.

Die oft missverstandene Bezeichnung des entwickelten Rechtsinstituts als „positive Vertragsverletzung“ erklärt sich mit den Erläuterungen *Staub*s zu den von ihm zu Grunde gelegten Fällen, „in denen Jemand eine Verbindlichkeit durch positives Thun verletzt, in denen Jemand thut, was er unterlassen soll, oder die Leistung, die er zu bewirken hat, zwar bewirkt, aber fehlerhaft“[19]. Dieser Begriff blieb auch über die Jahre der weiteren Entwicklung des Instituts erhalten, auch wenn es sich bei der „pVV“ weder ausschließlich um Verträge (Anerkennung auch im Rahmen von gesetzlichen Schuldverhältnissen) oder nur um positives Tun (z.B. Verletzung einer Aufklärungs- oder Fürsorgepflicht durch Unterlassen) handelt.

### b) Alternative Rechtfertigungen einer Haftung

Andere Ansätze zur Begründung der Rechtsfolgen für die Fälle einer positiven Pflichtverletzung direkt aus dem Gesetz lehnt *Staub* ab: So könne weder § 276 BGB a.F. als allgemeine Haftungsnorm herangezogen, noch könnten durch eine Ausweitung des Leistungsbegriffs die Fälle der „pVV“ über das Unmöglichkeitsrecht abgewickelt werden.

#### (1) Ausgehend vom Haftungstatbestand

Bereits zu Beginn des 20. Jahrhunderts wurde durch das Reichsgericht[20] und in der Literatur vor allem von *Crome*[21] zur Begründung einer Schadensersatzpflicht in Fällen der Schlechtleistung und sonstiger Pflichtverletzungen auf § 276 BGB als allgemeine Haftungsgrundlage zurückgegriffen. Auch 100 Jahre später wird § 276 BGB von manchen Autoren nach wie vor als allgemeine Haftungsnorm verstanden[22].

Die Vertreter dieser Ansicht argumentieren mit der Entstehungsgeschichte des § 276 BGB: Indem man sie als einen Grund-Haftungstatbestand auffasst, wird der Norm des § 276 BGB derselbe Gehalt wie ihrer Vorgänger-Regel aus dem ersten Entwurf zum BGB (Entwurf I) – § 224 Abs. 1 – zugewiesen, in der eine umfassende Haf-

---

19 Staub, Die positiven Vertragsverletzungen, 93.
20 S. Kapitel B.I.1.c).
21 Crome, System des Dt. Bürgerlichen Rechts, II, 65.
22 Ulrich Huber, Leistungsstörungen, I, § 3 II 3d); s. auch Jakobs, Unmöglichkeit und Nichterfüllung, 17 ff und Kapitel B.I.1.d).(2).

tung für die nicht ordnungsgemäße Erfüllung statuiert war[23]. Diese Bestimmung war systematisch an der Spitze des Titels „Inhalt der Schuldverhältnisse“ vorgesehen. Die Rechtsfolge, dass der Schuldner „haftet“, bedeutete eine Schadensersatz-Schuld. Das war rein sprachlich gesehen zwar nicht ganz eindeutig, ergab sich aber von selbst aus dem Sachzusammenhang und wurde in den Motiven auch ausdrücklich so festgelegt[24]. Nach dem Stand des ersten Entwurfs hätte es also einen umfassenden Haftungstatbestand auch für Schlechtleistungen des Schuldners gegeben, denn der Schuldner hat Kosten für die Erfüllung seiner Verpflichtung „ihrem ganzen Umfange nach, insbesondere auch in Ansehung aller Nebenpunkte“ zu tragen[25]. Aus § 224 Abs. 1 S. 2 E I folgte demnach eine Haftung bei nicht gehöriger Erfüllung. § 240 E I bestimmte hingegen – um einen Vorrang der Erfüllung in Natur sicherzustellen –, dass der Schuldner wegen Nichterfüllung nur unter der zusätzlichen Voraussetzung der Unmöglichkeit schadensersatzpflichtig sein sollte[26].

Die Gesetzesredakteure befürchteten nun aufgrund der widersprüchlichen Formulierung beider Normen das Missverständnis, ein Gläubiger könne in jedem Fall der schuldhaften Vertragsverletzung Schadensersatz wegen Nichterfüllung verlangen. So wurde die Regel des § 224 Abs. 1 S. 2 E I von der zweiten Kommission zwar gebilligt, es wurde aber die Prüfung angeregt, ob nicht durch eine andere Fassung verdeutlicht werden könne, dass ein zum Schadensersatz wegen Nichterfüllung berechtigendes Ausbleiben der Leistung erst im Zusammenhang mit den Regeln zur Unmöglichkeit und dem Verzug relevant wird[27]. Um Unklarheiten vorzubeugen und das Primat der Erfüllung in Natur zu unterstreichen wurden deswegen in § 224 Abs. 1 S. 2 E I die Worte „Nichterfüllung seiner Verbindlichkeit“ gestrichen und „haftet“ durch „hat … zu vertreten“ ersetzt. Außerdem wurde die Norm an ihren jetzigen Standort im Anschluß an § 275 BGB gestellt. Die Abkehr von der Formulierung „haften“ diente dabei der Anpassung an den nun vorangehenden § 275 BGB, in dem von vorneherein von Umständen die Rede war, die der Schuldner nicht zu vertreten hat. Eine sachliche Än-

23 § 224 Abs. 1 BGB E I: „Der Schuldner ist verpflichtet, die nach dem Schuldverhältnis ihm obliegende Leistung vollständig zu bewirken. Er haftet nicht bloß wegen vorsätzlicher, sondern auch wegen fahrlässiger Nichterfüllung seiner Verbindlichkeit.“.

24 Mugdan II, 15: „[D]ie Regel des Entwurfs, wonach in den in Betracht kommenden Fällen immer für Fahrlässigkeit schlichtweg gehaftet wird und für das ganze Interesse aufzukommen ist“.

25 Mugdan II, 14; s. auch Jakobs, Unmöglichkeit und Nichterfüllung, 18; Fliegner, Leistungsbegriff, Rn 83.

26 Mugdan II, VIII, § 240 E I: „Kann der Schuldner seine Verbindlichkeit nicht erfüllen, weil die ihm obliegende Leistung in Folge eines von ihm zu vertretenden Umstandes ganz oder theilweise unmöglich geworden ist, so ist der Schuldner verpflichtet, dem Gläubiger den durch die Nichterfüllung der Verbindlichkeit verursachten Schaden zu ersetzen.“.

27 Mugdan II, 522: „Der Satz 2 des Absatzes 1 [des § 224 E I] wurde gebilligt; der Prüfung durch die Red[aktions]kom[mission] blieb anheim gegeben, ob sich nicht durch eine andere Fassung verdeutlichen lasse, daß die Frage, unter welchen Voraussetzungen als feststehend gelte, daß die Verbindlichkeit nicht erfüllt werde, und der Schadensersatz wegen Nichterfüllung gefordert werden könne, nicht hier, sondern erst in den §§ 237 ff. [= §§ 275 ff BGB] zur Entscheidung gelange.“.

derung war nach Ansicht der Anhänger einer auf § 276 BGB gestützten grundlegenden Haftung damit nicht beabsichtigt[28].

Auch wenn die ganz herrschende Meinung § 276 BGB nur noch als Definitionsnorm der zivilrechtlichen Schuld ansieht, so spricht doch gegen eine Interpretation als Haftungsnorm nicht, wie *Fliegner* meint, der Umstand, dass damit die Intention der Redaktionskommission, den Zwang zur spezifischen Erfüllung zu verdeutlichen, wieder zunichte gemacht würde[29]. So hätte man aus der Tatsache, dass die generelle Haftungsnorm nicht mehr von einer Haftung wegen Nichterfüllung spricht, auch allein den Schluss ziehen können, dass es für eine Haftung dieses Ausmaßes eben noch der besonderen, bei Unmöglichkeit und Verzug geregelten Voraussetzungen bedarf – eine Staffelung der Haftung wie sie mit der Unterscheidung nach Bezugsinteresse des Schadensersatzes auch im neuen Schuldrecht vorgenommen wurde. Es ist vielmehr die systematische Umstellung des § 276 BGB, abseits der Anspruchsgrundlagen für Schadensersatz, die gegen seine Qualität als Anspruchsgrundlage spricht.

Das Verständnis des § 276 BGB als allgemeine Schadensersatzanspruchsgrundlage wird von *Staub* abgelehnt, da er mit der überwiegend vertretenen Ansicht davon ausgeht, dass diese Norm lediglich den Begriff der Schuld definiere[30]. Der Umstand, dass in den Normen der §§ 280, 285, 286 BGB a.F. der Schadensersatz als Rechtsfolge an das Vertretenmüssen geknüpft wird, zeige, dass es sich dabei um unterschiedliche Elemente handele, die in einem Verhältnis von Voraussetzung und Rechtsfolge zueinander stünden. Im Übrigen wären diese Paragraphen überflüssig, würde § 276 BGB bereits eine allgemeine Schadensersatzbestimmung darstellen – die Notwendigkeit der darin enthaltenen zusätzlichen Voraussetzungen für die Gewähr eines Schadensersatzanspruchs (Unmöglichkeit der Leistung / Verzug und gegebenenfalls ein Wegfall des Interesses des Gläubigers an der Leistung infolge des Verzugs) blendet *Staub* allerdings aus.

### (2) Ausgehend vom Leistungsbegriff

Schon in den Jahren 1902/1903 plädierten einige Autoren als Alternative zu der von *Staub* ausgemachten Gesetzeslücke für ein weites Verständnis des Leistungsbegriffs, wozu das komplette vertragskonforme Handeln des Schuldners zählen sollte. Dieser Ansatz wurde Mitte des 20. Jahrhunderts durch *Himmelschein* wieder aufgegriffen und systematisch aufgearbeitet.

Bereits *Goldmann* und *Lilienthal*[31] sahen die Begründung einer allgemeinen Schadensersatzpflicht in § 280 Abs. 1 BGB a.F. Demgemäß würde jede schuldhafte Nichterfüllung dessen, wozu sich der Schuldner verpflichtet hat, eine zu vertretende Un-

28 Ulrich Huber, Leistungsstörungen, I, § 3 II 3d).
29 Fliegner, Leistungsbegriff, Rn 89.
30 Staub, Die positiven Vertragsverletzungen, 95 und 112f.
31 Goldmann/Lilienthal, Das BGB syst. dargestellt, I, 332 ff.

möglichkeit mitsichbringen, denn zumindest für den Ort oder den Zeitpunkt, wo die Leistung eigentlich hätte erfolgen sollen, sei diese unmöglich geworden. *Staub* allerdings ist der Ansicht, dass auch eine mangelhafte Leistung, die mangelfreie nicht ausschließe, sondern diese immer noch möglich sei. Dies belegt er anhand eines „einfachen Beispieles": So werde die Erfüllung der Pflicht eines bücherführenden Gesellschafters zur Erstellung einer Bilanz nicht dadurch unmöglich, dass er zunächst eine falsche Bilanz aufstellt. Bemerkt der Gesellschafter seinen Fehler, sei es ihm immer noch möglich, durch Erstellung einer richtigen Bilanz seine Pflicht zu erfüllen. Gibt er die zweite richtige Bilanz in der für die Erstellung vertraglich bestimmten Zeit ab, läge keine Unmöglichkeit seiner Pflichterfüllung vor[32].

Einen ähnlichen Ansatz wie *Goldmann* und *Lilienthal* vefolgt auch *Schöller*[33], der im Rahmen von Verträgen von einer grundsätzlichen Pflicht ausgeht, „vertragswidrige Leistungen zu unterlassen". Die Leistungspflicht enthalte nicht nur das Gebot zu erfüllen, sondern auch das Verbot, anders als vertraglich vorgegeben zu erfüllen. Leistet der Schuldner aber mangelhaft, so sei dieser Verstoß gegen die Pflicht, „eine Andersleistung zu unterlassen", nicht mehr rückgängig zu machen. Da die einmal geschehene Tatsache der Zuwiderhandlung sich nicht ungeschehen machen lässt, sei die Pflicht, Zuwiderhandlungen zu unterlassen, automatisch unmöglich geworden[34]. *Staub* lehnt diese Theorie als „den Eindruck des Geschraubten und Gekünstelten" erweckend ab. Das BGB gehe bei seinen Vorschriften zur Unmöglichkeit von der Konstellation aus, dass die Leistung in Form einer Handlung unterbleibe und beschränke daher die Fälle der Unmöglichkeit auf Unterlassungen. Dementsprechend könne der umgekehrte Fall des positiven Zuwiderhandelns gegen eine Unterlassungspflicht kein Fall der Unmöglichkeit sein. Da sogar *Schöller* selber erkennt, dass es sich um eine „mehr oder weniger gekünstelte Konstruktion" handele, zu der man gezwungen sei, „um die rechtlichen Vorgänge in das Prokrustesbett des Gesetzestextes ... einzuzwängen"[35], sieht *Staub* in seinem Weg über die Analogie die deutlich kommodere Vorgehensweise[36].

Trotz der Übernahme der Lehre von den positiven Vertragsverletzungen durch die herrschende Lehre, wurde die Theorie *Staub*s auch noch einige Jahre später von *Himmelschein* grundlegend kritisiert[37]. Die Existenz einer – wie von *Staub* behaupteten – derart großen Gesetzeslücke, die die Fälle des positiven Zuwiderhandelns gegen bestehende Pflichten unberücksichtigt lasse, sei wenig glaubhaft. Schließlich stelle die Schlechtleistung die wohl häufigste Art der Pflichtverletzung dar und außerdem seien die von *Staub* später unter dem Begriff der positiven Vertragsverletzungen zusammengefassten Fälle zum Zeitpunkt der Formulierung des BGB bereits bekannt gewesen. Angesichts der Tatsache, dass das komplette Schuldrecht dem Grundsatz von Treu und

32 Staub, Die positiven Vertragsverletzungen, 97f.
33 Schöller, Gruchot 46 (1902), 1.
34 Schöller, Gruchot 46 (1902), 1 (26f.).
35 Schöller, Gruchot 46 (1902), 1 (26).
36 Staub, Die positiven Vertragsverletzungen, 100.
37 Himmelschein, AcP 135 (1932), 255 und AcP 158 (1959/1960), 273.

Glauben unterworfen ist, könne nicht davon ausgegangen werden, dass nach Lage des Gesetzes keine Haftung für Fälle der Schlechtleistung oder sonstiger Vertragsverletzungen durch positives Handeln vorgesehen sei[38]. Stattdessen versteht *Himmelschein* die Norm des § 276 Abs. 1 BGB a.F. ebenso wie *Crome* nicht als eine Definitionsnorm, sondern als einen generellen Haftungstatbestand. Zur Begründung führt er an, dass § 276 Abs. 1 BGB a.F. auch nicht die äußere Form einer Definition, sondern im Gegenteil die Struktur einer normalen Rechtsnorm aufweise: Tatbestand sei hierbei das vorsätzliche oder fahrlässige Handeln des Schuldners, was zu der Rechtsfolge des Vertretenmüssens führe[39]. Dabei bedeute „vertreten müssen" nichts anderes als das Einstehen für die nachteiligen Folgen des eigenen Handelns, sprich Haftung. Dies entspräche auch dem Sinngehalt der Vorläufernorm des § 276 Abs. 1 BGB a.F.[40]. Eine grundsätzliche Haftung über einen Generaltatbestand sei also gesetzlich vorgegeben, lediglich die möglichen Arten der Nichterfüllung würden nicht alle im Gesetz genannt. So bliebe die Schlechterfüllung als Form der Nichterfüllung neben den gesetzlichen Verletzungstatbeständen der Unmöglichkeit und des Verzuges unerwähnt[41].

Allerdings sage die Tatsache, dass man nach § 276 Abs. 1 BGB a.F. haftet, noch nichts über die Art der Haftung aus. Nach *Himmelschein* gibt es nur zwei grundlegende Kategorien der Haftung: In Form einer Natural- oder Primärleistung durch die Bewirkung der geschuldeten Leistung oder in Form einer Ersatz- oder Sekundärleistung durch die Zahlung von Schadensersatz. In welcher Form die Haftung zum Tragen kommt, werde durch die in § 280 Abs. 1 und § 325 Abs. 1 BGB a.F. enthaltenen Wertungen bestimmt. Nur wenn die Erbringung der vereinbarten Leistung unmöglich sei, wandele sich der Anspruch des Gläubigers und richte sich auf die Zahlung von Schadensersatz. Die Rechtsfolgen der Haftung des § 276 Abs. 1 BGB a.F. bestimmen sich also nach dem Rechtsgedanken der §§ 280 Abs. 1, 325 Abs. 1 BGB a.F., denen für die Zahlung von Schadensersatz die Zusatzvoraussetzung der Unmöglichkeit der Primärleistung zu entlehnen sei[42]. Auch *Himmelschein* sieht in dieser Systematik eine Reaktion auf die Regelung des art. 1142 CCiv., der in Frankreich zu dem Problem führt, dass die Nichterfüllung einer auf eine Handlung oder ein Unterlassen gerichteten Pflicht („obligation de faire ou de ne pas faire") sofort einen Schadensersatzanspruch entstehen lässt und eine Naturalleistung nicht durchgesetzt werden kann. Dadurch besteht für den Schuldner einer solchen Pflicht kein Druck vertragsgerecht zu erfüllen. Er kann durch einfaches Nicht- oder Schlechtleisten dem Gläubiger die Zahlung von „dommages et intérêts" oktroyieren.

---

38 Himmelschein, AcP 135 (1932), 255 (268f.).

39 Himmelschein, AcP 135 (1932), 255 (270 ff).

40 § 224 E I (Entwurf eines bürgerlichen Gesetzbuches für das Deutsche Reich, Erste Lesung, 1888, sog. 1. Entwurf): „Er haftet nicht bloß wegen vorsätzlicher, sondern auch wegen fahrlässiger Nichterfüllung seiner Verbindlichkeit.", (veröffentlicht als Drucks. des Bundesrathes Nr. 2 in der Session von 1888).

41 Himmelschein, AcP 135 (1932), 255 (279).

42 Himmelschein, AcP 135 (1932), 255 (273 ff).

Wenn also nach der Auffassung *Himmelscheins* die Unmöglichkeit Dreh- und Angelpunkt für die Entscheidung zwischen Naturalleistung oder Schadensersatz ist, dann stellt sich die Frage, wann überhaupt Unmöglichkeit vorliegt. Ausschlaggebend für die Bestimmung der Unmöglichkeit einer Leistung ist der zu Grunde liegende Leistungsbegriff. *Himmelschein* stützt seine Ausführungen auf den auch von *Mommsen* und *Titze* verwendeten Begriff der nach gegenständlichen, örtlichen und zeitlichen Momenten individualisierten Leistung[43]. Dementsprechend gehöre ebenfalls zur Leistung, wo und wann sie erbracht werden muss: „Eine Leistung kann nicht gegenstandslos, raumlos oder zeitlos sein. Daher sind Gegenstand, Ort und Zeit notwendige Individualisierungsmomente der Leistung."[44]. Das bedeutet jedoch nicht, dass eine Leistung zwangsläufig an einem bestimmten Ort und zu einer bestimmten Zeit vorgenommen werden muss. Gerade die Pflichten der „pVV", die darin bestehen, keine über das reine Erhalten der materiellen Leistung hinausgehenden Interessen des Gläubigers zu verletzen, bestehen über die komplette Dauer des Schuldverhältnisses an jedem Ort. Auch das „wie" der Leistung gehört für *Himmelschein* zum Leistungskomplex. Die vom Schuldner an den Tag zu legende Sorgfalt könne entweder Bestandteil einer der Modalitäten von Leistungsgegenstand, -ort und -zeit oder Objekt einer selbständigen Nebenleistungs- oder Schutzpflicht sein. Dieser Gesamtkomplex der verschiedenen Komponenten bildet laut *Himmelschein* die Leistung. So sei unter der geschuldeten vollständigen Leistung, die „exakte Erfüllung der Schuldnerpflicht, der Haupt- sowie der Nebenpflichten in gegenständlicher" – das heißt auch qualitativer – „örtlicher und zeitlicher Beziehung"[45] zu verstehen[46]. Sobald also das Geleistete in irgendeiner Form von dem geschuldeten kompletten Leistungspaket abweicht, liege eine nur teilweise Leistung und folglich ein Fall der Nichterfüllung vor[47]. Diese extrem weite Auffassung der Nichterfüllung ginge damit sogar über den ebenfalls jede gegenständliche und qualitative Abweichung des erbrachten vom geschuldeten Pflichtenprogramm erfassenden Tatbestand der „inexécution" im französischen Recht (s. Kapitel D.I.1.a).(1) und D.II.1.a)) hinaus, denn gemäß art. 1146 CCiv. ist für eine Haftung wegen „inexécution" immer noch die „mise en demeure" des Schuldners erforderlich. Es tritt nicht schon durch das bloße Nichteinhalten der Leistungszeit „inexécution" ein – es sei denn es handelt sich um eine Fixschuld.

Nach *Himmelschein* läge also bei einem Verstoß gegen eine Nebenpflicht nur eine unvollständige Leistung, das heißt eine teilweise Nichterfüllung der Schuldnerpflicht vor. *Staub* hingegen operiert mit einem ganz anderen Leistungbegriff. Für ihn ist die geschuldete Leistung nur in gegenständlicher Hinsicht individualisiert. Das zeitliche Moment sei dagegen abschließend durch die Regeln über den Verzug erfasst. Die Qua-

---

43 Mommsen, Obligationenrecht I, 295; Titze, Unmöglichkeit der Leistung nach dt. bürgerl. Recht, § 8.

44 Himmelschein, AcP 135 (1932), 255 (286).

45 Himmelschein, AcP 135 (1932), 255 (291).

46 So auch Mommsen, Obligationenrecht II, 9; Titze, Unmöglichkeit der Leistung nach dt. bürgerl. Recht, § 8; Kleineidam, Unmöglichkeit und Unvermögen, 14; Fischer, Beitrag zur Unmöglichkeitslehre, 33 ff; Goldmann/Lilienthal, Das BGB syst. dargestellt, I, 333.

47 Himmelschein, AcP 135 (1932), 255 (291 ff).

lität der Leistung ist für *Staub* kein Kriterium, das die Leistungserbringung im Falle eines Verstoßes – einer Schlechtleistung – vollständig ausschließt. So nimmt er in dem zitierten Fall der im ersten Anlauf fehlerhaft erstellten Bilanz (s. S. 22) eine „positive Vertragsverletzung" und keine Nichterfüllung an. Da *Staub* kein unmittelbares Zeitmoment mit der Leistungserbringung verknüpft, verbleibt die Möglichkeit einer mangelfreien Nachholung der Leistung. Damit bleibt ihm der Schritt zu der sich aus *Himmelscheins* Leistungbegriff ergebenden Rechtsfolge der Unmöglichkeit versagt. Denn betrachtet man wie *Himmelschein* die Leistung als Gesamtkomplex einzelner Komponenten, dann kann bezüglich einzelner Elemente der Leistung nicht nur eine Nichterfüllung vorliegen, sondern auch eine Unmöglichkeit eintreten. So stelle sich zur Beurteilung der Möglichkeit der Leistungserbringung, nicht die Frage, „ob etwa die Lieferung überhaupt gemacht, sondern ob die „Leistung" in jeder Beziehung präzise bewirkt werden kann". Im Hinblick auf den zeitlichen Aspekt der Leistung ergibt sich damit für *Himmelschein* die Konsequenz, dass jeder Verzug des Schuldners stets auch die teilweise Unmöglichkeit der Leistung mit sich bringe, denn: „Was gestern nicht getan wurde, kann nicht mehr gestern geschehen."[48]. Auch wenn nach einem fehlerhaften Leistungsversuch die Leistung in einem erneuten Ansatz fehlerfrei erbracht wird, so kann doch die vertragswidrige Erfüllung nicht ungeschehen gemacht werden[49].

Einer Mahnung bedarf es nach *Himmelschein* für den Eintritt der Unmöglichkeit nicht. Ausgehend vom Zweck des gesetzlichen Mahnungserfordernisses, eine Unsicherheit bezüglich der Fälligkeit bei nicht genau fixierter Leistungszeit zu verhindern, ist eine solche Rücksichtnahme auf den Schuldner im Fall von Nebenpflichten nicht notwendig. Denn hat der Schuldner die Entstehung der zu erfüllenden Pflichten in der Hand, können bei ihm kaum Zweifel über den Zeitpunkt seiner Verpflichtung aufkommen. Gerade die Nebenpflichten sind, was ihre Entstehung und ihren Inhalt anbelangt, abhängig von der konkreten Gestaltung der zugrunde liegenden Hauptleistung durch den Schuldner selbst. Oftmals kann nur er selbst in der einzelnen Situation übersehen, welche Maßnahmen erforderlich sind und hat diese dann spontan und ohne Aufforderung zu ergreifen. Dementsprechend ist eine Mahnung für den Gläubiger – dem unter Umständen die Existenz einer solchen Pflicht zu seinen Gunsten nicht bewusst ist; man denke nur an die Aufklärungspflichten – gar nicht möglich. Wenn aber das Mahnungserfordernis schon in Konstellationen entfällt, wo eine Mahnung zwar möglich, aber unnütz wäre (Fälle des § 286 Abs. 2 BGB alte und neue Fassung), dann bedürfe es erst recht keiner Mahnung in Fällen, in denen sie unmöglich und sinnlos ist[50].

Damit gibt es in der Systematik *Himmelscheins* keine Fälle einer unvollständigen Erfüllung des Leistungskomplexes, die nicht zumindest eine teilweise Unmöglichkeit nach sich zögen. Durch das Zusammenspiel von § 276 Abs. 1 BGB a.F. und der Be-

---

48 Himmelschein, AcP 135 (1932), 255 (295).

49 Himmelschein, AcP 135 (1932), 255 (302); so noch heute Emmerich, Recht der Leistungsstörungen, § 20 Rn 3 und ausführlicher in 4. Aufl., 1997, § 20 III, der eine Schlechtleistung als Teilunmöglichkeit qualifiziert.

50 Planck/Siber, § 284 Rn 6 d; Siber, Schuldrecht, § 26 II; Himmelschein, AcP 135 (1932), 255 (306).

stimmungen über das Schicksal des Leistungsanspruches bei Unmöglichkeit ergäbe sich so die Existenz einer allgemeinen Haftungsregel für jegliche Arten von Pflichtverstößen, sanktioniert durch die Entstehung eines Anspruches auf Schadensersatz oder des Rechts zum Rücktritt. Legt man – wie *Himmelschein* – dem BGB einen weiten Leistungbegriff zu Grunde, der alle möglichen Facetten der Leistungserbringung erfasst, schlägt sich dies spiegelbildlich auf den Tatbestand der Unmöglichkeit durch, der dann seinerseits einen Schadensersatzanspruch für jede zu vertretende Pflichtverletzung gewährt. Die von *Staub* beklagte Gesetzeslücke entsteht dadurch gar nicht erst und es besteht keine Notwendigkeit für ein Haftungskonstrukt für spezielle Pflichtverletzungen wie der „positiven Vertragsverletzung".

*Himmelschein* hinterfragt zwar berechtigterweise die Bezugsgröße der Unmöglichkeit – warum sollten nur an einem Gegenstand zu erbringende Leistungen unmöglich werden können und nicht die sonstigen Modalitäten der Leistung? Auf der anderen Seite lässt er aber durch das an der Wirklichkeit vorbei zielende in-den-Vordergrund-Stellen des Unmöglichkeitsrechts die Unterscheidung zwischen den durch das schuldnerische Fehlverhalten berührten Interessen völlig außer Acht. Die Normen des alten Leistungsstörungsrechts – §§ 280 ff BGB a.F. – sollen die Erfüllung der Primärleistung sicherstellen, indem sie einen Umschwung auf die sekundäre Ebene des Schadensersatzes an die Bedingung des Eintritts der Unmöglichkeit knüpfen. Das Primat der Primärleistung hat jedoch für Verletzungen des negativen Interesses keine Bedeutung. Dementsprechend hätte eine unveränderte Anwendung der alten Leistungsstörungsregeln auf Fälle leistungsunabhängiger positiver Forderungsverletzungen auch keinen Sinn gemacht[51]. Allerdings hätte der Ansatz *Himmelschein*s wenigstens für die Fälle von Verletzungen des positiven Gläubigerinteresses durch Schlechtleistung, die in der Zeit vor der Schuldrechtsreform – zumindest bis in die 90er Jahre – über die Haftung für „positive Vertragsverletzungen" abgewickelt wurden[52], den Vorrang einer Leistung in Natur gegenüber sekundären Schadensersatzansprüchen gewährleistet.

Birgt jede zu vertretende Nichterfüllung irgendeiner Verhaltenskomponente im Sinne *Himmelschein*s zumindest eine teilweise Unmöglichkeit, wodurch ein Schadensersatzanspruch generiert wird, dann kommt man im Ergebnis dort an, wo *Himmelschein* seine Ausführungen „Erfüllungszwang und Lehre von den positiven Vertragsverletzungen"[53] beginnt, nämlich bei art. 1142 CCiv.: Das grundsätzliche Vorliegen einer Unmöglichkeit bei einer Pflichtverletzung lässt den Anspruch auf Naturalleistung in einen Schadensersatzanspruch umschlagen. Der Vorrang der Primärerfüllung, der durch einen Zwang des Schuldners zur Erfüllung in Natur vom Gesetz vorgegeben sein sollte, würde durch einen Leistungsbegriff im Sinne *Himmelschein*s und den da-

---

51 Fliegner, Leistungsbegriff, Rn 81f., 130f., 149; Jakobs, Unmöglichkeit und Nichterfüllung, 32.

52 So nach BGH NJW 1983, 1188 (1189): „[E]in solcher Fall der Schlechterfüllung ist aber bei Verträgen ohne gesetzliche Gewährleistungsvorschriften [...] allein nach den Grundsätzen über die Haftung für positive Vertragsverletzungen zu beurteilen"; anders BGHZ 127, 297 (314), wo für Fälle der Schlechtleistung eine „qualitative Teilunmöglichkeit" anerkannt wurde.

53 Himmelschein, AcP 135 (1932), 255.

mit korrespondierenden Unmöglichkeitsbegriff konterkariert. Auch § 276 BGB – im Verständnis *Himmelscheins* allgemeiner Haftungstatbestand – verlöre somit jede Bedeutung: Wenn bei jeder Leistungsstörung eh immer eine zumindest teilweise Unmöglichkeit vorläge, bleibt zu fragen, welche Fälle dann noch über § 276 BGB erfasst werden sollten[54].

Man muß dem *Himmelschein*schen Ansatz jedoch zu Gute halten, dass er die sich mit Etablierung der „pVV" durchsetzende Auffassung von einer umfassenden Verantwortlichkeit des Schuldners für eine nicht pflichtgemäß erbrachte Leistung, konsequent umsetzt. In den zunächst mittels der „positiven Vertragsverletzung" und heute über § 280 Abs. 1 BGB abgewickelten Schadensersatzansprüchen bei Schlechtleistung zusammen mit den das Äquivalenzinteresse an einer fehlerfreien Leistung berücksichtigenden Ansprüchen der §§ 280 Abs. 1, 281 und § 323 BGB spiegelt sich ein korrespondierender Anspruch auf „Gutleistung" wider[55].

Aber auch wenn die *Mommsen-Titze*'sche Theorie unter den Verfassern des BGB ihre Anhänger hatte[56] und das BGB bei seiner Entstehung tatsächlich dem von *Himmelschein* propagierten weiten Leistungsbegriff nahe stand[57], so wurde doch spätestens mit der Schuldrechtsreform und der Spaltung des Inhalts der Schuld in Leistungs- und Rücksichtspflichten – eine Unterscheidung, die durch die neue Aufteilung des § 241 BGB deutlich wird, und sich in den Haftungsregeln der §§ 280 ff BGB fortsetzt – eindeutig die Zuwendung zum gegenständlichen Leistungsbegriff *Staubs* vollzogen (s. auch Kapitel D.I.1.a).(1)).

### c) Aufnahme der „positiven Vertragsverletzung" in die Rechtsprechung des Reichsgerichts

Nicht lange nach Erscheinen von *Staubs* Beitrag in der Festschrift zum 26. Deutschen Juristentag hat der II. Zivilsenat des Reichsgerichts in einem am 6. März 1903 gefällten Urteil auf die Rechtsfigur der „positiven Vertragsverletzung" Bezug genommen[58]. In dem zu Grunde liegenden Fall hatte ein Kies-Lieferant gegen seinen Abnehmer geklagt, der die gelieferten Baumaterialien auch für vertragsfremde Bauwerke verwendet hatte. Damit wurde der Klägerin die Preisberechnung unmöglich gemacht, da vertraglich eine Berechnung des Preises anhand des fertiggestellten Mauerwerks vereinbart war. Gestützt auf diese Verfehlung des Bauunternehmens hatte die Klägerin ihren Rücktritt erklärt, welchen sie vor Gericht durchzusetzen versuchte.

---

54 So auch Fliegner, Leistungsbegriff, Rn 90 ff.

55 S. auch Esser/Schmidt, Schuldrecht I/2, § 29 I 3.

56 Z.B. Windscheid, Kritische Zeitschrift, Bd. II (1855), 106 (126).

57 Aus den Motiven ergibt sich, dass dem Leistungsbegriff des BGB ursprünglich auch eine örtliche und zeitliche Komponente, Mugdan II, 18f. und Mugdan II, 20f., sowie eine qualitative Komponente innewohnte, Mugdan II, 27. Der Verzug wurde als Fall teilweiser Unmöglichkeit eingestuft, Mugdan II, 28, 31; Mugdan II, 33 und Mugdan II, 115f.

58 RGZ 54, 98.

Das Reichsgericht stimmte dem Kammergericht der Berufungsinstanz insoweit zu, als auch dieses einen Schadensersatzanspruch der Klägerin aufgrund einer positiven Vertragsverletzung für gerechtfertigt erachtet hätte[59]. Darüber hinaus sah aber das Reichsgericht in der Verneinung eines Rücktrittsrechts durch das Berufungsgericht die vorinstanzlichen Richter einem Rechtsirrtum unterlegen. Nach Ansicht des Reichsgerichts gibt es neben den zwei gesetzlich erfassten Fällen von Pflichtverletzungen – dem Verzug und der schuldhaften Unmöglichkeit – noch eine dritte Kategorie schuldhaften Verhaltens: die der positiven Vertragsverletzung, welche nicht zugleich die Unmöglichkeit der dem Schuldner obliegenden Leistung mit sich bringt[60]. Das Reichsgericht folgte *Staub* – dessen Abhandlung „Über die positiven Vertragsverletzungen und deren Rechtsfolgen" es explizit zitiert – in seiner Einschätzung, dass „das Bürgerliche Gesetzbuch ... für diese dritte Art eines in dem Rahmen des gegenseitigen Vertrages vorgenommenen schuldhaften Verhaltens keine den §§ 325 und 326 entsprechende positive Bestimmung"[61] enthalte. Auch verneint der erkennende Senat die Auffassung der Vertreter der Unmöglichkeitstheorie, dass „die Erfüllung solcher aus dem Wesen der obligatorischen Verbindlichkeit folgenden Unterlassungspflichten stets ein Teil der dem Verletzenden obliegenden Leistung im Sinne des § 325 sei"[62]. Angesichts der festgestellten gesetzlichen Regelungslücke greift das Reichsgericht ebenfalls in analoger Anwendung auf den Rechtsgedanken des § 326 BGB a.F. zurück und kommt zu dem Schluss, dass „wenn durch positive Rechtsverletzungsakte des einen Teils die Erreichung des Vertragszwecks gefährdet wird, die gleichen Gesichtspunkte zutreffen" wie bei der Konstellation des § 326 BGB a.F., wo das „schuldhafte Unterlassen des einen Teiles wegen der darin liegenden Gefährdung des Vertragszweckes den anderen Teil berechtige, im Interesse der Verkehrssicherheit eine alsbald klare Rechtslage dadurch zu schaffen, dass er ... vom Vertrage zurücktrete oder Schadensersatz wegen Nichterfüllung des ganzen Vertrages verlange"[63].

Die Urteilsbegründung gewinnt noch an Bedeutung, wenn man berücksichtigt, dass der Senat (in einem nicht publizierten zweiten Teil der Urteilsbegründung) einen weiteren Rücktrittsgrund darin sah, dass von der Klägerin ausdrücklich die pünktliche Einhaltung der Zahlungstermine verlangt worden war[64], weswegen die wiederholte Nichteinhaltung der Zahlungsfristen durch die Beklagte das Gericht zu der Erwägung veranlasste, das Rücktrittsrecht über § 326 Abs. 2 BGB a.F. zu begründen. Beachtenswert ist somit, dass der neue Rechtsgedanke der „positiven Vertragsverletzung" anlässlich eines Sachverhalts entwickelt wurde, bei dem sich offenbar auch eine gleichlautende gesetzesnahe Lösung anbot.

---

59 RGZ 54, 89 (99).
60 RGZ 54, 89 (100).
61 RGZ 54, 89 (100).
62 RGZ 54, 89 (101).
63 RGZ 54, 89 (102).
64 Ranieri, AcP 195 (1995), 579 (589).

Das Reichsgericht hat bis zu seiner Auflösung an der Rechtsfigur der „positiven Vertragsverletzung“ festgehalten, um über sie die Existenz eines Rücktrittsrechts in analoger Anwendung des § 326 BGB a.F. zu konstruieren. Bezüglich des Schadensersatzanspruches griff das Reichsgericht jedoch nicht auf eine analoge Anwendung des § 286 BGB a.F. zurück, sondern vertrat die Ansicht, ein solcher Anspruch ließe sich aus § 276 a.F. BGB ableiten. So könne der allgemeine Grundsatz, dass der Schuldner Vorsatz und Fahrlässigkeit zu vertreten habe, „mangels anderweitiger gesetzlicher Vorschrift ... nur in der Weise verwirklicht werden, dass der Schuldner den Schaden ersetzt, der durch sein vorsätzliches oder fahrlässiges Verhalten der anderen Partei erwachsen ist“[65]. Anders als *Staub* erblickt das Reichsgericht in dieser Norm also nicht lediglich die Definition der zivilrechtlichen Schuld, sondern darüber hinaus „den Ausspruch einer Verpflichtung des Schuldners zum Schadensersatz für vorsätzlich oder fahrlässig begangene Verletzung der Vertragspflichten“[66].

*Glöckner* sieht in der zu Beginn des 20. Jahrhunderts noch bestehenden Beeinflussung der deutschen Rechtsprechung durch die Geltung des Code Civil eine Begünstigung für diese Anerkennung des Rechtsinstituts der „positiven Vertragsverletzung“[67]. So ließe sich der Rückgriff auf § 276 Abs. 1 BGB a.F. als genereller Haftungstatbstand für die schuldhafte Verletzung von Vertragspflichten mit dem Bestreben erklären, im deutschen Recht einen Gleichlauf mit artt. 1142 und 1147 CCiv. zu erreichen und eine Haftungsgeneralklausel für vertragswidriges Handeln zu schaffen.

Gerade der II. Zivilsenat des Reichsgerichts – zuständig für Revisionen aus den Gebieten Deutschlands, in denen noch das französischen Recht Geltung hatte – war in besonderem Maße mit dem französischen Rechtskreis vertraut und durch das dort herrschende Bild von einem freieren Richter[68] geprägt[69]. So war der Präsident des II. Zivilsenates *Richard Förtsch* vor seiner Berufung zum Reichsgereicht lange Zeit als Richter in Elsass-Lothringen tätig. Seine Fähigkeit, sich in beiden Rechtssystemen gleichermaßen auszukennen, hat er mit zahlreichen, teilweise auch rechtsvergleichenden Darstellungen zum französischen Recht unter Beweis gestellt[70]. Außerdem war mit *Eduard Müller* als Berichterstatter eine weitere Schlüsselrolle innerhalb des II. Zivilsenats von einem frankophonen Juristen besetzt. Dieser hatte zuvor als Richter im OLG Bezirk Karlsruhe und somit ebenfalls im Anwendungs-

---

65 RGZ 52, 18 (19); so inhaltlich ohne ausdrückliche Erwähnung des § 276 BGB erstmalig RG, 16. Sept. 1901, in Schubert, Sammlung 1900/1901, 909 (913); nachfolgend RGZ 53, 200 (201f.); RGZ 62, 119 (120); RGZ 66, 289 (291); RGZ 106, 22 (25).

66 RGZ 106, 22 (25).

67 Glöckner, Positive Vertragsverletzung, 766.

68 S. art. 4 CCiv.: „Le juge qui refusera de juger, sous prétexte du silence, de l'obscurité ou de l'insuffisance de la loi, pourra être poursuivi comme coupable de déni de justice.”.

69 Koenige, Das Recht 1910, 439; ders., Das Recht 1917, 34; Glöckner, Positive Vertragsverletzung, 767.

70 Insb.: Förtsch, Vergleichende Darstellung des Code civil und des Bürgerlichen Gesetzbuches für das Deutsche Reich, 1897; ders., Der code civil nach dem 1. Januar 1900, DJZ 5 (1900), 21; ders., Der code penal in Elsaß-Lothringen nach Einführung des deutschen Strafgesetzbuches, 1874.

gebiet des französischen Rechts gearbeitet. Im Jahre 1904 wurde ihm die Ehre zuteil, mit einem Beitrag die französische Festschrift zur Hundertjahrfeier des Code Civil mitzugestalten[71].

Es ist jedoch vor dem Hintergrund des damaligen Einflusses des französischen Zivilrechts auffällig, dass sich das Reichsgericht gerade nicht, wie von *Himmelschein* propagiert, für eine den artt. 1142 und 1147 CCiv. entsprechende, auf einem Generaltatbestand der „inexécution" beruhende Schadensersatzregel entschieden hat. Vielmehr erkennt das Reichsgericht eine Regelungslücke nur für die Fälle positiver Vertragsverletzung und beschränkt den Rückgriff auf § 276 BGB als Schadensersatzanspruchgrundlage entsprechend. Einen weiten Leistungs- und Unmöglichkeitsbegriff lehnt der II. Zivilsenat ausdrücklich ab. Angesichts der Kenntnisse der Mitglieder des entscheidenden Senats über Inhalt und Wirkungsweise der Regeln des Code Civil wird es sich dabei um eine bewusste Entscheidung für einen engen Leistunsbegriff und für nach Ausmaß der Pflichtverletzung differenzierende Rechtsfolgen gehandelt haben.

### d) Adaptation der „positiven Vertragsverletzung" im Laufe des 20. Jahrhunderts durch Rechtsprechung und Literatur

#### (1) Anerkennung in Rechtsprechung und überwiegenden Teilen der Literatur

Anknüpfend an die Rechtsprechung des Reichsgerichts hat der BGH in einem Urteil vom 13. November 1953[72] das Institut der „positiven Vertragsverletzung" in seine Rechtssprechung übernommen. Es wird anerkannt, dass der geschädigte Part bei einem gegenseitigen Vertrag nicht auf den Ersatz des negativen Vertrauensinteresses beschränkt bleibt, sondern ihm darüber hinaus die Rechte der §§ 286, 326 BGB a.F. ihrem Inhalt nach zustehen und ihm somit nach seiner Wahl ein Anspruch auf Schadensersatz wegen Nichterfüllung oder ein Rücktrittsrecht gewährt wird. Den Rechtsgrund für diese durch die „positive Vertragsverletzung" dem Gläubiger zugestandenen Rechte sieht der Bundesgerichtshof im Grundsatz von Treu und Glauben des § 242 BGB[73].

Der Existenz eines allgemeinen Grundsatzes, nach dem jede schuldhafte Leistungsstörung, die durch eine Verletzung der im weitesten Sinne zu verstehenden Vertragspflichten den anderen Vertragsteil schädigt, eine Pflicht zum Schadensersatz begrün-

---

71 Eduard Müller, in Livre du Centenaire, II, 625.

72 *Ouistreham Entscheidung*, BGH NJW 1954, 229.

73 *Ouistreham Entscheidung*, BGH NJW 1954, 229: „Zur Erfüllung einer Vertragsverbindlichkeit gehört alles, was aus dem Vertrage vom Vertragsschuldner verlangt werden kann. In diesem weiten Sinne umfaßt die Verbindlichkeit nicht nur alle Haupt- und Nebenpflichten, wie [...] Obhutspflichten [...], sondern auch die sog. reinen „Gläubigerobliegenheiten" [...].Soweit die schuldhafte Forderungsverletzung nicht die im BGB geregelten Sondertatbestände der Unmöglichkeit der Leistung und des Verzugs zur Folge hat und einen über das Erfüllungsinteresse hinausgehenden Schaden verursacht, ist dieser Schaden gem. §§ 249 ff. BGB zu ersetzen. [... D]er von der positiven Vertragsverletzung betroffene Vertragsteil kann vielmehr unter gewissen Voraussetzungen weitere Rechte geltend machen, die ihrem Inhalt nach zwar den sich aus §§ 325, 326 BGB ergebenden Rechten entsprechen, die ihrem Rechtsgrund aber letztlich in § 242 BGB finden.".

det, stimmt der BGH zu. Er widerspricht jedoch der Ableitung einer Schadensersatzanspruchsgrundlage aus § 276 BGB, da „diese Vorschrift nach richtiger Auffassung nur einen Haftungsmaßstab enthält, aber keine Rechtsfolge ausspricht". Insoweit schließt sich der BGH der Sichtweise *Staub*s an und sieht die Grundlage eines Schadensersatzanspruches in der rechtsähnlichen Anwendung der Bestimmungen über die Folgen der verschuldeten Unmöglichkeit und des Verzuges, §§ 280, 286, 325, 326 BGB a.F.[74].

In der Literatur ist das Rechtsinstitut der „positiven Vertragsverletzung" im Laufe des 20. Jahrhunderts weitestgehend kritiklos als Anspruchsgrundlage anerkannt worden. Die überwiegende Meinung[75] nahm bis zur Einführung eines allgemeinen Pflichtverletzungstatbestandes im Rahmen der Schuldrechtsreform in Einklang mit *Staub* eine Regelungslücke im Gesetz an, welche es mittels der „positiven Vertragsverletzung" zu füllen galt. So unterschied beispielhaft *Medicus* in seinem Lehrbuch zum BGB zwischen drei Arten der Leistungsstörung und hat dabei neben der gesetzlich geregelten Unmöglichkeit und Verzug die „positive Vertragsverletzung" als dritte Kategorie der Leistungsstörungen aufgeführt[76].

Während *Staub* für die Entwicklung der „pVV" noch schwerpunktmäßig von Fällen der Schlechtleistung der Hauptpflicht oder Verstößen gegen wettbewerbsrechtliche Absprachen ausgegangen war[77], hat das Reichsgericht eine vertragliche Haftung im Sinne der „pVV" auch für die Fälle anerkannt, in denen sich der „Schadensersatzanspruch nicht auf einem Mangel des gelieferten Werkes" begründet, sondern auf einer durch „positives Zuwiderhandeln gegen die pflichtmäßige Sorgfalt bei der Herstellung des noch nicht vollendeten Werkes begangenen Vertragsverletzung"[78]. Bezeichnenderweise statuiert das Reichsgericht eine solche Schutzpflicht ausgehend von Fällen, wo Reisende bei der Erfüllung eines Beförderungsvertrages zu Schaden gekommen sind, und geht damit von Fallkonstellationen aus, die auch in Frankreich die Grundlage für die Entwicklung des Instituts der „obligation de sécurité" bildeten[79].

---

74 *Ouistreham Entscheidung*, BGH NJW 1954, 229.

75 S. nur Larenz/Canaris, Methodenlehre der Rechtswissenschaft, 193f.; Medicus, Schuldrecht I, AT, Rn 503; Esser/Schmidt, Schuldrecht, Band I, AT, Tb. 2, § 29 III.

76 Medicus, Bürgerliches Recht (20. Aufl., 2004), Rn 236; ders., Schuldrecht I, AT, Rn 294 ff.

77 Staub, Die positiven Vertragsverletzungen, 93, 98: von *Staub* bemühte Beispiele eines Weiterverkaufs von Ware ins Ausland entgegen anders lautender Abrede und des Verkauf wurmstichiger Äpfel, durch die auch die gesunden Äpfel des Käufers mit Würmern befallen werden.

78 RGZ 55, 335 (337), wenn auch ohne explizite Benennung des Instituts der „pVV"; RGZ 62, 119 (122).

79 So z.B. Cour de Paris, civ. 1ère, 27 nov. 1866, S. 1867, II, 320; Cour de Bourges, 19 fév. 1872, D. 1872, II, 76, in beiden Fällen Haftung noch auf Grundlage der artt. 1382f. CCiv.; *affaire Zbidi Hamida ben Mahmoud c. Compagnie Générale Transatlantique*, CCass. civ., 21 nov. 1911, D. 1913, I, 249 (253); *affaire Mestelan*, CCass. civ., 27 janv. 1913, D. 1913, I, 249 (255); *affaire Donat*, CCass. civ., 21 avr. 1913, D. 1913, I, 249 (257).

### (2) Vereinzelte Ablehnung in der Literatur

Anknüpfend an das weite Leistungsverständnis *Himmelschein*s wurde an dem Institut der „pVV" aber auch vereinzelt Kritik geübt. Angestoßen durch *Himmelschein*s Überlegungen, dass die Pflichten des Schuldners sich nicht immer, beziehungsweise sich in jedem Fall nicht ausschließlich auf einen materiellen Gegenstand beziehen, und der Leistungsbegriff entsprechend auf das gesamte Schuldnerverhalten ausgedehnt werden müsste, wurde deutlich, dass es sich bei der „positiven Vertragsverletzung" im Grunde um ein Auffangbecken verschiedenster Pflichtverletzungen handelte. Statt der Erschaffung eines solchen völlig heterogenen „dritten Pflichtverletzungstatbestandes" wäre nach der Ansicht mancher Autoren die Erweiterung des Leistungs- und dadurch spiegelbildlich auch des Unmöglichkeitsbegriffes eine Alternative gewesen, über die es sich gelohnt hätte nachzudenken.

So wurde der an ein zeitliches Moment geknüpfte Aspekt der Qualität der geschuldeten Leistung von einigen Literaturvertretern mit in den Leistungsbegriff aufgenommen[80]. Fälle von Schlechtleistung stellen somit laut *Emmerich* stets eine – auf §§ 323 Abs. 1 2. HS, 325 Abs. 1 S. 2 BGB a.F. zu stützende – teilweise Unmöglichkeit dar. Wie schon *Himmelschein*[81] räumt auch *Emmerich* ein, dass die Formulierung des Gesetzes im Hinblick auf die Einordnung der Schlechtleistung als (Teil-) Unmöglichkeit zwar mangelhaft ist, sieht darin aber keinen Grund „eine Gesetzeslücke zu konstruieren, um dann zu ihrer Schließung ein neues Rechtsinstitut zu erfinden"[82].

Auch *Ulrich Huber* geht von einem Generaltatbestand der Leistungsstörung aus: Darunter versteht er sowohl die Nichterbringung der geschuldeten Leistung als auch die Erbringung der geschuldeten Leistung in einer Art und Weise, die nicht mit dem übereinstimmt, was nach Gesetz, Vertrag oder allgemeinen Rechtsprinzipien vorgeschrieben ist. Unter diesen Tatbestand fasst er neben Fällen des schlichten Ausbleibens der Leistung – durch Unmöglichkeit begründete Nichterfüllung und Nichterfüllungen, die einen Verzug zur Folge haben – auch die Fälle fehlerhafter Leistung, wozu er die „positive Vertragsverletzung" zählt. Innerhalb dieses Generaltatbestandes der Leistungsstörung umfasst nach Auffassung *Huber*s das Tatbestandsmerkmal der Nichterfüllung nicht nur das (vorübergehende) Ausbleiben der Leistung, sondern im weiteren Sinne auch die Schlechtleistung[83]. Dementsprechend zählt *Huber* nicht nur die gegenständliche Erbringung, sondern auch die Mangelfreiheit der Hauptleistung sowie den sorgfältigen Umgang mit den Rechtsgütern des Gläubigers zum Inhalt der Leistungspflicht[84]. Neben einem weiteren Leistungsverständnis sieht *Huber* – wie zuvor bereits

80 Emmerich, Leistungsstörungen, 4. Aufl. (1997), § 2 III 7, § 20 III; MüKo/Emmerich (4. Aufl.-Voraufl., 2001), § 275 Rn 54; Staudinger/Otto (Neubearbeitung 2001), Vorbem zu §§ 323-327 Rn 6; Erman/Westermann, § 275 Rn 9; Enneccerus/Lehmann, Schuldrecht, § 47 III; ablehnend Soergel/Wiedemann, (12. Aufl., 1990), § 275 Rn 48.

81 Himmelschein, AcP 135 (1932), 255 (279).

82 Emmerich, Leistungsstörungen, 4. Aufl. (1997), § 20 III.

83 Ulrich Huber, Leistungsstörungen, I, § 1 I 1, 2; ders., in FS von Caemmerer (1978), 837 (844).

84 Soergel/Ulrich Huber, (12. Aufl., 1991), Vor § 459 Rn 152; ders., in FS von Caemmerer (1978), 837 (848f.); s. zum Ansatz *Huber*s auch Schur, Leistung und Sorgfalt, § 5 IV 4 b) aa) (1).

*Crome* (s. Kapitel B.I.1.b).(1)) und auch das Reichsgericht (s. Kapitel B.I.1.b).(1) und B.I.1.c)) – in der Norm des § 276 BGB einen allgemeinen Haftungstatbestand, welcher eingreift, soweit besondere Bestimmungen über Haftungssanktionen im Schuldrecht fehlen[85]. Anders als *Himmelschein* dehnt *Huber* den Leistungsbegriff aber nicht derart aus, dass bereits die nicht rechtzeitige oder zunächst mangelhafte Erfüllung sofort eine – zumindest teilweise – Unmöglichkeit verursacht. Für die Masse der über die „pVV" abgewickelten Fälle, sieht *Huber* in der Unmöglichkeit keine brauchbare Kategorie. Denn zum einen werde die Erfüllung des Vertrages durch eine im ersten Anlauf mangelhafte Leistung nicht unmöglich, sondern es bleibe dem Gläubiger unbenommen, die Erbringung einer mangelfreien Leistung zu fordern. Unmöglich sei hingegen nur, den durch die erstmalig schlecht erbrachte Leistung eingetretenen Schaden durch die erneute Leistung wieder zu beseitigen[86]. *Huber* unterscheidet also auf der Ebene des Schadensersatzes zwischen dem verletzten Interesse, welches durch die fehlerfreie Nachholung der Leistung befriedigt werden kann, und dem Interesse, welches darin besteht, die darüber hinaus in Folge der Nichterfüllung eingetretenen Schäden ersetzt zu bekommen. Er spricht insoweit von dem übergreifenden Interesse des Gläubigers an einer rechtzeitigen, fehlerfreien Erfüllung der Verbindlichkeit, wovon ein Teil in dem Interesse besteht, nicht durch vertragswidriges Verhalten des Schuldners geschädigt zu werden – von *Huber* als „Ausgleichsinteresse" bezeichnet[87]. Indem *Huber* § 276 BGB die Funktion eines General-Haftungstatbestand zuschreibt, bleibt nach seiner Sicht keine Lücke, die mit dem „vermeintlich selbstgeschaffenen Rechtsinstitut der „positiven Vertragsverletzung" ausgefüllt werden müsste. Statt über das Rechtsinstitut der „pVV" hätten die Verletzungen dieses „Ausgleichsinteresses"[88] über § 276 BGB als allgemeine Haftungsregel abgewickelt werden können[89].

Den gleichen Ansatz verfolgte auch schon *Jakobs*, der zwar die Nichterfüllung nicht zum Generaltatbestand ausweitet und auch § 276 BGB nicht als Generalhaftungstatbestand verstanden wissen will, aber ebenso wie *Huber* zwischen den durch das Schuldnerverhalten verletzten Gläubigerinteressen differenziert. Ausgehend von der Erkenntnis, dass es in manchen Fällen einen Schadensersatzanspruch des Gläubigers außer-

85 Ulrich Huber, Leistungsstörungen, I, § 3 II 2: Zwar sei der Tatbestand und die Rechtsfolge des § 276 BGB im Gesetz nur „fragmentarisch" umschrieben, doch ließe sich „das Fehlende leicht ergänzen": Vorsatz und Fahrlässigkeit müssten sich auf die Nichterfüllung beziehen und als Rechtsfolge käme nur Schadensersatz in Frage. – „Der Gesetzgeber glaubte ja nicht, daß derjenige, der das Gesetz anzuwenden hat, bei jedem Schritt an der Hand geführt werden müsse, sondern daß er imstande sei, solche Schlüsse zu ziehen, wie sie das RG aus § 276 tatsächlich gezogen hat.", § 2 IV 2a). Für Nachweise, dass das komplette BGB auf einem derartiges Verständnis des § 276 fusst, s. § 3 II 3a).

86 Ulrich Huber, Leistungsstörungen, I, § 3 II 3c).

87 Ulrich Huber, in FS von Caemmerer (1978), 837 (860f.); s.auch ders., Leistungsstörungen, I, § 3 II 3 c).

88 Dabei denkt *Huber* allerdings nicht an Schäden, die in Folge der Verletzung allgemeiner, auch gegenüber Dritten bestehender Verkehrspflichten entstehen. Diese Pflichtverletzungen sollten seiner Ansicht nach besser dort verortet werden, wo sie ihrer Begründung nach hingehörten, nämlich ins Deliktsrecht (s. Kapitel B.III.3).

89 Ulrich Huber, Leistungsstörungen, I, § 3 II 2, 3d).

halb von Unmöglichkeit und Verzug geben muss, lässt sich *Jakobs* bei der Erarbeitung von dessen Voraussetzungen von der gesetzlichen Prämisse des Vorrangs der Naturalleistung leiten[90].

Die Funktion der Unmöglichkeit im Tatbestand des § 280 BGB a.F. läge nicht darin, einen Haftungsgrund zu liefern, sondern lediglich ein Umschwenken zu ermöglichen, statt der ursprünglichen Leistung etwas anderes zu verlangen. Dementsprechend setze eine Ersatzpflicht des Schuldners nicht zwangsläufig Unmöglichkeit voraus, vielmehr könne auch bei Möglichkeit der Leistung Schadensersatz nicht nur wegen Verzug verlangt werden, „sofern der Schuldner dem Gläubiger einen Schaden ... durch die Verletzung einer Pflicht zufügt, deren Erfüllung keine Leistung an den Gläubiger ist“[91]. Dabei ist zwar zu bedenken, dass im Falle einer Unterlassenspflicht die Unmöglichkeit sofort bei erstmaligem Verstoß eintritt. Allerdings macht eine Berücksichtigung des Gebots des Vorrangs der Erfüllung in Natur hier keinen Sinn, da es bei der Leistung des Schuldners nicht darum geht, dass der Gläubiger etwas bekommt, sondern dass er in dem, was er bereits hat, nicht beeinträchtigt wird. Auf diesem Wege gelangt auch *Jakobs* zu einer Ersatzpflicht des Schuldners für das sogenannte „negative Interesse“ des Gläubigers[92]: So bestünde für Verletzungen von Unterlassungs- oder Schutzpflichten ohne weiteres eine Schadensersatzpflicht; für Verletzungen der Leistungspflicht durch Schlechtleistung, die sich in einer Gefährdung der Rechtsgüter des Gläubigers auswirken, dürfe nichts anderes gelten – denn „hier wie dort geht es um den Ersatz des negativen Interesses“[93].

Eine entsprechende Unterscheidung zwischen positivem und negativem Interesse, welche im Rahmen des Instituts der „positiven Vertragsverletzung“ eben unberücksichtigt bleibt, nahm so bereits *Heinrich Stoll* zum Anlass sich von der „pVV“ schon kurze Zeit nach ihrer Einführung wieder zu verabschieden[94]. Zuvor hatte bereits *Kreß*, der damit die Unterscheidung zwischen Leistungs- und Schutzpflicht einführte, zwischen dem auf Leistung und dem auf Vorbeugung gerichteten Interesse differenziert[95].

Im Zuge der Schuldrechtsreform hat sich *Thomas Fliegner* erneut mit dem Leistungsbegriff des BGB auseinandergesetzt[96] und kommt ebenso wie *Jakobs* zu der Auffassung, dass zwischen dem Interesse des Gläubigers, „dass etwas geschieht“ (positives Interesse) und dem Interesse des Gläubigers, „dass etwas nicht geschieht“ (negatives Interesse) unterschieden werden müsse[97]. Diese Differenzierung, die deutlich macht, dass es bei einer Verletzung des negativen Interesses der Voraussetzungen des § 280 BGB a.F. für einen Schadensersatzanspruch gar nicht bedurft hätte, hat *Himmel-*

90 Jakobs, Unmöglichkeit und Nichterfüllung, 29.
91 Jakobs, Unmöglichkeit und Nichterfüllung, 30.
92 Jakobs, Unmöglichkeit und Nichterfüllung, 33.
93 Jakobs, Unmöglichkeit und Nichterfüllung, 37, 45.
94 Heinrich Stoll, AcP 136 (1932), 257(287 ff).
95 Kreß, Lehrbuch des allg. Schuldrechts, § 23.
96 Fliegner, Der Leistungsbegriff des neuen Schuld- und AGB-Rechts (2006).
97 Fliegner, Leistungsbegriff, Rn 79 ff.

*schein* seinerzeit nicht vorgenommen. Genauso wie *Himmelschein* mit seiner Wiederbelebung des § 276 Abs. 1 S. 1 BGB als allgemeiner Haftungsnorm bei Verschulden, so missachtet auch die herrschende Meinung mit der Einführung des Generaltatbestandes der „pVV" die vom Gesetzgeber gewollte Hervorhebung des Vorrangs der Primärerfüllung[98]. Insbesondere der Rückgriff auf das Institut der „pVV" in Fällen von Schlechtleistung im Rahmen von Verträgen ohne eigene Gewährleistungsvorschriften verkennt das Anliegen des Gesetzgebers, bei Beeinträchtigungen des positiven Interesses Schadensersatz nur unter den zusätzlichen Voraussetzungen der §§ 280 ff BGB a.F. zu gewähren. Daneben wurden aber auch durch Mangelfolgeschäden infolge von Schlechtleistungen bedingte Störungen des negativen Gläubigerinteresses über die „positive Vertragsverletzung" abgewickelt. Die gleiche Zweiteilung der „pVV" bestand im Bezug auf Nebenpflichtverletzungen, die sich auf die eigentliche Leistung wie auch auf die Integrität des bestehenden Gläubigervermögens beziehen konnten. Vor dem Hintergrund der erstrebten Beschränkung des Schadensersatzes bei Verletzungen des Leistungsinteresses auf Fälle, in denen eine fehlerfreie Erfüllung nicht mehr möglich ist, habe das Institut der „pVV" als Anspruchsgrundlage für Verletzungen des positiven Interesses folglich den Willen des Gesetzgebers konterkariert. Insofern böte der neue § 280 Abs. 1 BGB nunmehr eine Anspruchsgrundlage für all jene Schadensfälle, auf die sich die „positive Vertragverletzung" eigentlich hätte beschränken sollen[99]. Mit dem Zusammenspiel der §§ 280 und 281 BGB im neuen Schuldrecht wurde also die Unterscheidung zwischen positivem und negativem Interesse unter Berücksichtigung des Vorrangs der Primärerfüllung ausdrücklich kodifiziert.

### e) Kodifikation der „positiven Vertragsverletzung" im Rahmen der Schuldrechtsreform

Grund für die Modernisierung des Schuldrechts war das Bestreben des Gesetzgebers, dass sich das geltende Recht auch aus der Lektüre des Gesetzes erschließen sollte. Dies war jedoch fast 100 Jahre nach Inkrafttreten des BGB nicht mehr gewährleistet. Stattdessen seien insbesondere die schuldrechtlichen Bestimmungen des BGB „von einem [...] Firnis von Richterrecht überzogen"[100] gewesen. Standard-Beispiel für solche richterrechtlich etablierten Rechtsfiguren war die „positive Vertragsverletzung"[101]. Dieses das Schuldrecht prägende Nebeneinander von gesetzlich geregelten und von der Rechtsprechung rechtsfortbildend entwickelten Ansprüchen und die damit einhergehenden Abgrenzungsschwierigkeiten hat nach Auffassung des Gesetzgebers eine Neuordnung unter Einbeziehung der richterrechtlichen Institute notwendig gemacht[102].

---

98 Fliegner, Leistungsbegriff, Rn 94, 96, 105.

99 Fliegner, Leistungsbegriff, Rn 152.

100 BMJ, Abschlußbericht, 14.

101 BMJ, Abschlußbericht, 13; BT-Drucks. 14/6040, 84; Dauner-Lieb, in Zivilrechtswissenschaft und Schuldrechtsreform, 305.

102 BT-Drucks. 14/6040, 84.

Im neuen Schuldrecht fungiert nunmehr der Begriff der „Pflichtverletzung“ als Mittelpunkt und einheitlicher Grundtatbestand jedweder Störungen in der Beziehung zwischen Schuldner und Gläubiger, siehe § 280 Abs. 1 BGB. Dieser Begriff deckt mit der Unmöglichkeit, dem Verzug, der mangelhaften Leistung sowie der Verletzung leistungsbezogener und nicht leistungsbezogener Nebenpflichten alle möglichen Abweichungen vom geschuldeten Verhalten ab und bezeichnet lediglich ein objektiv nicht dem Geschuldeten entsprechendes Benehmen des Schuldners[103]. Die speziellen Rechtsfolgenregelungen der §§ 281 ff BGB werden allerdings wieder im Hinblick auf die Art der Pflichtverletzung und das verletzte Gläubigerinteresse ausdifferenziert[104]. Damit besteht jetzt, wie damals bereits schon von *Himmelschein* vorgeschlagen, ein genereller Tatbestand zur Sanktion jeglichen Zurückbleibens hinter dem Geschuldeten, dessen Verwirklichung aber abweichend keine sofortige Unmöglichkeit bedeutet, sondern dem Schuldner grundsätzlich die Möglichkeit einer Nacherfüllung und dem Gläubiger eine auf die Störung abgestimmte Rechtsfolge bietet. Diese einschneidende Umstellung von einer Anknüpfung an konkrete Leistungsstörungen auf einen allgemeinen Generaltatbestand der Pflichtverletzung wird vom Gesetzgeber als Kodifikation der „positiven Vertragsverletzung“ verstanden. Der Begriff der „positiven Vertragsverletzung“ taucht zwar im modernisierten Schuldrecht gar nicht auf und es wird auch kein „dritter Tatbestand einer Leistungsstörung“ neben Verzug und Unmöglichkeit eingeführt. Stattdessen wird aber der Ansatz dieses Rechtsinstituts, einen Auffangtatbestand für alle zuvor nicht ausdrücklich geregelten Formen der Störung zu bieten, zum grundlegenden Prinzip verallgemeinert[105]. Denn wenn unter der „positiven Forderungsverletzung alle Pflichtverletzungen“ verstanden wurden, „die weder Unmöglichkeit, noch Verzug herbeiführen, so beruht dies auf der Erkenntnis, dass auch die Nichtleistung wegen Unmöglichkeit und der Verzug Pflichtverletzungen darstellen“[106]. *Dauner-Lieb* spricht insoweit treffend von einer „Kodifikation kraft Systemwechsels“[107].

Vor der Schuldrechtsreform fungierte die „positive Vertragsverletzung“ als Sammelbecken unterschiedlicher Fallgruppen von Pflichtverletzungen. Die Literatur unterschied grundlegend zwischen der schlechten Erfüllung einer primären Leistungspflicht (Schlechtleistung) und der Nichterfüllung von Schutz- oder weiteren Verhaltenspflichten[108]: Als Ergänzung des Gewährleistungsrechts wurde die Figur der „positiven Vertragsverletzung“ in Konstellationen verwendet, in denen die im Zuge einer fahrlässigen Schlechterfüllung gelieferte fehlerhafte Sache Schäden an anderen absoluten

103 BT-Drucks. 14/6040, 134f.

104 Dauner-Lieb, in Das neue Schuldrecht, § 2 Rn 11 ff.

105 BT-Drucks. 14/6040, 92; Dauner-Lieb, in Das neue Schuldrecht, § 2 Rn 15.

106 BT-Drucks. 14/6040, 92.

107 Dauner-Lieb, in Zivilrechtswissenschaft und Schuldrechtsreform, 305 (309).

108 So z.B. Medicus, Schuldrecht I, AT, Rn 503 ff; Köpcke, Typen der positiven Vertragsverletzung, der eine Unterteilung in Fälle der Schlechtleistung und der Vertrauensverletzung vornimmt.

Rechtsgütern des Käufers verursacht hatte[109]. Für diese Fälle des sogenannten Mangelfolgeschadens wurde eine Lösung über die „pVV“ mit dem Urteil des Reichsgerichts bezüglich des Verkaufs von giftigem Pferdefutter, welches zum Tod der Pferde des Käufers führte[110], anerkannt. Der zweite Regelungsbereich der „positiven Vertragsverletzung“, der Verstöße gegen weitere Verhaltenspflichten zum Inhalt hatte, war deutlich inhomogener. Manche Autoren sahen unter diesem zweiten Aspekt neben den Schutzpflichten im engeren Sinn, welche Körper und Eigentum des anderen Teils schützen sollen, auch Nebenpflichten mit einem gewissen Leistungsbezug erfasst, welche die zweckgerichtete Durchführung des Schuldverhältnisses sichern sollen – wie zum Beispiel Aufklärungspflichten[111]. Andere fassen hierunter ausschließlich Verstöße gegen nicht leistungsbezogene Schutzpflichten[112]. Diese Vielfältigkeit der erfassten Pflichtverletzungen war für manche sogar Anlass eine Abkehr von der „pVV“ zu fordern[113]. Stattdessen ist das Instrument der „positiven Vertragsverletzung“ heute mittlerweile im BGB ausdrücklich normiert: § 280 Abs. 1 BGB tritt an die Stelle des richtig verstandenen Anwendungsbereichs der „pVV“[114]. Die Fälle einer positiven Vertragsverletzung, die zuvor als Verstoß gegen eine weitere Verhaltenspflicht behandelt wurden, sind über die Anspruchsgrundlage der §§ 241 Abs. 2, 280 Abs. 1 BGB nunmehr explizit gesetzlich erfasst. Mangelfolgeschäden werden als Verletzungen des Integritätsinteresses infolge von Schlechtleistung direkt über § 280 Abs. 1 BGB – gegebenenfalls unter Berücksichtigung gewährleistungsrechtlicher Bestimmungen – abgewickelt (s. Kapitel D.I.1.a).(1)).

Grundlegend klargestellt direkt am Anfang des 2. Buches des BGB mit dem um einen Absatz II erweiterten § 241 BGB findet eine ausdrückliche Aufteilung der aus einem Schuldverhältnis entspringenden Pflichten in Leistungs- und sogenannte Rücksichts- oder Schutzpflichten statt[115]. So spiegelt das neue Recht die grundsätzliche Zweiteilung in Leistungspflichten und weitere Verhaltenspflichten deutlich wieder.

Damit hat der deutsche Gesetzgeber letztlich einen ähnlichen Weg begangen, wie er in Frankreich bereits 200 Jahre zuvor mit der Differenzierung zwischen den Anforderungen des art. 1134 al. 3 CCiv. – „exécution de bonne foi d'une convention – und art. 1135 – la convention oblige aussi „à toutes les suites que l'équité, l'usage ou la loi donnent à l'obligation“ – angelegt wurde (s. Kapitel B.II.3). In beiden Rechtssystemen wird eine Leistungserbringung entsprechend des Grundsatzes von Treu und Glauben gefordert, § 242 BGB / art. 1134 al. 3 CCiv, wobei § 242 BGB in Deutschland auch

109 Erman/Grunewald (10. Aufl., 2000), Vor § 459 Rn 32.

110 RGZ 66, 289.

111 Dauner-Lieb, in Zivilrechtswissenschaft und Schuldrechtsreform, 305 (312); Schünemann, JuS 1987, 1 (6f.), der neben der Schutzpflicht von einer sogenannten Durchführungspflicht spricht; Krebs, Sonderverbindung und außerdeliktische Schutzpflichten, 439; Esser/Schmidt, Schuldrecht, Band I, AT, Tb. 2, § 29 III 2; MüKo/Emmerich (4. Aufl.-Voraufl., 2001), Vor § 275, Rn 253 ff.

112 Medicus, Schuldrecht I, AT, Rn 503 ff (506).

113 Heinrich Stoll, AcP 136 (1932), 257.

114 Fliegner, Leistungsbegriff, Rn 139.

115 BT-Drucks. 14/6040, 125.

als Rechtsgrundlage für die zusätzlich zur vereinbarten Leistungspflicht bestehenden Schutzpflichten herangezogen wurde. Mit § 241 Abs. 2 BGB ist im deutschen Recht nun ein normatives Pendant zu art. 1135 CCiv. hinzugekommen, wodurch die neben dem expliziten Leistungsinhalt eines Schuldverhältnisses automatisch hinzutretende zweite Ebene nicht ausdrücklich vereinbarter Pflichten zum Schutze des Gegenübers explizit benannt wird[116]. Allerdings unterscheiden sich die Normen im Ausmaß der möglichen Rechtsverhältnisse, welche als Bezugs-Verbindung Schutzpflichten generieren können. Naturgemäß stellt der Code Civil, dem eine gemeinsame Abhandlung von Schuldverhältnissen im Allgemeinen – eine Besonderheit des deutschen BGB – unbekannt ist, nur auf vertragliche Verbindungen ab. Jedoch muss man im Hinblick auf das deutsche Schuldrecht relativieren, dass zwar die Regeln des BGB über Pflichtverletzungen für alle Schuldverhältnisse – vertragliche wie gesetzliche – gelten, es aber die vertraglichen Schuldverhältnisse und hier vor allem Schuldverhältnisse aus gegenseitigen Verträgen sind, die in dieser Hinsicht die weitaus größere praktische Bedeutung haben. Sie stehen im Mittelpunkt der Regeln der Pflichtverletzungen – nur ihretwillen sind die gesetzlichen Normen so geworden, wie sie sind. Das Recht der Pflichtverletzungen ist in seinem Kern Vertragsrecht[117].

## 2. Terminologie und Inhalt der Rücksichtspflichten

### a) Uneinheitliche Terminologie

Bis zur gesetzlichen Neufassung des § 241 BGB war die Terminologie bezüglich der Rücksichtspflichten ohne Leistungsbezug uneinheitlich[118]. So wurden sie von vielen Autoren gemäß ihrem Zweck, einen Schutz der Rechtsgüter der anderen Partei vor Schädigungen zu garantieren, als „Schutzpflichten" bezeichnet[119]. Andere sprechen von den leistungsunabhängigen Pflichten als „Sorgfaltspflichten"[120], wobei diese Bezeichnung weniger das geschuldete Verhalten, als einen Haftungsmaßstab zum Ausdruck bringt. Daneben wurden als Sammel- und Oberbegriffe auch die Bezeichnungen „weitere Verhaltenspflichten"[121] oder „Nebenpflichten"[122] benutzt.

---

116 So auch Fikentscher/Heinemann, Schuldrecht, Rn 42, 208.

117 S. dazu Ulrich Huber, Leistungsstörungen, I, § 2 I / II.

118 Überblick bei Staudinger/Olzen, § 241 Rn 154 und Gernhuber, Das Schuldverhältnis, § 2 IV 2.

119 Thiele, JZ 1967, 649; Gerhardt, JuS 1970, 535; Medicus, Probleme um das Schuldverhältnis, 15 ff; Heinrich Stoll, AcP 136 (1932), 257; Kreß, Lehrbuch des allg. Schuldrechts, § 1 Nr. 2, § 23 Nr. 1c); Frost, „Vorvertragliche" und „vertragliche" Schutzpflichten.

120 Werner Lorenz, JZ 1960, 108 (111); Stürner, JZ 1976, 384; Evans-von Krbek, AcP 179 (1979), 85.

121 Gernhuber, Das Schuldverhältnis, § 2 IV 2, der die Schutzpflichten als eine Untergruppe der weiteren Verhaltenspflichten sieht; Larenz, Schuldrecht I, § 2 1, der die weiteren Verhaltenspflichten in Schutz- und Loyalitätspflichten unterteilt.

122 Canaris, JZ 1965, 475, der die Schutzpflichten als Unterfall der Nebenpflichten betrachtet; von Bar, AcP 179 (1979), 452 (467), der die Nebenpflichten in Schutz- und Loyalitätspflichten unterteilt; Henckel, AcP 174 (1974), 97 (111); Esser/Schmidt, Schuldrecht I, 1, § 6 IV, wo eine Unterteilung der Nebenpflichten in „Gutleistungspflichten" zur Vermeidung von Mangelfolgeschäden und Schutzpflichten vorgenommen wird; Erman/Hohloch, § 242 Rn 64 ff.

Der Gesetzgeber hat mit der Einführung des zweiten Absatzes zu § 241 BGB diese bis dato unter vielfältigen Begriffen geführten Pflichten unter der Bezeichnung „Rücksichtspflichten“ in das Gesetz aufgenommen, obwohl der Begriff der Rücksichtnahme in diesem Sachzusammenhang eher unüblich ist, da er sehr weit gefasst ist und ebenfalls den Kernbereich der Treuepflicht aus § 242 BGB betrifft[123]. Aus der Begründung zum Entwurf eines Schuldrechtsmodernisierungsgesetzes, wo dennoch einerseits der Begriff der „Schutzpflichten“, als auch andererseits der Begriff der „weiteren Verhaltenspflichten“ wieder aufgegriffen wird[124], lässt sich aber erkennen, dass an den Pflichtenkreis, in dem Sinne, wie er auch bisher von einem Großteil der Literatur verwendet wurde, angeknüpft werden soll. Dementsprechend wurde auch von einem Teil der Autoren an ihrer bisherigen Wortwahl festgehalten[125].

### b) Schutzinhalt der Rücksichtspflichten

Auch die inhaltliche Einteilung der verschiedenen Arten der Rücksichtspflichten erfolgt uneinheitlich. Dies liegt nicht zuletzt darin begründet, dass § 241 Abs. 2 BGB selbst keine Konkretisierung der „Rücksichtspflichten“ enthält, sondern ein ausfüllungsbedürftiges Blankett darstellt[126]. Mit der Einführung eines zweiten Absatz in Abgrenzung zum früheren § 241 BGB, der nunmehr einen separaten ersten Absatz bildet, hat sich der Gesetzgeber der modernen Schuldrechtslehre[127] angeschlossen und eine ausdrückliche Unterscheidung zwischen Leistungspflichten und leistungsunabhängigen Rücksichtspflichten vorgenommen. Entsprechend dieser Unterteilung dienen die Rücksichtspflichten dem Schutz des Integritätsinteresses; Zielsetzung ist die Bewahrung der gegenwärtigen Güterlage („status quo“). Dem gegenüber sind die Leistungspflichten auf eine Veränderung der Güterlage gerichtet („status ad quem“); das mit ihnen verfolgte Interesse wird als Erfüllungs- oder Äquivalenzinteresse bezeichnet[128].

Eine Typisierung der einzelnen Rücksichtspflichten kann aufgrund ihrer Vielfältigkeit hier nicht vorgenommen werden; zur Orientierung soll nur eine grobe Aufteilung im Folgenden dienen[129]: Im Wesentlichen können mit den Obhuts- und Fürsorgepflichten auf der einen und den Informationspflichten auf der anderen Seite zwei Gruppen von Rücksichtspflichten unterschieden werden. Während das Integritätsinte-

---

123 Krebs, DB Beilage 14/2000, 9.

124 BT-Drucks. 14/6040, 125.

125 So z.B. Palandt/Grüneberg, § 241 Rn 7, der bei den möglichen Ausgestaltungen der Rücksichtspflichten vor allem zwischen Schutz- und Aufklärungspflichten unterscheidet; Jauernig/Mansel, § 241 Rn 9f.; Medicus/Petersen, Bürgerliches Recht, Rn 203; Looschelders, Schuldrecht AT, Rn 21 ff, 502 ff.

126 Dauner-Lieb, in Zivilrechtswissenschaft und Schuldrechtsreform, 316; Staudinger/Olzen, § 241 Rn 425.

127 Medicus, Das neue Schuldrecht, Kap. 3, Rn 203; Larenz, Schuldrecht I, § 2 I; Esser/Schmidt, Schuldrecht I/1, § 6 III, IV; Thiele, JZ 1967, 649 (650).

128 BT-Drucks. 14/6040, 125; Thiele, JZ 1967, 649 (650).

129 Orientierung an Aufteilung in Staudinger/Olzen, § 241; für eine Systematisierung s. auch Markus Müller/Hempel AcP 205 (2005), 246 (261 ff).

resse über die Informationspflichten nur mittelbar geschützt wird – den Schuldner trifft lediglich die Pflicht zur Weitergabe von Informationen, die den Gegenüber selbst in die Lage versetzen, seine eigenen Interessen zu wahren –, verpflichten die Obhuts- und Fürsorgepflichten zu einem aktiven Tun oder Unterlassen, um den Bestand der absoluten Rechtsgüter einschließlich des Vermögens des Gegenübers zu beschützen. Die Aufteilung der letztgenannten Schutzpflicht in zwei Ausprägungen erklärt sich durch die Differenzierung zwischen Pflichten, die sich auf den Schutz von Gegenständen beziehen – Obhutspflichten – und solchen die die Rücksichtnahme auf Personen beinhalten – Fürsorgepflichten[130]. Der im Rahmen der Schuldrechtsreform neu in dem Schutzbereich der Rücksichtspflichten mit aufgenommene freie Wille einer Person und ihre Entschließungsfreiheit sind wohl ausschließlich von der Informationspflicht erfasst und werden durch die Obhuts- und Fürsorgepflichten nicht berührt.

Von manchen Autoren werden unter Berufung auf die neue gesetzliche Bezeichnung als „Rücksichtspflichten" nunmehr auch Treuepflichten als in § 241 Abs. 2 BGB normiert gesehen, da der Begriff „Rücksicht" alle leistungsunabhängigen Nebenpflichten erfasse[131]. Allerdings kann in systematischer Auslegung und in Anlehnung an den Wortlaut des § 242 BGB davon ausgegangen werden, dass die Treuepflichten weiterhin dort zu verorten sind[132].

Die vorliegende Arbeit soll im Rahmen der Darstellung des deutschen Rechts auf die Untersuchung der Obhuts- und Fürsorgepflichten zum Schutze des Integritätsinteresses als Gegenstück zur französischen „obligation de sécurité" beschränkt bleiben. Die Begriffe Schutz- und Rücksichtspflichten werden im Folgenden mit diesem Inhalt verstanden.

### 3. Abgrenzung zu den Nebenleistungspflichten

Wie oben bereits erwähnt, war und ist der Begriff der „Nebenpflichten" im deutschen Recht nicht eindeutig besetzt. Grundsätzlich wird die Bezeichnung als „Nebenpflicht" zur Abgrenzung zu den sogenannten vertraglichen Haupt (-leistungs-) pflichten gebraucht, mit denen ein Schuldverhältnis als solches zur Entstehung gelangt und durch die es mit seiner besonderen Eigenart gekennzeichnet wird[133]. Neben den für das Schuldverhältnis charakteristischen Hauptpflichten existieren Pflichten, die sich entweder auf das leistungsbegleitende Verhalten der Parteien oder auf die Vermeidung von Beschädigung der fremden Rechtsgüter beziehen. Die zweitgenannten Pflichten, zu denen auch die Rücksichtspflichten zählen, stehen in keinem direkten Zusammenhang mit der Hauptpflicht, sondern dienen lediglich dem Schutz des Integritätsinteres-

---

130 Staudinger/Olzen, § 241 Rn 477 ff; MüKo/Ernst, § 280 Rn 101.

131 Staudinger/Olzen, § 241 Rn 504; auf die Formulierung beschränkt: Krebs, DB Beilage 14/2000, 9.

132 Krebs, in Das neue Schuldrecht, § 3 Rn 4; Weller, Die Vertragstreue, 302 ff; MüKo/Roth, § 242, Rn 62, 124, 150f.; Erman/Hohloch, § 242 Rn 20.

133 Larenz, Schuldrecht I, § 2 I; Esser/Schmidt, Schuldrecht I/1 § 6 III, IV; Gernhuber, Das Schuldverhältnis § 2 III 4, IV 2; Staudinger/Olzen, § 241 Rn 146; MüKo/Kramer, § 241 Rn 16.

ses. Bei den das leistungsbegleitende Verhalten bestimmenden Pflichten handelt es sich hingegen um zur Hauptleistung akzessorische Pflichten. Sie richten sich auf die Verwirklichung des Leistungserfolgs, dessen Erreichen sie fördern, indem sie der Vorbereitung, der ordnungsgemäßen Durchführung, sowie der Sicherung einer Hauptleistung dienen[134]. Ihr Zweck liegt in der Realisierung des durch die Hauptpflicht definierten Erfüllungs-, beziehungsweise Leistungsinteresses des Gläubigers, also in der Veränderung seiner Güterlage.

Dabei kann unterschieden werden zwischen leistungsbezogenen Nebenpflichten, die gar keinen eigenen Zweck verfolgen, sondern nur der ordnungsgemäßen Erbringung der Hauptleistung dienen (zum Beispiel Mitwirkungs-, Unterstützungs- und Leistungssicherungspflichten) und leistungsbezogenen Nebenpflichten, die ein über das Erhalten des Leistungsgegenstandes hinausgehendes Leistungsinteresse befriedigen sollen (zum Beispiel Auskunfts- und Rechenschaftspflichten, solange diese als Nebenleistung zu erbringen sind, siehe § 666 BGB zu Lasten des Beauftragten)[135].

Eine einheitliche Terminologie für das leistungsbegleitende Verhalten der Parteien hat sich aber bis heute ebenfalls nicht herausgebildet[136]. In der Literatur ist vielfach lediglich die Rede von „Nebenpflichten"[137] oder „(weiteren) Verhaltenspflichten"[138] – Bezeichnungen, die dem Charakteristikum der Leistungsbezogenheit in Abgrenzung zu den nichtleistungsbezogenen Pflichten des § 241 Abs. 2 BGB aber nicht gerecht werden.

Die Unterscheidung zwischen leistungsbezogenen Nebenpflichten und nichtleistungsbezogenen Rücksichtspflichten hat auch der Gesetzgeber im Zuge der Schuldrechtsreform vorgenommen[139]. Aufbauend auf dieser Unterscheidung definiert sich der Anwendungsbereich des § 241 BGB. Während nur die nichtleistungsbezogenen Nebenpflichten vom zweiten Absatz erfasst werden, sind die leistungsbezogenen Nebenpflichten § 241 Abs. 1 BGB zuzuordnen[140]. Diese Unterscheidung folgt der modernen Schuldrechtslehre, die vom ganz überwiegenden Teil der Literatur vertreten wird[141].

---

134 Esser/Schmidt, Schuldrecht I/1, § 6 III; Larenz, Schuldrecht I, § 2 I; Gernhuber, Das Schuldverhältnis § 2 III 4; Staudinger/Olzen, § 241 Rn 162.

135 Neumann, Leistungsbezogene Verhaltenspflichten, 3.

136 Übersicht bei Larenz, Schuldrecht I, § 2 I; Neumann, Leistungsbezogene Verhaltenspflichten, 7; Staudinger/Olzen, § 241 Rn 147 ff; vgl. auch Palandt/Heinrichs (60. Aufl., 2001), § 242 Rn 27; Soergel/Teichmann (12. Aufl., 1990), § 242 Rn 182.

137 Palandt/Heinrichs (60. Aufl., 2001), § 242 Rn 27; Erman/Hohloch, § 242 Rn 64 ff; Soergel/Teichmann (12. Aufl., 1990), § 242 Rn 162.

138 Larenz, Schuldrecht I, § 2 I; Wiegand, in FS Gagnér (1991), 547 (557 ff).

139 BT-Drucks. 14/6040, 125.

140 BT-Drucks. 14/6040, 141.

141 Medicus, Das neue Schuldrecht, Kap. 3, Rn 203; Larenz, Schuldrecht I, § 2 I; Esser/Schmidt, Schuldrecht I/1, § 6 III, IV; Thiele, JZ 1967, 649 (650).

### a) Praktische Relevanz

Praktisch relevant wird diese Unterscheidung im Hinblick auf die Rechtsfolgen einer Pflichtverletzung, wenn über den Schadensersatz neben der Leistung nach § 280 Abs. 1 BGB hinaus nach der zutreffenden Regelung für einen Schadensersatz statt der Leistung oder ein Rücktrittsrecht gesucht wird. Soweit Leistungspflichten nach § 241 Abs. 1 BGB verletzt werden, greifen die Leistungsstörungsregelungen der §§ 280, 281, 283, 286, 311a, 323, 326 BGB, wobei dann genauer nach der Art der Pflichtverletzung (Schlechtleistung, Leistungsverzögerung, Unmöglichkeit) zu unterscheiden ist. Werden hingegen Rücksichtspflichten nach § 241 Abs. 2 BGB verletzt, so ergeben sich die Rechtsfolgen allein aus den §§ 280, 282, 324 BGB. Durch die Unterscheidung auf Rechtsfolgenebene wird der besondere Charakter der Rücksichtspflichten berücksichtigt. Da für diese Pflichten anders als bei Leistungspflichten keine Unmöglichkeit oder Verzug eintreten kann, wurde auf entsprechende Regeln für die Rücksichtspflichten verzichtet. Auch macht eine Fristsetzung für die Durchsetzung eines rücksichtsvollen Verhaltens keinen Sinn, da Verstöße hiergegen typischerweise unerwartet geschehen[142]. Für die hinsichtlich leistungsbezogener Pflichten bestehende Voraussetzung, dass es sich nicht um eine unerhebliche Pflichtverletzung handeln darf, wurde für die Rücksichtspflichten mit dem Erfordernis der Unzumutbarkeit der weiteren Leistungserbringung durch den Schuldner beziehungsweise des Festhaltens am Vertrag ein entsprechendes Pendant als Erheblichkeitsschwelle entwickelt.

Darüber hinaus kann die Unterscheidung zwischen einem Schadensersatzanspruch aus der Verletzung einer Leistungspflicht oder aus der Verletzung einer Schutzpflicht Auswirkungen auf die anwendbare Verjährungsfrist haben. Während Pflichtverletzungen im Sinne des § 241 Abs. 2 BGB der Regelverjährung der §§ 195, 199 BGB unterliegen, sind für mangelbedingte Pflichtverletzungen im kauf- und werkvertraglichen Gewährleistungsrecht kürzere Verjährungsfristen statuiert: Entgegen der grundsätzlich dreijährigen Verjährung ab Anspruchsentstehung und Kenntnis, verjähren Schadensersatzansprüche dort im Regelfall (§ 438 Abs. 1 Nr. 3, § 634 a Abs. 1 Nr. 1 BGB) bereits nach zwei Jahren ab Lieferung der Sache beziehungsweise Abnahme des Werks. Im Falle von Mangelfolgeschäden, wo Überschneidungen beider Pflichtengruppen auftreten, wird nach Ansicht der herrschenden Meinung der Anspruch wegen Schutzpflichtverletzung vom gewährleistungsrechtlichen mangelbedingten Schadensersatzanspruch verdrängt[143].

### b) Mögliche Kriterien

Allerdings ist die Abgrenzung zwischen den leistungsbezogenen und den nichtleistungsbezogenen Pflichten nicht immer offensichtlich. Außerdem gibt es Konstellationen, in denen Überschneidungen auftreten – typischerweise im Rahmen von Schuldverhältnissen bei denen es zur Hauptleistungspflicht des einen Teiles gehört, sorgsam

142 So schon Staub, Die positiven Vertragsverletzungen, 107.

143 Fikentscher/Heinemann, Schuldrecht, Rn 42 mwN; Lorenz/Riehm, Lehrbuch zum neuen SchuldR, Rn 580 mwN (Kaufrecht) und Rn 655 ff (Werkvertragsrecht); Stephan Lorenz, NJW 2002, 2497 (2500). A. A.: Eike Schmidt, Schuldverhältnis, Rn 211f.

mit den Rechtsgütern des anderen umzugehen, wie zum Beispiel bei der Verwahrung oder im Rahmen von Beratungsverträgen[144]. Eine leistungsbezogene Nebenpflicht kann zugleich auch dem Schutz des Integritätsinteresses des Gegenübers dienen. So hat die Pflicht des Verkäufers, dem Käufer eine verständliche Bedienungsanleitung zur Verfügung zu stellen, einerseits den Zweck, diesem die bessere Nutzung der Kaufsache zu ermöglichen. Andererseits soll aber die Gefährdung der Gesundheit und körperlichen Unversehrtheit des Käufers durch eine unsachgemäße Bedienung vermieden werden[145].

Da sich die gleichzeitige Anwendbarkeit der §§ 281, 323 BGB und der §§ 282, 324 BGB aus systematischen Gründen verbietet, wurden – um diese Situation zu vermeiden – in der Literatur verschiedenste Abgrenzungskriterien benannt[146].

Einige Autoren halten die Klagbarkeit der Nebenpflicht für einen entscheidenden Anhaltspunkt[147]. Dieses Kriterium birgt aber das Problem, dass heute keineswegs mehr unstreitig ist, ob bei Rücksichtspflichten im Gegensatz zu Leistungspflichten jede Klage auf Erfüllung ausgeschlossen ist[148]. Soweit die Rücksichtspflichten ausdrücklich gesetzlich normiert sind (wie zum Beispiel die Pflicht des Dienstherrn zur Ergreifung von Schutzmaßnahmen, § 618 BGB) oder die Parteien diese ausdrücklich vereinbart haben, herrscht über die Klagbarkeit dieser Pflichten sogar Einigkeit[149]. *Emmerich* stellt für eine Unterscheidung auf die Leistungsnähe der Nebenpflicht ab[150]. Leistungsbezogen seien danach nur die Nebenpflichten, durch deren Erfüllung dem anderen etwas verschafft werden soll, worauf dieser nach dem Sinn und Zweck des Schuldverhältnisses einen Anspruch hat. Allerdings fällt man hier durch die Frage

---

144 Gröschler, in FS Konzen (2006), 109 (118); Madaus, Jura 2004, 289 (291).

145 Madaus, Jura 2004, 289f.; Erman/Westermann, § 241 Rn 10. Eine fehlende oder fehlerhafte Bedienungsanleitung ist nicht mit einer Montageanleitung iSd § 434 Abs. 2 S. 2 BGB gleichzustellen, bei ihrem Fehlen liegt somit grundsätzlich kein Sachmangel und somit nicht die Verletzung einer Hauptleistungspflicht vor. Nach überwiegender Ansicht wird die Pflicht zur Beilage einer verständlichen Bedienungsanleitung zumindest auch als leistungsbezogene Nebenpflicht angesehen – vgl. AnwKomm Schuldrecht/Dauner-Lieb, § 281 Rn 8; dies., in Das neue Schuldrecht § 2 Rn 8; dies, in Zivilrechtswissenschaft und Schuldrechtsreform, 305 (312); Erman/Westermann, § 241 Rn 10; Canaris, JZ 2001, 499 (512). Nach Madaus, Jura 2004, 289 (292) liegt jedoch lediglich eine nichtleistungsbezogene Nebenpflicht iSd § 241 Abs. 2 BGB vor.

146 Übersicht und Stellungnahme bei Madaus, Jura 2004, 289 (290 ff); Gröschler, in FS Konzen (2006), 109 (113 ff).

147 Larenz, Schuldrecht I, § 2 I; Esser/Schmidt, Schuldrecht I/1, § 6 III, IV; Gernhuber, Das Schuldverhältnis § 2 III 4c, IV 3; Gröschler, in FS Konzen (2006), 109 (113f.).

148 Die vorherrschende Ansicht bestreitet sowohl die generelle Unklagbarkeit, als auch die unbeschränkte Klagbarkeit – vgl. Soergel/Teichmann (12. Aufl., 1990), § 242 Rn 189; MüKo/Kramer § 241 Rn 44, 113; Gernhuber, Das Schuldverhältnis § 2 IV 3; Bamberger, Roth/Grüneberg, Sutschet, § 241 Rn 43; Medicus/Petersen, Bürgerliches Recht, Rn 207; Henckel AcP 174 (1974), 97 (112 Fn 28); Stürner, JZ 1976, 384 ff; Köhler AcP 190 (1990), 496 (509).

149 Staudinger/Olzen, § 241 Rn 545; Medicus/Petersen, Bürgerliches Recht, Rn 207.

150 Emmerich, Recht der Leistungsstörungen, § 22 Rn 14.

nach dem Bestehen eines Anspruches wieder in den bereits zuvor erörterten Bereich der Klagbarkeit zurück. Aufgrund dieser Tatsache ist das Kriterium der Leistungsnähe ebenfalls aus den oben bereits genannten Gründen abzulehnen.

Nach Auffassung anderer Autoren soll dagegen der Zweck der Nebenpflicht entscheidend sein. Dient diese der Absicherung der Hauptleistung und nicht allein dem Schutz der Rechte und Rechtsgüter des Gegenübers, so sei sie leistungsbezogen[151]. Hier tritt das Problem der doppelrelevanten Pflichten, die sowohl das Leistungs- als auch das Integritätsinteresse schützen, zutage. Im Hinblick auf die Grundlage für einen Schadensersatzanspruch statt der Leistung sieht der Gesetzgeber für diese Fälle eine Einschlägigkeit des § 281 BGB[152] und auch in der Literatur wird überwiegend ein genereller Vorrang der Regelungen für Leistungspflichten angenommen, was bedeutet, dass die verletzte Pflicht dem § 241 Abs. 1 BGB zugeordnet wird und die §§ 281, 323 BGB Anwendung finden[153]. Denn bei Abstellen auf eine Schutzpflichtverletzung würden durch die Anwendung des allgemeinen Schadensersatzrechtes die Wertungen der besonderen Gewährleistungsvorschriften umgangen. Dieser Aspekt bliebe unberücksichtigt, würde zur Bestimmung des relevanten Schadensersatzregimes statt auf den Zweck der Pflicht allein darauf abgestellt, welches Interesse – Äquivalenz- oder Integritätsinteresse – durch die Pflichtverletzung tatsächlich beeinträchtigt wurde[154]. Stattdessen ist angesichts der Verweisungen in § 437 Nr. 3 und § 634 Nr. 4 BGB der Anwendungsbereich des Gewährleistungsrechts als umfassend zu verstehen. Im neuen Schuldrecht soll es bei der Frage der Haftung auf Grundlage der Regeln im besonderen Teil wegen einer Nebenpflichtverletzung keine Rolle spielen, ob es sich um einen Mangelschaden oder einen Mangelfolgeschaden handelt[155]. Welche Schäden dann letztlich über § 280 Abs. 1 BGB oder über §§ 280 Abs. 1, 3, 281 BGB abgewickelt werden, beruht auf den Regeln des Schadensersatzrechts (s. Kapitel D.I.1.a).(1)). Somit ist für eine Abgrenzung der Rücksichtspflichten von den leistungsbezogenen Nebenpflichten der durch die Pflicht verfolgte Zweck entscheidend.

### 4. Abgrenzung zu den Verkehrspflichten

Die ebenfalls durch Richterrecht und Literatur entwickelten Verkehrspflichten stellen im Deliktsrecht das Instrument zur Begründung einer Haftung von Personen dar, die

151 AnwKomm Schuldrecht/Dauner-Lieb, § 282 Rn 3; Mattheus, JuS 2002, 209 (211); Musielak, Grundkurs BGB, Rn 487; Teichmann, JA 1984, 545 (546).

152 BT-Drucks. 14/6040, 135, 141.

153 Looschelders, Schuldrecht AT, Rn 608; Musielak, Grundkurs BGB, Rn 492; Fikentscher/Heinemann, Schuldrecht, Rn 42; AnwKomm Schuldrecht/Dauner-Lieb, § 282 Rn 5f.; Peter Huber, in Huber/Faust, Schuldrechtsmodernisierung, Kap. 14 Rn 17 ff; Lorenz/Riehm, Lehrbuch zum neuen SchuldR, Rn 580 und Stephan Lorenz, NJW 2002, 2497 (2500), der zwischen Ansprüchen wegen mangelhafter Leistung und wegen Verletzung mangelunabhängigen Nebenpflichten unterscheidet.

154 Madaus, Jura 2004, 289 (291).

155 Peter Huber, in Huber/Faust, Schuldrechtsmodernisierung, Kap. 14 Rn 17 ff; Fikentscher/Heinemann, Schuldrecht, Rn 509.

eine Gefahrenlage schaffen oder unterhalten und die nicht alle erforderlichen Sicherungsmaßnahmen zum Schutz anderer Personen getroffen haben[156]. Auch wenn teilweise von Verkehrssicherungspflichten die Rede ist, so erschöpft sich der Regelungsbereich nicht in einer Haftung aus der Verantwortung für einen Herrschaftsbereich (Bereichshaftung). Diese stellt neben der Haftung aus der Übernahme einer Tätigkeit (Übernahmehaftung) und wegen des Schaffens einer gefährlichen Situation, die zu einer mittelbaren Verletzung führt (Ingerenz), lediglich einen Teilbereich des Anwendungsfeldes der Verkehrspflichten dar[157].

Die Auferlegung von Verkehrspflichten rechtfertigt sich durch den Gedanken des Vertrauensschutzes: der (potentielle) Geschädigte muss keine eigenen Schutzvorkehrungen treffen, weil er sich auf die Absicherung der betreffenden Gefahrenquellen verlassen darf[158]. Ebenso wie bei den Rücksichts- und Schutzpflichten ist auch ein voranschreitender Ausbau der Verkehrspflichten zu beobachten.

Von der Rechtsprechung und der in der Literatur vorherrschenden Meinung in den Anwendungsbereich des § 823 Abs. 1 BGB eingeordnet[159], dienen sie dem Schutz der dort normierten Rechte und Rechtsgüter und somit ebenfalls dem Schutz des Integritätsinteresses. Anders aber als die Rücksichtspflichten des § 241 Abs. 2 BGB erfordern die Verkehrspflichten keine Sonderverbindung im Sinne eines Schuldverhältnisses – während die Rücksichtspflichten aus einem bestehenden Schuldverhältnis heraus entstehen, wird durch die Verletzung von Verkehrspflichten erst ein Schuldverhältnis begründet[160]. Durch das Fehlen einer besonderen Verbundenheit von Anspruchsinhaber und Anspruchsgegner entsprechen die inhaltlichen Anforderungen der Verkehrssicherungspflichten nicht denen der Rücksichtspflichten, sondern bleiben dahinter zurück. Die Rücksichtspflichten gehen in ihrer Intensität über den Schutzinhalt der Verkehrspflichten hinaus und verpflichten zu einem gesteigerten Schutz[161]. So wollte der Gesetzgeber ursprünglich sogar noch im Regierungsentwurf vom Mai 2001 das Erfordernis einer „besonderen Rücksicht" zur Abgrenzung von den deliktischen Verkehrssicherungspflichten im zweiten Absatz des § 241 BGB formulieren. Auf die Ergänzung des Adjektivs „besondere" wurde jedoch im weiteren Verlauf des Gesetzgebungsverfahrens zur Vermeidung von Missverständnissen verzichtet[162]. Sonst könne man zu der

---

156 RGZ 53, 373; RGZ 102, 372; BGHZ 5, 378; Medicus/Petersen, Bürgerliches Recht Rn 641 ff; Larenz/Canaris, Schuldrecht II/2, § 76 III.

157 Larenz/Canaris, Schuldrecht II/2, § 76 III; von Bar, Verkehrspflichten, 43 ff; ders., JuS 1988, 169.

158 Larenz/Canaris, Schuldrecht II/2, § 76 III 3; Looschelders, Schuldrecht BT, Rn 1178; Raab, JuS 2002, 1041 (1045).

159 BGH NJW 1987, 2671 (2672); Larenz/Canaris Schuldrecht II/2, § 76 III 2b).

160 Zur Bedeutung der bestehenden schuldrechtlichen Beziehung s. Schur, Leistung und Sorgfalt, § 6 II 3 a).

161 BGH NJW 1983, 998: „Der Umfang des Schutzes der Ansprüche und Rechte der Vertragsparteien gegeneinander geht jedoch weiter als der allgemeine Schutz der Rechtsgüter gegen Dritte."; BT-Drucks. 14/6040, 125; Staudinger/Olzen, § 241 Rn 412; Looschelders, Schuldrecht AT, Rn 22; Canaris, in FS Larenz (1983), 27 (87 ff, 90 ff).

162 Vgl. Beschlussempfehlung und Bericht des Rechtsausschusses in BT-Drucks. 14/7052, 11, 182.

Auffassung gelangen, es sei zwischen „besonderen Rücksichtspflichten" mit der Folge der möglichen Haftung und „einfachen Rücksichtspflichten" ohne solche Konsequenzen zu differenzieren – ein Abgrenzungskriterium, das vom Gesetzgeber aber nicht beabsichtigt war[163].

Eine entsprechende die qualitativen Unterschiede rechtfertigende Differenzierung zwischen Schutz- und Verkehrspflichten ist auch auf der Ebene ihrer Begründung und Rechtsnatur vorzunehmen. So basieren zwar sowohl die Schutzpflichten als auch die Verkehrspflichten auf dem Gedanken des Vertrauensschutzes, unterscheiden sich aber durch das Ausmaß des entgegen gebrachten Vertrauens. Anders als die Verkehrspflichten, die als Spielart des deliktischen „neminem laedere"-Grundsatzes gegenüber Jedermann bestehen, werden Schutzpflichten im Rahmen einer schuldrechtlichen Beziehung nur gegenüber einzelnen speziellen Personen generiert[164]. Als Verhaltensordnung für die Parteien des Schuldverhältnisses und in Abgrenzung zu den allgemeinen Verhaltenspflichten gegenüber Jedermann legen sie das Maß an Sorgfalt fest, welches speziell die Parteien wechselseitig zu beachten haben[165]. Insbesondere innerhalb einer Vertragsbeziehung hat man sich seinen Gegenüber ausgesucht und diese Person damit aus der Masse derer, denen man indifferent gegenüber steht und nur durch eine allgemeine Pflicht zu Sorgfalt und Umsicht verpflicht ist, hervorgehoben. Die wechselseitigen Verpflichtungen – durch das gegebene Leistungsversprechen wird neben der Leistungspflicht auch die Pflicht zu einem rücksichtsvollen Verhalten gegenüber dem Anderen generiert (s. Kapitel C.1) – werden in Ausübung der Vertragsfreiheit freiwillig eingegangen, was ein besonderes Vertrauen auf ihre Erfüllung rechtfertigt. Überdies verbindet mit dem Abschluss eines Vertrages auch ein wirtschaftliches Interesse die Parteien. Im Regelfall sind beide Seiten an einer möglichst reibungslosen Vertragsdurchführung interessiert, um die ihnen versprochene Leistung bestmöglich vom anderen erbracht zu bekommen und unter Umständen den anderen Part auch für die Zukunft als Geschäftspartner zu binden. Dementsprechend bringt jeder Vertragsteil ein gewisses Bemühen um seinen Gegenüber auf, was sich auch in einer gesteigerten Sorgfalt und Umsicht im Bezug auf dessen körperliches Wohlergehen äußert. Umgekehrt kann der andere Teil erwarten, „es mit einem redlich denkenden, sich loyal verhaltenden Partner zu tun zu haben"[166]. Außerdem bietet die durch die durch die Erfüllung schuldrechtlicher Pflichten bedingte wechselseitige Öffnung der Rechtssphären und größere soziale Nähe zwischen den Beteiligten eine gesteigerte Einwirkungsmög-

---

163 Vgl. Beschlussempfehlung und Bericht des Rechtsausschusses in BT-Drucks. 14/7052, 182; krit. auch Kuhlmann, Schutzpflichten, 156.

164 Thiele, JZ 1967, 649 (651): „gewollte und gezielte Sonderverbindung zwischen bestimmten Personen"; Gerhard, JZ 1970, 535 (536); Motzer, JZ 1983, 884 (888).

165 Schur, Leistung und Sorgfalt, § 4 III 1. Insoweit unterscheidet Schur zwischen drei verschiedenen zivilrechtlichen Verhaltensordnungen: (1) einer allgemeinen Verhaltensordnung, die für jedermann gilt und die durch das Deliktsrecht konstituiert wird, (2) einer allgemeine Verhaltensordnung für die Vertragspartner im Schuldverhältnis, die aus der Ausgestaltung des Schuldverhältnisses gemäß Treu und Glauben folgt und (3) einer ebenfalls im Schuldverhältnis bestehenden besonderen Verhaltensordnung für die Vertragsparteien, die sich aus der rechtsgeschäftlichen Bestimmung der Leistung ergibt, § 6 II 5 a) bb) / b) bb) (3).

166 Larenz, Schuldrecht I, § 9 I a (im Bezug auf die Haftung für cic).

lichkeit auf die Rechtsgüter des Anderen[167]. Insbesondere die durch die Personalität des Schuldverhältnisses bedingte Offenlegung der eigenen Rechtsgüter hebt das Schuldverhältnis von der beliebigen Beziehung Unbeteiligter ab. Die Verpflichtung und umgekehrt auch die Erwartung sind also deutlich höher, wenn die involvierten Personen in einem Schuldverhältnis, insbesondere einer vertraglichen Beziehung zueinander stehen, als wenn sie nur durch eine gegenüber Jedermann bestehende Verkehrspflicht verbunden sind[168].

Während die besondere Schutzpflicht im Rahmen eines vertraglichen Schuldverhältnisses ihren Ursprung in dem mit der Willenserklärung gegebenen Versprechen hat, liegt die Besonderheit der Beziehung innerhalb eines gesetzlichen Schuldverhältnisses in dem „Initial-Kontakt" zwischen Schuldner und Gläubiger, durch den das Schuldverhältnis begründet wurde. Das besondere Zusammentreffen der Sphären des späteren Schuldners und Gläubigers (Geschäftführung ohne Auftrag bei §§ 677 ff BGB, Verschaffen eines Vermögensvorteils ohne Rechtsgrund bei §§ 812 ff BGB, schädigende Verletzungshandlung bei §§ 823 ff BGB), holt sie aus der Beliebigkeit einer „Jedermann-Beziehung" heraus. Innerhalb der gesetzlichen Schuldverhältnisse ist es nicht die kraft Willenserklärung bestehende Verpflichtung beziehungsweise Forderung, sondern der durch ein rein tatsächliches Verhalten automatisch entstandene Wiederherstellungsanspruch, der eine besondere Erwartung und ein besonderes Vertrauen nicht nur auf das „ob", sondern auch auf das „wie" seiner Erfüllung rechtfertigt. Diese besondere Erwartungshaltung kann es zwischen einander unbekannten Personen, die sich zuvor nie begegnet sind, naturgemäß nicht geben. Anders als durch das allgemeine ethische Gebot des „neminem laedere" wird im Rahmen schuldrechtlicher Verbindungen durch die Rücksichtspflichten ein besonderer Schutz des speziellen Gegenübers im Sinne eines „alteram partem non laedere" gewährleistet[169].

Da die Rücksichtspflichten Ausgestaltung der Verhaltensanforderungen eines bereits bestehenden Schuldverhältnisses sind, kommen dem Prinzip nach diese Verhaltensregeln auch auf der Ebene der Haftung zur Anwendung (s. Kapitel D.I.1) – anders im Deliktsrecht, wo erst die haftungsbegründende Verletzungshandlung auch ein Schuldverhältnis entstehen lässt. Der besonderen inhaltlichen Qualität der Rücksichtspflichten als schuldrechtlich begründete Verhaltensregeln folgt somit nicht zuletzt im Falle ihrer Verletzung eine im Vergleich zum Deliktsrecht strengere Haftung – Haftung für das Verschulden von Erfüllungsgehilfen (§ 278 BGB)[170], Einbeziehung reiner Vermögensschäden, Verschuldensvermutung zu Lasten des Schädigers zumindest bei

---

167 Heinrich Stoll, AcP 136 (1932), 257 (298): *Stoll* begründet die Schutzpflichten mit „der durch die Sonderbeziehung erst eröffneten besonderen Einwirkungsmöglichkeit in den fremden Rechtskreis und des durch sie begründeten Vertrauensverhältnisses zur Gegenpartei"; s. Darstellung bei Schur, Leistung und Sorgfalt, § 6 II 4 c) aa), mwN in Fn 53.

168 So wird man sich beispielsweise mit einer anderen Umsicht auf eine in dem öffentlichen Verkehr zugänglichen Raum aufgestellte Parkbank setzen – nämlich zuvor überprüfen, ob diese intakt und sauber ist – als man sich dagegen auf einen Stuhl setzt, den einem der Vertragspartner anbietet – zum Beispiel im auf der Terasse eines Restaurants.

169 S. auch Jauernig/Mansel, § 242 Rn 24.

170 Zur Ausprägung der besonderen personalen Beziehung der Parteien eines Schuldverhältnisses in § 278 BGB s. Schur, Leistung und Sorgfalt, § 6 II 3 b).

erfolgsorientierten Schutzpflichten (s. Kapitel B.II.1.c).(3).(b)) Diese Haftung entsprechend den Regeln des Leistungsstörungsrechts erzeugt wiederum hinsichtlich der Schutzpflichten einen besonderen Druck in Richtung Erfüllung[171].

Allerdings gilt die Pflicht potentieller Vertragspartner auf die Interessen des Anderen Rücksicht zu nehmen durch den Verweis des § 311 Abs. 2 Nr. 1-3 BGB auch schon im vorvertraglichen Bereich, wo zumindest ein vertragliches Schuldverhältnis gerade noch nicht besteht. Speziell für diesen Zeitrahmen der Vertragsanbahnung und -verhandlung wurde lange diskutiert, ob angesichts des bereits durch die Verkehrspflichten bestehenden Schutzes ein Bedarf für eine schuldrechtliche Rücksichtspflicht überhaupt besteht[172]. Durch die Einführung der §§ 241 Abs. 2 und 311 Abs. 2 BGB hat der Gesetzgeber im Sinne der bisher herrschenden Meinung, die sich mit den bekannten Urteilen im sogenannten *Linoleumrollen-* und *Gemüseblattfall* gefestigt hatte[173], entschieden. In Situationen im vorvertraglichen Bereich können die Rücksichtspflichten den zu § 823 Abs. 1 BGB entwickelten Verkehrssicherungspflichten entsprechen[174], allerdings tritt derjenige, der zu erkennen gibt, dass er mit einem anderen einen Vertrag abschließen möchte, aus dem allgemeinen Kreis der deliktsrechtlichen Sorgfaltspflichten hinaus und schafft für den möglichen Vertragspartner zusätzliche Risiken, die ein gesteigertes Haftungsrisiko auf Grundlage eines gesetzlichen Schuldverhältnisses rechtfertigen[175].

Für den zeitlichen Bereich nach Vertragsschluss existieren ebenfalls Bestrebungen das Instrument der Schutzpflichten als Element bestehender schuldrechtlicher Verbindungen aufzugeben und die bis dato darunter gefassten Verletzungen des Integritätsinteresses über das Deliktsrecht abzuwickeln. Gerade im Vorfeld der Schuldrechtsreform wurden Stimmen laut, die sich für eine Erweiterung der deliktischen Haftung auf Grundlage der Verkehrspflichten und einer damit einhergehenden Beschränkung der vertraglichen Haftung aussprachen, um so zu verhindern, dass die Schwächen des Deliktsrechts kontinuierlich über vertragliche Konstrukte kompensiert werden[176]. Trotz entsprechender Gutachten hat sich der Gesetzgeber mit der Einführung des § 241 Abs. 2 BGB aber dazu entschieden, die Schutzpflichten auch weiterhin im schuldrechtlichen Kontext zu verorten.

---

171 Kegel, Vermögensbestand - Vermögensherrschaft - Vermögensschutz, 14: „Diese Spannung, der Sog zur Erfüllung hin, macht das Wesen der Obligation aus.“.

172 Von Caemmerer, in FS DJT 49 (57 ff); Ulrich Huber, in Gutachten I, 647 (736 ff); Medicus, in Gutachten I, 479 (490); Hans Stoll, in FS von Caemmerer (1978), 435 (437, 452 ff).

173 Linoleumrollen Fall, RGZ 78, 239 und Gemüseblatt Fall, BGHZ 66, 51.

174 Bamberger, Roth/Grüneberg, Sutschet, § 241 Rn 92; MüKo/Ernst, § 280 Rn 104; Looschelders, Schuldrecht AT, Rn 22, 189.

175 Fikentscher/Heinemann, Schuldrecht, Rn 86.

176 Von Caemmerer, FS DJT (1960), 49 (56); Ulrich Huber, in Gutachten I, 647 (737 ff); von Bar, in Gutachten II, 1681 (1761 ff).

## II. Die „obligation de sécurité" im französischen Recht

Im französischen Recht ist die „obligation de sécurité" Bestandteil der vertraglichen Haftung – „responsabilité contractuelle" –, welche zusammen mit der deliktischen Haftung – „responsabilité délictuelle" – in Abgrenzung zur strafrechtlichen Verfolgung unter dem Oberbegriff der „responsabilité civile" geführt wird. Ist eine vertragliche Haftung einschlägig, schließt dies eine Haftung aus Delikt automatisch aus. Ein Nebeneinander von vertraglicher und deliktischer Haftung ist nicht möglich („principe du non-cumul"). Somit trifft man in Frankreich auf eine insoweit ähnliche Konstellation wie in Deutschland, als dass die Ausdehnung der vertraglichen Haftung auf Schutzpflichten, die zwischen den Parteien nicht explizit vereinbart wurden, in diesen Fällen zu einem Bedeutungsverlust des Deliktsrechts führt. Ebenso wie im deutschen Recht war auch in Frankreich die Nachteiligkeit der deliktischen Haftung für den Geschädigten zunächst ausschlaggebend für eine Verlagerung ins Vertragsrecht.

### 1. Historische Entwicklung

Anders als im deutschen Recht, wo die vertraglichen Schutzpflichten sich aus einer Auffangregelung für alle nicht gesetzlich geregelten Pflichtverletzungen entwickelt haben, hat im französischen Recht ein angesichts der voranschreitenden Automatisierung und Technisierung des wirtschaftlichen und sozialen Lebens gesteigertes Sicherheitsbedürfnis zur bewussten Einführung der „obligation de sécurité" als Ausprägung der vertraglichen Haftung geführt. So kam es in Frankreich zu einer Objektivierung der vertraglichen Haftung und vor allem zu einer Gewichtsverschiebung innerhalb der „responsabilité civile" zu Lasten des Deliktsrechts. Die deliktische Haftung des art. 1382 CCiv. verlangt ebenso wie im deutschen Recht die Haftung wegen unerlaubten Handelns gemäß § 823 BGB vom Geschädigten den Beweis einer schuldhaften Verletzungshandlung („faute"). Der Fortschritt der Technik im 19. Jahrhundert und das häufige Ungleichgewicht innerhalb immer unübersichtlicher werdender rechtsgeschäftlicher Beziehungen führten dazu, dass der Geschädigte wachsenden Schwierigkeiten beim Nachweis der Schadensursache und vor allem des Verschuldens des Gegenübers begegnen musste.

Schon früh fand in Frankreichs Rechtsprechung eine Auseinandersetzung mit dieser Problematik im Zusammenhang mit der Sicherheit von Reisenden im Bereich des Transportwesens statt. Die Anerkennung der „obligation de sécurité" durch die Cour de Cassation erfolgte allerdings erst im Jahre 1911, wiederum bezüglich eines Transportvertrages zu Lasten eines Schifffahrtsunternehmens[177]. Die französische Doktrin hat sich dagegen – anders als das Gros der deutschen Rechtswissenschaftler – mit der Anerkennung einer vertraglichen Haftung im Rahmen von Unfällen ungleich schwerer getan.

---

177 *Affaire Zbidi Hamida ben Mahmoud c. Compagnie Générale Transatlantique*, CCass. civ., 21 nov. 1911, D. 1913, I, 249 (253).

Obwohl in den deutschen Staaten sowohl auf gesetzlicher Ebene als auch seitens der Rechtsprechung eine Auseinandersetzung mit der erhöhten Gefährdung der körperlichen Integrität durch den Einsatz von Maschinen stattgefunden hatte, orientierte sich weder die französische Rechtsprechung, noch die französische Doktrin an der Rechtslage „outre-Rhin"[178]. Eine der „obligation de sécurité" in Form der „obligation de résultat" entsprechende Regelung wurde gerade im Bezug auf die Beförderung Reisender mit der Eisenbahn in Preußen bereits durch § 25 des Gesetzes über die Eisenbahnunternehmungen vom 3. November 1838 (Preußisches Eisenbahngesetz)[179] getroffen. Darin wurde eine Haftung der Eisenbahnbetreiber für im Zusammenhang mit dem Betrieb der Bahn entstehende Personenschäden statuiert, die nicht den Nachweis eines Verschuldens des Bahnunternehmens durch den Geschädigten erforderte. Zur Entlastung konnte sich die Bahngesellschaft nur auf höhere Gewalt oder eigenes Verschulden des Verletzten berufen. Auch die deutschen Gerichte waren schon früh der Ansicht, dass der Einsatz von Lokomotiven in Kenntnis der damit verbundenen Gefahren per se eine „culpose Handlung" sei, die eine Verpflichtung der Bahn zu höchster Sorgfalt auf Grundlage des Transportvertrages sowie eine Schuldvermutung zu ihren Lasten rechtfertige[180].

Nach nunmehr fast hundertjährigem Bestehen ist die „obligation de sécurité" in der französischen Lehre nicht unumstritten und bleibt nach einer gescheiterten Umstrukturierung durch die Rechtsprechung Gegenstand mehrerer Reformvorschläge.

### a) Entwicklung der „obligation de sécurité" in der Rechtsprechung im Bezug auf den Beförderungsvertrag

#### (1) Vor dem 20. Jahrhundert

Schon im 16. Jahrhundert hat sich in Frankreich mit dem Aufkommen der Nachrichtenübermittlung per Kutsche eine Tradition herausgebildet, nach der es den öffentlichen Autoritäten oblag, für die Sicherheit der Reisenden einzustehen und Unfällen beim Transport zu Lande vorzubeugen. Unter Ludwig XVI. war die Beförderung mittels königlicher Postkutschen Gegenstand eines gut entwickelten Regelungskataloges[181]. Trotz Aufhebung des Monopols der königlichen „messageries" als Folge der Revolution blieb es bei dem Prinzip der öffentlichen Verantwortung, worauf die noch heute geltende

178 Halpérin, GP 1997 (hors série), 1176 (1180).

179 Preuß. Gesetz-Sammlung, 1838, 505 ff: „Die Gesellschaft ist zum Ersatz verpflichtet für allen Schaden, welcher bei der Beförderung auf der Bahn, an den auf derselben beförderten Personen und Gütern, oder auch an anderen Personen und deren Sachen, entsteht und sie kann sich von dieser Verpflichtung nur durch den Beweis befreien, daß der Schaden entweder durch die eigene Schuld des Beschädigten, oder durch einen unabwendbaren äußeren Zufall bewirkt worden ist. Die gefährliche Natur der Unternehmung selbst ist als ein solcher, von dem Schadensersatz befreiender, Zufall nicht zu betrachten.".

180 Coing, Europäisches Privatrecht, Bd. II, 526; Ogorek, Untersuchungen zur Entwicklung der Gefährdungshaftung im 19. Jahrhundert, 65; Stobbe, Deutsches Privatrecht, Bd. 3, 381 ff.

181 Halpérin, GP 1997 (hors série), 1176 (1177).

Norm des art. 1786 CCiv.[182] verweist. Darüber hinaus wurden mit Inkrafttreten des Code Civil im Jahre 1804 Schäden, die im Rahmen der Erfüllung von Beförderungsverträgen entstehen, nur im Bezug auf das beförderte Gut berücksichtigt, art. 1784 CCiv. Für diese Transportschäden statuiert die gesetzliche Regelung sogar eine Gefährdungshaftung, während der Reisende für die eigene Verletzung auf den Schadensersatz der deliktischen Haftung der artt. 1382 und 1383 CCiv. beschränkt blieb.

Jedoch wurde schon früh auf Grundlage dieser weit gefassten deliktischen Normen eine Haftung der Postkutschen-Betreiber für Verletzungen der Reisenden bejaht. So bestimmte die Rechtsprechung den Umfang der von den „messageries" zu erbringenden erforderlichen Sorgfalt, indem sie die Pflicht aufstellte, dass diese zu allen Maßnahmen angehalten seien, die die Sicherheit der Reisenden erforde-re[183]. Zusätzlich wurde diese Haftung zu einer Gefährdungshaftung ausgebaut, indem lediglich der Nachweis höherer Gewalt geeignet sein sollte, den Transporteur zu entlasten[184]. Teilweise war die gerichtlich vorgeschriebene Garantie der Sicherheit der Reisenden derart streng formuliert („les entrepreneurs des messageries contractent avec les voyageurs l'engagement de garantir la sûreté de leurs personnes de tous accidents, provenant, soit de la faute des préposés desdits entrepreneurs, soit d'un vice inhérent à leurs voitures")[185], dass neben der Bezugnahme auf die deliktische Haftung der artt. 1382 ff CCiv. sogar der Vertrag zwischen Schädiger und Geschädigtem als Ursprung der Haftung angesehen werden kann.

Doch auch wenn angesichts der vorgenannten Gerichtsentscheidungen sich schon das Bild der heute bekannten „obligation de sécurité" abzeichnet, wurde mit Aufkommen des Eisenbahnverkehrs wieder auf eine besondere Regelung mittels gesetzlicher Normierung zurückgegriffen. So statuierte ein Gesetz vom 15. Juli 1845 die Haftung des Konzessionärs einer Eisenbahnverbindung für jegliche Schäden, die seine Angestellten bei dem Betrieb der Bahn verursachen und eine Verordnung aus dem Jahre 1846 stellte für den Betrieb einer Eisenbahn eine Reihe von Vorgaben auf, bei denen die Sicherheit der Reisenden als dringlichste Pflicht genannt wurde, die sowohl gesetzlichen, als auch vertraglichen Ursprungs sei[186]. In Anlehnung an die Erleichterung der Beweislast des art. 1784 CCiv. bezüglich Transportschäden an Sachen, wurde von den Gerichten bei Verletzungen von Reisenden eine Verschuldensvermutung („présomption de faute") eingeführt[187].

Durch die Auswirkungen des deutsch-französischen Krieges 1870/1871 (während dem die Eisenbahngesellschaften gezwungen waren die Sicherheit des einzelnen Fahrgastes der Unterstützung der Kriegsführung zu opfern, z.B. durch den Transport von Sprengstoff) kam es zu einem Umdenken in der Rechtsprechung, die bis dahin dem Geschädigten durch Beweiserleicherungen und ein Anknüpfen der Haftung an die Vertragsbeziehung entgegen gekommen war. Eine Anlehnung an die Gefährdungs-

---

182 „Les entrepreneurs et directeurs de voitures et roulages publics, les maîtres de barques et navires, sont en outre assujettis à des règlements particuliers, qui font la loi entre eux et les autres citoyens.".

183 CCass. req., 9 août 1837 und Trib. de la Seine, 12 août 1836, Répertoire Dalloz (1858), t. 39, 410.

184 Cour de Lyon, 22 janv. 1847, S. 1848, II, 135f.; Cour de Paris, 7 mars 1840, Répertoire Dalloz (1858), t. 39, 411.

185 Cour de Paris, 20 juin 1836, Répertoire Dalloz (1858), t. 39, 410.

186 Loi du 15 juillet 1845 sur la police des chemins de fer; ordonnance des 15-21 novembre 1846.

187 S. z.B. Cour de Paris, civ. 1ère, 27 nov. 1866, S. 1867, II, 320f.

haftung des art. 1784 CCiv. bezüglich beschädigter Transportgüter wurde mit dem Argument abgelehnt, dass eine einfach zu überwachende, unbewegliche Sache nicht mit eigenständigen, sich frei bewegenden Passagieren zu vergleichen sei[188]. Von einer Beweiserleichterung zu Gunsten verletzter Reisender wurde nunmehr Abstand genommen, um bei Personenschäden zu einer grundlegenden Geltung des art. 1382 CCiv. und dem durch den Geschädigten zu erbringenden Beweis der schuldhaften Handlung („faute") zurückzukehren[189]. Eine vergleichbare Entwicklung hat sich auch im Bereich des Arbeitsrechts abgespielt: Nachdem die Rechtsprechung bei Unfällen am Arbeitsplatz vormals ein Verschulden des Arbeitgebers vermutet hatte, weil dieser seiner Sicherheitspflicht gegenüber dem Untergebenen nicht gerecht geworden war, wurde ab 1870 seitens des Arbeitnehmers der Nachweis einer „faute" seines Arbeitgebers verlangt[190].

### (2) Seit dem 20. Jahrhundert

Es sind jedoch nicht alle Instanzgerichte dieser Auffassung der Cour de Cassation gefolgt und bis zur Änderung der höchstrichterlichen Rechtsprechung Anfang des 20. Jahrhunderts wurden in den ersten Instanzen immer wieder Transportunternehmen auf Grundlage einer impliziten vertraglichen Sicherheitsgarantie in Haftung genommen[191]. Ausgehend von diesen Zweifeln haben drei Fälle von Schadensersatzprozessen, angestrengt von verletzten Reisenden, letztlich zu einem Umdenken der Cour de Cassation und zur Geburt der „obligation de sécurité" geführt.

In der *affaire Donat* hat das Tribunal de Toulouse 1905 in erster Instanz der Schadensersatzforderung der Witwe eines tödlich verunglückten Reisenden mit der Begründung stattgegeben, dass es einem Fahrgast, der mit den Eigenheiten des Bahnverkehrs nicht vertraut sei, nicht zuzumuten sei, das für den Unfall ursächliche Verschulden des Bahnbetreibers zu beweisen (on ne pourrait pas exiger d'un voyageur „étranger au matériel de la voie et à son fonctionnement la preuve directe de la faute cause de l'accident")[192]. Diese Verschuldensvermutung wurde in zweiter Instanz von der Cour d'appel de Toulouse bestätigt[193].

Dem Urteil der Cour de Cassation in der *affaire Zbidi Hamida ben Mahmoud c. Compagnie Générale Transatlantique* (1911), durch welches die Existenz der „obligation de sécurité" erstmals anerkannt wurde, lag ebenfalls ein Beförderungsvertrag zu Grunde – allerdings nicht mittels des Schienenverkehrs, der bis jetzt Anlass zu Rechtsprechung gewesen war – sondern mittels eines Passagierdampfers. Der Kläger Zbidi Hamida ben Mahmoud hatte bei der beklagten Schifffahrtsgesellschaft ein Ticket für

---

188 Grands arrêts, t. II, 276, n° 2.

189 Halpérin, GP 1997 (hors série), 1176 (1178); Cour d'Aix, civ. 1ère, 4 janv. 1872, D. 1873, II, 55f.; CCass. civ., 10 nov. 1884, S. 1885, I, 129 (131f.); CCass. req., 1er mai 1899, D. 1899, I, 558 (559); CCass. req., 14 déc. 1903, D. 1905, I, 314.

190 CCass. civ., 19 juill. 1870, S. 1871, I, 9 (10f.).

191 Trib. com Seine, 13 avr. 1885, D. 1885, I, 433, Anm. Sarrut zu CCass. civ., 10 nov. 1884; Trib. com. Seine, 7 mai 1888, Ann. dr. com. 1888, J, 121; Trib. com. Seine, 8 août 1891, Ann. dr. com., 1892, J, 229; Fuzier-Herman/Carpentier/Frèrejouan du Saint, Répertoire général, t. XXXV, v. Transports, n°s 82 ff mwN.

192 *Affaire Veuve Donat*, Trib. civ. Toulouse, 5 fév. 1905, D. 1913, I, 256.

193 *Affaire Veuve Donat*, CA Toulouse, 11 janv. 1906, D. 1913, I, 256f.

eine Überfahrt von Tunis nach Bon (Tunesien) erworben, auf deren Rückseite in den Beförderungsbedingungen das Tribunal de commerce de Marseille als Gerichtsstand für alle Streitigkeiten im Zusammenhang mit der Erfüllung des Beförderungsvertrages bestimmt worden war. Während der Überfahrt wurde der Kläger im Laderaum des Dampfers, wo er sich entsprechend des gebuchten Tarifs auch aufzuhalten hatte, durch ein nicht ordnungsgemäß gesichertes Frachtstück verletzt. Ohne Berücksichtigung der Gerichtsstandsklausel klagte der Verletzte vor dem Tribunal civil de Bône (Tunesien) auf Schadensersatz. Die Beklagte stützte ihre Berufung vor der Cour d'Alger (Algerien) auf die Unzuständigkeit des Gerichts. Der Vorwurf der Unzuständigkeit wurde durch die Cour d'Alger in einem Urteil vom 25. Juli 1908 abgelehnt, mit der Begründung, dass sich die Schadensersatzforderung des Klägers nicht auf dem Beförderungsvertrag begründe, sondern art. 1384 al. 1er CCiv. als Anspruchsgrundlage fungiere – welcher eine Haftung für Schäden begründet, die durch Sachen entstehen, über die der Anspruchsgegner im Zeitpunkt der Schädigung Herrschaft ausgeübt hat (diese Bedeutung bekam art. 1384 al. 1er CCiv. endgültig allerdings erst mit dem *arrêt Jand'heur* im Jahre 1930, s. Kapitel E.I.2.b)). Mit dem Verweis auf die deliktsrechtliche Natur der Anspruchsgrundlage wurde gleichzeitig auch die Nichtanwendbarkeit der – vertraglichen – Gerichtstandsvereinbarung erklärt[194]. Daraufhin ging die Schifffahrtsgesellschaft in Revision, ohne ahnen zu können, dass ihr Argument, der Streit spiele sich in einem vertraglichen Kontext ab, zu einer Entwicklung der Rechtsprechung und der Geburt des Instituts der „obligation de sécurité" führen würde. Denn die Cour de Cassation folgte dieser Ansicht und kassierte das Urteil der Cour d'appel wegen Missachtung der artt. 1134 ff CCiv. und stellte die entscheidende Regel auf, dass die Erfüllung eines Beförderungsvertrages für den Schuldner die Pflicht beinhalte, den Reisenden gesund und wohlbehalten an sein Ziel zu bringen („l'exécution du contrat de transport comporte, en effet, pour le transporteur, l'obligation de conduire le voyageur sain et sauf à destination")[195]. Eine Pflicht, gegen die die Compagnie Générale Transatlantique allein durch die Verletzung des Klägers verstoßen hatte. Denn mit Ansiedelung der Haftung im vertraglichen Bereich findet auch die Beweislastregel des art. 1147 CCiv. Anwendung, die besagt, dass der Schuldner bei Nichterfüllung seiner vertraglichen Pflicht Schadensersatz leisten muss, wenn er nicht nachweisen kann, dass eine ihm nicht zurechenbare Fremdursache Grund der Nichterfüllung ist.

Die Errungenschaft der „obligation de sécurité" als Bestandteil eines Beförderungsvertrages wurde nur zwei Jahre später mit dem Urteil der Cour de Cassation in der *affaire Mestelan* (1913) bekräftigt. Hier hatte das verletzte Opfer Klage vor dem Tribunal de commerce eingereicht, während das Transportunternehmen hingegen den vertraglichen Bezug bestritt (schließlich habe lediglich die Pflicht zur Beförderung – egal ob lebend oder tot! – bestanden) und die Entschädigung für Verletzungen allein auf deliktischer Ebene angeordnet sah. Sowohl in erster, als auch in zweiter Instanz

194 *Affaire Zbidi Hamida ben Mahmoud c. Compagnie Générale Transatlantique*, CA Alger, 25 juill. 1908, D. 1913, I, 249 (253).

195 *Affaire Zbidi Hamida ben Mahmoud c. Compagnie Générale Transatlantique*, CCass. civ., 21 nov. 1911, D. 1913, I, 249 (253).

wurde der vertragliche Charakter der Haftung bestätigt[196]. Der implizite Charakter und das zwangsläufige Bestehen einer „obligation de sécurité“ bei Abschluss eines Beförderungsvertrages wurde von der Cour de Cassation nochmals unterstrichen: Mit der Aushändigung der Fahrkarte an den Reisenden werde automatisch, ohne dass es diesbezüglich einer Vereinbarung bedarf, zu Lasten der Eisenbahngesellschaft eine Pflicht generiert, den Reisenden gesund und wohlbehalten an sein Ziel zu bringen („la délivrance d'un billet à un voyageur comporte par elle-même, et sans qu'il soit besoin d'une stipulation expresse à cet égard, l'obligation, pour la compagnie de chemin de fer, de conduire ce voyageur sain et sauf à destination“)[197].

Nach einigen Jahren der Unsicherheit, in denen die Instanzgerichte die Anwendung der „obligation de sécurité“ auf rechtsgeschäftliche Beziehungen auf der Grundlage eines Beförderungsvertrages beschränken wollten[198], kam es zu einer regelrechten Expansion des Rechtsinstitutes und die Existenz einer „obligation de sécurité“ wurde in den verschiedensten Verträgen anerkannt[199].

### b) Ansätze der Doktrin zum Schutz der körperlichen Integrität über die vertragliche Haftung

In der französischen Lehre hat die Sicherheit von Personen im Rahmen von Vertragsbeziehungen lange Zeit keine Rolle gespielt. Selbst das Aufkommen des Eisenbahnverkehrs, der die Gerichte dazu veranlasste sich mit Schadensersatzforderungen verletzter Reisender auseinander zu setzen, und die Entwicklung einer Gefährdungshaftung zu Lasten der Eisenbahnunternehmen in Deutschland haben nicht dazu geführt, dass der Schutz der körperlichen Integrität bei der Vertragserfüllung unter den französischen Rechtsgelehrten diskutiert worden wäre.

Erste Arbeiten zu diesem Thema finden sich im Bezug auf das Arbeitsrecht ab 1880. Der Pariser Rechtsanwalt *Vavasseur* plädiert in einer 1881 erschienenen Schrift für eine Gesetzesreform, durch die eine Haftung des Betriebsinhabers für vermutetes einfaches Verschulden eingeführt werden soll[200]. Von dieser Haftung solle auch das betriebsimmanente Risiko von Unfällen erfasst sein („obligation de garantie“). Die deliktische Haftung des art. 1382 CCiv. fände hier keine Anwendung, da die Anspruchsgrundlage des verletzten Arbeiters in seinem Vertrag begründet sei. Aufgegriffen wird dieser Ansatz zwei Jahre später durch *Sauzet*[201], der die Haftung des Arbeitsgebers ebenfalls als vertraglichen Ursprungs einordnet. Den Patron treffe die Pflicht, alle Maßnahmen zu ergreifen, um die Sicherheit des Arbeitnehmers zu gewährleisten.

---

196 *Affaire Mestelan*, CA Pau, 2 fév. 1910, S. 1910, II, 224.

197 *Affaire Mestelan*, CCass. civ., 27 janv. 1913, D. 1913, I, 249 (253 ff).

198 Z.B.: CA Nancy, 26 juin 1925 und CA Paris, 22 fév. 1926, D. 1927, II, 25 ff.

199 S. Zusammenstellung bei Ghestin/Viney/Jourdain, Les conditions de la responsabilité, n° 500 mwN.

200 Vavasseur, Essai sur la réforme judiciare.

201 Marc Sauzet, De la responsabilité des patrons vis-à-vis des ouvriers dans les accidents industriels, Rev. crit. 1883, 596.

Folglich läge es auch an ihm, einen Entlastungsbeweis zu erbringen. Anders als *Vavasseur* will *Sauzet* eine Entlastung des Arbeitgebers, sobald kein Verschulden desselben vorliegt und der Unfall auf betriebsimmanente Risiken zurückzuführen sei. Verletzungen in derartigen Konstellationen sollten durch eine Pflichtversicherung des Betriebes abgedeckt werden.

Erst mit der Publikation „De la responsabilité et de la garantie" des belgischen Juristen *Sainctelette*[202] kam in der Doktrin der Vorschlag auf – neben einer Sicherheitspflicht zu Lasten des Arbeitgebers – auch eine „garantie contractuelle de sûreté" für die Sicherheit des Reisenden auf Grundlage der vertragsrechtlichen Beweislastregel des art. 1784 CCiv. in den Beförderungsvertrag einzufügen. Eine Entlastung solle nur durch den Nachweis des Verschuldens des Opfers oder höherer Gewalt möglich sein[203].

Der Ansatz, die Haftung für Unfälle im Rahmen eines Arbeits- oder Beförderungsvertrages in den vertraglichen Bereich zu verlagern, wird von mehreren Seiten aufgegriffen. Dabei werden Stimmen laut, die für eine liberalere Ausgestaltung der Haftung plädieren. So machen sich *Glasson* und *Planiol* die Idee einer vertraglichen Haftung für Körperverletzungen bei Arbeitsunfällen zu Eigen, lehnen aber eine Verschuldensvermutung zu Lasten des Arbeitgebers ab[204]. Wie bei der deliktischen Haftung soll es dem Geschädigten obliegen, das schuldhafte Fehlverhalten seines Vorgesetzten zu beweisen. Damit bringt dieser Ansatz keine Verbesserung für die Situation der Opfer; die Vorteile der vertraglichen Haftung werden durch die besondere Beweislastregelung aufgehoben.

Die vor diesem Hintergrund uninteressant gewordene Idee einer vertraglichen „obligation de sécurité" wurde in der Literatur zunächst nicht weiter verfolgt. Stattdessen kam mit dem Prinzip der Gefährdungshaftung ein neuer Ansatz zur Lösung der Haftungsproblematik ins Spiel. Nach Ansicht von *Saleilles* sollte anknüpfend an die Beherrschung technischer Maschinen und Produktionsprozesse durch den Arbeitgeber eine neue gesetzliche Pflicht eingeführt werden[205]. Dieser Vorstoß wurde unterstützt von *Josserand*, der auf Grundlage des art. 1384 al. 1$^{er}$ CCiv. für eine allgemeine gesetzliche Haftung für durch unbewegliche Sachen geschaffene Gefahren plädierte[206]. Aufgegriffen und verallgemeinert wurde die Idee der Gefährdungshaftung durch *Ripert*, der unter dem Begriff der „théorie des risques" verlangte, dass derjenige, der durch seine Aktivität ein Risiko im sozialem Leben geschaffen habe, auch die Schadensfolgen seiner Tätigkeit ohne Rücksicht auf ein Verschulden auf sich nehmen müs-

---

202 Charles Sainctelette, De la responsabilité et de la garantie - Accidents de transport et de travail, 1884.

203 Sainctelette, De la responsabilité et de la garantie, 94f. (Beförderungsvertrag) und 117 ff (Dienstvertrag), 139f. (Parallelen beider Vertragstypen).

204 Glasson, Le Code civil et la question ouvrière, 36f.; Planiol, Rev. crit. 1888, 279 ff.

205 Saleilles, Les accidents de travail et la responsabilité civile, 18f.

206 Josserand, De la responsabilité des choses inanimées, 103 ff.

se[207]. Diesen Forderungen nach einem besonderen Schutz der Arbeiter vor den Gefahren einer maschinellen Produktion kam die Rechtsprechung durch ein erweitertes Verständnis der Sachwalterhaftung des art. 1384 al. 1$^{er}$ CCiv. als eine Beweislastumkehr beinhaltend nach[208].

Auf diesem Stand befindet sich die Diskussion im Jahre 1911 als mit der Anerkennung der „obligation de sécurité“ die Cour de Cassation sich für einen von der Doktrin seit nunmehr 25 Jahren aufgegebenen Lösungsansatz entscheidet. Zwar wurde der Durchbruch in der Literatur vereinzelt begrüßt, dennoch dauerte es fast weitere fünfzehn Jahre bis in der Lehre durch *Demogue*s Unterscheidung zwischen der „obligation de résultat“ und der „obligation de moyens“ eine wirkliche Auseinandersetzung mit dem Institut der „obligation de sécurité“ stattfindet.

### c) Einführung einer Unterscheidung zw. „obligation de moyens“ und „obligation de résultat“

#### (1) Eine Unterscheidung verbunden mit der Entwicklung der „obligation de sécurité“

Die Haftung basierend auf der „obligation de sécurité“, die dem Schuldner eines Beförderungsvertrages mit dem Urteil der Cour de Cassation aus dem Jahre 1911 auferlegt wurde, forderte von dem geschädigten Kläger keinen Nachweis einer schuldhaften Pflichtverletzung („faute“). Mit Verweis auf die Beweislastregel des art. 1147 CCiv. wurde für das Nichterreichen des Vertragszwecks, den Reisenden gesund und wohlbehalten an sein Ziel zu bringen, ein Verschulden des Schuldners vermutet. Dieser hätte sich nur über den Nachweis höherer Gewalt als Schadensursache entlasten können.

Im Gegensatz zu art. 1147 CCiv. verpflichtet der ebenfalls im Kapitel über den Effekt vertraglicher Pflichten verortete art. 1137 CCiv. den Schuldner lediglich, sich bei der Erfüllung wie „ein guter Familienvater“ zu verhalten. Dieser an das Schuldnerverhalten angelegte Maßstab des „bon père de famille“ ist nicht wörtlich zu nehmen, sondern als Sinnbild des umsichtigen, sorgfältigen und eifrigen Menschen zu verstehen[209]. Damit hat die Norm nicht nur einen materiellen Gehalt, sondern legt auch auf prozessualer Ebene fest, was seitens des Gläubigers als Beweis für eine „faute contractuelle“ erbracht werden muss. Anders als bei der Regelung des art. 1147 CCiv. also, wo die Nichterfüllung das schuldhafte Verhalten („faute“) impliziert und im Schadensersatzprozess durch den Gläubiger diesbezüglich kein Beweis angetreten werden muss, fordert art. 1137 CCiv. vom Gläubiger den Nachweis, dass der Schuldner seiner Pflicht zu umsichtigem Verhalten nicht gerecht geworden ist und sich somit schuldhaft verhalten hat. Während im Rahmen des vermuteten Verschuldens des art. 1147 CCiv. ei-

---

207 Ripert, De l’exercice du droit de propriété dans ses rapports avec les propriétés voisines.

208 *Arrêt Teffaine*, CCass. civ., 16 juin 1896, D. 1897, I, 433 ff (note Saleilles); CCass req., 30 mars 1897, S. 1898, I, 65 (71); CCass req., 25 mars 1908, D. 1909, I, 73 ff; CCass. civ., 29 avr. 1913, D. 1913, I, 427 ff. Zum *arrêt Teffaine* s. auch Kapitel E.I.2.b).

209 Terré/Simler/Lequette, Les obligations, n° 579.

ne Entlastung des Gläubigers nur durch dessen Nachweis höherer Gewalt oder des Verschuldens des Schuldners beziehungsweise eines Dritten möglich ist, reicht es gemäß art. 1137 CCiv. aus, wenn der Schuldner darlegen kann, dass er sich nach seinen Möglichkeiten mit der gebotenen Sorgfalt um den Vertragserfolg bemüht hat[210]. Das französische allgemeine Vertragsrecht ist somit, was den Gesetzestext zur Beweislast anbelangt, durch eine Antinomie gekennzeichnet.

Der vermeintliche Widerspruch zwischen den beiden Regelungen des Code Civil wurde erst 1925 durch *Demogue* aufgelöst[211]. Er erklärt die unterschiedlichen Beweisanforderungen mit der Existenz zweier verschiedener Arten von vertraglichen Pflichten. Anhand der Anforderungen an den Berufsstand des Schuldners sei zu differenzieren, ob dieser ein bestimmtes Ergebnis erreichen oder ob er lediglich alle ihm zur Verfügung stehenden Möglichkeiten zur Befriedigung des Gläubigers aufbringen – also ein gewisses Verhalten an den Tag legen muss[212]. Verpflichtet sich der Schuldner ein spezielles Ergebnis zu erreichen, handelt es sich um eine „obligation de résultat"; verspricht der Schuldner dagegen nur „sein Bestes zu geben" („à aider par tous ses moyens")[213] obliegt ihm eine „obligation de moyens". In diesem Fall ist der Schuldner verpflichtet, seine Fähigkeiten und Qualifikation zur Erreichung eines bestimmten Ergebnisses einzusetzen. Dieser Einsatz muss sich nach außen als Vornahme einer in der konkreten Situation erforderlichen Handlung zeigen, die auf intelektueller Ebene von einem planvollen Vorgehen getragen wird[214].

Im Bezug auf die „obligation de résultat" haben sich zwar manche Autoren gegen die Annahme gestreubt, dass ein Erfolg Gegenstand einer vertraglichen Pflicht sein könne. Denn der Mensch sei nicht allmächtig[215], er sei in seiner Menschlichkeit fehlbar und unvollkommen. Es leuchtet jedoch nicht ein, warum der Mensch nicht freiwillig, wenn er sich der Erfüllung derart sicher ist, im Rahmen seiner Privatautonomie auch die Beibringung eines Erfolges versprechen können soll[216]. Zudem handelt es sich bei den „obligations de résultat" um Pflichten, bei denen der Erfolgseintritt eben nicht mit einem besonderen Risiko behaftet ist[217].

Allerdings bedarf jeder Erfolg auch der „moyens", des Bemühens, um erreicht zu werden und andersherum ist jedes Bemühen auf einen Erfolg gerichtet. Auch aus diesem Grund wurde *Demogue*s Unterscheidung von manchen Autoren abgelehnt[218]. Die

---

210 Terré/Simler/Lequette, Les obligations, n°s 577 ff.

211 Demogue, Traité des obligations, t. V, n° 1237.

212 Demogue, Traité des obligations, t. V, n° 1237; Terré/Simler/Lequette, Les obligations, n° 577; Le Tourneau/Poumarède, Jur. Cl. civ., art. 1136-1145: fasc. 20, n° 4.

213 CCass. 3ème civ., 7 mars 1978, Bull. civ. III, n° 108.

214 Frossard, La distinction des obligations de moyens et des obligations de résultat, n°s 92 ff; Matter, in Conclusions unter *arrêt Mercier*, CCass. civ., 20 mai 1936, D. 1936, I, 88 (95).

215 Tunc, JCP 1945, I, 449, n° 3; so auch Szaszy-Schwarz, zitiert bei Marton, RTD civ. 1935, 499 (504).

216 Frossard, La distinction des obligations de moyens et des obligations de résultat, n° 115.

217 Tunc, JCP 1945, I, 449, n° 3; s. auch Kapitel B.II.1.c).(2).

218 Ripert/Boulanger, Traité de droit civil, t. II, n° 783; Colin/Capitant, Droit civil, t. II, n° 123; Tunc, JCP 1945, I, 449, n° 3.

Verknüpfung von Bemühen und Erfolg wird von den Befürwortern der Differenzierung nicht geleugnet. Das Ziel, auf welches eine „obligation de moyens“ gerichtet ist, ist auch Bestandteil der Pflicht in dem Maße, dass der Schuldner nicht aufhören darf, sich zu mühen, bis der angestrebte Erfolg eingetreten ist. Erst wenn klar ist, dass der Erfolgseintritt nicht mehr möglich ist, darf der Schuldner seine Bemühungen einstellen[219]. Auf der anderen Seite kann natürlich das versprochene Ergebnis einer „obligation de résultat“ nur über Anstrengung und Bemühen erreicht werden, diese bleiben aber bei der Überprüfung der Pflichterfüllung außer Betracht[220].

Übertragen auf die Schutzpflichten bedeutet dies, dass der Schuldner sich im Falle einer „obligation de sécurité de résultat“ dazu verpflichtet, dass dem Gläubiger während der Vertragsdurchführung nichts zustößt und dieser körperlich unversehrt bleibt. Handelt es sich bei der Verpflichtung des Schuldners hingegen um eine „obligation de sécurité de moyens“, so besteht der Inhalt der Pflicht darin, all seine Fähigkeiten aufzubieten, um den Gläubiger vor Verletzungen zu schützen.

In dem Urteil der Cour de Cassation aus dem Jahre 1911, wurde die „obligation de sécurité“ als „obligation de résultat“ ausgestaltet. Unter Berufung auf art. 1147 CCiv. ordnete das Gericht den Transport des Reisenden und dessen wohlbehaltene Ankunft am Zielort als ergebnisgebundene Pflicht des Beförderers ein[221]. Auf die richterliche Anerkennung dieser Schutzpflicht folgte eine Expansion der „obligation de sécurité“, die nunmehr in die unterschiedlichsten Vertragstypen eingeführt wurde[222]. Die Gerichte schienen bestrebt, in möglichst jeden Vertrag zu Lasten des Schuldners die Pflicht einzufügen, für die körperliche Sicherheit des Vertragspartners zu garantieren[223]. Jedoch ließ sich eine solche Schutzpflicht in Form einer „obligation de résultat“ nicht auf jedes Leistungsversprechen übertragen. Während es noch realistisch erscheint, dem Schuldner eines Beförderungsvertrages zuzumuten, für die körperliche Unversehrtheit seiner Reisenden zu garantieren, so ist es zweifelhaft, ob beispielsweise der Betreiber einer Skiliftanlage oder der Inhaber eines Schwimmbades einer solchen Garantie überhaupt gerecht werden könnte. Besonders eindeutig zeigt sich das Unvermögen des Schuldners zur Erfüllung einer „obligation de sécurité de résultat“ beim Arztvertrag. Angesichts der Tatsache, dass der Arzt niemals einen Heilungserfolg versprechen kann, sondern allenfalls seine Bemühungen im Bewusstsein des Risikos der Heilbehandlung, wurde eine Anpassung der Rechtsprechung an die tatsächlichen Gegebenheiten eines Vertrages notwendig[224]. Dem trägt die Cour de Cassation 1936 Rechnung, in dem sie in einem Urteil zur Arzthaftung die „obligation de sécurité de

---

219 Frossard, La distinction des obligations de moyens et des obligations de résultat, n° 102.

220 Frossard, La distinction des obligations de moyens et des obligations de résultat, n° 118.

221 *Affaire Zbidi Hamida ben Mahmoud c. Compagnie Générale Transatlantique*, CCass. civ., 21 nov. 1911, D. 1913, I, 249 (253).

222 S. Fn 199.

223 Frossard, La distinction des obligations de moyens et des obligations de résultat, n° 474.

224 Meller, Obligation de Sécurité, 20f.

moyens“ de facto einführt[225]. In der folgenden Zeit ist wiederum ein deutlicher Rückgang der „obligation de sécurité“ in der Ausprägung als „obligation de résultat“ zu beobachten. Damit ist die Unterscheidung zwischen der „obligation de résultat“ und der „obligation de moyens“ in ständiger Wechselwirkung mit der Entwicklung der „obligation de sécurité“ entstanden und hat den Doppelcharakter der Schutzpflicht entscheidend geprägt[226].

Welche Auswirkungen die Eigenschaft als „obligation de moyens“ beziehungsweise „obligation de résultat“ auf die Beweislastverteilung hat, wird im Folgenden im Kapitel über die Beweislast (s. Kapitel D.II.2) genauer behandelt.

**(2) Unterscheidungskriterien**

Da sich die Unterscheidung zwischen „obligation de résultat“ und „obligation de moyens“ im Bereich der vertraglichen Haftung ansiedelt, ist vorrangig auf den Willen der Vertragsparteien abzustellen. Enthält der Vertrag eine wirksame Freizeichnungsklausel, so kann von einer „obligation de moyens“ ausgegangen werden[227]. Jedoch wird in den wenigsten Fällen eine Vereinbarung über die Beweislast getroffen oder der Maßstab für die Anforderungen an die Leistung des Schuldners genau definiert. Im Übrigen werden von der ganz überwiegenden Meinung in der Doktrin Haftungsklauseln bei Verletzungen von Körper- und Gesundheit als unwirksam erachtet (s. Kapitel D.II.1.b)).

Für die Mehrheit der Verträge zeigt sich somit das Bedürfnis nach einem abstrakten Unterscheidungskriterium. Angesichts der vielfältigen und unübersichtlichen Rechtssprechung scheint aber die Beschränkung auf ein einzelnes Kriterium kaum möglich. So haben sich in Lehre und Praxis mehrere Anknüpfungspunkte herausgebildet, die sowohl auf die Situation der Vertragsparteien, als auch auf den Inhalt der vertraglichen Pflicht Bezug nehmen[228].

In seinen ersten Einlassungen über die Differenzierung zwischen „obligation de moyens“ und „obligation de résultat“ stützt sich *Demogue* für die Abgrenzung auf die beruflichen Anforderungen an den Schuldner. Dementsprechend treffe denjenigen, der durch das ihm entgegengebrachte Vertrauen eine gewisse Freiheit bei der Wahl seiner Mittel genieße, wie zum Beispiel ein Arzt oder Anwalt, eine „obligation de moyens“. Handele es sich dagegen um einen Beruf, der auf der Anwendung besonderer Techniken und Automatismen beruhe und wo kalkulierbare Ergebnisse abgeliefert werden

225 *Arrêt Mercier*, CCass. civ., 20 mai 1936, D. 1936, I, 88 ff.

226 Meller, Obligation de Sécurité, 34 Fn 1; Frossard, La distinction des obligations de moyens et des obligations de résultat, V.

227 Le Tourneau/Leroy, Jur. Cl. civ., art. 1136-1145: fasc. 20 (2002), n° 36.

228 Überblick bei Frossard, La distinction des obligations de moyens et des obligations de résultat, n$^{os}$ 224 ff.

könnten, wie zum Beispiel bei einem Architekten, so läge eine „obligation de résultat" vor[229].

Da diese strikte Abgrenzung nach Berufsstand aber nicht allen vertraglichen Konstellationen gerecht wird[230], stellt *Frossard* statt auf die Person des Schuldners auf die von ihm zu erbringende Leistung ab[231]. Sind der Leistungsgegenstand und die Konditionen der Leistungserbringung genau definiert, handele es sich um eine „obligation de résultat". Die Eingehung einer Erfolgsverbindlichkeit ergibt sich in diesen Fällen aus dem Grundsatz „pacta sund servanda". Behält sich der Schuldner aber eine gewisse Freiheit bei der Leistungserbringung vor, ohne ein festgelegtes Ergebnis zu garantieren, so sei er lediglich im Rahmen einer „obligation de moyens" verpflichtet.

Vor dem Hintergrund dieser ersten grundlegenden Betrachtung des Vertragsverhältnisses, spielen zwei weitere Kriterien eine entscheidende Rolle: das Risiko, mit welchem der Erfolgseintritt behaftet ist („aléa"), sowie die Rolle des Gläubigers bei der Vertragserfüllung („rôle de la victime").

Sobald es sich bei der Pflicht um eine Leistung handelt, deren Erbringung dem Schuldner unter normalen Bedingungen bei angemessenem Bemühen ohne Probleme möglich ist, kann von einer „obligation de résultat" ausgegangen werden[232]. Als Anhaltspunkte gelten die Kontrolle über die für die Realisierung nötigen technischen Mittel sowie das dafür eingesetzte Personal[233]. Ist es dagegen nicht ungewöhnlich, dass trotz Anstrengungen des Schuldners sein Einsatz nicht zu dem gewünschten Ergebnis führt, kann dieses nicht Teil seiner Leistungspflicht sein. Der Leistungserfolg ist auch von Umständen abhängig, auf die der Schuldner keinen Einfluss hat. Es handelt sich also um eine „obligation de moyens"[234].

Neben dem Kriterium des Risikos muss auch die Rolle, welche der Gläubiger selbst bei der Vertragserfüllung spielt, berücksichtigt werden. Ist der Erfolgseintritt auch von einem Mitwirken des Gläubigers abhängig, so liegt in seiner Person ein Faktor, auf den der Schuldner keinen Einfluss hat. Behält also der Gläubiger bei der Vertragsdurchführung eine aktive Rolle, in dem er selbst die ihm vom Schuldner zur Verfügung gestellten Sachen beherrscht oder in seiner Bewegungsfreiheit nicht eingeschränkt ist, liegt in der Regel eine „obligation de moyens" vor[235]. Gerade im Hinblick auf ärztliche Behandlungsverträge muss das Kriterium der Rolle des Gläubigers dahingehend eingeschränkt werden, dass bei Vorliegen seiner Einwilligung unter Kenntnis der möglichen Risiken, immer von einer „obligation der moyens" auszugehen ist.

229 Demogue, Traité des obligations, t. V, n° 1237.
230 Le Tourneau/Leroy, Jur. Cl. civ., art. 1136-1145: fasc. 20 (2002), n° 38.
231 Frossard, La distinction des obligations de moyens et des obligations de résultat, n$^{os}$ 292 ff.
232 Tunc, JCP 1945, I, 449, n° 6.
233 Le Tourneau/Leroy, Jur. Cl. civ., art. 1136-1145: fasc.20 (2002), n° 43.
234 Le Tourneau/Leroy, Jur. Cl. civ., art. 1136-1145: fasc.20 (2002), n° 45.
235 CCass. com., 7 fév.1949, D. 1949, jrspr., 377 (note Derrida); JCP 1949, II, 4959 (note Rodière); CCass. 1ère civ., 27 jan.1982, Bull. civ. I, n° 52; CCass. 1ère civ., 11 mars 1986, RTD civ. 1986, 767 (obs. Huet).

Außerdem müssen als Wertungsgesichtspunkte die vereinbarte Bezahlung, gegebenenfalls abgeschlossene Versicherungen – schlicht die „économie générale du contrat" berücksichtigt werden[236].

Insgesamt bilden die genannten Kriterien ein Bündel von Indizien, anhand derer – bezogen auf den Einzelfall – eine Qualifikation der „obligation de sécurité" vorzunehmen ist. Die entscheidende Frage ist, wie die Risikolage von den Parteien eingeschätzt wurde und wer nach ihrem Willen die Risikofolgen tragen soll.

**(3) Bezugspunkt der Unterscheidung im deutschen Recht**

Vergleichbar zu der Unterscheidung der zwei Pflichtarten im französischen Recht ist auch das deutsche Schuldrecht von einem Dualismus des Leistungsbegriffs geprägt. So verpflichtet sich ein Schuldner grundsätzlich nur zu einem bestimmten Verhalten. Darüber hinaus kann seine Verpflichtung aber auch die Herbeiführung eines Erfolges beinhalten. Daher wird die Leistung auch als Eintritt eines Leistungserfolges durch ein Leistungsverhalten des Schuldners bezeichnet, wobei der Schuldner aber in der Regel nur erfolgsgerichtetes Handeln schuldet und nicht den Erfolg selbst. So basiert das BGB auf der Annahme, dass der Leistungserfolg grundsätzlich nicht zugesichert ist, da im Falle der nicht zu vertretenden Unmöglichkeit der Leistung der Schuldner von seiner Leistungsverpflichtung frei wird und zwar auch wenn es sich nur um eine rein subjektive Unmöglichkeit handelt (§§ 275 Abs. 1 BGB iVm §§ 280 Abs. 1, 311a Abs. 2 S. 2 BGB). Aus den §§ 275, 276 und § 242 BGB ergibt sich, dass der Schuldner in der Regel nur zu redlichem und sorgfältigem Verhalten verpflichtet ist. Allerdings sind abweichende Individualabreden immer möglich und auch das Gesetz selbst sieht Ausnahmen wie die Übernahme einer Garantie oder des Beschaffungsrisikos vor.

Da aber aus dem Wortlaut des BGB nicht widerspruchsfrei zu erkennen ist, in welchem Sinn der Begriff der „Leistung" im Einzelfall benutzt wird, stellt sich im deutschen Recht für jedes Leistungsversprechen die Frage, ob der Schuldner auch einen über sein Verhalten hinausgehenden Erfolg schuldet. Maßgeblich für die Bestimmung des Pflichteninhalts ist der Wille der Vertragsparteien. Um festzustellen, wie weit die Verbindlichkeit des Schuldners reicht, können bei der Auslegung von Parteivereinbarungen die bereits im Zusammenhang mit dem französischen Recht beschriebenen Kriterien herangezogen werden.

Parallel zur Unterscheidung zwischen „obligation de moyens" und „obligation de résultat" verfolgt das deutsche Recht aber auch eine zweigleisige Beweislastverteilung. So wirkt sich die Vermutungswirkung des § 280 Abs. 1 S. 2 BGB im Falle der Nichterfüllung von Leistungspflichten im Sinne des § 241 Abs. 1 BGB voll aus. Es genügt der Nachweis des Gläubigers, dass die Leistung unmöglich, schlecht erfüllt oder mit Verzögerung erbracht wurde, um eine Vermutung nicht nur des Vertretenmüssens, sondern auch der objektiven Pflichtwidrigkeit und der Kausalität zu generieren. Bei

---

236 Starck/Roland/Boyer, Obligations, t. 2, n$^{os}$ 1180 ff (1182); Le Tourneau, Droit de la responsabilité, n$^{os}$ 3252, 3266.

Schutzpflichtverletzungen ist die Anwendbarkeit der Beweislastumkehr des § 280 hingegen problematisch und entfaltet zumindest für den Teil der nicht erfolgsbezogenen Schutzpflichten nur beschränkt Wirkung (s. auch Kapitel D.I.2).

**(a) Bedingung der Beweislastverteilung durch den Leistungsbezug der Pflicht**

Mit § 280 Abs. 1 BGB wurde im Zuge der Schuldrechtsrefom eine zentrale Anspruchsgrundlage geschaffen für den Ersatz jeglicher Schäden, die dadurch entstehen, dass der Schuldner seinen Verpflichtungen nicht entspricht. Demgemäß wurde der im alten Recht auf das Zurückbleiben hinter Leistungspflichten beschränkte Begriff der „Nichterfüllung“ abgelöst und durch das General-Tatbestandsmerkmal der „Pflichtverletzung“ ersetzt, welches nunmehr auch Verstöße gegen Schutzpflichten erfasst. Die in § 280 Abs. 1 S. 2 BGB formulierte Beweislastumkehr bezüglich des Vertretenmüssens des Schuldners bezieht sich dem Gesetzeswortlaut nach ebenfalls auf alle möglichen Pflichtverletzungen des Schuldners. Allerdings ist fraglich, ob sie auch tatsächlich für alle Arten von Pflichtverletzungen zum Tragen kommt. Im Falle der Leistungspflichten im Sinne des § 241 Abs. 1 BGB reicht seitens des Gläubigers bereits der Nachweis der Unmöglichkeit, der Schlechtleistung oder des Verzugs aus, um zu implizieren, dass der Schuldner objektiv seiner Pflicht nicht genügt hat. Das Vertretenmüssen des Schuldners wird über § 280 Abs. 1 S. 2 BGB vermutet. Bei den Schutzpflichten liegt die objektive Pflichtverletzung hingegen darin, dass der Schuldner keine Rücksicht auf die Rechte, Rechtsgüter oder Interessen des Gläubigers genommen hat, sprich dass er nicht die Sorgfalt hat walten lassen, die man von ihm hätte erwarten können. Die Beweislast für diese Pflichtverletzung trägt der Gläubiger. Die Beweislastumkehr des § 280 bezieht sich wiederum auf das Vertretenmüssen – gemäß § 276 Abs. 2 BGB im Falle der Fahrlässigkeit das außer Acht Lassen der im Verkehr erforderlichen Sorgfalt. Wenn jedoch zunächst der objektive Tatbestand der Pflichtverletzung – also ein Zurückbleiben hinter der erforderlichen Sorgfalt – durch den Gläubiger positiv festgestellt werden muss, stellt sich die Frage, was dann noch als Gegenstand der Vermutung des § 280 Abs. 1 S. 2 BGB übrig bleiben soll. Mit der Feststellung eines Sorgfaltsverstoßes als Pflichtverletzung im objektiven Tatbestand ist der Fahrlässigkeitsnachweis bereits erbracht. De facto obliegt also dem Gläubiger die komplette Beweislast. Die Verschuldensvermutung des § 280 Abs. 1 S. 2 BGB kommt bei Schutzpflichtverletzungen regelmäßig nicht zum Tragen[237].

In Anbetracht dieses ungleichen Laufs von Leistungs- und Schutzpflichten plädierte *Canaris* bei den Arbeiten zur Schuldrechtsreform auch innerhalb des § 280 Abs. 1 BGB für eine Differenzierung zwischen Störungen leistungsbezogener und nichtleistungsbezogener Pflichten. Lediglich erstere sollten – als „Nichterfüllung“ bezeichnet – von der Verschuldensvermutung des Satzes 2 erfasst werden, wohingegen Verstöße gegen Schutzpflichten als „Pflichtverletzungen“ den normalen Beweisregeln unterworfen werden sollten[238]. Folgt man dieser Auffassung, würde die Verteilung der

237 Canaris, in Karlsruher Forum 2002, 5 (30f.).

238 Canaris, JZ 2001, 499 (512, 523); ders., in Karlsruher Forum 2002, 5 (30). Durch ein Anknüpfen an die „Nichterfüllung“ würde im Falle der Unmöglichkeit der Leistung auch der

Beweislast im deutschen Recht entsprechend des Charakters der jeweiligen verletzten Pflicht – Leistungspflicht oder leistungsunabhängige Schutzpflicht – erfolgen.

### (b) Bedingung der Beweislastverteilung durch die Erfolgsbezogenheit der Pflicht

Denkt man jedoch diesen von *Canaris* vertretenen Standpunkt zu Ende, werden einige Ungereimtheiten deutlich. Vor allem seine Behauptung, eine Pflichtverletzung läge im Falle einer Leistungspflicht allein schon durch die Nichterreichung eines bestimmten Erfolges vor – selbst wenn es sich nicht um eine erfolgsgebundene, sondern um eine reine Verhaltenspflicht handele, erstaunt. Diese Aussage untermauert *Canaris* mit einem Beispiel aus dem Bereich der Arzthaftung. Erweise sich eine ärztliche Diagnose als falsch, so läge die Pflichtverletzung des Arztes im Sinne des § 280 Abs. 1 S. 1 BGB in der Fehlerhaftigkeit seiner Beurteilung[239]. Das gewählte Beispiel mutet befremdlich an, handelt es sich bei der Arzthaftung doch um das Paradebeispiel für lediglich geschuldetes Bemühen um die Erreichung eines Erfolges durch sorgfältiges Handeln. Eine Pflichtverletzung wird man einem Arzt immer nur dann vorhalten können, wenn er nicht die Sorgfalt und das Bemühen an den Tag gelegt hat, das man von ihm erwarten konnte. Hat ein Arzt aber diese Anforderungen bei der Erstellung einer Diagnose erfüllt, wird man ihm nicht den Vorwurf einer Pflichtverletzung machen können, wenn sein Befund fehlgeht. Vielmehr liegt dieses Risiko in der Natur der ärztlichen Tätigkeit.

Außerdem drängt sich die Frage nach der beweisrechtlichen Handhabung von Schutzpflichten auf, deren Einhaltung sich nach der Erreichung eines bestimmten Zieles bemisst, etwa weil sie von Rechtsprechung und Literatur in eine besondere Nähe zur eigentlichen Leistungspflicht gerückt wurden (z.B. die Pflicht des Beförderers, seinen Fahrgast sicher und unverletzt ans Ziel zu bringen[240]) oder ihr Inhalt in Entscheidungen, Gesetzesmaterialien und Literaturveröffentlichungen als Verbot bestimmter Handlungen konkretisiert wurde (z.B. die im Zuge der Schuldrechtsmodernisierung vielfach zitierte Schutzpflicht eines Malers, bei seinen Arbeiten Wohnung und Einrichtungsgegenstände seines Auftraggebers nicht zu beschädigen[241]). Auch für diese Konstellationen scheint es – vergleichbar zu Verletzungen erfolgsgebundener Leistungspflichten – ausreichend, dass der Gläubiger den Nachweis des Nichterreichens dieses Zieles beziehungsweise des Verstoßes gegen das Verbot im Zusammenhang mit der Vertragserfüllung erbringt, um eine Vermutungswirkung zu seinen Gunsten eintreten zu lassen.

---

oben zitierte Einwand (s. Kapitel D.I.1.a).(1)) entkräftet, die Leistungspflicht könne nicht verletzt sein, da sie nach § 275 BGB erloschen sei.

239 Canaris, in Karlsruher Forum 2002, 5 (30f.).

240 St. Rspr. RGZ 66, 12 (15); BGH NJW 1953, 584 (585); zuletzt BGH, Urteil vom 17.01.2011, Az. X ZR 59/11; Köpcke, Typen der positiven Vertragsverletzung, 62f.; Heinrich Stoll, AcP 136 (1932), 257 (299 Fn 89).

241 S. nur BT-Drucks. 14/6040, 141.

Ist also die Verteilung der Beweislast nicht eher eine Frage der Erfolgsbezogenheit der verletzten Pflicht – weswegen es zwar häufig zu einem Gleichlauf zwischen der Verfolgung eines Leistungsinteresses und einer Beweislastumkehr kommt, dieser Zusammenhang aber eben nicht zwangsläufig ist?

Dieser Hypothese hat sich bereits *Heinemann* unter Einbeziehung eines Vergleichs mit dem französischen Recht in seiner Dissertation gewidmet[242]. Er beginnt seine Überlegungen ausgehend von der Feststellung dass die weite Vermutungswirkung des § 280 Abs. 1 BGB (damals § 282, 285 BGB a.F.) im Falle von Leistungsstörungen „ein Stück Erfüllungsgarantie“[243] bedeutet, denn jegliche Beweisschwierigkeiten hinsichtlich objektiver Pflichtwidrigkeit, Kausalzusammenhang und subjektivem Vertretenmüssen gehen zu Lasten des Schuldners. Hinter diesem „Garantieprinzip“ auf der Beweislastebene sieht *Heinemann* eine materiellrechtliche Ursache. Da die Haftung im Sinne des Einstehenmüssens letztlich nichts anderes sei, als die Verwirklichungsform der Schuld – „die Schuld tritt im Kleid der Haftung auf, sobald es um ihre zwangsweise Durchsetzung geht“[244], müsse die Ausgestaltung der Schuld eine haftungsrechtliche Entsprechung finden. Verpflichtet sich also der Schuldner zu einer Erfolgsschuld, muss diese mit einer „Erfolgshaftung“ belegt sein. Entscheidend ist dabei, dass das Ausbleiben des Erfolges auf der haftungsrechtlichen Seite immer eine Reaktion hervorruft, die das Risiko der Verantwortlichkeit in sich birgt. Eine Schuld kann nicht bestehen, wenn die Rechtsordnung, für den Fall, dass diese Schuld nicht erfüllt wird, keine Sanktion bereithält. Denn läge in der grundsätzlich vorgesehenen Verschuldenshaftung die einzige Reaktion des Gesetzes, würde nicht jedes Ausbleiben eines zugesagten Erfolges eine Haftung des Schuldners auslösen. Die materiellrechtliche Übernahme des Risikos der Herbeiführung des Erfolges bliebe auf der Haftungsebene ungedeckt; der Gläubiger, dessen Gegenleistung sich in der Regel an der Erfolgszusage orientiert, bliebe ohne Handhabe. Die Erfolgsschuld muss also mit einer durch die beweisrechtliche Einstandspflicht verschärften Erfolgshaftung ausgestattet sein, damit sie überhaupt eine solche ist[245].

---

242 Heinemann, Beweislastverteilung bei positiven Forderungsverletzungen (1988).

243 Larenz, Schuldrecht I, § 24 I b); s. auch Ulrich Huber, in Gutachten I, 647 (718).

244 Heinemann, Beweislastverteilung bei positiven Forderungsverletzungen, 62. S. auch *Larenz*, der es etwas prosaischer formuliert: „So verleiht die sie begleitende „Haftung“ der „Schuld“ gleichsam die irdische Schwere.“, Schuldrecht I, § 2 IV. *Huber* sieht die Grundlage der Haftung in dem gegebenen vertraglichen – nicht notwendigerweise auf eine Leistung, sondern auch auf Schutzpflichten bezogenen – Versprechen, Ulrich Huber, Leistungsstörungen, I, § 22 I 4. Hans Stoll, in FS von Hippel (1967), 517 (556), beschränkt diesen Ansatz allerdings auf die Leistungspflichten, in dem er in der Beweislastumkehr das vom Schuldner übernommene Leistungsrisiko ausgedrückt sieht. So auch MüKo/Ernst, § 280 Rn 32, der allerdings eine Erfolgsbezogenheit bei Schutzpflichten für möglich und dementsprechend eine Beschränkung der Beweislast des Gläubigers für angebracht hält (Rn 139).

245 Heinemann, Beweislastverteilung bei positiven Forderungsverletzungen, 60 ff.

Die Zusage eines Erfolges ist jedoch nicht nur innerhalb der Leistungspflichten möglich[246]. Zwar unterscheiden sich die Schutzpflichten von den Leistungspflichten gerade durch das Nichtvorhandensein von Erfolgen; jede Schutzpflicht hat gerade den Nichteintritt von Ereignissen zum Ziel. Dennoch besteht eine Ähnlichkeit mit der Erfolgsverbindlichkeit der Leistungspflichten dahingehend, als sich das Gläubigerinteresse bei Schutzpflichten nicht allein auf schuldnerisches Handeln, sondern auf dessen Ergebnis bezieht. Gerade angesichts von Schutzpflichten im Bezug auf die körperliche Integrität des Gläubigers dürfte dessen Interesse an dem Ergebnis – der eigenen Unversehrtheit – besonders groß sein. Es ist also bei Schutzpflichten gleichermaßen wie bei Leistungspflichten möglich, dass der Schuldner ein Ergebnis verspricht, ohne von vorneherein genau zu wissen, ob er dieses durch seine Bemühungen auch erreichen wird und insofern ein besonderes Risiko übernimmt. Diese Risikoübernahme muss, damit ihre Wirkung gewährleistet ist, auch innerhalb der Schutzpflichten durch eine beweisrechtliche Einstandspflicht gedeckt sein[247].

Im Ergebnis ist folglich – anders als ausgehend vom *Canaris*'schen Ansatz – die Parallele zum französischen Recht zu ziehen: Anerkannt für das französische Recht, bedingt auch im deutschen Recht der Umfang der Verpflichtung – erfolgsgebunden oder lediglich verhaltensgebunden – die Verteilung der Beweislast für alle Pflichtentypen[248].

### d) Aktueller Status

Mittlerweile ist die „obligation de sécurité" als Bestandteil der unterschiedlichsten Verträge anerkannt und es existiert eine weit gefächerte und leider auch unübersichtli-

246 So auch Larenz, in FS Hauß (1978), 225 (235f.); Hans Stoll, in FS von Hippel (1967), 517 (557); Esser/Schmidt, Schuldrecht I/2, § 29 III 5b); MüKo/Ernst, § 280 Rn 139. S. auch Überblick in Baumgärtel, Handbuch der Beweislast, Bd. 1 (2. Aufl., 1991), Anh. § 282 Rn 12 ff mwN (insb. Rn 14); eher ablehnend aber in der aktuellen Auflage Baumgärtel/Repgen, Handbuch der Beweislast, Schuldrecht AT, § 241 Rn 7 und § 280 Rn 58, 75f.

247 Heinemann, Beweislastverteilung bei positiven Forderungsverletzungen, 70 ff. Im Ergebnis wohl auch MüKo/Ernst, § 280 Rn 139 und Fikentscher/Heinemann, Schuldrecht, Rn 514. Eike Schmidt, Schuldverhältnis, Rn 195, 214, geht sogar noch weiter und hält jegliche durch den Schuldner hervorgerufene Integritätsbeeinträchtigung bereits für eine Schutzpflichtverletzung und qualifiziert alle Integritätswahrungspflichten – im Gegensatz zu Vermögenssorgepflichten – als erfolgsbezogene Pflichten. Dabei lässt *Schmidt* jedoch außer Acht, dass die Partei eines Schuldverhältnisses dem anderen Part nicht grundsätzlich dessen Unversehrtheit garantiert, sondern in der Regel nur zu Rücksichtnahme verpflichtet ist. Dementsprechend ist im Normalfall eine Pflichtverletzung nur bei Rücksichtslosigkeit des Schuldners – also einem *Verhalten* – gegeben.

248 So auch Stephan Lorenz, in Karlsruher Forum 2005, 5 (39f.); Lorenz/Riehm, Lehrbuch zum neuen SchuldR, Rn 182f.; Baumgärtel/Repgen, Handbuch der Beweislast, Schuldrecht AT, § 280 Rn 58, 75f.; so auch hinsichtlich nicht erfolgsbezogener Leistungspflichten mit Verweis auf das französische Recht Looschelders, Schuldrecht AT, Rn 562.

che Rechtsprechung zu diesem Thema[249]. Das macht es schwierig, allgemeingültige Kriterien sowohl für ihre Existenz, als auch für das Regime der Schutzpflicht herauszuarbeiten. So sprechen manche Autoren schon von einer „insécurité juridique" die durch die „obligation de sécurité" hervorgerufen worden sei und bezeichnen diese als ein „monstre juridique"[250]. Dennoch bleibt die Anerkennung der „obligation de sécurité" auf einzelne Vertragstypen beschränkt. Einen generellen Grundsatz, dass jeder Vertragspartner – beziehungsweise sogar der Partner innerhalb eines jeden Schuldverhältnisses – für die Sicherheit seines Gegenübers zu sorgen hat, wie er in Deutschland zunächst durch das Instrument der „positive Vertragsverletzung" und jetzt gemäß § 241 Abs. 2 BGB über die Rücksichtspflichten gilt, gibt es im französischen Recht nicht. Die Aufgabe einer allgemeinen Sicherungspflicht wird weitestgehend noch von der deliktischen Haftung der artt. 1382 ff CCiv. erfüllt.

In der Regel als „obligation de moyens" ausgestaltet, erweist sich die „obligation de sécurité" für den Gläubiger mittlerweile als Pyrrhussieg. Anders als im deutschen Recht, wo ein vertraglicher Anspruch den Gläubiger in mehrfacher Hinsicht besser stellt als ein Anspruch aus unerlaubter Handlung, wurde im französischen Deliktsrecht für alle durch Sachen verursachten Schäden über art. 1384 al. 1$^{er}$ CCiv. eine Gefährdungshaftung entwickelt. Während der Herrschaftsinhaber für die schadensursächliche Sache verschuldensunabhängig haftet, muss der Gläubiger einer „obligation de sécurité de moyens" das schuldhafte Verhalten seines Vertragspartners beweisen. Eingeführt um die Rechte der Opfer durch die Vermittlung eines vertraglichen Schadensersatzanspruches zu verbessern, wirkt so die „obligation de sécurité" inzwischen häufig zu ihren Lasten[251]. Wegen des in Frankreich geltenden „principe du non-cumul", das eine Anspruchshäufung vertraglicher und deliktischer Forderungen verbietet, bleibt der verletzte Gläubiger auf seinen Anspruch aus der vertraglichen Schutzpflicht beschränkt und muss versuchen, die Hürde des Beweisantritts zu überwinden.

Angesichts dieser Schwierigkeiten waren Rechtsprechung und Doktrin bemüht über eine „dé-contractualisation" der „obligation de sécurité" durch eine Eingrenzung des zeitlichen Rahmens des Vertrages die Schutzpflicht wieder zu beleben[252]. Darüber hinaus wurde der Versuch gemacht, auch auf vertraglicher Ebene eine Haftung für durch

---

249 Eine „obligation de sécurité" ist anerkannt zu Lasten von Betreibern von Schwimmbädern, Rodelbahnen, Skigebieten, Eisbahnen, Luftschaukeln, Freizeitparks, Tierparks, Ausflugszielen in der Natur, von Organisatoren und Anleitern von Gleitschirm-Flügen, Bergwanderungen, Tauchgängen im Meer, Sportklubs, Tiertrainern, Pferdeverleihen, Angelvereinen, Betreibern von Waschsalons, Kosmetiksalons, Frisören, Reisebüros, Veranstaltern von Ferienlagern, Schulen, Autowerkstätten, Handwerkern, Krankenhäusern, Behindertenwohnheimen, ehrenamtlichen Helfern, Bluttransfusions-Zentralen, Verkäufern, Herstellern und allen Unternehmern, die ihr Geschäft in öffentlich zugänglich Räumen betreiben, wie z.B. Diskotheken und Kinos.

250 Bout, in: L'obligation contractuelle de sécurité, préface; Bloch, L'obligation contractuelle de sécurité, n° 7.

251 Groutel, RCA 1989, chron., n° 16.

252 Le Tourneau, Droit de la responsabilité, n° 3305; Delebecque, GP 1997 (hors série), 1184 (1185).

Sachen verursachte Schäden zu begründen, sowie der „obligation de sécurité de résultat" wieder mehr Gewicht zu verleihen[253]. Diese Ansätze scheiterten aber an einer inkonsequenten Umsetzung und einem „zaudernden Hin-und-Her"[254] der Cour de Cassation. Die Rechtslage um die „obligation de sécurité" ist somit nach wie vor von einer gewissen Unsicherheit geprägt und die Richter entscheiden im Bezug auf den Einzelfall, ohne dass ihrer Jurisdiktion immer eine Leitlinie zu entnehmen wäre[255].

Es werden deswegen in der französischen Doktrin vermehrt Stimmen laut, die die Aufgabe der „obligation de sécurité" in ihrer bisherigen Form fordern. So solle entweder das komplette Konstrukt einer vertraglichen Haftung für Körperverletzungen zu Gunsten der deliktischen Haftung aufgegeben oder – wie auch schon für die Opfer von Verkehrsunfällen[256] oder fehlerhaften Produkten[257] – ein spezielles Haftungssystem für Personenschäden eingeführt werden.

**(1) Eine Aufgabe der „obligation de sécurité" zu Gunsten der deliktischen Haftung**

Die Einführung der „obligation de sécurité" in den vertraglichen Bereich wird in der Doktrin teilweise als eine „künstliche Implantation" empfunden. Denn eine Schutzpflicht habe keinen vertraglichen Charakter; im Gegenteil habe die teilweise undifferenzierte Ausdehnung der „obligation de sécurité" auf alle möglichen Vertragstypen dazu geführt, dass sie mittlerweile auch in Verträgen verortet wird, bei denen die Sicherheit des Vertragspartners mit der eigentlichen, vertraglich geschuldeten Leistung in keinem Zusammenhang mehr stehe[258]. Die Fremdheit des Schutzes körperlicher Integrität im Rahmen vertraglicher Pflichten bringt *Carbonnier* auf den Punkt: „c'est artifice de faire entrer [dans la responsabilité contractuelle] des bras cassés et des morts d'hommes. Les tragédies sont de la compétence des articles 1382 et suivants"[259].

Abgesehen von der per se angezweifelten vertraglichen Natur der „obligation de sécurité" birgt diese aber auch in der praktischen Geltendmachung durch die Besonderheiten des vertraglichen Haftungssystems für den Geschädigten unter Umständen mehr Nachteile als ein deliktischer Anspruch. So sind Schadensersatzansprüche aus unerlaubten Handlungen in ihrer Bemessung nicht den Einschränkungen der artt. 1150, 1151 CCiv. (Vorhersehbarkeit des Schadens, direkter und unmittelbarer Zusammenhang zwischen Schaden und Pflichtverletzung) unterworfen und können auch nicht durch Haftungsfreizeichnungsklauseln ausgeschlossen werden (die Zulässigkeit von vertraglichen Haftungsklauseln im Bezug auf Körperverletzungen ist im französischen Recht nicht abschließend geklärt, s. Kapitel D.II.1.b).(1)). Im Übrigen wird dem Klä-

253 Jourdain, RTD civ. 1998, 116; Bloch, L'obligation contractuelle de sécurité, n° 8.
254 Jourdain, RTD civ. 1998, 116: „la valse hésitation de la Cour de cassation".
255 Rechtsprechungsüberblick bei Jourdain, RTD civ. 1998, 116.
256 Loi du 5 juill. 1985, n° 85-677, *loi Badinter*.
257 Loi du 19 mai 1998, n° 98-389.
258 Jourdain, GP 1997 (hors série), 1196 (1198f.).
259 Carbonnier, Droit civil - Les obligations, n° 295.

ger in einem deliktsrechtlichen Haftungsprozess – wie im deutschen Recht – hinsichtlich der örtlichen Zuständigkeit des Gerichts die Wahl zwischen dem allgemeinen Gerichtsstand – Wohnsitz des Beklagten – und dem besonderen Gerichtsstand der unerlaubten Handlung – dem Ort, an dem das schädigende Ereignis stattgefunden hat[260] – eingeräumt.

Teilweise wird aber auch statt einer vollständigen Aufgabe der „obligation de sécurité“ als vertraglicher Pflicht nur die Abkehr von der „obligation de sécurité de moyens“ zu Gunsten des Deliktsrechts gefordert[261], da eine durch sie gewährte vertragliche Haftung nicht nur unnötig, sondern für das Opfer sogar nachteilig sei. Denn die „obligation de sécurité de moyens“ fordere inhaltlich nichts anderes als ein umsichtiges und vorsichtiges Verhalten gegenüber dem Vertragspartner, eine Verpflichtung zu der jedermann sowieso schon über die deliktische Generalklausel der artt. 1382, 1383 CCiv. angehalten sei[262]. Außerdem pervertiere sie das ursprüngliche Ziel der „obligation de sécurité“, indem sie das Opfer schlechter stellt, als es bei Anwendung des Deliktsrechts mit einem Anspruch aus der Gefährdungshaftung des art. 1384 al.1$^{er}$ CCiv. stünde. Selbst wenn keine Sache in die Schadensverursachung verwickelt gewesen ist, begründet die „obligation de sécurité de moyens“ keinen vorteilhafteren Anspruch als die allgemeine deliktische Haftung der artt. 1382 ff CCiv.[263].

Wenn von einem Teil der französischen Lehre statt der Ausdehnung vertraglicher Ansprüche also eine Rückbesinnung auf den Kernbereich des Deliktsrechts gefordert wird, entspricht dies zwar inhaltlich den Forderungen der Anhänger des deliktsrechtlichen Ansatzes in Deutschland (s. Kapitel B.III.3), die im Rahmen der Diskussion um die Regelung der Fälle der „pVV“ im Zuge der Schuldrechtsreform dafür plädierten, das Integritätsinteresse ausschließlich über die deliktische Haftung zu schützen. Jedoch kann dieser Ansatz in beiden Ländern nicht auf die gleiche Stufe gestellt werden. Während in Deutschland mit der Einhaltung der Dichotomie der Schadensersatzhaftung rein systematisch argumentiert wird, spricht in Frankreich darüber hinaus eine faktische Besserstellung der Opfer für die deliktische Haftung.

Angesichts der grundlegenden Kritik an der vertraglichen Einordnung der „obligation de sécurité“ sollte jedoch nicht außer Acht gelassen werden, dass die Qualifikati-

260 Art. 42 al. 1er NCPC: „La juridiction territorialement compétante est, sauf disposition contraire, celle du lieu où demeure le défendeur.“;
art. 43 NCPC: „Le lieu où demeure le défendeur s'entend:
s'il s'agit d'une personne physique, du lieu où celle-ci a son domicile ou, à défaut, sa résidence;
s'il s'agit d'une personne morale, du lieu où celle-ci est établie.“;
art. 46 2ème var. NCPC: „Le demandeur peut saisir à son choix, outre la juridiction du lieu où demeure le défendeur:
en matière délictuelle, la juridiction du lieu du fait dommageable ou celle dans le ressort de laquelle le dommage a été subi“.

261 Viney, GP 1997 (hors série), 1212 (1216).

262 Jourdain, GP 1997 (hors série), 1196 (1198).

263 Jourdain GP 1997 (hors série), 1196 (1198f.).

on als Vertragsbestandteil eine gewisse inhaltliche Flexibilität ermöglicht. Je nach der Art des Vertrages können die Anforderungen an den Schuldner entsprechend angepasst werden, um so die größtmögliche Einzelfallgerechtigkeit zu erreichen[264]. Darüber hinaus bietet die „obligation de sécurité“ in ihrer Ausgestaltung als „obligation de résultat“ im gegenwärtigen System der „responsabilité civile“ in Frankreich die umfassendste Haftung zu Gunsten der Opfer von Körperverletzungen. Während der Geschädigte im Rahmen einer Haftung aus art. 1384 al. 1^er^ CCiv. die Einwirkung einer Sache nachzuweisen hat, genügt im Falle der „obligation de sécurité de résultat“ der schlichte Beweis eines Unfalles und einer Verletzung[265]. Damit hat die vertragliche Schutzpflicht zumindest in der Form als „obligation de résultat“ ihre Daseinsberechtigung nicht völlig an die deliktische Haftung verloren.

### (2) Eine Aufgabe der „obligation de sécurité“ zu Gunsten eines objektivierten Haftungssystems

Vereinzelt wird in der französischen Doktrin auch der Aufbau eines allgemeinen objektivierten Haftungssystems für Personenschäden verlangt, um eine Ungleichbehandlung zwischen Opfern, die in vertraglicher Bindung zu ihrem Schädiger stehen und Opfern, die unbeteiligte Dritte sind, zu vermeiden. Eine einheitliche Handhabung der Haftung für Körperverletzungen wird der Tatsache gerecht, dass es sich bei der Sicherheit und Unversehrtheit der körperlichen Integrität um ein universelles Naturrecht handelt, welches den Rang eines unveräußerlichen Menschenrechtes genießt[266].

Es ist die Universalität des Schutzgutes, der die Schwierigkeit geschuldet ist, die Haftung in den vertraglichen *oder* deliktischen Bereich einzuordnen, eine Problematik, die der französische Gesetzgeber für Personenunfälle im Straßenverkehr, Gesundheitsschäden aufgrund fehlerhafter Produkte oder Körperverletzungen im Rahmen medizinischer Versorgung[267] bereits mit einer einheitlichen objektiven Haftung, die nicht zwischen Vertragspartei und Dritten unterscheidet, umgangen hat. Die durchgehende Anwendung einer objektivierten Haftung und die zwangsläufige Ersatzpflicht im Falle einer Verletzung würde die Anerkennung von Gesundheit und körperlicher Unversehrtheit als subjektives Recht eines jeden Menschen im Haftungsrecht verankern[268]. Eine Entschädigung aller Körperverletzungen unabhängig ihres Ursprungs könnte durch diese objektivierten „régimes spéciaux“ gewährleistet werden[269].

---

264 Viney, GP 1997 (hors série), 1212 (1214).

265 Viney, GP 1997 (hors série), 1212 (1213).

266 Savatier, s. Darstellung bei Tunc, La responsabilité civile, n° 182 mwN; Lambert-Faivre, D. 1994, chron., 81; Radé, D. 1999, chron., 323 (324f.); Starck, Essai d'une théorie générale de la responsabilité civile.

267 Loi du 4 mars 2002 (n° 2002-303), relative aux droits des malades et à la qualité du système de santé; loi du 30 déc. 2002 (n° 2002-1577), relative à la responsabilité civile médicale.

268 Lambert-Faivre, D. 1994, chron., 81 (82 ff).

269 Le Tourneau, Droit de la responsabilité, n^os^ 91, 8054.

Mit der Entwicklung einer verschuldensunabhängigen Haftung für den gesamten Bereich der Körperverletzungen würde die auf dem Erfordernis einer „faute" basierende „responsabilité civile" eines elementaren Anwendungsfeldes beraubt. Wenn gerade hinsichtlich eines so sensiblen Rechtsgutes wie dem menschlichen Körper die völlige Abkehr vom Verschuldenserfordernis gefordert wird, sollte berücksichtigt werden, dass das schuldhafte Fehlverhalten als Grundlage für eine Einstandspflicht ebenso wie das subjektive Recht der eigenen Unversehrtheit das Ergebnis eines mit der Entwicklung der Menschheit gewachsenen Gerechtigkeitsempfinden ist. Die Haftung für ein vorwerfbares, pflichtwidriges Verhalten ist als Gegenstück des erwarteten verantwortungsbewussten Handelns essentieller Faktor für das Gleichgewicht des gesellschaftlichen Miteinanders. Als Gegengewicht der Handlungsfreiheit eines jeden Einzelnen führt das Prinzip der verschuldensabhängigen Haftung zwangsläufig zu einer Rücksichtnahme auf die Belange der Mitmenschen[270]. Stattdessen würde mit einer nur von dem Gedanken der Entschädigung getragenen Verurteilung eines schuldlos Handelnden eine neue Ungerechtigkeit begangen[271].

## 2. Schutzinhalt der „obligation de sécurité"

Die „obligation de sécurité" wurde als richterrechtliches Instrument eigens zum Schutz der körperlichen Integrität geschaffen, um für die Fälle, in denen kein entsprechender vertraglicher (Haupt-) Anspruch besteht, dem Gläubiger dennoch einen vertraglichen Schadensersatzanspruch zu ermöglichen.

Außer der „obligation de sécurité", die eine besondere Bedeutung unter den „obligations accessoires" genießt, existieren in Frankreich Informationspflichten, die entweder in Form einer „obligation de renseigenement" als Ausprägung des Grundsatzes von Treu und Glauben zu der einfachen Mitteilung von Fakten verpflichten können, oder als zusätzliche Vertragspflicht basierend auf art. 1135 CCiv. Beratung und Information gegenüber dem Gläubiger fordern, „obligation de conseil" beziehungsweise „obligation d'information"[272]. Darüber hinaus kennt das französische Recht auf art. 1134 al. 3 CCiv. basierende Treuepflichten, die entweder auf eine generelle Loyalität gegenüber dem Vertragspartner ausgerichtet sind („obligation de loyauté") oder aber zur Mitwirkung bei der Vertragsdurchführung anhalten („obligation de faciliter au débiteur l'exécution du contrat")[273].

Anders als die deutschen Rücksichtspflichten, die in ihrer Ausprägung als Obhuts- und Fürsorgepflichten sowohl den Schutz der körperlichen Integrität, als auch der materiellen Güter des anderen Teils erfassen, gewährt die „obligation de sécurité" nur

270 Bloch, L'obligation contractuelle de sécurité, 180f.; Radé, D. 1998, chron., 301f.; Sériaux, Droit des obligations, n° 100; Le Tourneau, RTD civ. 1988, 505 (506).

271 Sériaux, Droit des obligations, n° 100.

272 Mayer, Die „obligations accessoires", 101 und 127; Terré/Simler/Lequette, Les obligations, n° 455.

273 Mayer, Die „obligations accessoires", 112 und 124.

einen Schadensersatzanspruch für Personenschäden[274]. Gerade weil der Code Civil – anders als im Bezug auf Sachen – keinerlei Normierung einer vertraglichen Sicherungspflicht bezüglich Personen enthält, wurde die richterrechtliche Schutzpflicht entwickelt. Sachbeschädigungen müssen dagegen über die gesetzlichen Regelungen der art. 1245 (generelle Sicherungspflicht bezüglich einer anvertrauten Sache), art. 1784 (Transportvertrag), artt. 1880 ff (Leihvertrag), artt. 1927 ff (Verwahrungsvertrag) und art. 1952 CCiv. (implizierte Verwahrung, wie zum Beispiel beim Gastaufnahmevertrag), wo die Sicherheit der anvertrauten Sache eine Haupt- beziehungsweise Nebenleistungspflicht darstellt, liquidiert werden[275].

Diese Beschränkung des Schutzbereichs der „obligation de sécurité" ist nicht unumstritten[276] und sogar die Cour de Cassation hat in Fällen, wo eine entsprechende Sicherungspflicht nicht bereits Bestandteil des Vertrages war, eine Schadensersatzpflicht auch für an Sachen entstandenen Schäden statuiert[277]. Die Anerkennung einer „obligation de sécurité" zu Gunsten von Gegenständen konnte sich jedoch nicht durchsetzen; die genannten Entscheidungen verblieben Einzelfälle.

Nicht so weit geht die Forderung anderer Rechtsgelehrter, doch wenigstens Tiere als lebendige Wesen in den Schutzbereich aufzunehmen[278]. In der Vergangenheit wurde von der Rechtsprechung auch vereinzelt eine „obligation de sécurité" im Bezug auf Tiere angenommen[279]. Dabei wurde die Schutzpflicht wegen der eigenständigen und nicht immer kontrollierbaren Fortbewegungsmöglichkeit der Tiere in Form einer „ob-

---

274 Terré/Simler/Lequette, Les obligations, n° 568; Le Tourneau, Droit de la responsabilité, n° 3299; Goldschmidt, L'obligation de sécurité, 131 ff; Sourd, L'obligation de sécurité, 139f.; Lambert-Faivre, D. 1994, chron., 81 (84); Le Tourneau/Poumarède, Jur. Cl. civ., art. 1136-1145: fasc. 30, n° 10.

275 Meller, Obligation de Sécurité, 18.

276 H., L. Mazeaud/Tunc, Responsabilité civile, t. I, n° 162; Delebecque, GP 1997 (hors série), 1184 (1186f.); a.A. s. nur: Goldschmidt, L'obligation de sécurité, 131 ff; Sourd, L'obligation de sécurité, 139f.; Lambert-Faivre, D. 1994, chron., 81 (84).

277 CCass. civ. 1ère, 13 avr. 1992, RTD civ. 1992, 766 (767) (obs. Jourdain): „obligation de sécurité" eines Bauers zu Gunsten eines von ihm bestellten Erntehelfers, dessen Mähdrescher durch eine auf dem Feld liegende Heugabel beschädigt wird; CCass. civ. 1ère, 26 mai 1992, RTD civ. 1992, 766 (767f.) (obs. Jourdain); Viney, JCP 1992, I, 3625, n° 16: „obligation de sécurité" eines Heizungsmechanikers zu Gunsten seines Auftraggebers, dessen Auto durch eine bei den Installationsarbeiten verursachte Explosion beschädigt wird; CCass. civ. 1ère, 2 avr.1996, Bull. civ., I, n° 161: „obligation de sécurité" eines Hoteliers für die Autos seiner Gäste, die auf dem hoteleigenen Parkplatz geparkt werden; CCass. civ. 1ère, 20 mars 1989, Bull. civ., I, n° 137; CCass. civ. 1ère, 11 juin 1991, Bull. civ., I, n° 201; CCass. civ. 1ère, 17 janv. 1995, Bull. civ., I, n° 43; CCass. civ. 1ère, 15 oct. 1996, Bull. civ., I, n 354: Haftung eines Verkäufers für Sachschäden, die durch von ihm verkaufte mangelhafte Produkte entstehen („le vendeur professionnel est tenu de livrer des produits exempts de tout vice ou de tout défaut de fabrication de nature à créer un danger *pour les personnes ou les biens*").

278 Le Tourneau, Droit de la responsabilité, n° 3300; Le Tourneau/Poumarède, Jur. Cl. civ., art. 1136-1145: fasc. 30, n° 11.

279 CCass. civ., 22 nov. 1950, JCP 1950, II, 5924 (note Astié); CCass. civ. 1ère, 15 avr. 1980, Bull. civ. I, n° 115; CCass. civ. 1ère, 10 mai 1989, Bull. civ. I, n° 193; CA Lyon, 17 janv. 1977, D. 1977, inf. rap., 443.

ligation de moyens" in den Vertrag eingeführt[280]. Allerdings wird so der Eigentümer eines verletzten Tieres schlechter gestellt, da ihn im Falle einer „obligation de sécurité de moyens" die Last trifft, dem anderen Vertragsteil eine schuldhafte Pflichtverletzung nachzuweisen. Von der Beweislast ist er dagegen im Rahmen der deliktischen Haftung befreit, wenn sein Tier durch einen Gegenstand verletzt wird, art. 1384 al. 1$^{er}$ CCiv. – was wohl der Mehrzahl der Fälle entspricht. Vor diesem Hintergrund hat die Rechtsprechung in jüngerer Vergangenheit eine Einbeziehung von Tieren in den Schutzbereich der „obligation de sécurité" abgelehnt[281].

### 3. Abgrenzung zu Nebenleistungspflichten

Die „obligation de sécurité" existiert nur als Nebenpflicht – „obligation accessoire" oder „obligation secondaire" – zu einer Hauptpflicht – „obligation principale". Dabei darf es sich bei der Hauptpflicht des Vertrages aber gerade nicht um eine Leistung handeln, die den Schutz des Vertragspartners zum Gegenstand hat. In diesem Fall wäre bei einer Verletzung des Gläubigers die Schadensersatzzahlung per se Bestandteil der vertraglichen Haftung. Es bestünde keine Notwendigkeit für die Konstruktion eines vertraglichen Anspruchs. Innerhalb der „obligations accessoires" wird in Frankreich jedoch keine direkte Unterscheidung hinsichtlich des durch die verschiedenen Pflichten geschützten Interesses vorgenommen. Es ist lediglich anerkannt, dass der „obligation de sécurité" in ihrer Eigenschaft als Nebenpflicht ein autonomer Status neben der vertraglichen Hauptleistungspflicht zukommt[282].

Um zu erkennen, ob eine Nebenpflicht in Abhängigkeit zu einer Leistungspflicht steht und damit das Leistungs- beziehungsweise Äquivalenzinteresse schützt oder ob durch sie lediglich die bestehenden Rechtsgüter des Gläubigers in ihrem Bestand gehalten werden sollen – Integritätsinteresse, kann aber ein Blick auf die gesetzliche Grundlage der Nebenpflicht weiterhelfen. Im französischen Recht werden sowohl aus der Norm des art. 1134 al. 3 CCiv., der eine Vertragserfüllung entsprechend der Vorgaben von Treu und Glauben fordert, als auch aus der Grundlage des art. 1135 CCiv. vertragliche Nebenpflichten abgeleitet[283]. Die letztgenannte Regelung bestimmt, dass eine vertragliche Verpflichtung nicht nur hinsichtlich des explizit Vereinbarten besteht, sondern auch bezüglich der Anforderungen die Gerechtigkeit, Verkehrssitte und Gesetz an die Vertragserfüllung stellen. Während also art. 1134 al. 3 CCiv. nur Vorgaben für die Art und Weise der Erfüllung bereits zwischen den Parteien vereinbarter Pflichten enthält, werden über art. 1135 CCiv. zusätzliche und dementsprechend von den bereits bestehenden Leistungspflichten in der Regel unabhängige Nebenpflichten in den Vertrag eingeführt[284]. Diese auf art. 1135 CCiv. basierenden Nebenpflichten

---

280 CCass. civ. 1ère, 15 avr. 1980, Bull. civ. I, n° 115.
281 So z.B. CA Versailles, 13 nov. 1998, GP 1999, somm., 451.
282 Le Tourneau, Droit de la responsabilité, n$^{os}$ 3295, 6073.
283 S. Aufbau bei Mayer, Die „obligations accessoires".
284 Le Tourneau, Droit de la responsabilité, n° 3291.

bestehen also meist losgelöst von der vertraglichen Leistung und dienen dem Integritätsinteresse.

So sind in Frankreich ebenso wie im deutschen Recht auch Überschneidungen zwischen Nebenleistungs- und Schutzpflichten möglich und der dafür als Beispiel zitierte Fall ist in der deutschen und der französische Literatur nahezu identisch. Geht von einem Kaufgegenstand eine besondere Gefahr aus, so ist die Einordnung der den Verkäufer treffenden Pflicht, dem Käufer eine Bedienungsanleitung auszuhändigen oder ihn im Umgang mit der gekauften Sache zu unterweisen, umstritten. Im deutschen Recht wurde die Kollision zwischen Leistungs- und Schutzpflichten in der Bundestagserklärung zur Schuldrechtsmodernisierung anhand des Beispiels der Anleitung über die richtige Bedienung einer Motorsäge aufgezeigt: „Zweck dieser Aufklärung kann sowohl das Funktionieren der Säge sein als auch Verletzungen des Benutzers (oder auch bloß das Zerstören der Säge) zu verhindern“[285]. In Frankreich hat Demogue anhand des Beispieles eines gekauften Gewehrs und den dabei notwendigen Erklärungen über den Umgang durch den Verkäufer die Überschneidungen zwischen Leistungs- und Schutzpflichten deutlich gemacht[286].

Der Verzicht auf eine explizite Unterscheidung zwischen Nebenleistungspflichten und nichtleistungsbezogenen Nebenpflichten liegt in dem System der „responsabilité contractuelle“ begründet, das mit der „inexécution“ nur einen allgemeinen Haftungstatbestand kennt. Auch wenn die „obligation de sécurité“ speziell zur Stärkung des persönlichen Schutzes des Vertragspartners entwickelt wurde, besteht in Frankreich die Möglichkeit, dass sie – anders als ihr deutsches Pendant – von ihrem Hauptanwendungsbereich als Schutzpflicht in den Bereich der Schlechterfüllung von Leistungspflichten hineinragt. So wird die Pflicht zum Schutz der körperlichen Integrität der Passagiere bei Beförderungsverträgen – Wiege und Hauptanwendungsgebiet der „obligation de sécurité“ – teilweise auch als Verletzung einer Nebenleistungspflicht eingeordnet[287]. Das gleiche gilt für Unfälle und Gesundheitsschädigungen, die im Rahmen von Beherbergungs- und Bewirtungsverträgen durch die Beschaffenheit der Örtlichkeit oder die Qualität der Speisen verursacht werden. Während die Haftung in Frankreich über die „obligation de sécurité“ abgewickelt wird, handelt es sich im deutschen Recht um Fälle der Schlechtleistung und damit der Verletzung einer Nebenleistungspflicht[288].

Als weitere Folge des französischen Systems eines generellen Haftungstatbestandes wird auf der Rechtsfolgenseite nicht zwischen der „inexécution“ einer Leistungspflicht und der „inexécution“ einer Schutzpflicht unterschieden. Im Falle der Nichterfüllung einer vertraglichen Pflicht – und damit auch der „obligation de sécurité“ als vertraglicher Schutzpflicht – kann der Gläubiger gemäß art. 1147 CCiv. Schadensersatz („dommages et intérêts“) verlangen und im Rahmen von synallagmatischen Verträgen

285 BT-Drucks. 14/6040, 125; s. auch Dauner-Lieb, in Zivilrechtswissenschaft und Schuldrechtsreform, 305 (312); Gröschler, in FS Konzen (2006), 109 (118).

286 Demogue, RTD civ. 1923, 645 (647 ff).

287 Köpcke, Typen der positiven Vertragsverletzung, 62f.; Heinrich Stoll, AcP 136 (1932), 257 (299 Fn 89).

288 Köpcke, Typen der pVV, 60f. mwN.

gemäß art. 1184 CCiv. auch eine richterliche Vertragsauflösung („résolution du contrat") anstrengen. Diese Rechtsfolgen sind bei jeder Vertragsverletzung gleich. Anders als im deutschen Schuldrecht gibt es kein Sonderregime für Schadensersatz und Rücktritt bei Verletzung einer Rücksichtspflicht des § 241 Abs. 2 BGB. Damit besteht auch keine Veranlassung zwischen verschiedenen Typen von vertraglichen Pflichten zu differenzieren. Einzig die Voraussetzung einer Mahnung („mise en demeure") für einen Schadensersatzanspruch entfällt bei einer Schutzpflichtverletzung, da der Schaden dafür bereits eingetreten sein muss.

## 4. Abgrenzung zu Verkehrspflichten

Eine Haftung für Schäden, die von einer Gefahrenquelle ausgehen, auf die jemand eine besondere Einwirkungsmöglichkeit hat und für die er deswegen Verantwortung trägt, findet sich auch im französischen Deliktsrecht für den Fall, dass zwischen Schädiger und Geschädigtem keine vertragliche Sonderbeziehung besteht.

Grundsätzlich kann eine „faute" im Sinne der Generalklauseln der artt. 1382, 1383 CCiv. auch in einem Unterlassen liegen[289]. So nimmt die Cour de Cassation eine „faute de négligence" an, für den Fall, dass der Betreiber einer Baustelle diese nicht absperrt, um den Zutritt Unbefugter zu verhindern und sich deswegen Kinder beim Spielen auf der Baustelle verletzen[290] – in Deutschland ein klassischer Fall der Bereichshaftung[291].

Ein Großteil der Haftung wegen Verkehrspflichtverletzungen wird im französischen Recht über die Gardien-Haftung des art. 1384 al. 1er CCiv. abgedeckt. Sobald sich eine von einer Sache ausgehende Gefährdung in einem Schaden realisiert, kommt die verschuldensunabhängige Haftung zum Tragen. Dabei ist der Schutzbereich sehr weit gesteckt und umfasst typische Fälle der deutschen Verkehrssicherungspflicht, wie Unfälle auf Treppen[292], Verletzungen durch Steinschläge oder Erdrutsche[293] und durch umstürzende Bäume oder Pfähle[294].

Während in Deutschland jedoch von der Sache eine besondere Gefährdung ausgehen muss, damit dadurch eine Verkehrspflicht begründet werden kann, reicht es für die Haftung nach art. 1384 al. 1er CCiv. aus, dass der betreffende Gegenstand eine „rôle actif" bei der Schadensverursachung gespielt hat. Dabei wurde aber von der Doktrin im Laufe der Zeit das „Anormale" als Kriterium dafür herausgearbeitet, dass die Sache für den Schaden eine aktive Rolle gespielt hat[295]. Somit kommt es letztlich auch im französischen Recht für eine Haftung des gardiens allein auf die von der Sache ausge-

289 Grundlegend *arrêt Branly*, CCass. civ., 27 fév. 1951, D. 1951, jrspr., 329 (note Desbois).
290 CCass. civ. 2ème, 6 janv. 2000, Bull. civ. II, n° 4.
291 BGH JZ 1989, 249 (250f.) (Anm. von Bar); BGH NJW 1999, 2364; BGH NJW 1997, 582 (583f.).
292 Esmein, JCP 1956, I, 1321.
293 CCass. civ., 25 juin 1952, D. 1952, jrspr., 614f.; CCass. civ., 2 juill. 1946, D. 1946, jrspr., 392.
294 CCass. civ., 11 juin 1936, S. 1936, I, 346.
295 Nast, JCP 1941, I, n° 221; Blaevoet, D. 1955, chron., 37 ff; Hübner, Die Haftung des Gardien, 46.

hende anormale Gefährdung an[296]. Konsequenterweise stellt die Haftung des art. 1384 al. 1[er] CCiv. in Frankreich auch eine reine Gefährdungshaftung dar. Eines Nachweises schuldhaft pflichtwidrigen Verhaltens bedarf es nicht. In Deutschland wird hinsichtlich der in § 823 Abs. 1 BGB verorteten Verkehrspflichten immer noch an dem Prinzip einer Verschuldenshaftung festgehalten. Allerdings hat die starke Verbreitung der Verkehrspflichten dazu geführt, dass die durch sie begründete Haftung oftmals nicht mehr von einem Verschulden gedeckt ist[297]. Bereits die ausgehend von der Rechtsgutsverletzung gesuchte pflichtwidrige Unterlassung begründet die Ersatzpflicht: Durch die Pflichtwidrigkeit der Unterlassung erfüllt der Tatbestand auch gleichzeitig schon das Kriterium der Rechtswidrigkeit, für eine Prüfung der Schuld bleibt kaum noch Raum. So kommt die de facto objektivierte deutsche Verkehrspflicht-Haftung der französischen Gefährdungshaftung des art. 1384 al. 1[er] CCiv. sehr nahe[298].

Insofern hat sich die Gardien-Haftung des Code Civils durch ihre für den Geschädigten deutlich günstigere Beweislastverteilung als deliktischer Gegenpol der vertraglichen Haftung der „obligation de sécurité" etabliert, dessen Anwendungsbereich aber durch das Prinzip des „non-cumul" in Grenzen gehalten wird (s. Kapitel E.III.2).

## III. Begründung der Schutzpflichten und ihre Rechtsnatur

Die Existenz der Schutzpflichten als Instrument zur Wahrung des Integritätsinteresses im deutschen Recht ist zwar seit über 100 Jahren anerkannt. Dennoch herrscht nach wie vor Uneinigkeit darüber, aus welchen Umständen sie herzuleiten und wie sie dogmatisch einzuordnen sind. Ausgehend von der Klarstellung *Heinrich Stoll*s, dass die Schutzpflichten strukturell von den Leistungspflichten abzugrenzen sind[299], werden in der Wissenschaft im Wesentlichen drei Ansätze vertreten, um Entstehung und Rechtsnatur der Schutzpflichten zu erklären.

### 1. Begründung der Schutzpflichten aus einer zu Grunde liegenden schuldrechtlichen Verbindung

Wie bereits aus der Namensgebung für das von ihm „entdeckte" Institut hervorgeht, legte *Staub* seinen Ausführungen ausschließlich vertragliche Schuldverhältnisse zu Grunde. Die von ihm aufgeführten Beispielsfälle, die die Notwendigkeit einer Regelung von Pflichtverletzungen durch aktives Handeln demonstrieren sollen, beschränkt er auf Schlechtleistungen oder Verstöße gegen Wettbewerbsverbote und Aufklärungspflichten innerhalb von Verträgen[300]. Diese Sichtweise ist vom Reichsgericht in seiner Entscheidung vom 19. Dezember 1902 adaptiert worden, in dem es die Zahlung einfa-

296 Hübner, VersR 1980, 795 (797).
297 Esser, Gefährdungshaftung, 33 ff.
298 Hübner, VersR 1980, 795 (797).
299 Heinrich Stoll, Lehre von den Leistungsstörungen, 26 ff.
300 Staub, in FS für den 26. Dt. Juristentag (1902), 29 (31f., 45f.).

chen Schadensersatzes auf § 276 BGB a.F. stützt, da sich aus § 276 BGB a.F. der „allgemeine[r] Rechtssatz“ ergebe, dass ein Schuldner „durch schuldhafte Verletzung seiner Vertragspflichten […] schadensersatzpflichtig“ wird[301]. Auch in der Entscheidung des Reichsgerichts, in welcher der Begriff der „positiven Vertragsverletzung“ erstmals verwendet wurde, bezogen sich die Ausführungen der Richter nur auf schuldhaftes Verhalten innerhalb gegenseitiger Verträge[302].

Die Rechtsprechung des Reichsgerichts zur positiven Vertragsverletzung wurde 1953 mit der *Ouistreham-Entscheidung* durch den BGH übernommen[303]. Das Gericht hat den *Staub*schen Ansatz weiter verfolgt und stellt in einer Entscheidung aus dem Jahr 1964 fest, dass „die Haftung wegen positiver Vertragsverletzung nicht auf der Inanspruchnahme von Vertrauen, sondern auf der Verletzung von vertraglichen Pflichten beruht“[304]. Diesen Standpunkt hat der BGH bislang beibehalten[305].

Die Auffassung, dass die Schutzpflichten ein Produkt vertraglicher Bindung sind, wird auch vom Gesetzgeber vertreten. Mit Abschluss eines Vertrages ende der Anwendungsbereich für Regeln der Sonderverbindung „culpa in contrahendo“ und die Schutzpflichten seien nunmehr auf eine vertragliche Grundlage gestellt. So heißt es in der Gesetzesbegründung zum Entwurf des neuen § 311 BGB ausdrücklich, dass das „Rechtsverhältnis der Vertragsverhandlungen“ abgelöst wird, wenn „der Vertrag, über den verhandelt worden ist, zustande kommt. Dann bestehen vertragliche Pflichten“[306].

---

301 RGZ 53, 200 (201); so bereits schon RGZ 52, 18 (19): „[E]s folgt aus § 276 BGB“, dass „auf Grund des Vertragsverhältnisses ein[en] Schadensersatzanspruch neben der Wandlung bestehen und geltend gemacht werden kann, wenn nämlich eine Vertragspartei schuldhafterweise ihre Vertragspflicht verletzt und hierdurch dem anderen Kontrahenten Schaden verursacht hat, der in der Wirkung der Wandlung nicht seine Deckung findet“.

302 RGZ 54, 98.

303 *Ouistreham Entscheidung*, BGH NJW 1954, 229.

304 BGH JZ 1964, 654 (655); s. auch Lothar Müller, JuS 1998, 894 (896).

305 BGH NJW 1975, 626 (644): „der zunächst gegebene Haftungsgrund des enttäuschten Verhandlungsvertrauens [werde] gleichsam von der stärkeren Haftung aus Vertrag überholt“; s. auch Palandt/Grüneberg, § 241 Rn 7, der die Schutzpflichten ebenfalls als vertragliche Nebenpflichten einordnet und als Referenz auf BGH JZ 1964, 654 verweist. A.A.: Nomos Komm/Krebs, § 241 Fn 20: *Krebs* vermutet in der Entscheidung BGHZ 93, 278 aus dem Jahr 1985 eine Rechtsprechungsänderung und Bestätigung seiner Auffassung, dass die Schutzpflichten gesetzlicher Natur und im Zwischenbereich von Vertrag und Delikt anzusiedeln seien. Doch wird in der Entscheidung lediglich die Aussage getroffen, dass die einem Konkursverwalter gemäß § 81 KonkursO gegenüber den Gläubigern obliegenden Pflichten gesetzlicher Natur seien, was das Gericht aber nicht daran hindert, sowohl § 278 BGB als auch die Verjährungsfrist des § 852 BGB a.F. auf Haftungsansprüche der Gläubiger anzuwenden. Es ist jedoch fraglich, ob man nicht nach heutigem Verständnis Verstöße des Konkursverwalters gegen ihm durch die Konkursordnung auferlegte Pflichten als Fälle einer Pflichtverletzung durch Schlechtleistung direkt über § 280 Abs. 1 BGB abwickeln würde. Schließlich besteht das Ziel eines Konkursverfahrens darin, eine gemeinschaftliche Befriedigung der Gläubiger zu erreichen. In der Berücksichtigung ihrer Vermögensinteressen liegt somit die Hauptpflicht des Konkursverwalters. Außerdem macht das Dreiecksverhältnis zwischen Verwalter, Gläubiger und Schuldner die Beziehungen innerhalb eines Konkurses besonders, weswegen nicht selbstverständlich von einer Übertragung der für sie geltenden Regeln auf „normale“ Schuldverhältnisse ausgegangen werden kann.

306 BT-Drucks. 14/6040, 163.

Neben BGH und Gesetzgeber hat diese „Umschlagstheorie" auch in der Literatur viele Anhänger[307]. Die meisten dieser Autoren berufen sich auf die vielfältigen Wechselwirkungen, die zwischen der in jedem Fall vertraglichen Leistungsebene und der Schutzpflicht-Ebene anerkannt wurden. So entstehen bestimmte Schutzpflichten erst im Zusammenhang mit der vertraglichen Hauptleistungspflicht, wie zum Beispiel die Pflicht, vor einer möglichen Schädigung durch die Erbringung der konkreten Leistung zu warnen[308], oder lassen sich inhaltlich nur schwer von den Leistungs(-neben-)pflichten abgrenzen, wie es vor allem in Situationen der Schlechtleistung der Fall ist[309]. Sowieso muss gemäß § 241 Abs. 2 BGB für eine Begründung und Konkretisierung der Schutzpflichten auf den Inhalt des begleitenden Vertragsverhältnisses abgestellt werden[310]. Außerdem können individualvertraglich vereinbarte Haftungsmodifikationen ohne weiteres auch den Umfang der Verantwortlichkeit aus Schutzpflichten miterfassen. Für gesetzliche, auf die Leistungspflicht bezogene Milderungen des Haftungsmaßstabes ist ein Durchwirken auf die Schutzpflichten sogar höchstrichterlich anerkannt[311] und wird erstaunlicherweise auch von Anhängern eines unabhängigen gesetzlichen Schutzpflichtverhältnisses ausdrücklich befürwortet[312] [313]. Nicht zuletzt kann eine Schutzpflichtverletzung zu einem Austausch der primären Leistungspflicht durch einen Schadensersatzanspruch führen (§§ 280 Abs. 1, 282) oder den Gläubiger zur Auflösung der Vertragsbeziehung berechtigen (§ 324 BGB)[314].

Da sich also „das Leistungsverhältnis und das Schutzpflichtverhältnis doch wechselseitig beeinflussen und weithin den gleichen Regeln unterstehen", vermag *Larenz* deswegen „keinen hinreichenden Grund erkennen, sie als zwei getrennte Schuldverhältnisse anzusehen"[315]. Stattdessen legt sich der Schuldner durch sein ausdrückliches Leistungsversprechen auch im Hinblick auf weitere Folgeerscheinungen fest, selbst wenn er zum Zeitpunkt der Einigung noch nicht alle Konsequenzen dieses Versprechens überblickt. Entsprechend der historischen Lehre von der „natura contractus"[316] knüpfen an die Vereinbarung der Hauptleistungspflichten „natürlicherweise" sonstige Rechtsfolgen auch ohne den Willen der Parteien. Im französischen Recht ist dieser

307 Außer den nachfolgend zitierten Autoren auch: Soergel/Wiedemann (12. Aufl., 1990), Vor § 275 Rn 362; Staudinger/Löwisch (Neubearbeitung 2001), Vorbem zu §§ 275-283 Rn 32; Kreuzer, JZ 1976, 776 (779).

308 Medicus, JuS 1986, 665 (669); Dahm, JZ 1992, 1167 (1171).

309 Ulrich Huber, AcP 177 (1977), 281 (296 ff); Larenz, Schuldrecht I, § 9 I b); Dahm, JZ 1992, 1167 (1171).

310 So auch Fikentscher/Heinemann, Schuldrecht, Rn 39. Eike Schmidt, Schuldverhältnis, Rn 27, 45f., behauptet zwar, die Schutzerfordernisse stünden „in keinerlei Affinität zum jeweilien Vertragstypus", es bestünde eine „Leistungsferne". Dennoch versteht auch er unter dem „Inhalt des Schuldverhälntisses" im Sinne des § 241 Abs. 2 BGB Ausmaß, Dauer und Intensität des *Geschäfts*kontakts.

311 *Kartoffelpülpe Fall*, BGHZ 93, 23 (27).

312 Canaris, JZ 1965, 475 (481); Gerhardt, JuS 1970, 597 (600); Thiele, JZ 1967, 649 (654).

313 Zum Durchwirken gesetzlicher auf die Leistungspflicht bezogener Haftungsmodifikationen auf Schutzpflichten s. Kapitel D.I.1.b).(2).

314 Larenz, Schuldrecht I, § 9 I b); Dahm, JZ 1992, 1167 (1171).

315 Larenz, Schuldrecht I, § 9 I b).

316 S. Darstellung bei Oechsler, Gerechtigkeit im modernen Austauschvertrag, 199 ff mwN.

Gedanke mit Anknüpfung an die „nature du contrat“ in art. 1135 Civ. explizit gesetzlich normiert. Eine zusätzliche Einführung vom Vertragswillen nicht erfasster Pflichten, wie zum Beispiel die „obligation de sécurité“ stellt somit im französischen Recht kein Problem dar (s. Kapitel B.IV.2). Die Verpflichtungswirkung dieses „Sich-Festlegens“ gründet auf dem Schutz des Gläubigervertrauens in das Leistungsversprechen[317]. Ausgehend vom *Larenz*schen Ansatz, eine Willenserklärung entfalte eine nach außen gerichtete Geltungswirkung, dadurch dass sie entscheidend auf Vorstellungen und Verhalten des Erklärungsempfängers einwirke[318], wird auch für die Auslegung von Willenserklärungen nicht auf den Willen des Erklärenden, sondern den Horizont des Empfängers abgestellt[319]. Dementsprechend muss auch die „weitere Bedeutung“ der Willenserklärung vom Verständnis beziehungsweise den Erwartungen des Erklärungsempfängers abhängen. Wer also eine Leistung verspricht, muss bei ihrer Erbringung insoweit rücksichtsvolles Verhalten an den Tag legen, als dies von seinem Vertragspartner erwartet werden kann. Eine Verletzung der sich so ergebenden Schutzpflichten käme einem Verstoß gegen das Verbot widersprüchlichen Verhaltens

---

317 Ausführliche Auseinandersetzung bei Oechsler, Gerechtigkeit im modernen Austauschvertrag, 209 ff, 254 ff. Grundlegend im Bezug auf das Erfüllungsinteresse als Teil des – durch den Vertrag abgegrenzten Vertrauensinteresses – auf das gegebene Wort auch Soergel/Wiedemann, (12. Aufl., 1990), Vor § 275, Rn 64. Neben dem Vertrauen auf ein rücksichtsvolles Verhalten begründet das Leistungsversprechen in erster Linie eine schützenswerte Erwartung des Gläubigers auf die pflichtgemäße Erfüllung durch den Schuldner. Der Gläubiger kann und darf auf eine versprechensgemäße Leistungserbringung vertrauen, denn Verträge werden ganz überwiegend erfüllt. Wer sich per freiem Entschluss zu einer Leistung verpflichtet, wird diese in aller Regel auch erbringen. Diese Wahrscheinlichkeit der Erfüllung bewirkt, dass der Gläubiger bereits allein durch das Leistungsversprechen einen Vermögensvorteil erwirbt, s. Kegel, Vertrag und Delikt, 97f. (*Kegel* nimmt jedoch eine andere kausale Verknüpfung vor – so bestehe Vertragsfreiheit nur, weil Verträge ganz überwiegend erfüllt werden und in der Forderung ein geschützter Vermögensvorteil liege. Haftungsgrund sei somit die Vertragsfreiheit und in dem durch sie in Gestalt der Forderung geschützten Vermögensvorteil, 104); ders., Vermögensbestand - Vermögensherrschaft - Vermögensschutz, 10, 14; Unberath, Die Vertragsverletzung, 219. Dieser Vermögensvorteil wird für den Fall der Nichterfüllung durch die Normen des Leistungsstörungsrechts geschützt, s. Kegel, Vertrag und Delikt, 98; ders., Vermögensbestand - Vermögensherrschaft - Vermögensschutz, 14; Unberath, Die Vertragsverletzung, 287f., 305f. Damit lässt sich die Vertragserfüllungshaftung als Haftung für das gegebene Wort, also als Vertrauenshaftung verstehen, wodurch deutlich wird, dass Vertrauens- und Erfüllungsinteresse keine sich gegenseitig ausschließenden Alternativen bilden, s. Soergel/Wiedemann, (12. Aufl., 1990), Vor § 275, Rn 64; anders: Unberath, Die Vertragsverletzung, 289f., der die Haftung für Nichtleistung nicht mit der Verletzung berechtigten Vertrauens, sondern dem Charakter des Rechts auf Leistung als „Zwangsrecht“ begründet. Bei dieser Argumentation stellt sich aber die Frage, ob man nicht einem Zirkelschluss unterliegt: Weil die Leistung durch das Instrument staatlichen Zwangs durchgesetzt werden könne, entstehe mit dem Leistungsrecht eine Vermögenspositon des Gläubigers und durch Vorenthaltung der Leistung ein Schaden. Das in diesem Schaden gründende Unrecht müsse wiederum mit Hilfe staatlichen Zwangs ausgeglichen werden, Unberath, Die Vertragsverletzung, 219.

318 Larenz, Die Methode der Auslegung des Rechtsgeschäfts, 34 ff. Zusammenfassend auch Oechsler, Gerechtigkeit im modernen Austauschvertrag, 210f.

319 S. nur Palandt/Ellenberger, § 133 Rn 9 mwN.

gleich[320]. Dem Schutz dieses vertraglichen Vertrauens bietet das Prinzip von Treu und Glauben und der in Ausprägung dieses Grundsatzes eingeführte § 241 Abs. 2 BGB eine gesetzliche Grundlage[321]. Immer wenn die Vereinbarung der Parteien nicht ausreicht, um im Zuge der Vertragserfüllung auftauchende Gefahren zu besorgen, entstehen auf Grundlage der §§ 241 Abs. 2, 242 BGB Verhaltenspflichten, um den konkreten Erwartungen des Gläubigers – korrigiert am Horizont eines objektiven Beobachters in seiner Lage – Rechnung zu tragen. Somit handelt es sich bei den über § 241 Abs. 2 BGB in Verträge eingeführten Schutzpflichten, wie im französischen Recht, um vertragliche Pflichten gesetzlichen Ursprungs – „situation contractuelle d'origine légale"[322]. Diese Parallele ist jedoch nicht weiter verwunderlich, fungierte doch art. 1135 CCiv. als Vorbild für die Regelung des § 242 BGB[323]. So hieß es noch im Vorentwurf für die erste Kommission zur Ausarbeitung des Entwurfs eines BGB: „Ein Vertrag verpflichtet den Vertragsschließenden zu demjenigen, was sich als Inhalt seiner Verbindlichkeit aus den besonderen Vertragsbestimmungen und aus der Natur des Vertrages, dem Gesetze oder Herkommen gemäß ergiebt."[324]. Die Bezugnahme auf die „Natur des Vertrages" ist nachträglich als Tribut an die deutsche Besonderheit eines allgemeinen Schuldrechts verschwunden, weil der Normentwurf im Laufe der Beratungen mit anderen Regelungen zusammengefasst und allen Schuldverhältnissen – nicht nur den Verträgen – vorangestellt wurde[325]. Insofern rechtfertigt sich auch die auf eben jenem vertraglichen beziehungsweise schuldrechtlichen, über die generelle Rücksichtserwartung hinausgehenden Vertrauen beruhende besondere Qualität der Schutzpflichten in Abgrenzung zur deliktischen Haftung (s. Kapitel B.I.4).

Darüber hinaus identifiziert *Larenz* das geschäftliche Interesse als ausschlaggebendes Kriterium, um dem Schuldner über die allgemeine deliktische Verantwortung hinaus Schutzpflichten gegenüber seinem Kunden aufzubürden. Wer geschäftliche Vorteile aus einem Kontakt zieht, solle auch entsprechend zu einem Mehr an Sorgfalt und Vorsicht verpflichtet sein[326]. An diesen Gedanken knüpft *Medicus* an, der einer Verqui-

---

320 Oechsler, Gerechtigkeit im modernen Austauschvertrag, 211f.

321 Oechsler, Gerechtigkeit im modernen Austauschvertrag, 286 ff. Oechsler attestiert § 242 BGB insoweit treffenderweise eine „Zwitterstellung": „Sie bezieh[t] sich konkret auf das von den Parteien Vereinbarte, häng[t] aber andererseits doch nicht vom Willen der Parteien ab." (291).

322 Durand, RTD civ. 1944, 73 n° 3; s. auch Kapitel B.IV.2.

323 Auf diesen Bezug weist der maßgeblich verantwortliche Redakteur des ersten Teilentwurfs hin, von Kübel, in Schubert (Hrsg.), Vorentwürfe der Redaktoren für die erste Kommission zur Ausarbeitung des Entwurfs eines BGB, Recht der Schuldverhältnisse, Bd. 1, 1980, 379 ff. Ähnlich: Staudinger/Schmidt, § 242 Rn 19; Zur Anknüpfung an die Vertragsnatur auch Soergel/Teichmann, § 242 Rn 1.

324 Von Kübel, in Schubert (Hrsg.), Vorentwürfe der Redaktoren für die erste Kommission zur Ausarbeitung des Entwurfs eines BGB, Recht der Schuldverhältnisse, Bd. 1, 1980, 379 ff. S. auch Weller, Die Vertragstreue, 310f. mwN.

325 Überblick über die Quellenlage in: Jakobs/Schubert, Die Beratung des Bürgerl. Gesetzbuchs in syst. Zusammenstellung, Recht der Schuldverhältnisse, 46 ff.

326 Larenz, MDR 1954, 515 (518): Dementsprechend sieht *Larenz* den Grund für eine gesteigerte Verantwortlichkeit für die Sicherheit der Kunden im Rahmen der „cic" in der „Anbahnung des geschäftlichen Kontakts" und forderte man möge „von einem „gesetzlichen Schuldverhältnis aus Vertragsverhandlungen oder sonstigem geschäftlichen Kontakt" sprechen". Die Formulie-

ckung jeglicher Schutzpflichten in einem einheitlichen gesetzlichen Schuldverhältnis unter anderem deswegen kritisch gegenüber steht, weil die Bedeutung eines Vertrages, die regelmäßig auch darin besteht, dass er eine Gegenleistung für eine besondere Belastung mit über die allgemeine Verkehrspflicht hinausgehenden Schutzpflichten enthält, dabei völlig außer außer Acht gelassen wird. Unter Umständen scheitere die Wirksamkeit eines Vertrages gerade aus dem Grund, eine Belastung des einen Teils mit besonderen Schutzpflichten zu verhindern. Inhalt und Wirksamkeit des Vertrages müssen folglich immer auch für die Ausgestaltung und den Umfang der Schutzpflichten zwischen den Parteien Berücksichtigung finden[327].

Als Argument für die Rechtsnatur der Schutzpflichten wird also letztlich auf die Nähe und Beeinflussung der Schutzpflichten durch das vertragliche Hauptleistungsverhältnis abgestellt.

Vielfach werden in der Literatur Aussagen über die Rechtsnatur der Schutzpflichten im Zusammenhang mit den für den vorvertraglichen Bereich anerkannten Verhaltenspflichten der „culpa in contrahendo“ getroffen. Dass es sich bei dieser Beziehung zwischen den Verhandlungspartnern mangels Vertrages und angesichts der mittlerweile geschehenen Normierung in § 311 Abs. 2 BGB um ein gesetzliches Schuldverhältnis handelt, ist allseits anerkannt[328]. Vielfach nehmen Kritiker des rechtsgeschäftlichen Begründungsansatzes dies zum Anlass, mit dem Argument einer einheitlichen Handhabung, auch die nach Vertragsschluss die Parteien bindenden Schutzpflichten fortlaufend als gesetzliches Schuldverhältnis anzusehen[329]. Damit wird jedoch in der verkehrten Richtung gedacht und die Argumentation, die zur Anerkennung der „cic“ geführt hat, umgedreht: Die Statuierung vorvertraglicher Pflichten hat eine Ausdehnung der Regeln des Vertragsrechts auf die Zeit vor Vertragsschluss zum Ziel, und nicht umgekehrt die Erstreckung der vorvertraglichen Regeln auf den Vertrag[330]. Nicht zuletzt wurde auch die gesetzliche Normierung des „Verschuldens bei Vertragsverhandlungen“ im Zuge der Schuldrechtsreform systematisch in den Abschnitt „Schuldverhältnisse aus Verträgen“ eingeordnet.

Maßgeblich ist also immer noch das Schutzpflichten generierende Vertragsverhältnis, dessen Wirkungen nur im Zuge einer „Sonderregel“ auf den zeitlichen Bereich der Vertragsverhandlungen ausgedehnt werden. Schließlich ist für die inhaltliche Ausge-

---

rung der gesetzlichen Kodifikation der „cic“ im Rahmen des § 311 Abs. 2 BGB hat ihm Recht gegeben. So auch Kreuzer, JZ 1976, 776 (780).

327 Medicus/Petersen, Bürgerliches Recht, Rn 208; ders., JuS 1986, 665 (669); Fikentscher/Heinemann, Schuldrecht, Rn 39; so auch Larenz, MDR 1954, 515 (518).

328 S. nur BT-Drucks. 14/6040, 162; Palandt/Grüneberg, Überbl v § 311 Rn 5; MüKo/Emmerich, § 311 Rn 78; mit Einschränkungen Medicus/Petersen, Bürgerliches Recht, Rn 203. So bereits schon vor der Schuldrechtsreform Larenz, Schuldrecht I, § 9 I a); Canaris, JZ 1965, 475.

329 S. Kapitel B.III.2.

330 Fikentscher/Heinemann, Schuldrecht, Rn 39, 86 ff; Larenz, Schuldrecht I, § 9 Einl.; Soergel/Wiedemann (12. Aufl., 1990), Vor § 275 Rn 362. So auch noch RGZ 78, 239 (240) im *Linoleumrollen Fall*: „[E]s entstand ein den Kauf vorbereitendes Rechtsverhältnis zwischen den Parteien, das einen vertragsänlichen Charakter trägt und insofern rechtsgeschäftliche Verbindlichkeiten erzeugt hat.“.

staltung der für das vorvertragliche Schuldverhältnis geltenden Rücksichtspflichten auch auf den Leistungsinhalt des angestrebten Vertrages abzustellen[331].

Kommt es dann zu dem beabsichtigten Vertragsschluss, so geht das bisher gesetzliche Schuldverhältnis in dem umfassenden vertraglichen Schuldverhältnis auf. Das durch Vertragsabsschluss entstandene Rechtsverhältnis tritt in Gänze an die Stelle der gesetzlichen „cic"-Verbindung. Bereits zuvor bestehende Schutzpflichten werden durch vertraglich generierte Schutzpflichten ersetzt und gegebenenfalls noch erweitert. Für den Fall, dass der geschlossene Vertrag sich als nichtig erweist oder später mit Erfolg angefochten wird, wirken die bereits im Verhandlungsverhältnis begründeten Schutzpflichten hingegen weiter[332].

Auch die Rechtsprechung des BGH zum Schutz von am Vertragsverhältnis nicht beteiligten Personen im Wege des Vertrages mit Schutzwirkung zu Gunsten Dritter spricht für eine vertragliche Einordnung von Schutzpflichten[333]. Ähnlich der „approche subjective" im französischen Recht[334] sieht der BGH den Drittschutz im Rahmen von Verträgen als Ergebnis ergänzender Vertragsauslegung. So habe „der Gesetzgeber es insbesondere der Entscheidung der Vertragspartner überlassen, inwieweit durch den Vertrag Rechte Dritter begründet werden"; das gelte „nach dem allgemeinen Grundsatz der Vertragsfreiheit auch für Schutzpflichten"[335]. Wenn also sogar die Drittwirkung der Schutzpflichten Gegenstand – wenn auch ausgelegter – vertraglicher Abreden ist, muss im Rückschluss erst recht die Schutzpflicht gegenüber dem eigenen Vertragspartner vertraglicher Natur sein.

Der Schutzbereich des vertraglichen Schuldverhältnisses wird also nach Ansicht der Vertreter des rechtsgeschäftlichen Begründungsansatzes über die Leistungserwartung auf alle die Person und das Vermögen des Gegenübers betreffenden Interessen ausgedehnt. Entgegen der Behauptung der Befürworter eines einheitlichen Schutzpflichtverhältnisses gesetzlicher Natur widerspricht der rechtsgeschäftliche Ansatz dadurch nicht der Anerkennung von Schutzpflichten innerhalb von Schuldverhältnissen jeglicher Art, welche spätestens mit der Schuldrechtsreform stattgefunden hat. Die in der Literatur bereits früh vorgenommene Unterscheidung zwischen Leistungs- und Schutzpflichten, die über die Zweiteilung des § 241 BGB auch in der Systematik des Schuldrechts aufgegriffen wurde, wird von der Vertretern der „Einheitstheorie" als Argument dafür angeführt, dass die Eigenständigkeit der Schutzpflicht eben auch einen separaten Existenzgrund erfordere. Dabei vernachlässigen sie aber die Formulierung des neuen § 241 Abs. 2 BGB, welcher sich für die Begründung der Schutzpflicht auf den Inhalt des

331 Medicus/Petersen, Bürgerliches Recht, Rn 203; Fikentscher/Heinemann, Schuldrecht, Rn 360.

332 Larenz, Schuldrecht I, § 9 I b).

333 S. dazu ausführlich Dahm, JZ 1992, 1167.

334 S. Kapitel B.IV.1.

335 So bereits schon RGZ 127, 218 (221f.) und ständige Rspr. des BGH: BGH NJW 1984, 355f.; BGH WM 1985, 450 (451f.); BGH NJW-RR 1986, 1307; BGH NJW-RR 1989, 696; OLG Karlsruhe, NJW-RR 1990, 861; BGH NJW 1994, 2417 (2419); BGH NJW 1996, 2927 (2928); BGH NJW 2004, 3035 (3036).

Schuldverhältnisses bezieht. Das „Schuldverhältnis“ von dem in § 241 Abs. 2 BGB die Rede ist, muss nicht zwangsläufig ein rechtsgeschäftliches sein; es kann sich genauso gut um ein Schuldverhältnis gesetzlicher Natur handeln[336]. Die aus einem zu Grunde liegenden – vertraglichen oder gesetzlichen – Schuldverhältnis abgeleiteten Schutzpflichten entsprechen in ihrer Natur dieser Rechtsbeziehung, die Anlass ihrer Entstehung war – was de facto in der Mehrheit der Fälle nun mal ein Vertrag ist.

Als Kritik gegen diese Sichtweise wird – ähnlich wie in Frankreich – angeführt, dass der Geltungsgrund eines Vertrages lediglich die von den Parteien in Selbstbindung getroffenen Abreden seien, welche auch nur begrenzt zur Begründung weiterer Pflichten interpretiert werden können. Ähnlich den Vorwürfen gegenüber der französischen „approche subjective“ (s. Kapitel B.IV.1) handele es sich um eine Fiktion des Rechtsbindungswillens[337], eine unzulässige Scheinbegründung[338]. Darüber hinaus wird die Verortung der Schutzpflichten innerhalb des Vertrages teilweise auch als eine Hypertrophie der vertraglichen Schadensersatzhaftung kritisiert[339]. Das deutsche Privatrecht unterliege seit Beginn des vorherigen Jahrhunderts einer fortschreitenden Gestaltung durch objektive Ordnungskräfte und sei bestrebt, eine verfeinerte Verkehrsmoral, die von einer sozialen Verantwortung gegenüber dem Rechtsgenossen geprägt ist, zu erreichen. Angesichts dieser Beschränkungen von Privatautonomie und Selbstbestimmung könne wohl kaum noch von „rechtsgeschäftliche begründeten Verhaltenspflichten“ die Rede sein[340].

Außerdem entstünden Schadensersatzpflichten – wie grundsätzlich alle eine Wiedergutmachung bezweckenden Pflichten – allein kraft rechtlicher Wertung als aliud gegenüber den rechtsgeschäftlichen Leistungspflichten[341]. Gerade bei der Verletzung von Integritätsinteressen sei die Anknüpfung an eine vertragliche Bindung und die Fiktion vereinbarter Schutzpflichten irrelevant, da der Geschädigte unabhängig von der Existenz eines Vertrages jederzeit den Schutz seiner absoluten Rechtspositionen genieße[342]. Dementsprechend interpretiert *Dedek* die Zuordnung der gesetzlich vorge-

336 BT-Drucks. 14/6040, 125, allerdings war auch dem Gesetzgeber bewußt, dass in der Praxis die vertraglichen Schuldverhältnisse die größte Relevanz für die Entstehung von Schutzpflichten haben: „Solche Schutzpflichten begleiten regelmäßig wirksame Schuldverträge“. Für eine Anerkennung von Schutzpflichten im Eigentümer-Besitzer-Verhältnis, innerhalb der Rückführung der Bereicherungsschuld und bei der Leistung von Naturalrestitution aufgrund einer deliktischen Haftung, Heinrich Stoll, AcP 136 (1932), 257 (315); Thiele, JZ 1967, 649 (652) für den Zustand vor der Schuldrechtsreform; danach unstr. anerkannt: Palandt/Grüneberg, Einl v § 241 Rn 6; Staudinger/Olzen, § 241 Rn 389; MüKo/Kramer, Einl Bd. 2 Rn 7. Die Anerkennung von Schutzpflichten innerhalb des gesetzlichen Verhältnis vorvertraglichen Kontakts ist nunmehr durch § 331 Abs. 2 BGB vorgegeben.

337 Krebs, Sonderverbindung, 162; Flume, AT des Bürgerlichen Rechts, Bd. 2, § 7.7.

338 Canaris, in FS Schimansky (1999), 43 (47). So auch schon in Vertrauenshaftung im deutschen Privatrecht, § 34 II 2.

339 Kreuzer, JZ 1976, 776 (778).

340 Thiele, JZ 1967, 649 mwN.

341 Picker, AcP 183 (1983), 369 (394f.).

342 Picker, AcP 183 (1983), 369 (403).

sehenen und durch Normen des Leistungsstörungsrechts sanktionierten Schutzpflichten zu einem Organismus des rechtsgeschäftlichen Schuldverhältnisses lediglich als „Sehnsucht nach Visualisierung abstrakter dogmatischer Konzepte". Die vom Gesetz für Vertragsverhältnisse besonders angeordneten Pflichten sowie die integritätsschützenden Regeln des Leistungsstörungsrechts sollten auch als „gesetzlich" beim Namen genannt werden[343].

Allein die Bezugnahme auf gesetzliche Regelungen zur weitergehenden Inhaltsbestimmung von Pflichten oder zur Begründung der Haftung aus vertraglichen oder schuldrechtlichen Verbindungen lässt jedoch die so zwischen den Parteien entstandenen Verbindlichkeiten nicht zu solchen gesetzlicher Natur werden (s. auch Kapitel D.I.1). Tatsächlich wird der für die Abgrenzung vom Deliktsrecht notwendige Rechtsbindungswille aber auch anhand normativer, objektiver Kriterien ermittelt[344].

## 2. Eigenständiges gesetzliches Schuldverhältnis

Prämisse der folgenden Begründungsansätze ist der Gedanke, dass die zwischen zwei Personen bestehenden Schutzpflichten auf reinen Tatsachen beruhen, in der Regel nicht vom Willen der Parteien umfasst und somit von der Existenz eines zugrundeliegenden Rechtsgeschäfts völlig unabhängig sind. Anders als beim rechtsgschäftlichen Begründungsansatz, der auf den Schutz eines durch das Leistungsversprechen geprägten, besonderen vertraglichen Vertrauens rekuriert, wird hier das haftungsbegründende Vertrauen allein an faktische Gegebenheiten angeknüpft. Da das Schutzpflichtverhältnis eben mit Vorliegen bestimmter tatsächlicher Umstände entstehe, sei es immer gesetzlicher Natur. Auf Grundlage dieses Ansatzes können sowohl die bereits im Stadium der Vertragsverhandlungen als auch die bei Vertragsdurchführung bestehenden Schutzpflichten sowie jegliche in anderen Konstellationen bestehende Schutzpflichten zu einer einheitlichen Gruppe zusammengefasst werden und ein selbständig erfassbares Rechtsverhältnis darstellen (sogenannte „Einheitstheorie")[345]. Man müsse sich „von dem Vorurteil freimachen, daß die Haftung entweder aus Delikt oder aus Rechtsgeschäft begründet werden müsse". Vielmehr sei die Schutzpflicht als dritte Spur zwischen Vertrag und unerlaubter Handlung einzuordnen[346].

Die Unabhängigkeit des Schutzpflichtverhältnisses von einem etwaigen Rechtsgeschäft ergibt sich für die Vertreter des gesetzlichen Begründungansatzes aus der aner-

---

343 Dedek, Negative Haftung aus Vertrag, 263.

344 So im Bezug auf die Abgrenzung von reinen Gefälligkeitsverhältnissen zu Schuldverhältnissen: Musielak, Haftung für Rat, Auskunft und Gutachten, 10; ders., VersR 1977, 973f.; Reischl, in FS Musielak (2004), 411 (413); MüKo/Kramer, Einl. Bd. 2 Rn 32.

345 Canaris, JZ 1965, 475 (478f.); Thiele, JZ 1967, 649 (653f.); Gerhardt, JuS 1970, 597 (598f.); Stürner, JZ 1976, 384 (385); Katzenstein, Jura 2004, 800(805); Jakobs, Unmöglichkeit und Nichterfüllung, 38f.; Krebs, Sonderverbindung, 561 ff; Frost, „Vorvertragliche" und „vertragliche" Schutzpflichten, 219 ff (221); Esser/Schmidt, Schuldrecht I/2, § 29 I.

346 Thiele, JZ 1967, 649 (652); Nomos Komm./Krebs, § 241 Rn 20; ders., Sonderverbindung, 557 ff (564); Esser/Schmidt, Schuldrecht I/2, § 29 I 1.

kannten Trennung zwischen Leistungs- und Schutzpflichten[347]. Diese berechtigte Differenzierung zweier Pflichttypen macht ihrer Ansicht nach eine dogmatisch ebenso strenge Trennung der den beiden Pflichten zu Grunde liegenden Schuldverhältnisse erforderlich[348]. Das allgemein anerkannte Bestehen von Schutzpflichten in außervertraglichen – wenngleich „vertragsnahen" – Bereichen ließe nur den Schluss zu, dass es sich bei der Rechtsgrundlage der Schutzpflichten um ein separates gesetzliches Schuldverhältnis handele, dass völlig unabhängig von einer Beziehung auf der Leistungsebene existiere[349].

Dieser Ansatz eines autonomen gesetzlichen Schutzverhältnisses hat den Vorteil, dass die Rechtsfolgen einer Schädigung nicht von dem willkürlichen Zeitpunkt ihrer Verursachung abhängen – vor oder nach Vertragschluss – und auch für den Fall eines nichtigen Vertrages keine konstruierten Lösungen bemüht werden müssen[350]. Denn sollte sich ein Vertrag im Nachhinein als nichtig erweisen oder wirksam angefochten werden, würde die Realität des rein faktischen Sonderkontakts beziehungsweise des Vertrauensverhältnisses ja nicht beseitigt, weswegen eine Rückkehr in die deliktische Haftung nicht nötig und auch gar nicht erlaubt sei[351].

Auch die Anerkennung besonderer Schutzpflichten gegenüber nicht am Vertrag beteiligten Personen durch das Institut des Vertrages mit Schutzwirkung zu Gunsten Dritter werten Anhänger eines gesetzlichen Schutzverhältnisses als Bestätigung ihres Ansatzes. So beruhe der Dritten gegenüber gewährte Integritätsschutz nur auf dem rein tatsächlichen Aufenthalt innerhalb des Gefahrenkreises und der Abhängigkeit von Vorsichtsmaßnahmen des Vertragsschuldners[352]. Die von der Rechtsprechung praktizierte Begründung mittels ergänzenden Vertragsauslegung[353] wird ignoriert; die Tatsa-

---

347 Erstmals Heinrich Stoll, Lehre von den Leistungsstörungen, 26 ff; mittlerweile durch die Systematik des § 241 BGB aufgegriffen.

348 Zwar hält *Canaris* einerseits an einer übergeordneten gemeinsamen Ebene von Leistungs- und Schutzverhältnis fest – „Einheit des Schuldverhältnisses", JZ 1965, 475 (480), de facto hat er aber mit der Trennung des Leistungs- und Schutzverhältnisses das einheitliche Schuldverhältnis in zwei nebeneinander herlaufende Schuldverhältnisse zerlegt, so auch Larenz, Schuldrecht I, § 9 I b). Kritisch auch Thiele, JZ 1967, 649 (654).

349 Canaris, JZ 1965, 475: „Zunächst sei nur daran erinnert, [...] daß [...] die moderne Dogmatik [...] eine Fülle von „Nebenpflichten" und insbesondere die – von den Leistungspflichten zu trennenden – „Schutzpflichten" kennt". Deren Ausdehnung auf außervertragliche Bereiche lässt für *Canaris* nur den Schluss zu: „[D]ie moderne Dogmatik hat die Kategorie des „Schuldverhältnisses ohne primäre Leistungspflicht" entwickelt". So auch Thiele, JZ 1967, 649 (650); Gerhardt, JuS 1970, 597 (598); Lothar Müller, JuS 1998, 894; Esser/Schmidt, Schuldrecht I/2, § 29 Einl.; Krebs, Sonderverbindung, 566; Jakobs, Unmöglichkeit und Nichterfüllung, 39f.; Frost, „Vorvertragliche" und „vertragliche" Schutzpflichten, 213 ff.

350 Lothar Müller, JuS 1998, 894 (896f.); Canaris, JZ 1965, 475; Gerhardt, JuS 1970, 597 (598); Esser/Schmidt, Schuldrecht I/2, § 29 I 2.

351 Canaris, JZ 1965, 475 (476); Thiele, JZ 1967, 649 (653); Esser/Schmidt, Schuldrecht I/2, § 29 I 2.

352 Esser/Schmidt, Schuldrecht I/2, § 29 I 2.

353 BGH NJW 1971, 1931f.; BGH NJW 1984, 355 (356); s. auch Palandt/Grüneberg, § 328 Rn 14.

che, dass ein Drittschutz auch bei Verletzungen der vertraglichen Leistungspflicht besteht[354], bleibt unberücksichtigt.

Innerhalb des Lagers der Vertreter eines einheitlichen gesetzlichen Schutzverhältnisses gehen die Meinungen über das für die Begründung des Schuldverhältnisses ausschlaggebende Faktum auseinander. Dabei kann letztlich dahinstehen, ob der Rechtswirkungsgrund im sozialen Kontakt gesehen oder auf den Vertrauensgedanken gestützt wird. Entscheidend ist, dass beide Ansätze eine außerrechtsgeschäftliche, rein gesetzliche Begründung proklamieren.

### a) Die Lehre vom sozialen Kontakt

Vertreter der Theorie vom sozialen Kontakt sehen den Grund einer gesteigerten Haftung in der sich aus dem Kontakt ergebenden Einwirkungsmöglichkeit beider Seiten auf die Rechtsgüter des jeweils anderen[355]. Allerdings solle nicht schon jeglicher zwischenmenschliche Kontakt für eine Entstehung von Schutzpflichten ausreichen, es muss sich um einen „gewollten und gezielten Kontakt bestimmter Personen" handeln[356]. *Dölle*, der dieses Kriterium erstmals als Begründungsansatz für Schutzpflichten ins Spiel brachte, formulierte die Anforderungen wie folgt: So solle überall dort, wo ein sozialer Kontakt zur Erreichung eines rechtlich nicht missbilligten Zwecks herbeigeführt worden ist, vermöge dessen eine Person ihre Rechtsgüter dem Einfluss eines anderen aussetzt, die Verpflichtung bestehen, dafür zu sorgen, dass den Rechtsgütern kein Schaden erwachse aus Vorgängen, die derjenige der den Lebensbereich beherrscht, hätte verhindern können[357]. Das von *Larenz* zusätzlich geforderte Kriterium eines Kontakts „auf der Ebene des Geschäftsverkehrs"[358] wird abgelehnt. Stattdessen reiche eine „Sonderverbindung" aus, kraft derer mindestens der eine Teil erwarten darf, dass der andere Teil ihm und seinen Rechtsgütern mit besonderer Sorgfalt gegenüber tritt. Dabei handele es sich um eine rechtliche Wertung, die prinzipiell in gleicher Weise bei geschäftlichen und sonstigen Kontaktaufanahmen erfolgen könne und müsse[359].

Auf Grundlage des besonderen Kontaktes besteht also zum einen ein spezifisches Vertrauen gerade in den Gegenüber. Zum anderen wird das Vorliegen eines haftungsbegründenden gesteigerten sozialen Kontaktes typischerweise in Fällen bejaht, bei denen der eine Teil in die von einem anderen beherrschte Rechtssphäre eintritt und sich somit einerseits möglichen Einwirkungen des Rechtssphäreninhabers aussetzt, aber andererseits auf dessen Rechtsgüter aufgrund der Nähe nun auch größeren Einfluss

354 BGH NJW 1977, 1916; BGH NJW 1980, 1452 (1453); BGHZ 89, 95 (104); BGH NJW 1986, 249 (250); BGH NJW 1965, 1955 (1956); BGH NJW 1995, 52.

355 Eike Schmidt, Schuldverhältnis, Rn 78; Dölle, Zeitschrift für die ges.Staatswissenschaft 103 (1942), 67 (73 ff, 84); Thiele, JZ 1967, 649 (653); Blomeyer, Allg. Schuldrecht, § 17 III 1b).

356 Thiele, JZ 1967, 649 (651); Gerhardt, JuS 1970, 597 (599); Esser/Schmidt, Schuldrecht I/2, § 29 I.

357 Dölle, Zeitschrift für die ges.Staatswissenschaft 103 (1942), 67 (73 ff, 84).

358 Larenz, MDR 1954, 515 (518); ebenso Eike Schmidt, Schuldverhältnis, Rn 75.

359 Thiele, JZ 1967, 649 (652); Esser/Schmidt, Schuldrecht I/2, § 29 I.

hat. Durch diese besondere Art und Weise in der sich beide Seiten gegenüber stehen, wird ihr „Kontakt aus dem mehr zufälligen und flüchtigen Nebeneinander der deliktischen Begegnung" herausgehoben und sie dürfen von einander wechselseitig eine erhöhte Sorgfalt und Rücksichtnahme erwarten[360].

Sind die Parteien darüber hinaus durch einen rechtsgeschäftlichen Kontakt mit einander verbunden, so bliebe es dennoch bei dem gesetzlichen Charakter der ihnen obliegenden Schutzpflichten. Es steigere sich lediglich deren Intensität, denn „je mehr sich die Partner einander nähern, je größer die Einwirkungsmöglichkeiten werden, um so größer wird der Kreis der Schutzpflichten". Die rechtsgeschäftliche Verbindung sorge somit nicht für einen qualitativen Unterschied der Haftung, sondern bewirke lediglich quantitativ eine Vertiefung der Schutzpflichten[361].

Mit der Reduzierung des ausschlaggebenden Kriteriums auf einen einfachen Sozialkontakt, steht dieser Ansatz allerdings im Widerspruch zum Wortlaut des Gesetzes. § 241 Abs. 2 BGB fordert als Grundlage möglicher Schutzpflichten ein Schuldverhältnis und § 311 Abs. 2 Nr. 3 BGB präzisiert, dass es – wenn nicht notwendigerweise eines Vertrages – so doch zumindest eines „geschäftlichen Kontaktes" bedarf. Dementsprechend geht die herrschende Meinung davon aus, dass Gefälligkeitsverhältnisse, da sie keine Schuldverhältnisse sind, auch keine Schutzpflichten generieren können. Darüber hinaus halten Kritiker der Konzeption entgegen, dass gerade das Kriterium des Sozialkontaktes zu Abgrenzungsschwierigkeiten führe, da es eine unbegrenzte Anzahl von Ausprägungen sozialer Kontakte gibt, deren Übergänge fließend sind. So bestünde immer eine Unsicherheit, wo im Einzelfalle die Zäsur zwischen allgemeinem und haftungsrelevantem Kontakt zu setzen sei[362]. Des Weiteren sei es inkonsequent bei der Berufung auf ein rein faktisches Kriterium das Bestehen haftungsrelevanter Kontakte primär im Rahmen rechtlicher Sonderverbindungen anzunehmen, nicht aber in alltäglichen Situationen besonders engen sozialen Kontaktes, wie zum Beispiel im Straßenverkehr, wo eine Exponierung der eigenen Rechtsgüter den Einwirkungsmöglichkeiten anderer Verkehrsteilnehmer evident ist[363]. Außerdem wird moniert, dass es für den Grundsatz, nach dem gesteigerter Kontakt und damit auch gesteigerte Einwirkungsmöglichkeiten mit einer Erweiterung der Schutzpflichten einhergingen, keine haltbaren Belege gäbe. Der Umstand, dass eine größere Nähe zu Rechtsgütern auch die Gefahr ihrer Verletzung erhöht, wird nicht bestritten, jedoch werde diese Risikoerhöhung durch eine proportional drohende Haftung auf Schadensersatz gedeckt. Für eine inhaltliche Veränderung der Haftung sei somit keine Veranlassung gegeben[364].

---

360 Thiele, JZ 1967, 649 (653); Esser/Schmidt, Schuldrecht I/2, § 29 I.
361 Thiele, JZ 1967, 649 (653).
362 Picker, AcP 183 (1983), 369 (413).
363 Larenz, MDR 1954, 515 (517); Picker, AcP 183 (1983), 369 (413f.).
364 Picker, AcP 183 (1983), 369 (417).

### b) Die Lehre von der Vertrauenshaftung

Als prominentester Vertreter resümiert *Canaris* die Rechtfertigung der auf den Vertrauensgedanken gestützten Haftung als Kompensation einer „Inanspruchnahme und Gewährung von Vertrauen“[365]. *Canaris* beruft sich auf die Regelung von Situationen der Vertragsverhandlung, für die unter dem Institut der „culpa in contrahendo“ anerkannt ist, dass bereits vor Vertragsschluss besondere – von den Leistungspflichten zu unterscheidende – Schutzpflichten zwischen den Parteien bestehen[366]. Diese fänden ihre Rechtsgrundlage nicht in dem zukünftigen Vertrag, sondern in dem besonderen Rechtsverhältnis der Vertragsverhandlungen, welches gesetzlicher Natur und allein durch die Gewährung des in Anspruch genommenen Vertrauens gerechtfertigt sei[367]. Allerdings herrsche, so *Canaris*, nicht nur vor Vertragsschluss, sondern erst recht danach ein besonderes Vertrauensverhältnis zwischen den Parteien, weswegen der für die Schutzpflichten im Rahmen der „cic“ herangezogene Begründungsansatz ebenso als dogmatische Grundlage für die Schutzpflichten gelte, die unter dem Institut der „pVV“ geführt wurden. Vor diesem Hintergrund erkennt *Canaris*, dass „die Schutzpflichten untereinander gänzlich gleichartig sind und daher hinsichtlich ihrer dogmatischen Erklärung wie ihrer positivrechtlichen Folgen auch einheitlich behandelt werden sollten[368] („Einheitstheorie“). Die Schutzpflichten seien damit in ihrer Gesamtheit der Kategorie der Vertrauenshaftung zuzuordnen[369].

Hinsichtlich der Rechtgüter Leben, Gesundheit und Eigentum knüpfen die Vertreter der Lehre von der Vertrauenshaftung auch an das Kriterium der Einwirkungsmöglichkeit des Gegenübers an. Der Vertrauensgedanke käme hier insofern zum Tragen, dass der Geschädigte eben aufgrund des entgegengebrachten Vertrauens seine Rechtsgüter dem anderen Teil aussetze. *Canaris* spricht deswegen von einer speziellen „Anvertrauenshaftung“[370].

Ebenso wie im Bezug auf die Lehre vom sozialen Kontakt wird gegen die Lehre von der Vertrauenshaftung eingewandt, dass sie nicht das notwendige Maß an Rechtssicherheit biete, da es angesichts der verschiedenen möglichen Intensitäten von Vertrauen zu Abgrenzungsschwierigkeiten zwischen haftungsbegründendem und irrelevantem Vertrauen käme[371]. Darüber hinaus wird bemängelt, dass das Vertrauenskriterium keine Abgrenzungskraft, weder zur vertraglichen, noch zur deliktischen Haftung

365 Canaris, JZ 1965, 475 (478). S. auch Canaris, Vertrauenshaftung im deutschen Privatrecht, § 33 I, 34; ders., in FS Larenz (1983), 27 (102 ff); ders., in Festgabe 50 Jahre BGH (2000), Bd. 1, 129 (173 ff).

366 Kreß, Lehrbuch des allg. Schuldrecht, § 1 Nr. 2, § 23 Nr. 1d); Heinrich Stoll, Lehre von den Leistungsstörungen, 26f.; Ballerstedt, AcP 151 (1950/1951), 501 (506 ff).

367 So schon Heinrich Stoll, Lehre von den Leistungsstörungen, 26f., der bereits die Unabhängigkeit des Vertrauens- vom Leistungsverhältnis erkennt; Canaris, JZ 1965, 475 (476).

368 Canaris, JZ 1965, 475 (479); ders., in Festgabe 50 Jahre BGH (2000), Bd. 1, 129 (174).

369 Canaris, in FS Larenz (1983), 27 (105 ff).

370 Canaris, Vertrauenshaftung im deutschen Privatrecht, § 43 IV.

371 Picker, AcP 183 (1983), 369 (420); aber auch Canaris, Vertrauenshaftung im deutschen Privatrecht, § 27 III 2, § 43 II, § 44, der selbst von einem „beweglichen System“ und einer „Vielfalt der Tatbestände“ spricht.

besitze, sondern als integrierendes Element allen drei Haftungsformen (vertragliche Haftung, deliktische Haftung und Haftung aus dem gesetzlichen Sonderverhältnis der Vertrauenshaftung) gemein sei[372].

Die gesetzliche Vertrauenshaftung müsse überdies „tatbestandlich fest umrissen sein“ fordert *Canaris*, damit sie nicht „eine verdeckte Ermächtigung zu einer richterlichen Gestaltung des jeweiligen Rechtsverhältnisses darstelle“. Alle „unsubstantiierten Hinweise auf Treu und Glauben“ seien deswegen „höchst bedenklich“[373]. Zu der praktischen Umsetzung einer gesetzlichen Vertrauenshaftung äußert sich *Canaris* allerdings nicht. Angesichts der Vielfalt möglicher tatbestandlicher Konstellationen erscheint eine „fest umrissene“ Erfassung schier unmöglich.

Ein grundlegender Vorwurf, der den Anhängern des gesetzlichen Begründungsansatzes gemacht werden kann, ist ihre systematische Vorgehensweise, in den abgeschwächten Ausprägungen von Schutzpflichten abseits eines bestehenden Rechtsgeschäftes zwischen Schädiger und Geschädigtem die Grundlage ihrer Argumentation anzusiedeln[374]. So beginnt vor allem *Canaris* seine Argumentation ausgehend von dem Schutzpflichtverhältnis der „culpa in contrahendo“ und geht somit von dem Sonderfall der Ausdehnung vertraglicher Regeln auf die Zeit vor Vertragsschluss aus, anstatt seine Überlegungen vom Grundfall neben Schutzpflichten bestehender Leistungspflichten – die in der Regel vertraglichen Ursprungs sind[375] – aus zu entwickeln. Es ist unbestritten, dass es für das Entstehen von Vertrauen eines Vertrauenstatbestandes in Form eines wie auch immer gearteten Verhaltens einer anderen Person bedarf. Bloße Vertragsverhandlungen sind durch die „cic“ als Ursprung schutzwürdigen Vertrauens anerkannt. Umso mehr stellt folglich das vertragliche Versprechen an sich, gestützt von dem Wissen um die Wahrscheinlichkeit der Erfüllung – notfalls durchgesetzt durch rechtlichen Zwang, einen Vertrauenstatbestand dar. Selbst *Canaris* erinnert an anderer Stelle an die „sonst geläufige Einsicht der Methodenlehre, dass allgemeine Rechtsprinzipien ihrem Wesen nach grundsätzlich keinen Ausschließlichkeitscharakter beanspruchen können“[376]. Die meisten und auch die inhaltlich stärksten Schutzpflichten finden sich aber de facto innerhalb der vertraglichen Schuldverhältnisse.

Nach Auffassung von *Weller* spricht seit der Schuldrechtreform auch die Existenz des § 311a Abs. 1 BGB gegen die Lehre von einem einheitlichen gesetzlichen Schutzverhältnis und für die „Umschlagstheorie“. Er stellt die berechtigte Frage, „worauf außer auf die Rücksichtspflichten (§ 241 Abs. 2 BGB) sich der Vertrag beziehen [soll-

---

372 Picker, AcP 183 (1983), 369 (427).

373 Canaris, Vertrauenshaftung im deutschen Privatrecht, § 34 Fn 42.

374 So auch Fikentscher/Heinemann, Schuldrecht, Rn 39; ähnlich Krebber, VersR 2004, 150 (152), der feststellt, das auch bei Schutzpflichten im Rahmen eines nicht zufälligen Kontaktes ohne Vertragsnähe, der Grund für das Bestehen der Schutzpflichten immer in der Nähe zu einer vertraglichen Bindung gesehen werde.

375 So auch Krebber, VersR 2004, 150 (151).

376 Canaris, Vertrauenshaftung im deutschen Privatrecht, § 34 III 1; ders., Systemdenken und Systembegriff, 52f.

te], wenn er im Fall der anfänglichen Unmöglichkeit weder primäre Leistungspflichten (§§ 275 Abs. 1, 326 Abs. 1 BGB) noch sekundäre Schadensersatzpflichten (z.B. bei Exkulpation nach § 311a Abs. 2 S. 2 BGB) hervorbringt“. Dementsprechend misst *Weller* § 311a Abs. 1 BGB eine materielle Wirkung zu, da er die Rücksichtspflichten auf eine „vertragliche Grundlage“ stelle[377].

Insgesamt erscheint der Ansatz eines autonomen gesetzlichen Schutzpflichtverhältnisses wie der unbedingten Versuch die Differenzierung zwischen Leistungs- und Schutzpflichten auch auf Ebene ihrer Begründung und Rechtsnatur durchsetzen zu wollen. Selbst erkannte und auch durchaus geforderte[378] Einwirkungen des vertraglichen Leistungsverhältnisses auf die Schutzpflichten, lassen die Anhänger des gesetzlichen Schuldverhältnisses nicht an ihrer absoluten Haltung zweifeln.

Dem französischen Recht ist eine derart strikte Trennung zwischen den auf das Äquivalenzinteresse bezogenen Pflichten und solchen Pflichten, die auf das Integritätsinteresse abzielen, fremd. Der Vertrag fungiert dort als eine der zwei Hauptquellen schuldrechtlicher Verpflichtung. Die Alternativität zur Haftung aus unerlaubter Handlung besteht in deutlich strengerer Form als im deutschen Recht. Zwar kennt der Code Civil auch die Schuldverhältnisse der sogenannten „quasi-contrats“, unter die Fälle der ungerechtfertigten Bereicherung („enrichissement sans cause“, art. 1371 CCiv. – Nichtleistungskondiktion – mit dem Sonderfall der „répétition de l'indu“, art. 1376 CCiv. – Leistungskondiktion) und der Geschäftsführung ohne Auftrag („gestion d'affaires d'autrui“, art. 1372 CCiv.) gefasst werden und statuiert in art. 1370 CCiv. explizit eine Kategorie gesetzlicher Haftung. Dennoch wird die Schutzpflicht der „obligation de sécurité“ als bewusste Entscheidung gegen eine deliktische Haftung (s. Kapitel E.III.2) in der „responsabilité contractuelle“ angesiedelt. Ein Rückgriff auf die in art. 1370 CCiv. erwähnte gesetzliche Haftung kam als Rechtsgrundlage nicht in Betracht. Innerhalb der vertraglichen Pflichten wird lediglich eine Gewichtung als „obligation principale“ oder „obligation accessoire“ vorgenommen. Welche Schutzrichtung die einzelne Vertragspflicht verfolgt, ist für ihre Rechtsnatur jedoch unerheblich.

### 3. Zuordnung der Schutzpflichten zum Deliktsrecht

Gerade im Vorfeld der Schuldrechtsreform sind angesichts der Notwendigkeit einer Neuordnung des damaligen Leistungsstörungsrechts Stimmen laut geworden, die sich für eine strikte Dichotomie der Schadensersatzhaftung ausgesprochen haben. So solle in Zukunft lediglich zwischen dem Schutz leistungs- und insbesondere vertragsbezogener Interessen und solchen Rechtspositionen, welche beim Gläubiger ohnehin schon vorhanden sind – also seinem Integritätsinteresse, unterschieden werden. Im Zuge der Schuldrechtsmodernisierung hätte deswegen die in der Vergangenheit praktizierte

377 Weller, Die Vertragstreue, 211. Anders dagegen die h.M., die § 311a Abs. 1 BGB nur eine „Klarstellungsfunktion“ beimisst, s. nur Nomos Komm./Dauner-Lieb, § 311a Rn 9.
378 S. Kapitel D.I.1.b).(2).

Ausdehnung der vertraglichen Haftung in den Bereich des Deliktsrechts – *Kreuzer* spricht von einer „Hypertrophie des Vertragsrechts"[379] – rückgängig gemacht werden sollen. Ansetzen wollte *Huber*, der als Gutachter vom Bundesjustizministerium mit der Erörterung erster Lösungsvorschläge für das Leistungsstörungsrecht betraut wurde, dabei bei den Schutzpflichten. Diese seien von der Lehre in erster Linie mit dem Ziel entwickelt worden, bestehende Defekte des Deliktsrechts zu kompensieren. Als solche wurden und werden die Beweislastverteilung sowie die – mittlerweile angeglichene – Verjährung innerhalb des Deliktsrechts, die Exkulpationsmöglichkeit des § 831 BGB und letztlich das Fehlen einer deliktischen Haftung für Vermögensschäden angesehen. Dementsprechend sei das Institut der „positiven Vertragsverletzung", durch welches mittels der Schutzpflichten versucht wurde, diese Missstände über die Vermittlung vertraglicher Ansprüche auszugleichen, sozusagen „eine Lehre [...] von den verschiedenartigen Mängeln des Gesetzes"[380]. Sie würde aber überflüssig, wenn man, wie von der sogenannten „modernen Doktrin"[381] vorgeschlagen, die Defekte korrigieren würde, indem man am Deliktsrecht selbst ansetzt: Zentraler Aspekt der Neuordnungsvorschläge ist die Anerkennung einer „Verkehrspflicht" als haftungsbegründender Tatbestand für fahrlässige Schädigungen, wobei das Vermögen in den Schutzbereich mit einbezogen werden solle. Denn bei den Schutzpflichten handele es sich nicht um „besondere, [...] die primäre Leistungspflicht „begleitende", „sekundäre" Pflichten, sondern um [...] allgemeine „Verkehrspflichten" im Sinne des Deliktsrechts, die dem Schuldner gegenüber jedermann obliegen"[382]. Folglich spricht *Huber* die Empfehlung aus, die den Vertrag begleitende Schutzpflicht nicht zu normieren, „um die Rechtsentwicklung nicht in einem noch stärkeren Maß als bisher schon in eine falsche Richtung zu lenken", sondern stattdessen die notwendigen Korrekturen im Deliktsrecht vorzunehmen[383]. Einen entsprechenden Vorschlag in seinem Gutachten macht *von Bar*, der die Verkehrspflichten neben § 823 BGB als Basishaftungsnorm für Handlungen und Unterlassungen etablieren will, welche nur mittelbar zu Verletzungen führen[384]. Denn „[p]hänotypisch und genotypisch sind die jeweiligen Schutzpflichten vollkommen identisch. Phänotypisch sind „Knochenbrüche und Tote (als) Tragödien Materie des Deliktsrechts". Genotypisch geht es regelmäßig um die Haftung für Unterlassen"[385]. So wird im deutschen Recht mit den gleichen Argumenten – und sogar mit den Worten *Carbonnier*s (s. Fn 259) – die Zuordnung der Schutzpflichten zum Vertragsrecht kritisiert wie sie auch im französischen Recht angesichts der „obligation de sécurité" laut wurden.

379 Kreuzer, JZ 1976, 776 (778).

380 Jakobs, Unmöglichkeit und Nichterfüllung, 61; so auch Hohloch, JuS 1977, 302 (306).

381 Von Bar, Verkehrspflichten, 312 ff; ders., JZ 1979, 725 (729); ders., in Gutachten II, 1681 (1725, 1763 ff); Ulrich Huber, in Gutachten I, 647 (737).

382 Ulrich Huber, in Gutachten I, 647 (737); Hohloch, JuS 1977, 302 (305).

383 Ulrich Huber, in Gutachten I, 647 (742).

384 Von Bar, in Gutachten II, 1681 (1761 ff).

385 Von Bar, Verkehrspflichten, 312.

Stattdessen hat der Gesetzgeber im Zuge der Schuldrechtsreform mit einheitlichen Verjährungsregeln in §§ 195, 199 Abs. 2 BGB und einem grundlegenden Anspruch auf Schmerzensgeld bei Personenschäden einerseits eine Angleichung vertraglicher und deliktischer Haftung vorgenommen. Auch die die Beweislastumkehr des § 280 Abs. 1 S. 2 BGB kommt wie aufgezeigt bei Schutzpflichtverletzungen gar nicht voll zum Zuge (s. Kapitel D.I.2). Desweiteren hat der Gesetzgeber den Vorschlag *Huber*s und *von Bar*s verworfen und hat mit der ausdrücklichen Normierung der Schutzpflichten unter dem Institut der Rücksichtspflichten in § 241 Abs. 2 BGB den Weg einer zweigleisigen Erfassung von Integritätsschäden weiter beschritten[386]. Anlass dafür war auch der Umstand, dass die deliktsrechtliche Konzeption sich über die grundsätzliche Absage des BGB an eine „große" deliktsrechtliche Generalklausel hinwegsetzt. Nicht anders als beim Ausbau der vertraglichen Schutzpflichten wurde die deliktsrechtliche Haftung durch die Einführung der Verkehrspflichten und deren Verortung in § 823 Abs. 1 BGB über den gesetzlich vorgesehenen Regelungsgehalt hinaus ausgedehnt. Diese Norm ist nicht auf die Einbeziehung bloß mittelbarer Rechts(guts)verletzungen zugeschnitten; ein Vermögensschutz wird bewusst wird nicht gewährt. Bei den Verkehrspflichten handele es sich also um ein Konstrukt, das neben dem legislativen Konzept des § 823 Abs. 1 BGB quasi „contra legem"[387] entwickelt wurde.

An der Beschränkung der deliktsrechtlichen Haftung auf Nichtvermögensschäden setzt auch *Picker* an. Seiner Ansicht nach stellt diese Begrenzung eine Ausnahme der Grundregel einer umfassenden Schadensersatzpflicht bei Verletzungen von Integritätsinteressen dar. So sei das „neminem laedere"-Prinzip als stille Grundlage des Deliktsrechts zu verstehen, allerdings habe der Gesetzgeber, um die Handlungsfreiheit des Einzelnen nicht über Gebühr einzuengen, mit der einschränkenden Enumeration in § 823 Abs. 1 BGB den Kreis der potentieller Gläubiger auf die nach außen ersichtlichen Inhaber absoluter Rechtspositionen begrenzt. Andernfalls liefe jedermann Gefahr, durch sein Handeln – ohne dies zu erkennen – Vermögensinteressen Anderer in Mitleidenschaft zu ziehen. Zu Gunsten einer Vereinbarkeit von Güterschutz und Bewegungsfreiheit wird also auf eine universale Schadensersatzpflicht verzichtet. Dennoch dürfe nicht vergessen werden, dass es sich bei dem Ausschluss der Vermögensschäden um eine begründungspflichtige Ausnahme des Grundprinzips einer umfassenden Einstandspflicht handele. Dagegen könne im Falle von Integritätsverletzungen innerhalb bestehender Sonderverbindungen direkt auf die universale „neminem laedere"-Schadensersatzpflicht zurückgegriffen werden, denn anders als in den delikti-

386 BT-Drucks. 14/6040, 125: „ Die […] Lehre von den Schutzpflichten hat sich allgemein durchgesetzt. Daran soll nichts geändert werden. […] Damit wird angedeutet, dass die gemeinten Schutzpflichten nicht dem entsprechen, was nach allgemeinem Deliktsrecht geboten ist. Es soll insbesondere eine Abgrenzung zu den allgemeinen Verkehrs(sicherungs)pflichten angedeutet werden, die keine Sonderverbindung im Sinne eines Schuldverhältnisses schaffen […]. Durch die uneingeschränkte Erwähnung der „Rechtsgüter" neben den „Rechten" wird deutlich, dass über den insoweit begrenzten Schutzbereich von § 823 Abs. 1 hinaus auch das bloße Vermögen geschützt sein kann.".

387 So selbst von Bar, Verkehrspflichten, 25; ders., in Gutachten II, 1681 (1714).

schen „Jedermanns“-Beziehungen sei durch das Bestehen der Sonderverbindung zwischen Schädiger und Geschädigtem der Kreis potentieller Gläubiger bereits eingegrenzt. Die Ratio des Ausschluss von Vermögensschäden laufe in diesen Konstellationen ins Leere und so lebe die Grundregel einer umfassenden Ersatzpflicht wieder auf[388]. Dementsprechend bilde die Haftung kraft Sonderverbindung „eine [mit] der deliktischen Einstandspflicht im Prinzip homogene Haftung“[389]. Auf diesem Grundverständnis deliktischer Haftung aufbauend plädiert *Picker* für eine Differenzierung zwischen einer willensunabhängigen, gesetzlichen Bestandsschutzhaftung als generelle Grundhaftung, die auch im Rahmen schuldrechtlicher Verbindungen greift, und dem Leistungsstörungsrecht, welches den Regeln der gesetzlichen Haftung lediglich Sonderkomponenten wie die Berücksichtigung der besondere Zuordnung der Parteien sowie etwaig geltende Haftungsbeschränkungen hinzufügt[390].

Offenbar lässt auch *Picker* sich bei seinen Überlegungen nicht von den gesetzlichen Gegebenheiten leiten[391]. Wenn auch die Beschränkung des möglichen Gläubigerkreises als Ratio hinter dem Ausschluss von Vermögensschäden aus der Ersatzpflicht steckt, so hat dennoch das gedankliche Fundament einer allgemeinen, umfassenden Ersatzpflicht keinen Eingang in die Regeln der Haftung aus unerlaubter Handlung gefunden. Grundsätzlich beruht das Zivilrecht primär auf dem Ansatz, durch Rechtsnormen Rechtsfolgen zu begünden und nicht ein ethisch vorgegebenes General-Prinzip einer „neminen laedere“-Haftung zu begrenzen. So hat sich der Gesetzgeber dafür entschieden, erst auf der Ebene der „Ausnahme im *Picker*schen Sinne“ mit der Normierung zu beginnen und diese somit als die gesetzliche Grundlage deliktischer Haftung festzulegen. Diese Realität kann nicht unberücksichtigt bleiben. Für die Normierung einer Haftung für Integritätsverletzungen im Rahmen von Sonderverbindungen hätte es also entweder der Einbeziehung einer zusätzlichen umfassenden „neminem laedere“-Regelhaftung ins Deliktsrecht bedurft, oder – wie im Zuge der Schuldrechtsreform geschehen – der Normierung einer allgemeinen Schadensersatzpflicht für Integritätsverletzungen innerhalb von Sonderverbindungen an der Stelle im Gesetz, wo die Rechte und Pflichten der Parteien einer Sonderverbindung geregelt sind: im Schuldrecht. Auch im Rahmen von schuldrechtlichen Beziehungen gilt natürlich das Grundprinzip, dass keine der Parteien während der Abwicklung zu Schaden kommen soll. Dieser gesteigerte Grundsatz eines „alteram partem non laedere“ findet im Schuldrecht seine Normierung im Grundsatz von Treu und Glauben, § 242 BGB, und

---

388 Picker, JZ 1987, 1041 (1047 ff, insb. 1052f.); ders., AcP 183 (1983), 369 (465 ff).

389 Picker, JZ 1987, 1041 (1054); ders., AcP 183 (1983), 369 (479 ff).

390 Picker, JZ 1987, 1041 (1055 ff); ders., AcP 183 (1983), 369 (505 ff). Zwar ist *Picker* ein Verfechter eines allgemeinen „neminem laedere“-Haftungstatbestandes und der Auffassung, dass vertraglichen und deliktischen Schadensersatzpflichten derselbe materielle Geltungsgrund zu Grunde läge, AcP 183 (1983), 369 (505 ff, 507). Dennoch erkennt *Picker* die Besonderheit „kraft autonomer Selbstbindung begründete[r] Pflichten“, AcP 183 (1983), 369 (507), und unterstreicht – anders als die deutschen Vertreter der „death of contract“-Doktrin (s. Kapitel E.I.1) – damit die Eigenständigkeit des Vertrages.

391 Umfassende Auseinandersetzung mit dem Ansatz *Picker*s bei Schur, Leistung und Sorgfalt, § 6 II 5 b)

seit der Schuldrechtsreform speziell in § 241 Abs. 2 BGB. Wenn man die tatsächliche gesetzliche Ausgestaltung nicht völlig außer Acht lassen will, sollte man den Schutzpflichten auch den Charakter zuweisen, der ihrer Verortung im Gesetz entspricht. Der Gesetzgeber hat sich bewusst gegen eine Erweiterung des Deliktsrechts um die Stufe der Grundregel einer universalen Schadensersatzpflicht entschieden, um stattdessen die Schutzpflichten im Schuldrecht zu verorten, wo mit § 242 BGB bereits eine umfassende Generalklausel auch zum Schutz von Integritätsinteressen bestand.

Außerdem würde selbst ein umfassender deliktischer Generaltatbestand den Regelungsgehalt der Schutzpflichten nicht ersetzen können. Während die deliktische Haftung allein wegen Rechts- und Rechtsgutsverletzungen eingreift, stellt im Fall von Schutzpflichtverletzungen die Enttäuschung der durch den Schuldner hervorgerufenen Erwartung und Vertrauens den Haftungsgrund dar. Ginge man also davon aus, dass Verletzungen des Integritätsinteresses allein über eine deliktische Haftung abzuwickeln seien, müsste – um festzustellen, ob überhaupt ein Recht beziehungsweise eine geschützte Vermögensposition verletzt wurde – erst eine entsprechende Erwartungshaltung und Vertrauensposition aus dem schuldrechtlichen Pflichtengefüge abgeleitet werden. Hinzu kommt, dass bei Verstößen gegen § 823 BGB in der gegenwärtigen Fassung die Feststellung der Rechtswidrigkeit regelmäßig durch die Verletzung absoluter Rechtspositionen und Schutzgesetze indiziert wird. Im Falle von Schutzpflichtverletzungen handelt es sich dagegen jedoch nicht um Verstöße gegen bereits allgemein vorgegebene Verhaltensregeln. Vielmehr muss hier auf die individuelle Ausgestaltung der schuldrechtlichen Beziehung zurückgegriffen werden, um die zwischen den Parteien geltenden Verhaltensregeln zu bestimmen und zu beurteilen, ob das Verhalten des Schuldners im konkreten Fall als rechtswidrig zu beurteilen ist. Eine Entscheidung über die Haftung des Schuldners einer Schutzpflicht ist losgelöst von der Betrachtung des zu Grunde liegenden Schuldverhältnisses somit gar nicht möglich. Eine Einordnung seiner Haftung im Deliktsrecht würde das Wechselspiel zwischen Inhalt der schuldrechtlichen Beziehung und Inhalt der Schutzpflicht ignorieren und Letztere aus ihrem natürlichen Kontext reißen.

## IV. Begründung der „obligation de sécurité“ und ihrer Rechtsnatur als vertraglicher Anspruch

In ihrem grundlegenden Urteil von 1911 hat sich die Cour de Cassation zur Begründung der „obligation de sécurité“ auf die artt. 1134 al. 3 und 1135 CCiv. berufen und dementsprechend art. 1147 CCiv. als vertragliche Anspruchsgrundlage des Schadensersatzanspruchs benannt[392]. Die Schutzpflichten sind somit zwar impliziter Bestandteil des vertraglichen Pflichtenprogramms, ergeben sich aber nicht direkt aus dem Vertrag selbst, sondern werden seitens des Richters in den einzelnen Vertragstypen „entdeckt“ (s. Kapitel C.II.1.b)). Ob die Richter sich dabei aber ausschließlich im Wege ergän-

392 *Affaire Zbidi Hamida ben Mahmoud c. Compagnie Générale Transatlantique*, CCass. civ., 21 nov. 1911, D. 1913, I, 249 (253).

zender Vertragsauslegung am Parteiwillen orientieren oder die Nebepflicht aufgrund objektiver, vom Parteiwillen unabhängiger Überlegungen zum Vertragsbestandteil erklären, ist in der französischen Doktrin umstritten.

### 1. Approche subjective

Vor dem Hintergrund des in der französischen Lehre fest verankerten Grundsatzes der Privatautonomie – „autonomie des volontés" – wird vereinzelt verlangt, dass die „obligation de sécurité" wegen ihrer vertraglichen Natur auch aus dem Vertragswillen abgeleitet werden müsse[393]. Denn jede Verletzung einer Pflicht, welche nicht durch die Vereinbarung der Parteien zustande gekommen oder durch die gesetzlichen Vertragsregeln bestimmt ist, wäre nur eine Verletzung der allgemeinen deliktischen Sorgfaltspflicht. Eingeführt wurde dieser Begründungsansatz bereits vor der Anerkennung der „obligation de sécurité" von *Sauzet* im Hinblick auf Sorgfaltspflichten zwischen den Parteien eines Werkvertrages[394]. Da aber in der Regel keine ausdrücklichen vertraglichen Abreden vorliegen, müsse entweder der stillschweigend erklärte Parteiwille herangezogen[395] oder der mutmaßliche gemeinsame Parteiwille bestimmt werden[396].

Bestenfalls kann man sich bei der erforderlichen Analyse der Parteivereinbarung noch vorstellen, dass die Einbeziehung einer Schutzpflicht zu Gunsten seiner körperlichen Unversehrtheit dem Willen des Gläubigers entsprach. Da jedoch ein Großteil der Verträge, für die eine „obligation de sécurité" anerkannt wurde, kein explizites Risiko für Körper und Gesundheit des Gläubigers beinhalten, ist selbst hinsichtlich seiner Person fraglich, ob der Gläubiger zum Zeitpunkt des Vertragsschlusses das Unfallrisiko bedacht und deswegen eine Schutzpflicht als Vertragsbestandteil gewollt hat. Während sich der Nachweis des mutmaßlichen oder sogar stillschweigenden Parteiwillens also schon bezüglich der Person des Gläubigers als schwierig gestaltet, so wird er hinsichtlich des Schuldners zur reinen Fiktion. In keinem Fall wird es seinem Willen entsprechen, eine Garantie dafür zu übernehmen, dass sein Gegenüber bei der Vertragsdurchführung nicht zu Schaden kommt. Fingiere man aber dennoch, dass die Aufnahme einer „obligation de sécurité" in den Vertrag auch seinem Wille entspreche, so würde er laut *Josserand* zu einem „guillotiné par persuasion"[397] – einem aus Überzeugung Geköpften.

Ein paralleler Ansatz existierte im deutschen Recht mit der These *Windscheid*s, die Einstandspflichten aus dem „eigentlichen Willen" der Parteien abzuleiten[398] und wur-

393 H., L. Mazeaud/Tunc, Responsabilité civile, t. I, n° 151; Brun, Rapports et domaines, n$^{os}$ 177 ff.

394 Sauzet, Rev. crit. 1883, 596 (615), der aber angesichts der Schwierigkeit bei der Umsetzung des Kriteriums davon Abstand nahm; aufgenommen von Brouillonet, Des contrats comportant une dette de sécurité, 132 ff.

395 H., L. Mazeaud/Tunc, Responsdabilité civile, t. I, n° 150.

396 S. Vouin, La bonne foi, n° 47 mwN.

397 Josserand, in Anm. zu CA Lyon, 7 déc. 1928, D. 1929, II, 17 (18); ders., Cours de droit civil, t. II, n° 491.

398 Das Gesetz „spreche nur aus, was die Parteien selbst ausgesprochen haben würden, wenn sie gerade diesen Fall in den Bereich ihrer Festsetzung gezogen hätten.", Windscheid/Kipp, Lehr-

de aber als „Unterstellung“[399], die auf eine sachliche Rechtfertigung aus der Interessenlage verzichte, abgelehnt.

## 2. Approche objective

Wegen der vorgenannten Schwächen der Berufung auf den Parteiwillen, ist die subjektive Theorie von dem Großteil der Doktrin stets abgelehnt worden. Angesichts der Erkenntnis, dass ein von den Parteien frei ausgehandelter Vertragsinhalt sich nicht zwangsläufig in einem vertretbaren Gleichgewicht befindet und das Eingreifen der Richter zum Schutz der schwächeren Vertragspartei geboten sein kann, wurde in Frankreich von der – noch aus dem Einfluss des römischen Rechts herrührenden – Dominanz des Parteiwillens Abstand genommen. Die unfreiwillige Einbeziehung einer Pflicht in die getroffene Vereinbarung spricht nicht gegen einen vertraglichen Charakter, denn gemäß art. 1135 CCiv. kann jeder Vertrag Pflichten enthalten, die nicht ausdrücklich von den Parteien formuliert oder ihrem Willen entsprechen müssen. Diese „obligations impérartives“ werden durch die freie Entscheidung der Parteien, einen Vertrag zu schließen, zu Vertragspflichten und bilden mit den freiwillig vereinbarten Pflichten das Gesamtkonzept des Vertrags[400].

Die französischen Gerichte bestimmen die Existenz einer „obligation de sécurité“ nach eingehender Analyse der vertraglichen Beziehung hinsichtlich ihrer wirtschaftlichen und sozialen Komponenten, sowie der Anforderungen an die involvierten Berufsstände. Die so formulierten Fälle der „obligation de sécurité“ können durchaus zu den „obligations légales“ im weiteren Sinn gezählt werden[401]. Ihrem ambivalenten Charakter als einerseits aus der Vertragsbeziehung abgeleitet und andererseits aber von der Rechtsprechung den Parteien als Imperativ auferlegtes Instrument, trägt die Bezeichnung *Durand*s als „situation contractuelle d'origine légale“ Rechnung[402].

## 3. Kritik

Gegen die Begründungsansätze, die die „obligation de sécurité“ als Vertragsbestandteil rechtfertigen wollen, wird argumentiert, dass einer Pflicht, die – wie bereits festgestellt – in der Regel nicht dem Willen beider Parteien entspricht, kein vertraglicher Charakter zugesprochen werden könne. Eine solche Pflicht aber dennoch über das Einfallstor des art. 1135 CCiv. in den Vertrag zu implantieren, käme so *Josserand* einer

buch der Pandekten, Bd. 1, § 85 Fn 1. S. auch Darstellung bei Oechsler, Gerechtigkeit im modernen Austauschvertrag, 233 ff.

399 Enneccerus/Lehmann, Schuldrecht, § 29 II 2.

400 Demogue, RTD civ. 1923, 645 (647 ff); H., L. Mazeaud/Tunc, Responsabilité civile, t. I, n° 171; Savatier, Responsabilité civile, t. I, n$^{os}$ 110f., 130.

401 Becqué, La protection de la victime, 143 ff (insb. 148); Ripert/Boulanger, Traité de droit civil, t. II, n° 917; Goldschmidt, L'obligation de sécurité, 183 ff; Lalou, in Anm. zu CA Paris, 25 juin 1935, D. 1936, II, 14 (15).

402 Durand, RTD civ. 1944, 73, n° 3.

„forçage du contenu contractuel“ gleich[403]. Im Zuge eines „staatlichen Interventionismus“ würde die Privatautonomie für nichtig erklärt[404] und stattdessen den Vertragspartnern ihr Parteiwille vorgeschrieben[405].

Es kann jedoch einer im Rahmen einer vertraglichen Beziehung bestehenden Pflicht ihr vertraglicher Charakter nicht deswegen abgesprochen werden, weil sie auf Grundlage einer gesetzlichen Regelung Teil des Vertragsinhaltes wurde. So wird niemand die vertragliche Natur der Pflicht des Verkäufers, die verkaufte Sache dem Käufer mangelfrei zu verschaffen, nur wegen ihrer gesetzlichen Normierung bestreiten. Der Rückgriff auf ergänzende, das Schuldverhältnis ausgestaltende gesetzliche Regeln verändert nicht die Rechtsnatur der so geschaffenen Pflichten. Bezugspunkt für die eingreifenden gesetzlichen Normen bleiben nach wie vor die vertragliche Einigung – beziehungsweise im deutschen Recht die das Schuldverhältnis begründenden Handlungen.

## V. Ergebnisse

Ausgehend von einer vermeintlichen Gesetzeslücke entwickelte *Hermann Staub* 1902 das Instrument der „positiven Vertragsverletzung“, um Verstöße gegen vertragliche Verbindlichkeiten, die weder die Voraussetzungen des gesetzlich normierten Tatbestandes des Verzugs noch der Unmöglichkeit erfüllten, zu sanktionieren (s. Kapitel B.I.1.a)). Mit Aufnahme des Haftungstatbestandes der „pVV“ in die Rechtsprechung des RG und schließlich auch des BGH wurde die Notwendigkeit einer die gesetzlichen Normen des BGB ergänzenden Regelung für Fälle schlichter Schlechtleistung und mangelnder Sorgfalt bestätigt. Damit wurde § 276 BGB der Gehalt einer allgemeinen Haftungsgeneralklausel für pflichtwidriges Verhalten, welcher der Norm nach dem Willen der Väter des BGB zukommen sollte, endgültig abgesprochen. Das

403 Josserand, in Anm. zu CA Lyon, 7 déc. 1928, D. 1929, II, 17 (18); ders., in Recueil Gény, t. II, 333 (340); ders., Cours de droit civil, t. II, n° 490; Saleilles, Les accidents de travail et la responsabilité civile, 22.

404 Josserand, Cours de droit civil, t. II, n° 491: „Spécialement dans le transport de personnes, le voiturier n'a certainement pas entendu assumer vis-àvis du voyageur une obligation de sécurité absolue, obligation irréalisable, puisque le voyageur, à la différence des colis, a une personnalité, une activité propre, et puisque, lorsqu'un accident survient, on ne sait s'il n'est pas dû à son imprudence, à une inobservation des règlements; en imposant au transporteur une obligation contractuelle de ce genre, on s'insurge en réalité contre sa volonté, on lui fait dire le contraire de ce qu'il a voulu, on lui fait en quelque sorte jouer le rôle du guillotiné par persuasion et l'on fait échec ainsi au principe de l'autonomie de la volonté que l'on attaque obliquement, on fait de l'interventionisme, du socialisme juridique et du socialisme d'Etat.“.

405 Josserand, D. 1933, chron., 89 (91):„[M]ais il n'en reste pas moins que ce résultat est obtenu par un moyen technique des plus discutables, grâce à un procédé de forçage qui est la négation même de la règle de l'autonomie de la volonté contractuelle: les contractants ne sont plus maîtres chez eux; le contenu obligatoire n'est plus tel qu'ils l'ont voulu, mais tel qu'on le leur impose; leur volonté privée est dominée par une volonté supérieure devant laquelle ils doivent s'incliner; elle est dirigée.“.

so tatsächlich entstandene gesetzliche Vakuum wurde erst wieder im Rahmen der Schuldrechtsreform durch die Einführung des § 280 Abs. 1 BGB als allgemeine schuldrechtliche Haftungsnorm geschlossen. Im Zuge der Auseinandersetzung mit der „pVV“ in der Literatur wurde vor allem von *Himmelschein* hervorgehoben, dass sich unter dem Begriff der „Leistung“ wie er dem BGB zu Grunde liegt, ein Gesamtkomplex verschiedener Komponenten verbirgt. So gehört nicht nur die Qualität der erbrachten Leistung, sondern auch die dabei an den Tag gelegte Sorgfalt zum Pflichtenprogramm des Schuldners (s. Kapitel B.I.1.b).(2)). Allerdings ist entgegen der Auffassung *Himmelscheins* hinsichtlich des mit den verschiedentlichen Pflichten verfolgten Interesses zu unterscheiden, um im Falle eines Verstoßes eine adäquate Rechtsfolge auszulösen. So bedarf es nur im Falle der Verletzung des Äquivalenzinteresses besonderer Regeln, um das Primat der Erfüllung in Natur zu gewährleisten. Ist hingegen das Integritätsinteresse berührt, muss dem Geschädigten ohne die Erfüllung weiterer Voraussetzungen Schadensersatz gewährt werden. Mit Einführung der Grundnorm des § 280 Abs. 1 BGB wurde somit die umfassende Verantwortlichkeit des Schuldners für eine nicht pflichtgemäße Erfüllung seiner Pflichten umgesetzt und die Figur der „pVV“ gesetzlich geregelt. Auch die Differenzierung zwischen Pflichten, die sich auf das Äquivalenzinteresse beziehen und Pflichten, die zum Schutz des Integritätsinteresses bestehen, wurde durch die Ergänzung des § 241 BGB um einen zweiten Absatz als Unterscheidung zwischen Leistungs- und Schutzpflichten gesetzlich festgeschrieben. Obwohl Letztere also mit dem Schutz bestehender Rechtsgüter des Gläubigers den gleichen Zweck wie die deliktischen Verkehrspflichten verfolgen, gehen sie inhaltlich über diese hinaus und sind mit einer strengeren Haftung belegt. Damit werden die Schutzpflichten der Tatsache gerecht, dass sie eben nicht gegenüber Jedermann, sondern nur zu Gunsten des Gegenübers einer schuldrechtlichen Beziehung bestehen. Die gesteigerten Verhaltensanforderungen, belegt mit einer strengeren Haftung tragen dem Umstand Rechnung, dass in einem bereits bestehenden schuldrechtlichen Verhältnis der Gläubiger dem Schuldner ein besonderes Vertrauen entgegenbringt (s. Kapitel B.I.4).

Aufgrund dieser Besonderheit der Schutzpflichten und ihrer Wechselwirkung mit dem Inhalt des zu Grunde liegenden Schuldverhältnisses verbietet sich auch ihre systematische Zuordnung zum Deliktsrecht (s. Kapitel B.III.3). Stattdessen ist ihre Rechtsgrundlage vielmehr in der schuldrechtlichen Verbindung zu suchen, welche zwischen den Beteiligten besteht. Es handelt sich bei den Schutzpflichten um schuldrechtliche, gegebenenfalls vertragliche Pflichten gesetzlichen Ursprungs, die automatisch mit den das Schuldverhältnis begründenden Handlungen beziehungsweise mit Vertragsschluss entstehen (s. Kapitel B.III.1). Der Auffassung, Schutzpflichten als eigenständiges gesetzliches Schuldverhältnis – eine dritte Spur zwischen Vertrag und Delikt – anzusehen, ist hingegen nicht zu folgen. Sie ignoriert die vielfältigen Wechselwirkungen, die zwischen der Leistungsebene des Schuldverhältnisses und den Schutzpflichten bestehen. Außerdem fehlt es den von den Vertretern der sogenannten Einheitstheorie zur Begründung der Schuldpflichten vorgeschlagenen Kriterien des Sozialkontaktes und des Vertrauens an prägnanter Abgrenzungskraft. Nicht zuletzt argumentieren die Befürworter eines eigenständigen gesetzlichen Schuldverhältnisses mit der gesetzlichen Natur des Schutzpflichtverhältnisses der „culpa in contrahendo“, ohne zu berücksichtigen, dass es sich bei der „cic“ um einen Ausnahmefall der Ausdehnung vertraglicher Regeln in den außervertraglichen Bereich handelt (s. Kapitel B.III.2).

Das Pendant der Schutzpflichten im französischen Recht – die „obligation de sécurité“ – wurde mit Urteil der Cour de Cassation in der *affaire Zbidi Hamida ben Mahmoud c. Compagnie Générale Transatlantique* im Jahr 1911 als vertragliche Pflicht zum Schutz der körperlichen Integrität des Leistungsgläubigers eingeführt. In einer weiteren Entscheidung präzisierte die Cour de Cassation die automatische Entstehung der „obligation de sécurité“ im Moment des Vertragsschlusses, ohne dass es einer entsprechenden Vereinbarung der Parteien bedarf (s. Kapitel B.II.1.a).(2)). Seither ist die Schutzpflicht im französischen Recht als vertragliche Pflicht in zwei Ausprägungen anerkannt: Angesichts der Antinomie der Beweislastregeln des Code Civil wurden durch *Demogue* die Pflichtentypen der „obligation de résultat“ – bei der sich der Schuldner zur Herbeiführung eines Erfolges verpflichtet – und der „obligation de moyens“ – bei der der Schuldner lediglich ein Bemühen zur Erfolgsherbeiführung schuldet – entwickelt (s. Kapitel B.II.1.c)). Während bei den „obligations de résultat“ sich der Schuldner im Falle einer Pflichtverletzung nur durch den Nachweis höherer Gewalt exkulpieren kann – sein schuldhaftes Fehlverhalten also vermutet wird, hat im Falle des Verstoßes gegen eine „obligation de moyens“ der Gläubiger den Nachweis zu erbringen, dass der Schuldner seiner Pflicht zu umsichtigem Verhalten nicht gerecht geworden ist. Im deutschen Recht besteht eine vergleichbare Zweiteilung in erfolgsbezogene und verhaltensbezogene Pflichten. Auch hier kommt es zu einer unterschiedlichen Ausprägung der Beweislast des Gläubigers: Gelingt es dem Schuldner nicht, den zugesagten Erfolg herbeizuführen, liegt bereits mit Ausbleiben des Erfolges eine Pflichtverletzung vor, deren Verschulden gem. § 280 Abs. 1 S. 2 BGB vermutet wird. Bei verhaltensbezogenen Pflichten läuft die Vermutungsregel jedoch leer, da mit dem Nachweis der Pflichtverletzung in Form mangelnder Sorgfalt zugleich auch stets der Nachweis fahrlässigen Verhaltens erbracht wird (s. Kapitel B.II.1.c).(3)). Wird die „obligation de sécurité“ für einen Vertrag nur in Form der „obligation de moyens“ anerkannt, handelt es sich somit um einen Phyrrussieg für den Gläubiger, da ihn die volle Beweislast trifft und er auf Grund des „principe du non-cumul“ nicht auf die unter Umständen günstigere deliktische Haftung zurückgreifen kann (s. Kapitel B.II.1.d)).

Die Implementierung der „obligation de sécurité“ kraft richterlicher Anerkennung für einen bestimmten Vertragstypus stützt sich auf art. 1135 CCiv., wonach vertragliche Pflichten nicht nur aus dem ausdrücklichen Vereinbarten, sondern auch kraft der Natur des Vertrages entstehen (s. Kapitel B.II.3). Da die Einführung einer entsprechenden Schutzpflicht niemals dem Willen des Schuldners entsprechen wird, kann zur Begründung der „obligation de sécurité“ nicht auf den Willen der Parteien abgestellt werden (s. Kapitel B.IV.1). Vielmehr handelt es sich bei den „obligations de sécurité“ um „obligations contractuelles d’origine légale“ – um einerseits aus der Vertragsbeziehung abgeleitete, aber andererseits von der Rechtsprechung als Imperativ den Parteien auferlegte Pflichten (s. Kapitel B.IV.2).

# C. Tatbestand

## I. Schutzpflichten des § 241 Abs. 2 BGB im deutschen Recht

### 1. Tatbestandsvoraussetzungen

#### a) „Schuldverhältnis“

Der Begriff des „Schuldverhältnisses“ wurde vom historischen Gesetzgeber bewusst offen und der Bearbeitung durch die Wissenschaft überlassen[406]. In der Lehre[407] wie in der Rechtsprechung[408] wird grundsätzlich zwischen einem Schuldverhältnis im weiteren und einem Schuldverhältnis im engeren Sinn unterschieden. Unter dem im weiteren Sinn verwendeten Begriff des Schuldverhältnisses versteht man eine zwischen (mindestens) zwei Personen bestehende rechtliche Sonderverbindung, durch die Ansprüche begründet werden[409]. Damit wird die Gesamtheit, der sich aus der Sonderverbindung ergebenden konkreten Rechtsfolgen, das heißt, das gesamte Rechtsverhältnis, erfasst. Demgegenüber bezeichnet das Schuldverhältnis im engeren Sinne nur die rechtliche Forderungsbeziehung zwischen Gläubiger und Schuldner – ein einzelnes aus der Sonderbeziehung erwachsendes Recht auf ein bestimmtes Handeln oder Unterlassen[410].

Das Schuldverhältnis, auf das im Titel des 2. Buches des BGB Bezug genommen wird, ist im weiteren Sinne zu verstehen[411]. Diesem „Organismus“[412], der eine „Rahmenbeziehung“[413] zwischen Gläubiger und Schuldner darstellt, können eine ganze Reihe einzelner Pflichten und Forderungsrechte entspringen. Neben der in § 241 Abs. 1 BGB genannten Leistungspflicht als Schuldverhältnis im engeren Sinn, ist es auch für Entstehung und Umfang der Rücksichtpflichten des Absatzes 2 maßgeblich (s. Kapitel B.III.1).

Auch wenn sich das BGB einer Theorie für die Entstehungsgründe von Schuldverhältnissen enthält, ist im deutschen Recht dennoch anerkannt, dass schuldrechtliche

406 Mugdan II, 1.
407 MüKo/Kramer, Einl. Bd. 2 Rn 13; Staudinger/Olzen, § 241 Rn 36; Erman/Westermann, Einl § 241 Rn 5; Bamberger, Roth/Grüneberg, Sutschet, § 241 Rn 3; Larenz, Schuldrecht I, § 2 V; Medicus, Schuldrecht I, AT, Rn 8.
408 Ständige Rspr. seit BGHZ 10, 391 (395).
409 Jauernig/Mansel, § 241 Rn 1; MüKo/Kramer, Einl. Bd. 2 Rn 13; Erman/Westermann, Einl § 241 Rn 5; Palandt/Grüneberg, Einl. v § 241 Rn 3; Bamberger, Roth/Grüneberg, Sutschet, § 241 Rn 3; Brox/Walker, Allg. Schuldrecht, § 2 Rn 1.
410 Staudinger/Olzen, § 241 Rn 36; MüKo/Kramer, Einl. Bd. 2 Rn 13; Jauernig/Mansel, § 241 Rn 1; Erman/Westermann, Einl. § 241 Rn 5; Bamberger, Roth/Grüneberg, Sutschet, § 241 Rn 3; Brox/Walker, Allg. Schuldrecht, § 2 Rn 2.
411 MüKo/Kramer, Einl. Bd. 2 Rn 13; Staudinger/Olzen, § 241 Rn 36.
412 Siber, Schuldrecht, § 1 I 1.
413 Herholz, AcP 130 (1929), 257 ff.

Verbindungen sowohl aus Rechtsgeschäften als auch direkt aus dem Gesetz resultieren können[414]. Bei rechtsgeschäftlichen Schuldverhältnissen entstehen die Verpflichtungen durch ein wechselseitig gegebenes Einverständnis. Dies geschieht in der Regel in Gestalt eines Vertrages, weswegen auch von „vertraglichen Schuldverhältnissen" gesprochen wird. Im Gegensatz dazu entstehen die gesetzlichen Schuldverhältnisse allein durch die Erfüllung eines normativen Tatbestandes. Als Ausprägung der dem Güterschutz dienenden bürgerlich-rechtlichen Ausgleichsordnung wird den Beteiligten kein inhaltliches Mitbestimmungsrecht eingeräumt.

Mit der Einführung des § 241 Abs. 2 BGB im Zuge der Schuldrechtsreform hat der Gesetzgeber klargestellt, dass die Ableitung von Rücksichtspflichten sowohl aus vertraglichen als auch aus gesetzlichen Schuldverhältnissen erfolgen kann[415]. Damit kann – anders als in Frankreich – jedes wirksam bestehende Schuldverhältnis eine Grundlage für die Entstehung von Schutzpflichten darstellen. Dagegen wurde im Zusammenhang mit den lediglich vertragsähnlichen „quasi-contrats" und erst recht im Rahmen deliktischer beziehungsweise quasi-deliktischer Verhältnisse die Annahme einer „obligation de sécurité" in Frankreich bis dato abgelehnt (s. Kapitel C.II.1.a).(1)). Denn die Begründung der „obligation de sécurité" knüpft unter Rückgriff auf die allein innerhalb von Verträgen geltende Regel des art. 1135 CCiv. an das vertragliche Leistungsversprechen und die dadurch begründete Erwartungshaltung des Gläubigers an. Die hervorgehobene Behandlung des Vertrages ist eine Folge des Willensdogmas, welches den Code Civil prägt. Die Möglichkeit dem Vertrag diesen besonderen Status beizumessen, besteht im französischen Recht, weil andere Schadensfälle außerhalb vertraglicher Bindungen über die breit angelegte deliktische Haftung abgewickelt werden können. Das BGB berücksichtigt hingegen durch das Nebeneinander vertraglicher und gesetzlicher Schuldverhältnisse, dass schützenswerte besondere Erwartungen und gesteigertes Vertrauen nicht nur durch Leistungsversprechen, sondern auch durch rein faktische Umstände entstehen können, die die Beteiligten aus der Anonymität und der einfachen neminem laedere Pflicht einer Jedermanns-Beziehung herausheben können.

### b) „kann nach seinem Inhalt"

Die Rücksichtspflichten bestimmen sich – gemäß dem Wortlaut des § 241 Abs. 2 BGB – nach dem Inhalt des zu Grunde liegenden Schuldverhältnisses, unter besonderer Berücksichtigung des Einzelfalles. Dabei umfasst die Formulierung „Inhalt" sowohl das konkret im Schuldverhältnis Geregelte, als auch all das, was sein Zweck erfordert – auch wenn dies nicht ausdrücklich zwischen den Parteien abgesprochen ist[416]. Rechtsprechung und Literatur stimmen darin überein, sowohl Rechtscharakter, Dauer und Zweck des Schuldverhältnisses, als auch die Intensität des damit verbundenen so-

414 Staudinger/Olzen, § 241 Rn 46; MüKo/Kramer, Einl. Bd. 2 Rn 53 ff; Medicus, Schuldrecht I, AT, Rn 9, 55f.; Larenz, Schuldrecht I, § 1; Eike Schmidt, Schuldverhältnis, Rn 56 ff.

415 Staudinger/Olzen, § 241 Rn 389; Lorenz/Riehm, Lehrbuch zum neuen SchuldR, Rn 356.

416 BT-Drucks. 14/6040, 126.

zialen Kontakts zu beachten[417]. Insbesondere wird seitens der Gerichte die Kenntnis des potentiellen Gläubigers um seine drohende Gefährdung und die eigenen Abwehrmöglichkeiten, sowie die Möglichkeit zur Ergreifung von Abwehrmaßnahmen durch den potentiellen Schuldner und der damit verbundenen Aufwand berücksichtigt. Auch das Ausmaß des drohenden Schadens und das Bestehen eines wie auch immer gearteten Gefälles zwischen den Parteien spielt eine entscheidende Rolle[418].

Als Grundlage der Schutzpflichten ist also nicht die gesetzliche Norm des § 241 Abs. 2 BGB, sondern das jeweilige Schuldverhältnis anzusehen[419]. Deswegen müssen die Schutzpflichten im Einzelnen auch gesondert begründet werden[420]. Eine generelle Anerkennung einer Schutzpflicht bestimmten Inhalts für einen Vertragstypen ist dem deutschen Recht fremd. Deutlich wird dieses Verständnis durch die Formulierung „kann" in § 241 Abs. 2 BGB; die Existenz einer Schutzpflicht ist nicht zwangsläufig. Somit wird in Deutschland sowohl hinsichtlich der Begründung einer Schutzpflicht als auch zur Feststellung ihres Umfangs eine Analyse des zugrunde liegenden Schuldverhältnisses vorgenommen.

### c) „jeden Teil" / „des anderen Teils"

#### (1) Verpflichtung beider Beteiligter

Der Gesetzgeber hat beim Verfassen des § 241 Abs. 2 BGB bewusst nicht wie in Absatz 1 von „Gläubiger" und „Schuldner" gesprochen, sondern die Formulierung „jeder Teil" und „des anderen Teils" gewählt. Damit soll unterstrichen werden, dass nicht nur den Schuldner einer Leistung Rücksichtspflichten treffen können, sondern dass unter Umständen auch der Gläubiger einer Leistungspflicht Schuldner einer Rücksichtspflicht sein kann[421]. Das deutsche Recht geht also nicht nur im Hinblick auf die Entstehung von Schutzpflichten, die in allen Arten von Schuldverhältnissen möglich ist, sondern auch hinsichtlich des geschützten Personenkreises weiter als die französische „obligation de sécurité". Letztere wurde von der Rechtsprechung immer nur zu Lasten des Leistungsschuldners angenommen[422].

Das von einer Polarität im Sinne einer festen Verteilung der Gläubiger- und Schuldnerrolle losgelöste Verständnis ergibt sich vor allem aus dem Umstand, dass die Schutzpflichten – anders als im französischen Recht – vielfach situationsgebunden entstehen. Erst aus der konkreten Situation ergibt sich nicht nur die Pflicht selbst, sondern auch die Zuweisung der Gläubiger- und der Schuldnerrolle[423]. Im französischen

417 Staudinger/Olzen, § 241 Rn 408; MüKo/Roth, § 241 Rn 31f.; Brox/Walker, Allg. Schuldrecht, § 2 Rn 13.

418 BGH NJW, 1983, 2813 (2814); BAG NJW, 2000, 3369 (3370); LG Heidelberg, NJW 2002, 2960 (2961); OLG Hamm, NJW 2003, 760 (761); s. auch Kapitel C.I.2.

419 Krebs, in Das neue SchuldR in der anwaltl. Praxis, § 3 Rn 7.

420 Reischl, JuS 2003, 40 (45).

421 BT-Drucks. 14/6040, 125f.; Kuhlmann, Leistungspflichten und Schutzpflichten, 115.

422 Bloch, L'obligation contractuelle de sécurité, n° 68; Viney/Jourdain, Les conditions de la responsabilité, n° 501.

423 Kuhlmann, Leistungspflichten und Schutzpflichten, 115.

Recht dagegen hat die einmalige gerichtliche Anerkennung einer „obligation de sécurité" generelle Wirkung für diesen Vertragstyp. Außerdem wird in Deutschland zwischen Leistungs- und Schutzpflichten unteschieden (s. Kapitel B.I.3). Der Schuldner der zu erbringenden Leistung muss also auch wegen der Unabhängigkeit beider Pflichtarten nicht mit dem Schuldner der Schutzpflicht – so eine solche denn besteht – korrespondieren.

### (2) Relativitätsgrundsatz und seine Ausnahmen

Grundsätzlich gilt in zivilrechtlichen Schuldverhältnissen das Prinzip der Relativität. Nur diejenigen Personen, die die Entstehungsvoraussetzungen eines Schuldverhältnisses selbst verwirklichen, können darin auch Gläubiger oder Schuldner sein. Auf Dritte hat ein Schuldverhältnis generell keine Wirkung. Anders als der Code Civil normiert das deutsche BGB diesen Grundsatz der Relativität nicht explizit, er kommt aber in den Wertungen der §§ 137, 241, 311 Abs. 1, 328, 333 BGB zum Ausdruck[424].

Jedoch ist das Schuldverhältnis nur im Bereich der primären Leistungspflichten notwendig auf den Gläubiger und den Schuldner beschränkt. Wird es um „weitere Verhaltenspflichten erweitert, so muss es auch personal erweitert werden um Dritte, die diesen weiteren Verhaltenspflichten nicht ferner stehen als der Gläubiger, weil das Schuldverhältnis Sozialwirkungen auslöst, die sich vielfach nicht auf den Schuldner und den Gläubiger beschränken"[425].

Gerade im Hinblick auf die Schutzpflichten hat sich in Deutschland im Wege der richterlichen Rechtsfortbildung eine praktisch bedeutsame Ausnahme vom Relativitäts-Prinzip entwickelt. Durch das Instrument des Vertrages mit Schutzwirkung zu Gunsten Dritter können an einem Vertrag nicht beteiligte Personen dennoch sich aus diesem ergebende Schutzpflichten in Anspruch nehmen[426]. Eine Einbeziehung Dritter in den Schutzkreis des Vertrages ist möglich, wenn – für den Schuldner erkennbar – ein Dritter mit seiner Leistung in Berührung kommt, demgegenüber der Gläubiger in dem Bereich, in den das Schuldverhältnis hineinragt, seinerseits schutzpflichtig ist. Fehlt es dem Dritten an einem eigenen vertraglichen Anspruch, dann entspricht es Sinn und Zweck des Vertrages sowie Treu und Glauben, dass dem Dritten der Schutz des Vertrages in gleicher Weise zugute kommt wie dem Gläubiger selbst[427].

Die Rechtsgrundlage der Schutzwirkungen zu Gunsten Dritter ist bislang nicht abschließend geklärt. BGH[428] und Vertreter der Literatur[429] sehen die Erstreckung der Schutzpflichten auf Dritte als

---

424 Staudinger/Olzen, § 241 Rn 296; MüKo/Kramer, Einl. Bd. 2 Rn 15.

425 Gernhuber, JZ 1962, 553 (554).

426 RGZ 102, 231 (233f.); RGZ 127, 218 (219 ff); BGH NJW 1956, 1193 (1194); BGH NJW 1959, 1676f.

427 BGHZ 49, 350 (354).

428 BGH NJW 2004, 3035 (3036); BGH NJW 1998, 1948 (1949); BGH NJW 1996, 2927 (2928); BGH NJW 1995, 2551 (2552); BGH NJW 1995, 51 (52); BGH NJW 1994, 2417 (2419). So bereits schon RGZ 127, 218 (221f.). In früheren Entscheidungen hatte der BGH die Frage entwe-

des Ergebnis ergänzender Vertragsauslegung an. Andere Stimmen in der Literatur[430] sprechen dagegen von einer rechtsfortbildenden gesetzlichen Ausgestaltung des Vertragsverhältnisses entsprechend des Grundsatzes von Treu und Glauben, die teilweise sogar schon als Gewohnheitsrecht betrachtet wird.

Seit Einführung des neuen § 311 BGB und seines Absatzes 3 im Zuge der Schuldrechtsreform wird vielfach vertreten, dass die Formulierung des § 311 Abs. 3 S. 1 BGB alle Fälle umfasse, bei denen Dritte an einem Schuldverhältnis beteiligt seien, also auch den Vertrag mit Schutzwirkung zugunsten Dritter[431]. Andere vertreten dagegen die Ansicht, dass in § 311 Abs. 3 BGB nur die Konstellationen geregelt seien, in denen der Dritte als Anspruchsgegner haften soll und berufen sich auf die Systematik des Absatz 3. Mit der Formulierung „insbesondere" vor dem in Satz 2 genannten Beispiel der Sachwalterhaftung werde deutlich, dass es sich hier nur um Fälle eines Drittschuldners handeln soll[432]. Letztlich kann dahinstehen, ob der Vertrag mit Schutzwirkung zugunsten Dritter nunmehr in § 311 Abs. 3 BGB eine gesetzliche Normierung erfahren hat. Da Satz 1 keine Voraussetzungen für das Vorliegen einer Drittwirkung enthält, muss sowieso auch weiterhin auf die von der Rechtsprechung entwickelten Kriterien zurückgegriffen werden.

Die Erstreckung vertraglicher Schutzpflichten auf Dritte liegt zwar auch im Interesse des Gläubigers der vertraglichen Leistungspflicht, kann aber in der Regel wohl nicht auf seinen aktuellen oder hypothetischen Willen gestützt werden (s. zu der gleichen Problematik bereits Kapitel B.IV.1). Dementsprechend handelt es sich um eine objektiv-normative Ergänzung der Vertragspflichten. Diese Erweiterung der vertraglichen Schutzpflichten muss letztlich willensunabhängig sein. Nicht der vermutete Parteiwille entscheidet über die Einbeziehung Dritter, den Ausschlag geben vielmehr die typischen sozialen Interessen, die von der „Leistungsbeziehung" ausgehen, deren Sinn und Zweck, die legitimen Erwartungen des Dritten und Grundsätze der Billigkeit und Nützlichkeit[433] – kurz Ausprägungen von Treu und Glauben[434].

Im Ergebnis ist also die Schutzpflicht für Dritte – ähnlich wie die Schutzpflicht selber auch – eine gesetzlich vorgegebene zwingende Erweiterung der vertraglichen Pflichten basierend auf dem Grundsatz von Treu und Glauben und damit vertraglicher Natur.

Werden also die auch gegenüber dem Dritten bestehenden Schutzpflichten verletzt, so hat dieser einen eigenen vertraglichen Anspruch auf Ersatz des dadurch entstande-

---

der noch offen gelassen oder als „gleichgültig" bezeichnet, BGH NJW 1975, 867 (868f.); BGH NJW 1977, 2073 (2074).

429 Palandt/Grüneberg, § 328 Rn 14; Staudinger/Jagmann, § 328 Rn 92, 94; für weitere Nachweise s. MüKo/Gottwald, § 328 Rn 110 Fn 403.

430 MüKo/Gottwald, § 328 Rn 110 ff mwN; Gernhuber, in FS Nikisch (1958), 249 (269).

431 Canaris, JZ 2001, 499 (520); Looschelders, Schuldrecht AT, Rn 197 ff (202); Lorenz/Riehm, Lehrbuch zum neuen SchuldR, Rn 376; Schlechtriem/Schmidt-Kessel, Schuldrecht AT, Rn 44; Eckebrecht, MDR 2002, 425 (427f.); Schwab, JuS 2002, 1 (4) und 872 (873).

432 Staudinger/Olzen, § 241 Rn 339; Dauner-Lieb/Arnold/Dötsch/Kitz, Fälle zum Neuen SchuldR, 203; Schmidt-Räntsch, Das neue SchuldR, 279.

433 MüKo/Gottwald, § 328 Rn 111. Wegen der Auffassung des Vertrags mit Schutzwirkung zu Gunsten Dritter als gesetzliche Erweiterung des Schuldverhältnisses, wird dieser aber letztlich dem *Canaris*schen Ansatz eines einheitlichen gesetzlichen Schutzverhältnis zuordnet, MüKo/Kramer, Einl. Bd. 2 Rn 84.

434 Larenz, Schuldrecht I, § 17 II.

nen Schadens. Die Schadensersatzpflicht unterliegt der Vermutung des Vertretenmüssens des § 280 Abs. 1 S. 2 BGB, es gilt § 278 BGB, der im Gegensatz zu § 831 BGB keine Entlastungsmöglichkeit vorsieht, und es kann auch der Ersatz von Vermögensschäden verlangt werden. Motivation für die Einbeziehung des Dritten ist hier also vornehmlich die Gewährung eines vertraglichen Anspruches, um den Geschädigten besser zu stellen, als wenn ihm lediglich ein deliktischer Schadensersatzanspruch zukäme[435].

Mit der grundsätzlichen Beschränkung der Drittwirkung auf die Schutzpflichten, stellt der Mechanismus, Dritte in bestehende Schuldverhältnisse mit einzubeziehen, auch eine konsequente Weiterentwicklung der Unterscheidung zwischen Leistungs- und Schutzpflichten dar. Denn auf gar keinen Fall soll dem Dritten wie im Falle des „echten“ Vertrages zugunsten Dritter der §§ 328 ff BGB ein eigener Leistungsanspruch vermittelt werden. Vielmehr soll lediglich die sich aus dem Schuldverhältnis ergebende Schutzpflicht nicht nur gegenüber dem Leistungsberechtigten, sondern auch gegenüber gewissen dritten Personen zu beachten sein[436]. Da im französischen Recht keine Unterscheidung zwischen Leistungspflichten und der „obligation de sécurité“ vorgenommen wird und beide Pflichtentypen den gleichen Regeln folgen (s. Kapitel B.I.3), bleibt dementsprechend kaum Platz für eine Ausdehnung nur der einen Pflicht als Pendant zum Vertrag mit Schutzwirkung zugunsten Dritter.

## 2. Kriterien für die Anerkennung einer Schutzpflicht

Grundsätzlich nimmt die Rechtsprechung Schutzpflichten an, wenn Vertragszweck, Verkehrssitte und die Anforderungen des redlichen Geschäftsverkehrs dies erfordern[437]. Dabei sind auch die den gesetzlich normierten Schutzpflichten zugrunde gelegten Wertungen zu berücksichtigen[438].

---

435 Gernhuber, in FS Nikisch (1958), 249 (253).

436 BGH NJW 1956, 1193 (Larenz, Anm. zu Nr. 1).

437 RGZ 55, 335 (336f.); RGZ 66, 402 (407); RGZ 73, 148 (150); *Linoleumrollen Fall*, RGZ 78, 239 (240); RG JW 1904, 358 Nr. 10; JW 484 Nr. 6; BGH NJW 1972, 1363f.; *Gemüseblatt Fall*, BGHZ 66, 51 (53f.); OLG Hamm NJW 2003, 760 (761); LG Heidelberg NJW 2002, 2960 (2961).

438 Als wichtigste gesetzliche Normen sind hier die §§ 617, 618 BGB zu nennen, die den Dienstherrn zu Gunsten des Dienstverpflichteten zur Krankenfürsorge sowie zur Vornahme von Schutzmaßnahmen zur Abwehr von Gefahren für die körperliche Unversehrtheit anhalten. Entscheidend ist dabei der Gedanke, dass der Dienstverpflichtete in einem fremden Umfeld tätig wird, dessen Gefahren er – anders als der Dienstherr – nicht beherrscht und seine mögliche Gefährdung im Rahmen einer Tätigkeit eintritt, welche im wirtschaftlichen Interesse des Dienstberechtigten liegt. Darüber hinaus finden sich gesetzliche Obhuts- und Fürsorgepflichten im Rahmen von Situationen, in denen der eine Teil mit Gegenständen aus der Herrschaftssphäre des Anderen in Berührung kommt, deren Gefährlichkeit ihm unter Umständen nicht bekannt ist (zum Beispiel abzuleiten aus den Schadensersatzpflichten der §§ 437 Nr. 3, 280 Abs. 1; §§ 536a Abs. 1, 280 Abs. 1; § 694 BGB). Außerdem können denjenigen Obhutspflichten bezüglich in seinen Herrschaftsbereich eingebrachter Gegenstände treffen, in dessen wirtschaftlichen Interesse die Einbringung geschieht (so der Fall beim Gastwirt gegenüber den von seinen Gästen ein-

Dementsprechend muss zunächst ein gewisses Gefälle zwischen den Parteien herrschen. Dieses kann zum einen darin begründet sein, dass sich der eine Teil in ein von seinem Gegenüber beherrschtes Umfeld begibt und / oder ihm gehörende Gegenstände dort einbringt, oder dass er mit ihm fremden, aus einer anderen Herrschaftssphäre stammenden Gegenständen in Berührung kommt. Charakteristisch für diese Situationen ist die Tatsache, dass man mit aus einer fremden Sphäre herrührenden Gefahren in der Regel nicht vertraut und auch nicht in Lage ist, selbst geeignete Maßnahmen zu ergreifen, um möglichen Gefahren zu begegnen. Als Beispiel kann hier das BGH Urteil zu dem vielzitierten *Gemüseblatt Fall* herangezogen werden, in dem die Rechtfertigung für eine Haftung darin gesehen wird, dass „der Geschädigte sich [...] in den Einflussbereich des anderen Teils begeben hat und damit redlicherweise auf eine gesteigerte Sorgfalt seines Verhandlungspartners vertrauen kann“[439]. Zum anderen beruhen auch die vor der Schuldrechtsreform über die „pVV“ gelösten Fälle der Mangelfolgeschäden auf dieser Überlegung.

Ein anderer wichtiger Grund für ein Schutzpflichten erzeugendes Ungleichgewicht zwischen Gläubiger und Schuldner kann in dem Wissensvorsprung des Schuldners liegen. So treffen einen Lehrer oder Ausbilder im Rahmen eines Unterrichtsvertrags Schutzpflichten gegenüber seinem Schüler, der sich ja gerade wegen des Mehr an Kenntnis und Erfahrung in eine Vertragsbeziehung zu seinem Lehrer begeben hat. Ebenso erwachsen alle Beratungs- und Instruktionspflichten im Hinblick auf für den Gläubiger gefährliche Sachen aus dem Wissensvorsprung des Schuldners, der um die Gefährlichkeit weiß und Maßnahmen zu ihrer Beherrschung kennt.

Bei Vorliegen eines solchen Gefälles muss zusätzlich eine Abwägung zwischen den Interessen der Beteiligten erfolgen. Dabei spielt eine Rolle, wie groß die Einwirkungsmöglichkeiten des einen Teils auf die Person und Rechtsgüter des Anderen sind und inwiefern Letzterer diesen ausgeliefert ist, beziehungsweise ihm Abwehrmöglichkeiten zur Verfügung stehen[440]. So besteht beispielsweise bei einer Probefahrt für den Kaufinteressenten aufgrund des ihm unbekannten Fahrzeugs ein erhöhtes Unfallrisiko, gegen das dieser „kaum in der Lage ist, ... sich zu versichern“[441]. Ebenso wurde zu Lasten von Telefondienstanbietern und Netzbetreibern eine nebenvertragliche Pflicht angenommen, durch die automatische Unterbrechung der Verbindung zu besonders teuren Service-Nummern nach einer Stunde eine Schutzvorkehrung vor unbeabsichtigten Telefonkosten zu treffen. Denn bei Auflegen des Hörers erwarte der Kunde selbstverständlich, dass die Verbindung auch beendet sei. Die Problematik, dass eine Verbindung durch Auflegen des Hörers unter Umständen nicht ordnungsgemäß unterbrochen wird, wird „dem Anrufer ... nicht bewusst sein“[442]. Außerdem ist die Höhe des drohenden Schadens gegen den Aufwand einer Risikobeseitigung abzuwägen und zu

---

gebrachten Sachen, § 701 BGB, oder bei einer Gesellschaft zu Verfügung gestellten Gegenständen, die dem ausscheidenden Gesellschafter gemäß § 732 BGB zurück zu geben sind).

439 *Gemüseblatt Fall*, BGHZ 66, 51 (54).

440 BGH NJW 1972, 1363; LG Heidelberg NJW 2002, 2960 (2961); OLG Hamm NJW 2003, 760 (761).

441 BGH NJW 1972, 1363.

442 LG Heidelberg NJW 2002, 2960 (2961).

berücksichtigen, in wessen wirtschaftlichen Interesse die Gefährdung geschieht. So stehen dem Inhaber der Herrschaftssphäre oftmals technische Möglichkeiten zur Verfügung, mittels derer ein Schadenseintritt ohne großen Aufwand ausgeschlossen werden kann[443] oder es bietet sich ihm als Eigentümer gefährdender Gegenstände die Möglichkeit zum Abschluss einer Versicherung[444].

## II. Die „obligation de sécurité" im französischen Recht

### 1. Tatbestandvoraussetzungen

Für die Existenz einer „obligation de sécurité" bedarf es zweier grundlegender Voraussetzungen: So führen ein „double consentement privé" – zwei übereinstimmende Willenserklärungen, die einen Vertragsschluss konstituieren – und eine „intervention judiciaire" – ein richterlicher Eingriff – dazu, dass zwischen den beiden Vertragsparteien eine zusätzliche, unabdingbare Pflicht entsteht.

#### a) Vertragliche Beziehung

Die französische „obligation de sécurité" gewährt nur dem im Rahmen einer vertraglichen Beziehung Geschädigten Schadensersatz[445]. Anders als im deutschen Recht findet eine generelle Ausdehnung auf Schuldverhältnisse jeglicher Art nicht statt. Damit kommen nur innerhalb eines begrenzten Teils des französischen Schuldrechts Gläubiger in den Genuss einer „obligation de sécurité".

##### (1) Keine „obligation de sécurité" im Rahmen von „quasi-contrats", deliktischen und quasi-deliktischen Schuldverhältnissen

Im französischen Zivilrecht wird nicht ausschließlich zwischen den zwei Kategorien rechtsgeschäftlicher und gesetzlicher Schuldverhältnisse unterschieden. Neben den vertraglichen und deliktischen Schuldverhältnissen („obligations contractuelles" und „obligations délictuelles") existiert jeweils noch eine Kategorie quasi-vertraglicher beziehungsweise quasi-deliktischer Schuldverhältnisse („obligations quasi-contractuelles" und „obligations quasi-délictuelles").

Die „quasi-contrats", geregelt in artt. 1371-1381 CCiv., entstehen durch juristische Tatsachen, die „freiwillig", das heißt ohne eine rechtliche Grundlage vorgenommen werden, und durch die der Handelnde eine andere Person begünstigt. Die beiden vom französischen Gesetzgeber avisierten Situationen eines „quasi-contrats" sind die

---

443 OLG Hamm NJW 2003, 760 (761); LG Heidelberg NJW 2002, 2960 (2961).

444 BGH NJW 1972, 1363f.

445 Goldschmidt, L'obligation de sécurité, 187; Le Tourneau/Poumarède, Jur. Cl. civ., art. 1136-1145: fasc. 30 n$^{os}$ 7, 9; s. nicht zuletzt auch Wortlaut des art. 1135 CCiv., der sich explizit auf „conventions" beschränkt.

„gestion d'affaires" und die „répétition de l'indu", wobei erstere dem deutschen Instrument der Geschäftsführung ohne Auftrag entspricht. Letztere ist der im Code Civil einzig gesetzlich geregelte Kondiktionsfall der Vornahme einer Zahlung trotz Nichtschuld. Hinter diesem Mechanismus steht die Überlegung, dass derjenige, dem ohne einen rechtlichen Grund durch eine Leistung eines anderen ein Vorteil zu Gute kommt, diesen auch für seinen Aufwand entschädigen muss[446]. Als in den „quasi-contrats" wirkendes Prinzip hat die Rechtsprechung den Grundsatz des „enrichissement sans cause" – der ungerechtfertigten Bereicherung – herausgearbeitet[447].

So werden Konstellationen, bei denen als gesetzliche Schuldverhältnisse in Deutschland das Bestehen einer Schutzpflicht möglich wäre, zwar einerseits von der Bezeichnung her in die Nähe zu den vertraglichen Schuldverhältnissen gerückt, ein entsprechender Schutz den Beteiligten aber versagt. Die Abgrenzung der „quasi-contrats" von „echten" Verträgen wird damit begründet, dass erstere zwar in der Wirkung einem durch Vertrag begründeten Schuldverhältnis ähneln, jedoch eben gerade kein „accord de volontés" vorliegt[448], keine übereinstimmenden Willenserklärungen abgegeben worden sind.

Gleichermaßen existiert keine „obligation de sécurité" im Rahmen deliktischer Schuldverhältnisse. Ein ausreichender Schutz des Geschädigten sei dort über art. 1384 al. 1$^{er}$ CCiv. bereits gewährleistet. Allerdings ist zwischen der Schädigungshandlung, die zur Enstehung eines deliktischen Schuldverhältnisses führt und Schädigungen, die während des Bestehens eines deliktischen Schuldverhältnisses eintreten, zu unterscheiden. Im Zuge der Abwicklung des Schuldverhältnisses ist es möglich, dass beispielsweise bei der Leistung des Schadensersatzes in Natur („réparation en nature") für eine Sachbeschädigung, der Schuldner auch noch die Person des geschädigten Gläubigers verletzt. Im deutschen Recht fiele eine solche Verletzung dank der weiten Formulierung des Tatbestandes des § 241 Abs. 2 BGB in den Schutzbereich der Rücksichtspflichten. In Frankreich liegt dagegen eine erneute deliktische Schädigung vor, die einen weiteren Schadensersatzanspruch generiert.

Die Kategorie der „quasi-deliktischen" Schuldverhältnisse findet sich zwar in dem gleichen Kapitel wie die Delikte (Livre 3$^{ème}$, Titre $^{4ème}$, Chapitre II: „Des délits et quasi-délits") und beide sind sogar in direkt aufeinander folgenden Artikeln geregelt (art. 1382 CCiv. (délits), art. 1383 CCiv. (quasi-délits)). Jedoch unterscheiden sich die zwei Arten der Schuldverhältnisse hinsichtlich der inneren Haltung des Schädigers. Anders als im BGB, welches global von „unerlaubten Handlungen" spricht, wird im französischen Zivilrecht zwischen willentlichem und versehentlichem Fehlverhalten differenziert. So beschränkt sich die Haftung nach art. 1382 CCiv. auf Fälle von zielgerichtet schädigendem Verhalten und Situationen, in denen dem Handelnden die schädlichen Folgen seines Tuns bewusst gewesen sein müssen („faute intentionelle"). Handelt es sich dagegen um ein unbewusstes Fehlverhalten („faute non-

446 Terré/Simler/Lequette, Les obligations, n° 1028.
447 *Arrêt Boudier*, CCass. req., 15 juin 1892, D. 1892, I, 596 (597).
448 Terré/Simler/Lequette, Les obligations, n° 1026.

intentionnelle“), greift die quasi-deliktische Haftung nach art. 1383 CCiv. Genau wie die Hauptkategorie der Delikte kennen aber auch die „Quasi“-Delikte keine Schutzpflicht in Form der „obligation de sécurité“.

### (2) Rechtshistorischer Hintergrund

Die Aufspaltung der Schuldverhältnisse entspricht der großen Bedeutung, welche im französischen Recht der Willensfreiheit zugemessen wird: Das Individuum ändert seine rechtliche Lage aufgrund seiner Willensfreiheit. Soweit aber diese Änderung auch – was die Regel ist – die Rechtssphäre eines anderen Individuums – und sei es auch zu dessen Gunsten – berührt, muss der Wille beider konform gehen, um eine Rechtsänderung herbeizuführen, insbesondere eine Rechtspflicht entstehen zu lassen[449].

Zwar ist es hinsichtlich der Rechtsfolgen in der Regel gleichgültig, ob sich ein Anspruch aus Vertrag beziehungsweise Delikt oder dem jeweiligen „Quasi-Pendant“ ergibt. In dem Bestreben dem Opfer größtmöglichen Schadensersatz zu gewähren, wird im Deliktsrecht absichtliches und versehentliches Fehlverhalten haftungsrechtlich gleich behandelt. Auch für die „quasi-contrats“ wird im Verhältnis zu den Verträgen meist eine analoge Behandlung befürwortet[450]. Im Hinblick auf den Schutz des Gegenübers im Rahmen der schuldrechtlichen Beziehung kommt die Sonderrolle der vertraglichen Verbindung jedoch klar zum Tragen. Diese exponierte Stellung der Vertragsbeziehung ist Überbleibsel des besonderen Einflusses des römischen Rechts auf den Code Civil.

Schon der römische Rechtsgelehrte *Gaius*, dessen Werke zwischen 130 und 180 n.Chr. zusammengestellt wurden, hat in seiner Schrift *Res cottidianae sive aurea – Alltägliche Dinge oder Goldene Worte* eine dritte Kategorie der Schuldverhältnisse aus verschiedenen Arten von Rechtsgründen eingeführt. Die Idee von gesondert neben Vertrag und Delikt zu behandelnden Schuldverhältnissen wurde durch Kaiser Justinian in seinen *Institutionen* (533 n.Chr.) aufgegriffen. Darauf aufbauend legt er seinem Werk eine Vierteilung der Schuldverhältnisse in Vertrag, Quasivertrag, Delikt und Quasidelikt zugrunde.

Die Hervorhebung des voluntaristischen Elements und die strikte Einhaltung der „summa divisio“ von Vertrag und Delikt führten aus der Not heraus zur Bildung der Hilfskategorie der „Quasi“-Schuldverhältnisse. Zur Wahrung der Geschlossenheit des Systems wurden weder beim Vertrag noch beim Delikt zu subsumierende Verpflichtungen in die Nähe der schuldrechtlichen Hauptkategorien gerückt[451].

Diese Vierteilung des französischen Schuldrechts hat dazu geführt, dass – anders als im deutschen Recht – keine übergeordnete Gleichbehandlung der „obligations“ existiert. Aufgrund der besonderen Bedeutung der Willensfreiheit, ist der Code Civil wei-

---

449 Ferid, Das Frz. Zivilrecht I (1971), 1 E 3f., MüKo/Kramer, Einl. Bd. 2 Rn 53.

450 Ferid, Das Frz. Zivilrecht I (1971), 1 E 13.

451 Mommsen/Krüger/Watson, Digesten 44, 7; Behrends/Knütel/Kupisch/Seiler, Institutionen 3, 27, pr. und 4, 5, pr.; Kaser/Knütel, Römisches Privatrecht, § 38 Rn 1 ff.

testgehend auf den Vertrag fixiert, eine allgemeine Rechtsgeschäftslehre und darüber hinaus generell für alle Schuldverhältnisse geltende Regeln sind dem Code Civil fremd[452]. Die französische Rechtswissenschaft wird von dem Verständnis beherrscht, dass rein tatsächliche Handlungen, sogenannte „faits juridiques" (die den „Realakten" des deutschen Rechts entsprechen), zwar keine Rechtsgeschäfte begründen können – „faits juridiques" und „actes juridiques" schließen sich aus[453]. Dennoch ist anerkannt, dass auch diese „faits juridiques" Pflichten zwischen Personen generieren können. Nichtsdestotrotz gibt es keinen „Allgemeinen Teil" über Schuldverhältnisse im Code Civil. Der Ansatz, grundsätzliche Prinzipien für alle Arten von Schuldverhältnissen in einem allgemeinen Teil voranzustellen, ist eine Besonderheit des deutschen Zivilrechts, entstanden im Zuge der deutschen Pandektistik. So beschränkt sich das Instrument der Schutzpflichten in Frankreich auf Schuldverhältnisse vertraglichen Ursprungs. Eine Ausdehnung auf alle Schuldverhältnisse, wie sie das BGB durch die Ansiedlung im Teil des Allgemeinen Schuldrechts ermöglicht, ist nicht vorgesehen.

In Deutschland haben sich schon bei der Arbeit am BGB die Gegner der „Quasi"-Schuldverhältnisse durchgesetzt. War zunächst noch ein Abschnitt „Einzelne Schuldverhältnisse aus anderen Gründen" ins Auge gefasst[454], so verblieben letztlich einzelne, inhaltlich beschränkte Sondertypen, wie beispielsweise die ungerechtfertigte Bereicherung, §§ 812 ff BGB, oder die Geschäftsführung ohne Auftrag, §§ 677 ff BGB, als gesetzliche Schuldverhältnisse in systematisch isolierter Position zwischen Vertrag und Delikt. Die Möglichkeit, Schuldverhältnisse unmittelbar auf das Gesetz zurückzuführen, macht die fiktiven Verlegenheitslösungen der „Quasi"-Kontrakte überflüssig[455]. So bewertet *Mayer-Maly* das Unterfangen, Verpflichtungsgründe, die im Vertragsrecht selbst keinen Platz finden können, in der Kategorie der „Quasi"-Kontrakte einzufangen, als „Versuch, die Achillesferse eines individualistisch konzipierten Vermögensrechtes zu schützen"[456].

### b) Richterliche Anerkennung der „obligation de sécurité" in unterschiedlicher Ausprägung

In ihrer Arbeit beschreibt *Goldschmidt* neben dem Vorliegen eines Vertrages zwischen den Parteien „une intervention judiciaire" als weitere Voraussetzung für das Bestehen einer „obligation de sécurité"[457]. Die Intervention des Richters wird legitimiert durch art. 1135 CCiv., der ihm erlaubt, die frei ausgehandelten Vertragspflichten aus Gründen der Gerechtigkeit um zwingende Obligationen zu erweitern.

Während in Deutschland sowohl für die Begründung als auch für den Umfang der Rücksichtspflicht eine Analyse des zugrunde liegenden Schuldverhältnisses vorge-

452 Ferid, Das Frz. Zivilrecht I (1971), 1 E 3 ff.
453 Ferid, Das Frz. Zivilrecht I (1971), 1 E 10; Terré/Simler/Lequette, Les obligations, n° 1026.
454 Mugdan II, 463 ff.
455 MüKo/Kramer, Einl. Bd. 2 Rn 53.
456 Mayer-Maly, in FS Wilburg (1965), 129 (139).
457 Goldschmidt, L'obligation de sécurité, 187.

nommen wird und sich die Notwendigkeit einer Schutzpflicht unter Umständen erst bei der Durchführung des Schuldverhältnisses ergibt, wird in Frankreich die Existenz einer „obligation de sécurité“ für einen einzelnen Vertragstyp einmal verbindlich mit Wirkung für die Zukunft anerkannt. Dabei wird – so jedenfalls die Theorie, denn die Cour de Cassation bleibt ihrer eigenen Rechtsprechung nicht immer treu – auch der Umfang der Schutzpflicht durch ihre Einordnung als „obligation de résultat“ oder „obligation de moyens“ mit festgelegt. Wurde die „obligation de sécurité“ in einer Ausprägung für einen bestimmten Vertrag „entdeckt“, so entsteht sie automatisch zum Zeitpunkt eines jeden Vertragsschlusses. Sie ist gleichen Ranges mit den zwischen den Parteien ausgehandelten Pflichten und ergibt sich nicht erst im Zuge der Vertragserfüllung[458].

Der Richter verfügt bei der Anerkennung einer „obligation de sécurité“ über eine große Freiheit[459]. Da sich die Schutzpflicht in der Mehrzahl der Fälle weder aus der vertraglichen Abrede der Parteien, noch aus Gesetz oder Verkehrssitte ergibt, bleibt nach art. 1135 CCiv. der Billigkeitsgrundsatz („l'équité“) als einzige Maßgabe für den Richter. Dass die Gerichte der Versuchung, über das „fourre-tout“[460] der Billigkeit in Verträge einzugreifen, nicht widerstehen konnten, zeigt die Existenz einer „obligation de sécurité“ in mittlerweile fast allen Vertragstypen[461]. Dabei folgte die Rechtsprechung nicht immer einheitlichen Überlegungen und auch die französische Doktrin scheiterte bis jetzt bei jedem ihrer Versuche, allgemeingültige und verbindliche Kriterien für die Annahme der „obligation de sécurité“ aufzustellen. So wurde in Verträgen, für die eine „obligation de sécurité“ bereits angenommen wurde, diese in einer späteren Entscheidung wieder abgelehnt. Auch wurde der ursprünglich festgelegte Umfang der Schutzpflicht innerhalb der einzelnen Verträge von der Cour de Cassation nicht immer konsequent beibehalten. Zudem kann in manchen Vertragstypen die „obligation de sécurité“ sowohl als „obligation de moyens“ als auch in der Form einer „obligation de résultat“ auftreten (so insbesondere beim Beförderungsvertrag[462]). Deswegen sprechen manche Autoren auch schon von einer „insécurité juridique“[463].

---

458 Bloch, L'obligation contractuelle de sécurité, n° 48.

459 Über die Unterschiede in der Rolle des Richters in Deutschland und Frankreich bereits schon Crome, Rhein. Zeitschrift f. Zivil- u. ProzeßR 1 (1909), 6 (8f.), der von einer „schöpferischen Rechtsprechung“ der Franzosen spricht.

460 Bloch, L'obligation contractuelle de sécurité, n° 54.

461 S. nur die Aufzählung in Fn 249.

462 So wurde von 1969, *arrêt Caramello*, CCass. civ. 1ère, 1er juillet 1969, JCP 1969, II, 16091, bis ins Jahr 1989, *arrêt Valverde*, CCass. civ. 1ère, 7 mars 1989, D. 1991, jrspr., 1 (note Malaurie), eine „obligation de sécurité de résultat“ nur für den Zeitraum zwischen Betreten des Beförderungsmittels und dem Verlassen des Fahrzeuges angenommen (auch wenn das Fahrzeug noch während des Fortdauerns des Beförderungsvertrages vor Erreichen des Zielortes zwischendurch verlassen wird) angenommen. Für die restliche Zeit von Vertragsschluss bis zum Vertragsende, die der Gläubiger außerhalb des Transportmittels verbringt, galt eine „obligation de sécurité de moyens“. Seit 1989 gelten für diesen Zeitraum die Regeln des Deliktsrechts. Ursprünglich reichte für eine Haftung gemäß einer „obligation de sécurité de résultat“ sogar ein kausaler Zusammenhang zwischen dem Unfall und der Beförderung aus, so dass vom Zeitpunkt des Betretens des Bahnhofsbereiches am Abfahrtsort bis zu seinem Verlassen am Ankunftsort eine verschärfte Haftung Anwendung fand, *arrêt Gare Saint-Lazare*, CCass. civ., 17 mars 1961,

Anders als im deutschen Recht entsteht die „obligation de sécurité" also nicht aufgrund der Gegebenheiten des konkreten Einzelfalles, sondern es wird eine generelle Bewertung typischer Vertragskonstellationen vorgenommen. Der Richter untersucht dabei eine ihm vorgelegte spezielle Vertragsbeziehung als Beispiel stellvertretend für andere. Dabei kann er sich aber nicht allein auf die ihm Kraft des art. 1135 CCiv. verliehene Eingriffsbefugnis berufen. Die „obligation de sécurité" ergibt sich aus der Natur der vertraglichen Hauptpflicht, die vom Richter unter dem Blickwinkel der Gerechtigkeit betrachtet wird. Grundlage für die Schutzpflicht ist somit nicht wie im deutschen Recht das zugrunde liegende konkrete Schuldverhältnis, sondern Inhalt und Natur der Hauptpflichten eines Vertragstypus.

Diese Systematisierung der Lösungen im Namen der Gerechtigkeit kann jedoch unter Umständen dazu führen, dass die in einem Vertragstyp generalisierte „obligation de sécurité" für den Einzelfall eine unangemessene Lösung bedeutet. Gerechtigkeit würde nach *Carbonnier* nur dann erreicht, wenn man sich über Regeln hinwegsetze und für alle möglichen Konstellationen, besser noch für jedes Individuum eine eigene Lösung suche. So sei ein „jugement d'équité" gerade das Urteil, welches eben nicht den Anspruch erhebe, eine Regel zu statuieren[464]. Es ist klar, dass sich eine solche Idealvorstellung von Gerechtigkeit in einer staatlichen Rechtsordnung nicht realisieren lässt. Verglichen mit der Bestimmung der „obligation de sécurité" in Frankreich ermöglicht aber die deutsche Herangehensweise unter Bezugnahme auf das konkrete Schuldverhältnis eine deutlich größere Einzellfallgerechtigkeit. Eigentlich müsste man im Gegenzug davon ausgehen können, dass die französische Methode, eine „obligation de sécurité" für einen kompletten Vertragstyp anzunehmen, durch bessere Vorherseh- und Einschätzbarkeit die Rechtssicherheit der Vertragspartner stärkt. Dieser zwar im Ansatz angelegte Vorteil wird aber durch die unkohärente Umsetzung und durch das Fehlen einer konsequenten Linie der Cour de Cassation zunichte gemacht.

### c) Relativität

Anders als im deutschen Recht ist der Relativitätsgrundsatz im Code Civil in art. 1165 explizit stipuliert: Demnach haben vertragliche Absprachen nur innerparteiliche Wirkung; sie können niemals zu Lasten Dritter und zu Gunsten Dritter nur unter den Vo-

---

JCP 1961, II, 12217 bis. Dieses weite Verständnis wurde bereits 1964 wieder aufgegeben und es wurde für eine Haftung aus einer „obligation de sécurité de résultat" verlangt, dass zum Zeitpunkt des Unfalles ein Vertragsschluss vorliegt, *arrêt Saint-Germain-des-Prés*, CCass. civ. 1ère, 12 févr. 1964, D. 1964, jrspr., 358 (359) (note Esmein).

463 Bout, in: L'obligation contractuelle de sécurité, préface; Bloch, L'obligation contractuelle de sécurité, n° 7.

464 Carbonnier, Droit civil - Intro, n° 9: „Dans ses applications judiciaires [...] l'équité apparaît comme un *droit affranchi de règles* [Hervorhebung im Original] rejetant toute aspiration à l'universel, un droit où le juge cherche une solution particulière pour chaque espèce, mieux: une solution individuelle pour chaque être humain. [...] Le jugement d'équité nous apparaît ainsi comme [...] un jugement qui, lui-même, ne croit pas pouvoir devenir règle".

raussetzungen der „stipulation pour autrui", art. 1121 CCiv. – dem französischen Pendant zum Vertrag zu Gunsten Dritter – wirken.

Auch wenn das Relativitätsprinzip zwar gesetzlich im Code Civil verankert ist, zieht die französische Rechtsauffassung aber im Gegensatz zum deutschen Recht keine absolute Trennlinie zwischen einem dinglichen Recht, das immer erga omnes wirkt und einer „bloß" schuldrechtlichen Position. So beschränken sich zwar die unmittelbar aus der Vertragsbeziehung resultierenden Rechte und Pflichten – „effets" – auf die Vertragsparteien: Nur diese sind zur Erfüllung verpflichtet und haben Leistungsansprüche gegeneinander. Die Existenz der Vertragsbeziehung hat aber eine Außenwirkung – „opposabilité", denn die Vertragsbeziehung wird als „fait social" angesehen, den auch Dritte anzuerkennen und zu respektieren haben[465].

Da das französische Recht – anders als die deutsche Rechtspraxis – Fälle, in denen Vertragsfremde durch vertragswidriges Verhalten einer Partei zu Schaden kommen, durch Zubilligung eines Deliktsanspruches löst, gibt es in Frankreich kaum Bestrebungen, den geschädigten Dritten in das bestehende Vertragsverhältnis einzubeziehen. Denn verglichen mit dem Recht der unerlaubten Handlungen des BGB gewähren die artt. 1382 ff CCiv. dem Geschädigten einen umfassenderen, lückenloseren Schutz, der vor allem auch Vermögensschäden umfasst (s. Kapitel E.I.2.a)). Somit ist die Ausgangslage in Frankreich eine völlig andere, was erklärt, weshalb die Ausnahmen vom Relativitätsgrundsatz durch die Ausdehnung des Schutzbereiches der „obligation de sécurité" auf Dritte – im Gegensatz zum deutschen Vertrag mit Schutzwirkung zu Gunsten Dritter – Einzelfallcharakter haben[466].

Eine Ausdehnung des Gläubigerkreises der „obligation de sécurité" kommt – ähnlich wie im deutschen Recht – im Rahmen von Mietverträgen in Betracht. So haben französische Gerichte auch den Angehörigen von Mietern vertragliche Ansprüche gegen den Vermieter wegen einer Schädigung durch die Mietsache gewährt[467]. Eine besondere Ausprägung hat diese Rechtsprechung im Zusammenhang mit Unfällen bei der Benutzung von Fahrstühlen bekommen. Dabei unterstellt die Rechtsprechung, dass der Mieter bei Abschluss des Vertrages sich die Pflichten des Vermieters auch zu Gunsten seiner Familienmitglieder versprechen lässt, „le locataire est

---

465 Marty/Raynaud, Les obligations, t. I, n° 260; H., L., J. Mazeaud/Chabas, Droit civil, t.°II/1, n° 761; Flour/Aubert, Les obligations, t. I, n° 433: „L'opposabilité du contrat au tiers [...] est d'abord évidente lorsque ce contrat a fait naître *un droit réel* [Hervorhebung im Original] [...]. Mais une solution analogue doit être donnée lorsque le contrat n'a fait naître qu'un *droit de créance* [Hervorhebung im Original]. Il y a également là, pour le créancier, un droit acquis, et que les tiers ne sont pas davantage admis à méconnaître. Aussi leur est-il interdit de conclure ultérieurement avec le débiteur de conventions qui empêcheraient celui-ci d'exécuter ses précédents engagements. S'ils le font néanmoins, on dit habituellement [...] qu'ils se rendent *complices de la violation d'une obligation contractuelle* [Hervorhebung im Original]: complicité qui est pour eux, source de responsabilité, par application de l'art. 1382.".

466 Hübner/Constantinesco, Einführung in das frz. Recht, 185.

467 CA Paris, 31 oct. 1956, GP 1956, II, 351; Ferid, Das Frz. Zivilrecht I (1971), 2 E 47; Rodière, D. 1956, chron., 13 (15).

présumé avoir stipulé pour les membres de sa famille lors de la conclusion du contrat“[468]. Parallel zum Kriterium der Leistungsnähe beim Vertrag mit Schutzwirkung zu Gunsten Dritter wird auch hier als entscheidend gewertet, dass die mit der Vertragspartei wohnenden Angehörigen genauso mit der Leistung in Kontakt kommen, wie die Vertragspartei selbst[469].

Andere Fälle, in denen die Ausdehnung vertraglicher Schutzpflichten auf Dritte von französischen Gerichten anerkannt wurden, wären im deutschen Recht wohl nicht in die Kategorie der Verträge mit Schutzwirkung zu Gunsten Dritter einzuordnen, sondern haben die größere Nähe vielmehr zum auch die Leistungspflicht umfassenden Vertrag zu Gunsten Dritter beziehungsweise zu den deliktischen Schadensersatzansprüchen der §§ 844, 845 BGB.

So wurde in der Rechtsprechung über den Beförderungsvertrag im Eisenbahnverkehr klargestellt, dass die Bahn eine besondere Schutzpflicht dem Beförderten gegenüber trifft, ihn „sain et sauf“ ans Ziel zu bringen, mag auch der Beförderungsvertrag nicht zwischen der Bahn und dem Geschädigten selbst geschlossen worden sein, sondern von jemand anderem – etwa Angehörigen oder dem Arbeitgeber. Über die typischen Fälle des Vertrages mit Schutzwirkung zu Gunsten Dritter hinaus, bei denen lediglich zusätzlich zum Vertragspartner ein Dritter von den vertraglichen Schutzpflichten profitieren soll, ist das Ziel dieser Rechtsprechung, die vertraglichen Schutzpflichten der Person zukommen zu lassen, die tatsächlich mit der Beförderungsleistung in Berührung kommt, während der eigentliche Vertragspartner nur mittelbar an der Leistungserbringung Anteil nimmt[470]. Allerdings stimmen die für den Vertrag mit Schutzwirkung zu Gunsten Dritter entwickelten Kriterien mit dieser Konstellation überein: Nimmt der eigentliche Vertragspartner die erbrachte Leistung nicht vollständig in Anspruch, sondern kommt auf sein Bewirken und in Absprache mit der anderen Partei ein Dritter mit der Leistungserbringung in Kontakt, kommt auch hier ein Drittschutzgedanke zum Tragen.

Ein anderer Fall, der in Frankreich unter dem Stichwort einer vertraglichen Verpflichtung in Form der „obligation de sécurité“ zu Gunsten Dritter behandelt wird, sind die Fälle der „victimes par ricochet“. Ebenfalls im Zusammenhang mit dem Transportvertrag wurde ein vertraglicher Schadensersatzanspruch naher Angehöriger von bei der Beförderung verletzten oder verstorbenen Vertragsgläu-

---

468 CA Paris, 31 oct. 1956, GP 1956, II, 351.

469 Rodière, D. 1956, chron., 13 (14), ausgehend von einem Vertragsverhältnis zwischen dem Hauseigentümer und dem Installateur des Fahrstuhls bzw. des Wartungsdienstes: „Ici la question se présente parce que ce n'est pas seulement le propriétaire, mais (et c'est l'hypothèse même) ce sont sa femme, ses enfants, sa mère qui prennent l'ascenseur.“.

470 Rodière, D. 1956, chron., 13 (14); CCass. civ., 21 avr. 1913, D. 1913, I, 249 (257): der Beförderungsvertrag, der zwischen der Post und der Bahngesellschaft zum Transport von Postsendungen geschlossen wurde, entwickelt Schutzwirkungen auch zu Gunsten der Postbediensteten, die die Sendungen während der Beförderung begleiten; so auch Rodière, JCP 1952, I, 997 n° 17, für Begleiter von Tieren während eines Transports und für Fälle der Beförderung ganzer Gruppen, von denen nur eine Person Vertragspartner ist (Familien, Sportmannschaften, Pilgergruppen oder Ferienfreizeiten); ders./Mercadal, Droit des Transports, n° 351, für Polizisten im Dienst und Strafvollzugsbeamte, die Gefangene begleiten.

bigern angenommen[471]. Die Cour de Cassation hat für diese Fälle angenommen, dass das Beförderungsunternehmen die Sicherheit des reisenden Vertragspartners nicht nur gegenüber diesem selbst, sondern auch gegenüber dessen (nicht reisenden) Angehörigen garantiert.

Während im deutschen Recht die dogmatische Begründung der Ausdehnung der vertraglichen Schutzpflichten auf Dritte umstritten ist, geht in Frankreich sowohl die Rechtsprechung als auch die Doktrin davon aus, dass es sich bei der Ausweitung der „obligation de sécurité" auf Dritte um eine „stipulation tacite" der Vertragsparteien handelt[472], die im Wege der ergänzenden Vertragsauslegung unter Heranziehung der art. 1135 und 1160 CCiv. in die Einigung hineininterpretiert wird[473]. Damit sind die drittwirkenden Schutzpflichten zwangsläufig auch vertraglicher Natur.

Aus dieser Ableitung geht jedoch nicht eindeutig hervor, welcher der beiden wesentlichen Begründungsansätze der „obligation de sécurité" für die Rechtfertigung ihrer Drittwirkung verfolgt wird. Zwar soll es sich einerseits um eine „stipulation tacite" der Vertragspartner handeln, was darauf hinweist, dass im Zuge einer „approche subjective" auch die Schutzwirkung zu Gunsten Dritter aus dem Vertragswillen abgeleitet wird[474]. Allerdings greift angesichts einer solchen Unterstellung auch hier die Kritik, dass der Schuldner der „obligation de sécurité" wohl kaum freiwillig den Umfang seiner Verpflichtungen derart erweitern würde[475]. Dementsprechend und angesichts der Berufung auf art. 1135 CCiv. ist deswegen davon auszugehen, dass es sich bei den Schutzwirkungen zu Gunsten Dritter entsprechend der „approche objective" um vertragliche Pflichten „d'origine légale" handelt[476]. Damit entspricht die Drittwirkung der „obligation de sécurité" in Frankreich dem Instrument des Vertrages mit Schutzwirkung zu Gunsten Dritter, in dessen Rahmen die drittwirkenden Pflichten zwar auch vertraglichen Charakter haben, sie aber bei Vorliegen der durch die Rechtsprechung herausgearbeiteten Kriterien ebenfalls automatisch und unabhängig vom Willen der Parteien eintreten.

## 2. Kriterien für die Anerkennung einer „obligation de sécurité"

Grundsätzlich erfüllt die „obligation de sécurité" in Frankreich die gleiche Funktion wie in Deutschland: Durch sie soll ein bestehendes Gefälle zwischen den Vertragsparteien ausgeglichen werden. Grundidee ist der von der „équité" (Billigkeit / ausgleichende Gerechtigkeit) ausgehende Grundsatz, dass bei allen Verträgen, in denen der eine Vertragspartner besonders gefährdet wird, sich zum Ausgleich der Vertrag nicht

---

471 CCass. civ., 6 déc. 1932, D. 1933, I, 137 (140), 1ère espèce (*affaire Noblet*); CCass. civ., 24 mai 1933, D. 1933, I, 137 (140), 2ème espèce (*affaire Falduti*); CCass. req., 19 juin 1933, D. 1933, hebdo., 429 (430) (*affaire Léon*).

472 Rodière, D. 1956, chron., 13 (15); Ferid, Das Frz. Zivilrecht I (1971), 2 E 44.

473 Ferid, Das Frz. Zivilrecht I (1971), 2 E 44.

474 H., L. Mazeaud/Tunc, Responsabilité civile, t. I, n° 151.

475 S. entspr. Kritik schon unter 1 bzgl. der dogmatischen Herleitung der „obligation de sécurité"; Rodière, D. 1956, chron., 13 (14).

476 S. Kapitel B.IV.2.

ohne Garantie der Sicherheit verstehen lässt[477]. Bei der Suche nach Kriterien, die die Existenz einer „obligation de sécurité" in allen möglichen Konstellationen rechtfertigen können, erkennt man bald, dass es solche allgemeingültigen Kriterien nicht gibt. Alle Versuche der französischen Doktrin, auf jegliche Fälle von Schutzpflichten anwendbare Qualifikationsmerkmale aufzustellen, sind bis dato gescheitert[478]. Deswegen kann hier nur ein Überblick über die bisher wiederkehrend festgehaltenen Merkmale gegeben werden.

Als wichtiger Indikator einer „obligation de sécurité" wird ein zwischen Gläubiger und Schuldner bestehendes Abhängigkeitsverhältnis gewertet. Das gilt insbesondere, wenn der Gläubiger seinen Körper und seine Gesundheit dem Handeln des Schuldners ausliefert[479]. Befürworter dieses Kriteriums sehen sich bestätigt durch die Änderung der Rechtsprechung der Cour de Cassation, die seit 1989 beim Transportvertrag eine „obligation de sécurité" nur noch dann annimmt, wenn sich der Reisende an Bord des Beförderungsmittels befindet und damit dessen etwaigen Fehlfunktionen ausgeliefert ist[480]. Allerdings besteht nicht in jedem Vertrag, für den eine „obligation de sécurité" anerkannt ist, ein körperlich wirkendes Abhängigkeitsverhältnis zwischen Schuldner und Gläubiger. Allein für die Vielzahl der Fälle, in denen gerade aufgrund der aktiven Rolle des Gläubigers bei der Vertragsausführung und der ihm eingeräumten Bewegungsfreiheit eine „obligation de sécurité de moyens" angeommen wurde, liegt eben keine Abhängigkeit vor. Auch wenn man den Abhängigkeitsbegriff auf Konstellationen erweitern würde, in denen sich der Gläubiger in den Herrschaftsbereich des Schuldners begibt[481], stimmt dieses Kriterium nicht immer mit den tatsächlich anerkannten Fällen überein. Einem Kunden, der ein Kaufhaus betritt und sich somit in den Herrschaftsbereich des Kaufhausbetreibers begibt, kommt in Frankreich keine „obligation de sécurité" zu Gute[482].

Ein anderer häufig herausgearbeiteter Hinweis auf das Bestehen einer vertraglichen Schutzpflicht, ist die Existenz einer besonderen, vom Vertragsinhalt ausgehenden Ge-

---

477 Bloch, L'obligation contractuelle de sécurité, n° 64; Meller, Obligation de sécurité, 39.

478 Bloch, L'obligation contractuelle de sécurité, 46; Mayr, Schutzpflichten, 180 ff; Viney/Jourdain, Les conditions de la responsabilité, n° 501; Mazeaud, RTD civ. 1929, 551 (567); Durry, RTD civ. 1977, 323f.; Jourdain, GP 1993, II, doctr., 1171.

479 Sauzet, Rev. crit. 1883, 596 (618); Goldschmidt, L'obligation de sécurité, 135 ff: „Les conventions où l'on décèle un devoir de sécurité [...] mettent l'un des contractants dans une situation de dépendance temporaire à l'égard de l'autre.", und insb. im Bezug auf den Behandlungsvertrag: „Cette dépendance morale s'accompagne d'une réelle infériorité physique, d'une sujétion matérielle"; Becqué, La protection de la victime, 161f.: „[I]l y a véritablement livraison par l'une des parties à l'autre de sa propre intégrité physique [...]. C'est cette constatation qui va fonder l'existence de l'obligation de sécurité."; Durry, RTD civ. 1977, 323f.

480 *Arrêt Valverde*, CCass. civ. 1ère, 7 mars 1989, D. 1991, jrspr., 1 (note Malaurie).

481 Viney/Jourdain, Les conditions de la responsabilité, n° 501.

482 CCass. civ. 2ème, 5 juin 1991, JCP 1992, I, 3572 (note Ghestin).

fährdung des Gläubigers[483]. Darunter kann auch der stellenweise als eigenständiges Kriterium zitierte Gebrauch eines technischen Mittels zur Vertragerfüllung gezählt werden, denn eine besondere Gefahr liegt in dem möglichen Verlust der Kontrolle über das Gerät[484].

Dieser Erklärungsansatz ist insoweit parallel zum Kriterium der Abhängigkeit gestaltet, als auch hier eine besondere Gefahr für den Gläubiger in der Regel verneint wird, wenn er sich bei der Vertragsdurchführung frei bewegen kann. Es herrscht grundsätzlich eine Zurückhaltung bei der Annahme einer „obligation de sécurité", wenn sich der Gläubiger „en toute autonomie"[485] befindet und deswegen auf sich selbst aufpassen kann[486].

Das Merkmal der besonderen „Vertragsgefahr" ermöglicht zwar eine prägnante Abgrenzung zur deliktischen Haftung, denn über die „obligation de sécurité" gibt es demnach nur Schadensersatz für die Realisierung von Risiken, die sich allein aus dem Vertrag ergeben. Jedoch schafft es auch das Gefährdungs-Kriterium nicht, alle Fälle der französischen Schutzpflicht zu vereinen. Die Annahme einer „obligation de sécurité" zu Lasten von Hoteliers, Gastwirten oder Theaterveranstaltern lässt sich wohl kaum mit einer besonderen Gefährdung der Gäste und Zuschauer begründen.

Ein gemeinsamer Nenner so gut wie aller Verträge, in denen eine „obligation de sécurité" angenommen wird, ist die Unternehmereigenschaft des Schuldners[487]. Die verschärfte Haftung des „professionnel" ist generell auch gerechtfertigt. Schließlich hat er ein dem Kunden überlegenes Wissen und nimmt besonderes Vertrauen für sich in Anspruch. Er kann sich regelmäßig besser gegen mögliche Schadenseintritte versichern und verfügt über bessere Mittel – materiell wie personnell – um die Sicherheit des Gläubigers zu gewährleisten. Außerdem entspricht es dem Reparationscharakter der „obligation de sécurité", den Unternehmer, der ja schließlich auch mit dem Vertragsgeschäft Profit macht, für die damit verbundenen Risiken einstehen zu lassen („théorie du risque-profit"). Allerdings lehnt das französische Recht eine „obligation de sécurité" zu Lasten von Kaufhäusern und damit bei dem Unternehmer, mit dem der Kunde im täglichen Leben wohl am häufigsten konfrontiert wird, ab[488].

---

483 Jourdain, GP 1993, II, doctr., 1171 (1172); Savaux, RTD civ. 1999, 1 (24): „[L]a sécurité doit rester contractuelle lorsque l'exécution du contrat expose la personne du créancier à un danger que les tiers ne courent pas."; Le Tourneau/Poumarède, Jur. Cl. civ., art. 1136-1145: fasc. 30, n° 9; Bloch, L'obligation contractuelle de sécurité, n° 74; Carbonnier, Droit civil - Les obligations, n° 295: „Il serait plus rationnel de limiter l'obligation de sécurité aux contrats dont l'objet direct est une prestation de vitesse, de dynamisme dangereux.".

484 Mayer, Die „obligations accessoires", 65 ff.

485 CCass. civ. 1ère, 21 juill. 1970, D. 1970, jrspr., 767 (768) (note Abadir).

486 Mayr, Schutzpflichten, 181.

487 Goldschmidt, L'obligation de sécurité, 138 ff: „[L]a garantie de sécurité s'avère inséparable de la notion même de profession."; Le Tourneau/Poumarède, Jur. Cl. civ., art. 1136-1145: fasc. 30, n° 12; Le Tourneau, Droit de la responsabilité, n° 3301; Leroy, Contribution à la notion de professionnel, n$^{os}$ 151 ff; für einen Überblick über die Rechtsprechung der Cour de Cassation s. Bloch, L'obligation contractuelle de sécurité, n° 81 Fn 136.

488 CCass. civ. 2ème, 5 juin 1991, JCP 1992, I, 3572 (note Ghestin); Mayr, Schutzpflichten, 182.

Bei den letztlich ausschlaggebenden Gesichtspunkten für die Annahme einer Schutzpflicht beziehungsweise „obligation de sécurité“ bestehen somit grundsätzliche Parallen.

Die in Frankreich hauptsächlich über das beschriebene Indizienbündel festgestellte verstärkte Abhängigkeit zwischen den Vertragsparteien ist entsprechend dem in Deutschland erforderlichen Gefälle zwischen den Partnern des Schuldverhältnisses Indikator für das Vorliegen einer „obligation de sécurité“. Es sind für die französische Rechtsprechung mit dem in Anspruch genommenen Vertrauen, der Frage nach dem Herrschaftsbereich, dem die Gefahr entstammt, oder der Berücksichtigung der Möglichkeiten zur Schadensabwehr und -versicherung bei der Begründung der Unternehmerhaftung oder der Haftung bei Einsatz technischer Geräte die selben grundlegenden Aspekte relevant, die auch im deutschen Recht beachtet werden. In der Regel werden so bei der Anerkennung von Schutzpflichten in beiden Ländern ähnliche Ergebnisse erzielt. Die Feststellung eines Ungleichgewichtes zwischen den Beteiligten und die Abwägung ihrer Interessen führen dazu, dass es in Deutschland wie in Frankreich größtenteils die gleichen Konstellationen sind, die den Anwendungsbereich der Schutzpflichten darstellen. Der typische Schuldner einer Schutzpflicht ist hier wie dort ein Unternehmer, der die Hauptleistung schuldet. Jedoch versagt das französische Vorgehen einer pauschalen Anordnung von „obligations de sécurité“ für bestimmte Vertragstypen und die grundsätzliche Fixierung auf die Person des Leistungsschuldners das Vorhalten einer Lösung auch für untypische Konstellationen.

# D. Haftungsbegründung und Beweislast

Der Vergleich der Haftungstatbestände und der diesbezüglichen Beweislast macht grundsätzliche Unterschiede des Ausmaßes der Schutzpflichten in beiden Rechtsordnungen deutlich.

Nicht nur bedarf es in Frankreich einer zusätzlichen, dem deutschen Recht unbekannten Haftungsvoraussetzung – einer inneren Verbindung zwischen dem schadensbegründenden Ereignis und der vertraglichen Leistungspflicht, das französische Vertragsrecht versagt dem Gläubiger auch eine generelle Verschuldensvermutung. Die Frage der Beweislastverteilung stellt sich dort vielmehr nach einem „Alles-oder-nichts-Prinzip".

## I. Schutzpflichten des § 241 Abs. 2 BGB im deutschen Recht

### 1. Haftungsbegründung

Als Quelle der Haftung fungiert im Falle der Verletzung schuldrechtlicher Pflichten ebenfalls das zwischen den Beteiligten bestehende Schuldverhältnis (bezüglich des Ursprungs der Schutzpflichten s. bereits Kapitel B.III.1 hinsichtlich des deutschen Rechts und Kapitel B.IV.3 hinsichtlich des französischen Rechts). Die gesetzliche Normierung der Haftungsregeln in den §§ 280 ff BGB ändert nichts an ihrer Rechtsnatur[489]. Anders als im Fall einer deliktischen Haftung, wo die Verletzung einer Verhaltensnorm erst die Entstehung eines Schuldverhältnisses begründet, existiert mit den Schutzpflichten schon vor dem Haftungsauslöser ein Verhaltenskatalog für das bestehende Schuldverhältnis. Diese Verhaltensvorschriften müssen, um als eine verbindliche Rechtspflicht wahrgenommen werden zu können, auch auf der Ebene der Haftung Geltung finden. Der sekundäre Haftungsanspruch entsteht mit der zurechenbaren Verletzung eines schuldrechtlichen Anspruchs als ein Recht auf Erbringung eines Leistungssubstituts beziehungsweise im Falle der Verletzung von Schutzpflichten als ein Anspruch auf Schadensbeseitigung unter Wiederherstellung des vorherigen status quo. In Abhängigkeit vom Inhalt der verletzten Pflicht gewährt der Sekundäranspruch einen Anspruch auf den wertmäßigen Ausgleich des Unrechts, welches durch die Nichterfül-

489 Es käme ja auch niemand auf den Gedanken, der Haftung des Veräufers wegen Sachmängeln die Qualität einer vertraglichen Haftung abzusprechen, nur weil sie in § 437 BGB gesetzlich vorgesehen ist. Zwar werden sich die Parteien bei Abschluss eines Kaufvertrages regelmäßig nicht über die Folgen von Verstößen gegen die jeweilige Leistungspflicht verständigen. Ihre Pflichten umfassen dennoch typischerweise das gesamte Leistungsstörungsrecht, ohne dass es auf den Willen der beiden Parteien ankommt, Oechsler, Vertragliche Schuldverhältnisse, Rn 1 ff.

lung der primären Pflicht entsteht[490]. Ziel der Haftungsnormen ist die Schaffung von Gerechtigkeit[491]. Im Bezug auf die Leistungspflichten muss sich der Schuldner an seinem gegebenen Versprechen festhalten lassen, denn mit dem Leistungsversprechen des Schuldners entsteht bereits eine Vermögensposition des Gläubigers (s. Fn 317). Mit der Nichterbringung der Leistung wandelt sich diese Vermögensposition spiegelbildlich in einen entsprechenden Schaden. Im Falle der Verletzung einer Schutzpflicht ist ein Schaden in der Rechtsgüterlage des Gläubigers unmittelbar gegeben. Auch hier muss der Schuldner für seine im Leistungsversprechen mitschwingende Zusage rücksichtsvollen Verhaltens beziehungsweise des Unversehrtbleibens der Rechtsgüter des Gläubigers einstehen. Insbesondere im Fall von erfolgsbezogenen Pflichten führen die Beweislastregeln der §§ 280 Abs. 1 S. 2, 286 Abs. 4, 311a Abs. 2 BGB und auf Verschuldensebene der objektivierte Fahrlässigkeitsmaßstab des § 276 Abs. 2 BGB sowie § 278 BGB und die Übernahme des Beschaffungsrisikos bei Gattungsschulden den Pflichteninhalt in die Nähe einer Garantie[492] (s. auch Kapitel D.I.2 und D.I.1.a).(2)). Das Verständnis der schuldnerischen Pflicht als Garantiezusage legt nahe, dass der Schuldner mit seinem eigentlichen Schuldversprechen zugleich das Versprechen abgibt, für Schäden aufzukommen, die infolge von Pflichtverletzungen entstehen. Dem entspricht auch das Verständnis des Begriffs der Pflichtverletzung als rein objektives Tatbestandsmerkmal unabhängig von einem subjektiven Fehlverhalten des Schuldners (s. Kapitel D.I.1.a).(1)).

Das Haftungsrecht greift somit immer ein, wenn sich der Schuldner nicht seinem Versprechen gemäß verhält. Dadurch dass der Schuldner ein so entstandenes Unrecht per Haftungsanspruch ausgleichen muss, sichert das Haftungsrecht das legitime Vertrauen des Gläubigers. Sowohl der Verstoß gegen eine Leistungspflicht, als auch der Verstoß gegen eine Schutzpflicht geht mit einem Vertrauensbruch einher. Die Haftungsansprüche werden also als mittelbare Rechte aus dem jeweiligen Primäranspruch abgeleitet, verteidigen das Vertrauen des Gläubigers in Zusagen der anderen Partei und teilen somit die schuldrechtliche Natur des Primärverhältnisses[493]. Dementsprechend gestalten sich auch die Haftungsvoraussetzungen im Einzelfall in Abhängigkeit zu dem jeweiligen Inhalt der verletzten Pflicht.

---

490 Unberath, Die Vertragsverletzung, 188, 201 ff, 286f. So auch Schur, Leistung und Sorgfalt, § 4 II 2 a).

491 Unberath, Die Vertragsverletzung, 288 ff.

492 Larenz, Schuldrecht I, § 20 I (S. 278): „So kann man vielleicht sagen, daß das heutige deutsche Recht vom Verschuldensgrundsatz ausgeht, ihn aber in verschiedener Hinsicht zugunsten einer im Schuldversprechen sinngemäß gelegenen Garantie beschränkt, während das englische Recht umgekehrt vom Gedanken der Garantiepflicht ausgeht, diese aber zugunsten des Schuldners aus dem Inhalt des Versprechens weitgehend abmildert.“. Zur Parallele zum englischen Recht und der Erfassung der Sekundäransprüche vom Versprechen des Schuldners s. auch Schur, Leistung und Sorgfalt, § 3 III 2, bzgl. § 278 BGB § 6 II 3 b).

493 A. A. Dedek, Negative Haftung aus Vertrag, 259, 262f., der die Erhebung des Schuldverhältnisses zum „Organismus“ als Ausprägung einer „Sehnsucht nach Visualisierung abstrakter dogmatischer Konzepte“ abtut. Es sei ein „Symptom jener Denkungsart [sich mit der gesetzlichen Anordnung nicht zufrieden zu geben,] sondern [zu versuchen] dahinter dogmatische Gesetzmäßigkeiten zu konstruieren oder [sich gar anheischig zu machen diese] „aufzufinden“.

## a) Haftungsvoraussetzungen

### (1) Pflichtverletzung

Ein Bestreben der Schuldrechtsreform war es, das allgemeine Leistungsstörungsrecht derart neu zu systematisieren, dass jegliche Abweichungen des „Ist-Verhaltens" des Schuldners vom „Soll-Verhalten" – soweit möglich – einer einheitlichen Regelung unterworfen sind. Dazu wurde § 280 Abs. 1 BGB als zentrale Anspruchsgrundlage für „Schadensersatz wegen Pflichtverletzung" geschaffen. § 280 Abs. 1 BGB umfasst neben allen Arten der Leistungsstörung (Verzug, Schlechtleistung, endgültige Nichterbringung trotz Möglichkeit sowie Unmöglichkeit) – zumindest für die grundlegenden Tatbestandsvoraussetzungen – auch jedwede Störung einer nicht leistungsbezogenen Pflicht zum Schutz des Integritätsinteresses.

Das Verhältnis der Anspruchsgrundlagen der § 280 Abs. 1 BGB und §§ 280 Abs. 1, 3, 281 BGB und der ihnen jeweils zuzuordnenden Schadenspositionen ist jedoch unklar. Entsprechend einer vor allem von *Ernst* und *Stephan Lorenz* vertretenen Meinung[494] könne, anders als bei § 281 BGB, der unter zusätzlichen Voraussetzungen Schadensersatz „statt der Leistung" gewährt und den gesamten Erfüllungsanspruch ersetzt, über § 280 Abs. 1 BGB Schadensersatz nur für die Schäden verlangt werden, die noch während des Fortbestehens des Erfüllungsanspruchs eintreten und durch eine spätere Erfüllung keinesfalls mehr entfallen können. Dazu zählten neben Vermögensschäden (z.B. durch Haftungsfälle, Betriebsausfallschäden durch verminderte Produktion oder Mehraufwendungen bis zur Mangelbeseitigung) auch an anderen Rechtsgütern des Gläubigers eingetretene Schäden, also Verletzungen des Integritätsinteresses. § 281 BGB hingegen biete einen Geldausgleich für das verletzte Leistungsinteresse und erfasse auch aus einer Schlechtleistung resultierende Folgeschäden, allerdings nur insofern sie erst nach dem Verlangen des Gläubigers nach Schadensersatz statt der Leistung eintreten. Nach diesem Verständnis des Zusammenspiels von § 280 Abs. 1 BGB und §§ 280 Abs. 1, 3, 281 BGB sei der Übergang von der Anspruchsgrundlage für allgemeinen Schadensersatz zum Anspruch auf Schadensersatz statt der Leistung dynamisch und erfolge von Fall zu Fall zu einem unterschiedlichen Zeitpunkt. Die Zuweisung zu § 280 Abs. 1 BGB oder §§ 280 Abs. 1, III, 281 BGB könne nicht nach der Art des Schadenspostens erfolgen. Insbesondere bilde § 280 Abs. 1 BGB nicht die ausschließliche Anspruchsgrundlage für Verletzungen des Integritätsinteresses[495].

Die Notwendigkeit überhaupt zwischen zwei Arten von Schadensersatz im Sinne der § 280 Abs. 1 BGB und §§ 280 Abs. 1, 3, 281 BGB zu unterscheiden, ergibt sich aus dem Widerstreit des Bedürfnisses, dem Gläubiger einerseits bei verschuldeter Pflichtverletzung einen Schadensersatzanspruch zuzugestehen und andererseits den Vorrang der Erfüllung in Natur sicherzustellen[496]. Wenn aber für die vom Schuldner begangene Pflichtverletzung gar nicht die Möglichkeit besteht, sie durch Nacherfüllung wieder auszugleichen und das Gläubigerinteresse zu befriedigen, macht es keinen Sinn, den Schadensersatzanspruch an besondere Voraussetzungen zu knüpfen, die einen Zwang zur Erfüllung in natura bezwecken. Wo also ein Schaden außerhalb des Leistungsinteresses des Gläubigers liegt, dürfte

---

494 S. nur MüKo/Ernst, § 280 Rn 66 mwN; Stephan Lorenz, in Karlsruher Forum 2005, 5 (41 ff mwN).

495 MüKo/Ernst, § 280 Rn 67.

496 Fliegner, Leistungsbegriff, Rn 141; so auch Erman/Grunewald, § 437 Rn 12f. In diesem Ausgangspunkt übereinstimmend Stephan Lorenz, in Karlsruher Forum 2005, 5 (43).

eine Norm, die sich – wie ihr Titel ausdrücklich klarstellt – nur mit dem Leistungsinteresse befasst und den Vorrang der Primärleistungspflicht sicherstellen soll, keine Anwendung finden[497]. Wie bereits in Kapitel B.I.2.b) dargestellt, zielt das Leistungsinteresse auf eine Veränderung in der Güterlage des Gläubigers ab. Es soll dem Gläubiger durch die Leistung etwas verschafft werden, was er noch nicht hat[498]. Fordert er hingegen Ersatz für dasjenige Interesse, das er daran hat, in den ihm bereits zustehenden Rechtgütern nicht beeinträchtigt zu werden, besteht keine Möglichkeit zur Nacherfüllung und es handelt sich somit um einen auf § 280 Abs. 1 BGB zu stützenden Schadensersatzanspruch. Außerdem stellt sich die Frage nach dem Zweck des § 282 BGB, wenn Verletzungen des Integritätsinteresses auch über §§ 280 Abs. 1, 3, 281 BGB abgewickelt werden sollen[499].

Dementsprechend mache der Wortlaut beider Vorschriften nach Ansicht *Fliegner*s deutlich, dass sich die Unterscheidung allein am verletzten Interesse und nicht an der Möglichkeit zur Schadensbeseitigung durch Nacherfüllung ausrichtet, indem die durch den Zwang zur spezifischen Erfüllung gebotene Unterscheidung zweier Schadensersatzarten (Schadensersatz und Schadensersatz statt der Leistung) durch den Leistungsbegriff abgegrenzt wird. Entgegen der Ansicht von *Ernst* und *Lorenz* entscheide nicht das Abrücken vom Erfüllungsanspruch und Verlangen von Schadensersatz statt der Leistung, sondern das durch die Pflichtverletzung verletzte Interesse über die Voraussetzungen des Schadensersatzanspruchs[500]. Werde ein Ersatz für eine unzureichende oder ausgebliebene Veränderung der Güterlage gefordert, müssten demnach auch die zusätzlichen Voraussetzungen des § 281 BGB erfüllt sein. Soweit sich das Fehlverhalten des Schuldners aber auf die zu bewahrende gegenwärtige Güterlage des Gläubigers auswirke – egal, ob es sich um die Verletzung einer Schutzpflicht oder einen Mangelfolgeschaden verursachende Schlechtleistung handelt, müsse es bei den Haftungsvoraussetzungen des § 280 Abs. 1 BGB bleiben.

Letztlich lassen sich wohl aus beiden dargestellten Auffassungen richtige Aspekte herausgreifen, die in Kombination eine zweckmäßige Differenzierung der zwei Anspruchsgrundlagen ergeben, die auch dem Willen des Gesetzgebers gerecht wird. Da der Grund für den Tatbestand des § 281 BGB mit seinen zusätzlichen Voraussetzungen in der Gewährleistung einer vorrangigen Erfüllung der Primärleistung liegt, kann er sinnvoller Weise auch nur die Schadensfälle erfassen, die regelmäßig durch eine Nacherfüllung zu beseitigen sind (im Einzelfall kann, wenn eine Nachfristsetzung nicht zweckmäßig erscheint, gemäß § 281 Abs. 2 BGB auch auf sie verzichtet werden). Damit scheiden Verletzungen des Integritätsinteresses grundsätzlich aus. Sie sind immer über § 280 Abs. 1 BGB abzuwickeln. Dies entspricht auch dem Willen des Gesetzgebers. Zwar sollte im Zuge der Schuldrechtsreform die Unterscheidung zwischen Mangel- und Mangelfolgeschaden überwunden werden[501], jedoch wollte der Reformgesetzgeber keineswegs alle Schadensformen über einen Kamm scheren. Vielmehr legte er für die Abgrenzung zwischen § 280 Abs. 1 und § 281 BGB durchaus die alten Vorstellungen von Mangel- und Mangelfolgeschäden zu Grunde. Die Mangelfolgeschäden wollte der Gesetzgeber der Regelung des § 281 nämlich gerade nicht zuordnen[502]. Dementsprechend setzt sich in der Abgrenzung zwischen einfachem Schadensersatz des § 280 Abs. 1 BGB und des Schadensersatzes statt der Leistung des

497 Fliegner, Leistungsbegriff, Rn 149.
498 Fliegner, Leistungsbegriff, Rn 150; Jakobs, Unmöglichkeit und Nichterfüllung, 32.
499 Fliegner, Leistungsbegriff, Rn 151.
500 Fliegner, Leistungsbegriff, Rn 150 ff. So auch Looschelders, Schuldrecht AT, Rn 565.
501 BT-Drucks. 14/6040, 133.
502 BT-Drucks. 14/6040, 225.

§ 281 BGB in gewissem Maße die Unterscheidung des alten Rechts zwischen Mangel- und Mangelfolgeschaden fort: Während § 281 BGB das Leistungsinteresse liquidiert, schützt § 280 Abs. 1 BGB die Verletzung anderer Rechtsgüter und damit das Integritätsinteresse[503]. Die Übertragung der Differenzierung lässt sich allerdings nicht eins zu eins vornehmen. In Gesamtschau mit dem Gewährleistungsrecht der Minderung, welches vor seiner Geltendmachung ebenfalls die Einräumung einer Nacherfüllungsmöglichkeit voraussetzt, ist über § 281 BGB in erster Linie der mangelbedingte Minderwert des Leistungsgegenstandes zu ersetzen. Während nach damaliger herrschender Meinung[504] darüber hinaus zum Beispiel auch der aufgrund des Mangels entgangene Gewinn, die Kosten des Nutzungsausfalls während der Reparaturzeit, der aufrgund der fehlerhaften Leistung eingetretene Verzögerungsschaden sowie die Gutachterkosten zur Feststellung des Mangels als Mangelschaden verstanden wurden, ist die Abgrenzung zwischen einfachem Schadensersatz und Schadensersatz statt der Leistung nunmehr einfacher zu ziehen. Die ausdrücklichen Beschränkung auf den Ersatz des Leistungsinteresses und das Erfordernis der Möglichkeit zur Nacherfüllung stellen klar, dass von § 281 BGB nur solche Kosten erfasst werden, die aufzuwenden sind, um einen vereinbarungsgemäßen Leistungsgegenstand zu erhalten[505]. Dagegen sind über § 280 Abs. 1 BGB alle anderen Schäden – auch Vermögensschäden, die keine Verletzung des Integritätsinteresses darstellen, wie zum Beispiel der entgangene Gewinn oder die Kosten des Nutzungsausfalls – zu ersetzen[506].

Insbesondere bezüglich Nutzungsausfall- und Betriebsausfallschäden wird teilweise aber auch die Auffassung vertreten, dass diese von den übrigen Mangelfolgenschäden gesondert zu behandeln und als Verzugsschaden über § 280 Abs. 1, 2, 286 BGB abzuwickeln seien[507]. Denn da die Magelfreiheit einer Kaufsache zum Inhalt der Pflicht des Schuldners gehöre, läge in der Lieferung einer mangelhaften Sache gleichzeitig auch die Verzögerung der geschuldeten mangelfreien Leistung[508]. Außerdem dürfe der Schuldner, der nicht leiste und erst ab Verzugseintritt schadensersatzpflichtig sei, nicht besser gestellt werden als derjenige, der immerhin eine mangelhafte Leistung erbringe[509]. Damit würde jedoch der Ersatz dieser Schäden im Gegensatz zu den sonstigen Mangelfolgeschäden an höhere Voraussetzungen geknüpft, da Nutzungsausfall- und Betriebsausfallschäden immer erst ab dem Zeitpunkt einer erfolgten Mahnung ersatzfähig würden, es sei denn man wollte die Mahnung gemäß § 286 Abs. 2 Nr. 4 BGB für entbehrlich halten[510]. Überdies beruht der Ausfall und damit auch der Schaden

---

503 So auch Canaris, in Karlsruher Forum 2002, 5 (32 ff), der § 281 BGB „dann und nur dann“ für einschlägig hält, „wenn an die Stelle des Primäranspruchs auf Leistung in Natur ein Geldbetrag *für die Leistung* [Hervorhebung im Original] treten soll, während bei jeder *anderen* [Hervorhebung im Original] Art des Schadensersatzs allein § 280 Abs. 1 BGB heranzuziehen ist“. Erman/Grunewald, § 437 Rn 13 ff; Dauner-Lieb/Arnold/Dötsch/Kitz, Fälle zum Neuen SchuldR, 151; Peter Huber, in Huber/Faust, Schuldrechtsmodernisierung, Kap. 13 Rn 105; Fikentscher/Heinemann, Schuldrecht, Rn 505.

504 BGHZ 77, 215 (218); BGH NJW 1978, 2241 (2242); Soergel/Huber, Anh. § 463 Rn 28.

505 Grunewald, in Das neue Schuldrecht in der Praxis, 313 (318); Erman/Grunewald, § 437 Rn 13 ff; weitergehend für den Ersatz auch des entgangenen Gewinns sowie des Nutzungsausfallschadens Peter Huber, in Huber/Faust, Schuldrechtsmodernisierung, Kap. 13 Rn 105.

506 BGH NJW 2009, 2674 (2675); Grunewald, in Das neue Schuldrecht in der Praxis, 313 (318); Fikentscher/Heinemann, Schuldrecht, Rn 506.

507 AnwKomm Schuldrecht/Dauner-Lieb, § 280 Rn 35, 48; Faust in Huber/Faust, Schuldrechtsmodernisierung, Kap. 3 Rn 223.

508 AnwKomm Schuldrecht/Dauner-Lieb, § 280 Rn 43.

509 AnwKomm Schuldrecht/Dauner-Lieb, § 280 Rn 43.

510 Dauner-Lieb/Dötsch, DB 2001, 2535 (2537 Fn 44).

nicht auf einer Verzögerung, sondern auf der mangelhaften Leistung des Schuldners[511]. Die Lieferung einer mit einem Sachmangel behafteten Sache stellt eine Pflichtverletzung des Verkäufers im Sinne des § 280 Abs. 1 BGB dar. Deswegen hat sich der Gesetzgeber klar für eine Abwicklung der Ausfallschäden über § 280 Abs. 1 BGB entschieden. Erst wenn ein weitergehender Schaden dadurch entsteht, dass sich die Nacherfüllung in Form der Reparatur der fehlerhaften Maschine verzögert, kommen §§ 280 Abs. 1, 2, 286 BGB zum Zug[512]. Außerdem ist gerade für den relevanten Bereich des Kaufrechts eine Anwendung der Verzugsregeln für einen Ersatz mangelbedingter Schäden nicht möglich, da die Verweisnorm des § 437 Nr. 3 BGB eben nicht auf § 286 BGB Bezug nimmt. Im Übrigen stellt sich die Interessenlage im Falle einer Säumnis des Schuldners im Gegensatz zu der Erbingung einer mangelhaften Leistung unterschiedlich dar. Während es für den Fall einer nicht festgelegten Leistungszeit der zusätzlichen Voraussetzungen des Verzuges bedarf, weil erst dann geliefert werden muss, wenn der Gläubiger dies verlangt, § 271 Abs. 1 BGB, bedarf es bezüglich der Pflicht zur mangelfreien Leistung keiner entsprechenden Konkretisierung – die Mangelfreiheit der Sache ist von vorneherein geschuldet. Dem Gläubiger, dem eine Leistung gar nicht erbracht wurde, ist es zuzumuten, den Verkäufer durch Mahnung in Verzug zu setzen, weil er die Tatsache der Nichtlieferung leicht feststellen kann. Im Fall einer mangelhaften Leistung ist das gerade nicht der Fall. Diesen Überlegungen folgt auch der BGH, der in einer Entscheidung aus dem Jahr 2009 klarstellt, dass ein mangelbedingter Nutzungsausfallschaden eines am Kaufvertrag festhaltenden Käufers gemäß §§ 437 Nr. 3, 280 Abs. 1 BGB ersatzfähig ist[513].

Im Falle bereits verlangtem Schadensersatzes statt der Leistung scheint es aus pragmatischen Gründen aber sinnvoll die zuvor nach Rechtsgrundlagen der § 280 Abs. 1 und § 281 BGB aufgeteilten Schadensposten nunmehr vollständig über § 281 BGB zu verlangen. Ließe man den einfachen Schadensersatzanspruch nach einem Überwechseln zum Schadensersatz nach § 281 BGB als selbständigen Anspruch bestehen, so käme man nicht mehr zu einem Schadensersatz neben der Leistung, sondern zu einem „Schadensersatz neben dem Schadensersatz“[514]. In dieser besonderen Situation scheint es deswegen zweckmäßig, den einfachen Schadensersatzanspruch im Schadensersatzanspruch statt der Leistung aufgehen zu lassen, selbst soweit ersterer früher als letzterer entstanden ist[515]. Allerdings ist bei dieser Vereinfachung zu beachten, dass im Falle eines kaufrechtlichen Schuldverhältnisses der Anspruch auf einfachen Schadensersatz der Anspruchsgrundlage des § 281 BGB nur zugeschlagen werden kann, wenn man bezüglich beider Schadensersatzansprüche ihre Anwendbarkeit über die Verweisung des § 437 Nr. 3 BGB annimmt. Geht man hingegen von einer direkten Anwendbarkeit des § 280 Abs. 1 BGB bezüglich der durch den Mangel der Kaufsache ausgelösten Schäden aus, würde eine Anwendung des § 281 BGB im Rahmen des kaufrechtlichen Gewährleistungsrechts den Gläubiger im Hinblick auf die Verjährung schlechter stellen (3 Jahre ab Ende des Jahres, in dem erstmals sowohl der Anspruch bereits entstanden ist als auch der Gläubiger Kenntnis oder grob fahrlässig Unkenntnis von Anspruchsgrund und Schuldner hat, §§ 195, 199 Abs. 1 BGB, bei direkter Anwendung des § 280 Abs. 1 BGB, gegenüber 2 Jahren ab Ablieferung der gekauften Sache, § 438 Abs. 1 Nr. 3, Abs. 2 BGB, bei Anwendung über die Verweisung des § 437 Nr. 3 BGB). Eine dogmatische Begründung weswegen das bloße Geltendmachen eines Anspruchs auf Schadensersatz statt der Leistung einen

511 Peter Huber, in Huber/Faust, Schuldrechtsmodernisierung, Kap. 13 Rn 109.
512 BT-Drucks. 14/6040, 225.
513 BGH NJW 2009, 2674 (2675).
514 Mankowski, JuS 2006, 481 (487).
515 Stephan Lorenz, NJW 2002, 2497 (2504).

einfachen Schadensersatzanspruch konsumiere, ist jedoch nicht ersichtlich. Vielmehr spricht die Gesetzesdogmatik für ein Nebeneinander beider Ansprüche[516].

Das Instrument eines zentralen Pflichtverletzungstatbestandes besteht im französischen Recht mit der „inexécution“ bereits seit knapp zwei Jahrhunderten (s. Kapitel D.II.1.a).(1)). Es stellt sich allerdings die Frage, ob es sich bei dem Tatbestandsmerkmal der „Pflichtverletzung“ gegenüber der „inexécution“ – „Nichterfüllung“ – im französischen Recht lediglich um eine unterschiedliche Terminologie handelt oder ob sich dahinter auch inhaltliche Unterschiede verbergen.

In der Begründung zum Entwurf des Schuldrechtsmodernisierungsgesetzes wird die gesetzliche Formulierung der Verletzung einer „Pflicht aus dem Schuldverhältnis“ mit der ebenfalls diskutierten Bezeichnung „Nichterfüllung“ sachlich gleichgesetzt. Da die Schuldrechtskommission wegen der bestehenden Besetzung des Begriffs der Nichterfüllung im BGB als ganzes oder teilweises Ausbleiben der Leistung Missverständnisse und Anwendungsirrtümer befürchtete und außerdem die Verletzung nicht leistungsbezogener Schutzpflichten schlecht unter den Begriff der Nichterfüllung hätte gefasst werden können, entschied sie sich für die Verwendung des Terminus der Pflichtverletzung[517]. Gemeint sind damit alle Fälle, in denen der Schuldner hinter dem Pflichtenprogramm des Schuldverhältnisses zurückbleibt, gleichgültig ob das Defizit qualitativer, zeitlicher oder quantitativer Natur ist[518], überhaupt einen Leistungsbezug aufweist oder vom Schuldner zu vertreten ist. So handele es sich bei der „Pflichtverletzung“ im Sinne des § 280 Abs. 1 BGB um einen rein objektiven Tatbestand[519]. Die Gründe der „Pflichtverletzung“ seien ohne Bedeutung, relevant sei „allein der Umstand, dass der Schuldner seine Verpflichtung aus dem Schuldverhältnis nicht erfüllt“[520].

Die Bezeichnung jeglicher Verfehlung des Schuldners als „Pflichtverletzung“ ist in der deutschen Literatur vielfach auf Kritik gestoßen. Hauptargument ist das widersprüchliche Verhältnis von § 280 Abs. 1 und § 275 Abs. 1 BGB[521]. So bleibt ein Schuldner im Falle der Unmöglichkeit der Leistung hinter seiner Pflicht zur Lei-

---

516 Canaris, in Karlsruher Forum 2002, 5 (36, 41).

517 BT-Drucks. 14/6040, 133f.: „Hierin liegt kein Unterschied in der Sache, sondern ein Unterschied in der Terminologie.“.

518 BT-Drucks. 14/6040, 134.

519 BT-Drucks. 14/6040, 134; so bereits schon die allg. Begründung des Diskussionsentwurf eines Schuldrechtsmodernisierungsgesetzes (2000), 199.

520 Allg. Begründung des Diskussionsentwurf eines Schuldrechtsmodernisierungsgesetzes (2000), 199, 311.

521 Dauner-Lieb/Arnold/Dötsch/Kitz, Anmerkungen und Fragen zur konsolidierten Fassung des Diskussionsentwurfs eines Schuldrechtsmodernisierungsgesetzes, 29f.; Schapp, JZ 2001, 583 (585 ff); Ulrich Huber, Leistungsstörungen, I, § 1 I 3; ders., ZIP 2000, 2273 (2276); ders., in Zivilrechtswissenschaft und Schuldrechtsreform, 31 (78f.); Canaris, in Die Schuldrechtsreform, 43 (59f. u. Fn 63), der deswegen zumindest für Fälle einer anfänglichen Unmöglichkeit oder einer auf Zufall beruhenden nachträglichen Unmöglichkeit nicht von einer Pflichtverletzung, sondern einer Nichterfüllung sprechen möchte; Schur, Leistung und Sorgfalt, § 3 III 4.

stungserbringung zurück und begeht damit eine Pflichtverletzung, obwohl er ja gar nicht anders kann und über § 275 BGB auch von der Leistungspflicht befreit wird. Denn sowohl die anfängliche als auch die nachträgliche Unmöglichkeit sind Fälle des Tatbestandsmerkmals der Pflichtverletzung im Sinne des § 280 Abs. 1 BGB[522]. Außerdem wird moniert, dass der Begriff der „Pflichtverletzung" bereits ein subjektives Fehlverhalten des Schuldners impliziere[523]. Bei Leistungspflichten liegt die Rechtswidrigkeit jedoch nicht allein in der Nichterfüllung der Leistungspflicht. Damit die Nichterfüllung den Charakter der Rechtswidrigkeit erfüllt, bedarf es einer besonderen Qualifizierung, die zum Beispiel darin liegen kann, dass die Herbeiführung der Unmöglichkeit durch den Schuldner selbst erfolgte oder dass der Schuldner trotz Mahnung nicht leistet. Anders als bei den Schutzpflichten ist die Verletzung einer Leistungspflicht durch Nichtleistung nicht per se rechtswidrig[524]. Das Verschulden des Schuldners muss erst als weiteres Tatbestandsmerkmal festgestellt werden, beziehungsweise im Zuge der Vermutungswirkung des § 280 Abs. 1 S. 2 BGB als gegeben vorausgesetzt werden. Dadurch dass das Gesetz jedes objektive Defizit des Schuldners als Pflichtverletzung bezeichnet, entfernt es sich von dem allgemeinen Verständnis des Begriffs, in dem ein vorwerfbares Fehlverhalten des Schuldners mitschwingt.

Den Kritikpunkten ist gemein, dass sich ihre Argumentation auf ein Verständnis der Begrifflichkeiten stützt, welches dem Stand und der Verwendung im BGB der alten Fassung entspricht. Dagegen geht aus den Äußerungen des Gesetzgebers deutlich hervor, dass er sich bei der Wahl des Begriffs „Pflichtverletzung" als Anknüpfungspunkt eines allgemeinen Schadensersatzanspruchs nicht von dessen allgemein üblicher Bedeutung hat leiten lassen, sondern einen Ersatz für den im alten Schuldrecht verwendeten Terminus der Nichterfüllung gesucht hat, der seinerseits bewusst nicht übernommen werden sollte.

Vielmehr sollte man sich stattdessen an den neuen gesetzlichen Vorgaben zum Tatbestand der „Pflichtverletzung" orientieren, um ein Verständnis für den Inhalt dieses Begriffs zu erlangen[525]. So erkennt *Ernst* die Notwendigkeit eines Neuanfangs bei Auslegung und Verständnis vermeintlich bekannter Begriffe. Klar sei zumindest, dass der Gesetzgeber mit der Konzeption der „Pflichtverletzung" sämtliche schuldnerseitigen Störungstatbestände in einer einheitlichen Norm erfasst wissen will. Damit bestünden für die Anwendung des Gesetzes keine Probleme[526].

---

522 Allg. Begründung des Diskussionsentwurf eines Schuldrechtsmodernisierungsgesetzes (2000), 200, 311.

523 Fikentscher/Heinemann, Schuldrecht, Rn 357 ff. Stattdessen plädierte *Fikentscher* für einen die nichtleistungsbezogenen Schutzpflichten umfassenden Leistungbegriff, und hätte es deswegen für sinnvoll erachtet, am Begriff der „Leistungsstörung" festzuhalten, Rn 37 Fn 6. So noch in der allein veröffentlichten 9. Aufl. (1997), Rn 31. S. auch Schur, Leistung und Sorgfalt, § 3 III 2.

524 Schapp, JZ 2001, 583 (585); ders. JZ 1993, 637 (639); so auch Schur, Leistung und Sorgfalt, § 3 III 1.

525 Stephan Lorenz, in Karlsruher Forum 2005, 5 (11 ff).

526 MüKo/Ernst, § 275 Rn 4, § 280 Rn 9f.

Ausgehend von der Anlage des BGB in seiner neuen Fassung erschließt *Ernst* den Begriff der Pflichtverletzung inhaltlich, in dem er zwischen der Verletzung von Leistungspflichten und der Verletzung von Schutzpflichten unterscheidet[527]. Im ersten Fall sei eine Pflichtverletzung bereits dann gegeben, wenn gemessen am positiven Leistungsinteresse ein Defizit eingetreten sei. Allein in der objektiven Störung des Leistungsinteresses des Gläubigers – unabhängig davon, ob sie dem Schuldner überhaupt zuzurechnen ist, liege eine Pflichtverletzung im Sinne des § 280 Abs. 1 S. 1 BGB. Eine Entfernung vom alltäglichen Verständnis des Begriffs durch die Bezeichnung auch objektiver Umstände als Pflichtverletzung räumt *Ernst* durchaus ein: „Die „Verletzung" enthält aber nicht das Urteil, es sei einer Verhaltenspflicht zuwider gehandelt worden, sondern lediglich die Feststellung, dass der Gläubiger das, was er dem Schuldverhältnis zufolge als Leistung erhalten soll, nicht erhalten hat." Die Gründe, die zu der Unmöglichkeit der Leistung geführt haben, werden erst auf der Ebene des Vertretenmüssens relevant. Diese Eigentümlichkeit des gesetzlichen Sprachgebrauchs sei hinzunehmen[528]. Dabei lässt *Ernst* allerdings außer Acht, dass auch im Rahmen einer Leistungspflicht allein sorgfältiges Handeln geschuldet sein kann. In diesen Fällen muss richtigerweise auch im Bezug auf die Leistungspflicht von einem handlungsbezogenen Begriff der Pflichtverletzung ausgegangen werden[529]. *Ernst* setzt hingegen die Verletzung des Leistungsinteresses mit dem Nichteintritt eines Leistungserfolges gleich.

Handelt es sich dagegen um den Fall der Verletzung einer Schutzpflicht, so bedeute nicht schon die bloße Beeinträchtigung des Integritätsinteresses des Gläubigers eine Pflichtverletzung. Stattdessen sei die weitergehende Feststellung nötig, dass die Beeinträchtigung auf einem Fehler bei der Abwicklung des Schuldverhältnisses beruht. Die Beeinträchtigung müsse sich aus dem Verstoß gegen eine sich aus dem Schuldverhältnis ergebende Schutzpflicht darstellen. Die Existenz einer solchen Pflicht muss jedoch für den konkreten Fall erst einmal festgestellt und außerdem ihr Umfang bestimmt werden. Bestandteil einer Pflichtverletzung im Bezug auf das Schutzinteresse ist somit nicht nur die bloße Störung des Integritätsinteresses des Gläubigers, sondern notwendigerweise die Existenz einer Schutzpflicht zu Lasten des Schuldners und die Kausalität der Verletzung eben dieser Pflicht für die Beeinträchtigung des Gläubigers. Wie bereits im Kapitel B.II.1.c).(3) dargestellt, erkennt auch *Ernst*, dass mit der Feststellung der „objektiven" Schutzpflichtverletzung gleichzeitig auch der Nachweis eines fahrlässigen Verhaltens des Schuldners vorliegt. Die Schutzpflichtverletzung und ihre Kausalität für die Verletzung des Gläubigerinteresses einmal belegt, bleibt also kaum noch Raum für eine Widerlegung des Vertretenmüssens durch den Schuldner[530].

527 MüKo/Ernst, § 280 Rn 11 ff. So auch Stephan Lorenz, in Karlsruher Forum 2005, 5 (37 ff); Looschelders, Schuldrecht AT, Rn 560 ff; Schur, Leistung und Sorgfalt, § 3 III 3.

528 MüKo/Ernst, § 280 Rn 12; im Ergebnis auch Faust, in Huber/Faust, Schuldrechtsmodernisierung, Kap. 3 Rn 118 ff.

529 Looschelders, Schuldrecht AT, Rn 562.

530 MüKo/Ernst, § 280 Rn 13 ff, 139 ff: einzig der Nachweis eines Rechtsirrtums oder mangelnder Zurechnunsfähigkeit könne eine Exkulpation bewirken. Looschelders, Schuldrecht AT, Rn 562 und Lorenz/Riehm, Lehrbuch zum neuen SchuldR, Rn 176, sind hingegen der Auffassung, dass

Seine Differenzierung richtet *Ernst* folglich an dem Interesse aus, welchem die verletzte Pflicht dienen sollte. Dementsprechend seien Leistungspflichten stets erfolgsgebunden und Schutzpflichten immer verhaltensgebunden zu beurteilen. Die sich ergebende Ungleichbehandlung von Leistungs- und Schutzpflichten werde zwar durch das Gesetz in Kauf genommen, aber dadurch ausgeglichen, dass auch im Rahmen von Leistungspflichtverletzungen der Schuldner die Pflichtverletzung zu vertreten haben müsse. Das heißt, auch bei Verstößen gegen das Leistungsinteresse müsse geprüft werden, ob der Schuldner so gehandelt hat, wie es nach dem Schuldverhältnis von ihm zu erwarten war[531]. Dabei lässt *Ernst* jedoch außer Acht, dass bei Leistungspflichten keine wirkliche Auseinandersetzung mit dieser Frage stattfindet, da sowohl Kausalität als auch das Vertretenmüssen des Schuldners vermutet werden. Das Problem hinter der Beweislastumkehr erkennt zwar auch *Ernst*, geht darauf jedoch nur im Zusammenhang mit der Hypothese eines durchgängig verhaltensbezogenen Verständnisses der Pflichtverletzung (die Pflichtverletzung besteht bei der Leistungspflicht in der Schaffung eines Leistungshindernisses durch den Schuldner) ein. Gegen eine solche Auffassung argumentiert er gerade mit der wesentlichen Verschiebung der Beweislast, welche sich im Vergleich zu §§ 282, 285 BGB a.F. für die Leistungspflichten ergeben würde[532]. Eine Angleichung der Handhabung von Schutz- und Leistungspflichten in die andere Richtung – eine Entdeckung erfolgsbezogener Schutzpflichten statt ihrer ausschließlich verhaltensgebundenen Konzeption – thematisiert *Ernst* dagegen nur kurz. So erkennt er an, dass auch Schutzpflichten ein „Erfolgsmoment" innewohnen kann, weswegen es in diesen Fällen angebracht sei, auf die Prüfung einer Pflichtwidrigkeit im Sinne des § 280 Abs. 1 S. 1 BGB zu verzichten oder zumindest die Anforderungen an den Nachweis der Pflichtwidrigkeit zu senken[533]. Im Gegenzug ist genauso festzustellen, dass Pflichtverletzungen innerhalb von Leistungspflichten nicht ausschließlich erfolgsbezogen zu verstehen sind, sondern Leistungspflichten genauso lediglich auf eine sorgfältige Tätigkeit ausgelegt sein können[534].

---

angesichts des im Zivilrecht geltenden objektivierten Fahrlässigkeitsmaßstabs, an dem sich die erforderliche Sorgfalt orientiert, dem Schuldner auf Ebene des Vertretenmüssens der Nachweis bleibt, dass die Verletzung der Sorgfaltspflicht für ihn nicht erkennbar und nicht vermeidbar war. Dabei geht es aber nicht um das tatsächliche Vermeiden- und Erkennen-Können, sondern um die Ergreifung von Maßnahmen, die für eine Kenntniserlangung und Vermeidung notwendig sind. Für die Anforderungen, die an diese Maßnahmen zu stellen seien, greift *Looschelders* wieder auf den objektivierten Fahrlässigkeitsmaßstab zurück und dreht sich insofern mit seiner Argumentation im Kreis (s. Kapitel D.I.1.a).(2)), Looschelders, Schuldrecht AT, Rn 515f.

531 MüKo/Ernst, § 280 Rn 17.

532 So auch Nomos Komm. BGB/Dauner-Lieb, § 280 Rn 31 ; Faust in Huber/Faust, Schuldrechtsmodernisierung, Kap. 3 Rn 121; Looschelders, Schuldrecht AT, Rn 560 ff.

533 MüKo/Ernst, § 280 Rn 139; wohl auch Grigoleit, in FS Canaris (2007), 275 (286); Koziol, in FS Canaris (2007), 631 (632); s. auch Kapitel B.II.1.c).(3).(b); a.A. Nomos Komm. BGB/Dauner-Lieb, § 280 Rn 30; Lorenz/Riehm, Lehrbuch zum neuen SchuldR, Rn 182f.; Stephan Lorenz, NJW 2005, 1889 (1890).

534 Nomos Komm. BGB/Dauner-Lieb, § 280 Rn 30; Lorenz/Riehm, Lehrbuch zum neuen SchuldR, Rn 182f.; Stephan Lorenz, NJW 2005, 1889 (1890); Looschelders, Schuldrecht AT, Rn 562; Grigoleit, in FS Canaris (2007), 275 (277).

Abschließend ist somit festzuhalten, dass das Verständnis der Pflichtverletzung und damit einhergehend die Abgrenzung zum Tatbestandsmerkmal des Vertretenmüssens nicht nach dem beeinträchtigten Gläubigerinteresse, sondern vielmehr nach der Erfolgs- oder Verhaltensbezogenheit der verletzten Pflicht zu beurteilen ist.

Unabhängig von den Unstimmigkeiten der deutsche Doktrin über die mögliche Ausgestaltung der Pflichtverletzung innerhalb der beiden Pflichtentypen ist jedenfalls vom Gesetzgeber gewollt und in der Literatur unbestritten, dass es sich bei dem Tatbestandsmerkmal der „Pflichtverletzung" des § 280 Abs. 1 BGB inhaltlich um die faktische Nichterfüllung jedweder den Schuldner treffenden Pflichten handelt[535]. Damit bildet die Pflichtverletzung die gleiche Voraussetzung wie die „inexécution" des französischen Vertragshaftungsrechts, bei der es sich ebenfalls um das tatsächliche Zurückbleiben des Schuldners hinter seiner vertraglichen Pflicht handelt[536] – sei es durch Verzug, Schlechtleistung, endgültiges Ausbleiben der Leistung oder auch die Verletzung der nicht leistungsbezogenen „obligation de sécurité". Die Bestimmung der Voraussetzungen für eine Pflichtverletzung in Abhängigkeit von der Erfolgs- oder Verhaltensgebundenheit der zu Grunde liegenden Pflicht entspricht der in Frankreich vorgenommenen Unterscheidung zwischen den erfolgsbezogenen „obligations de résultat" und den verhaltensbezogenen „obligations de moyens"[537]. Unterschiede bestehen allerdings im Hinblick auf die Rechtsfolgen einer Pflichtverletzung beziehungsweise „inexécution": In Deutschland wird der neue Generaltatbestand der Pflichtverletzung auf der sekundären Ebene mit einem allgemeinen, neben dem Erfüllungsanspruch bestehenden Schadensersatzanspruch gemäß § 280 Abs. 1 BGB gekoppelt. Darüber hinaus wird auf der Rechtsfolgenseite des deutschen Schuldrechts nach Art und Ausmaß der Pflichtverletzung differenziert und es werden zusätzliche Haftungsvoraussetzungen für die über den einfachen Schadensersatz hinausgehenden

535 Nomos Komm. BGB/Dauner-Lieb, § 280 Rn 31 ; Faust in Huber/Faust, Schuldrechtsmodernisierung, Kap. 3 Rn 121.

536 Constantinesco, Inexécution et Faute contractuelle, n$^{os}$ 11, 13: „Inexéction veut dire toute atteinte ou exécution non conforme du contrat; tout non-accomplissement ou violation d'une obligation contractuelle qu'on s'était engagé à effectuer. [...] L'inexécution est tout écart entre l'obligation promise et l'obligation effectuée."; s. auch Kapitel D.II.1.a).(1). Allerdings sind in Frankreich Verträge, die eine anfänglich objektiv unmögliche Leistung verlangen, nichtig, „à l'impossible nul n'est tenu" (s. auch die Wertung des art. 1601 CCiv.). Die „inexécution" erfasst also nur Fälle der subjektiven oder der nachträglich objektiven Unmöglichkeit. Verstöße gegen die gemäß art. 1135 CCiv. zu den Vertragspflichten zählende „obligation de sécurité" stellen ebenfalls eine „inexécution" dar.

537 S. Kapitel D.II.1.a).(1). Ebenso Looschelders, Schuldrecht AT, Rn 562. Daneben besteht innerhalb des deutschen Rechts eine Parallele zur Feststellung der Rechtwidrigkeit bei Verstößen gegen deliktische Verkehrspflichten. So ist im Falle eines unmittelbaren Zusammenhangs zwischen Handeln des Schädigers und Verletzungserfolg die Rechtswidrigkeit allein schon durch die Erfolgsverursachung indiziert. Anders muss, wenn das Unrecht nur im Verhalten des Schädigers zu suchen ist – in der Regel bei mittelbaren Verletzungen oder Verletzungen durch Unterlassen, erst das Bestehen einer entsprechenden Verkehrspflicht und eines Verstoßes nachgewiesen werden, Looschelders, Schuldrecht BT, Rn 1175f.

Rechtsfolgen erhoben. Insbesondere der Übergang von einer Erfüllung in Natur zu einem das positive Interesse umfassenden Schadensersatz ist an die speziellen Voraussetzungen der §§ 281 ff BGB gebunden (s. oben die Abgrenzung zwischen § 280 Abs. 1 und §§ 280 Abs. 1, 3, 281). Anders als im französischen Recht wird also durch die zusätzlichen Voraussetzungen der §§ 281, 282, 283 oder § 311a Abs. 2 BGB für einen Schadensersatz statt der Leistung der Grundsatz des Vorrangs einer Erfüllung der Primärleistung gewahrt. Da ein solches Primat der Leistung in Natur im Code Civil nicht angelegt ist, wird eine Unterscheidung zwischen Leistungspflichten zur Erfüllung des positiven Interesses und Pflichten zum Schutze des negativen Interesses dort überflüssig.

### (2) Vertretenmüssen

Anders als im französischen Recht beinhaltet das Kriterium des Vertretenmüssens im BGB keine besondere Problematik. *Constantinesco* beschreibt ein fast „tröstliches Gefühl von Sicherheit und Einfachkeit, welches den Rechtsvergleichenden nach der Beschäftigung mit dem französischen Recht erwartet“[538].

Das deutsche Schuldrecht beruht auf dem Verschuldensprinzip, gesetzlich manifestiert in § 276 Abs. 1 S. 1 BGB. Trotz seiner systematischen Stellung nach dem Tatbestand der Unmöglichkeit entschied bereits das Reichsgericht, dass sein Anwendungsbereich sich auf alle Arten der schuldrechtlichen Nichterfüllung bezieht[539].

Für den Bereich der Schutzpflichten wird regelmäßig fahrlässiges Verhalten relevant. Nach der Legaldefinition des § 276 Abs. 2 BGB liegt Fahrlässigkeit vor, wenn der Schuldner die im Verkehr erforderliche Sorgfalt außer Acht lässt. Bei der Haftung nach §§ 241 Abs. 2, 280 Abs. 1 BGB kommt es also für die Verwirklichung des Tatbestandsmerkmals des Vertretenmüssens darauf an, ob der Schuldner die Sorgfalt eingehalten hat, die im Verkehr als erforderlich anzusehen ist, um Verletzungen der Interessen, Rechte und Rechtsgüter des Gegenübers zu vermeiden. Dafür gilt nach herrschender Meinung[540] im Zivilrecht ein objektivierter Maßstab: Das Maß der erforderlichen Sorgfalt orientiert sich an den Fähigkeiten eines durchschnittlichen Angehörigen des betreffenden Verkehrskreises. Etwaige individuelle Defizite des konkreten Schuldners bleiben also unberücksichtigt. Diese objektive Betrachtung ist im Gegensatz zum Strafrecht[541] notwendig, weil der Rechtsverkehr sich darauf verlassen können

---

538 Constantinesco, Inexécution et Faute contractuelle, n° 137.

539 RGZ 59, 221 (222); RGZ 106, 22 (25).

540 S. nur BGHZ 24, 21 (27); BGH NJW 1994, 2232 (2233); Looschelders, Schuldrecht AT, Rn 516 Fn 112 mwN.

541 H.M., s. nur Schönke, Schröder/Cramer, Sternberg-Lieben, StGB Komm., § 15 Rn 133; Fischer, StGB Komm., § 15 Rn 17f.; Jescheck/Weigend, Lehrbuch des Strafrechts, AT, § 54 I 3: „Die Fahrlässigkeit bestimmt sich nach einem *doppelten Maßstab*. Geprüft wird einmal , welches Verhalten im Hinblick auf die Vermeidung von ungewollten Rechtsgutsverletzungen in einer bestimmten Gefahrenlage *objektiv* gefordert ist, zum anderen, ob dieses Verhalten vom Täter

muss, dass der Schuldner über die zur Erfüllung seiner Pflichten erforderlichen Kenntnisse und Fähigkeiten verfügt.

Streitig ist allerdings, ob zusätzlich zu dem objektivierten Sorgfaltsverstoß noch eine subjektive Sorgfaltswidrigkeit treten muss, um eine Haftung zu begründen. Teilweise wird die Verletzung eines äußeren, objektiven Sorgfaltsstandards nur als Grundlage für die Feststellung der Rechtswidrigkeit herangezogen, während zum Schuldvorwurf auch eine subjektive Vorwerfbarkeit gehören soll.

Dementsprechend wird teilweise gefordert, dass die drohende Verwirklichung des haftungsbegründenden Tatbestands für den Schuldner individuell erkennbar und vermeidbar gewesen sein muss. So solle bei einer Schutzpflichtverletzung zunächst positiv festgestellt werden, dass eine solche durch das außer Acht Lassen der erforderlichen Sorgfalt überhaupt vorliegt, um dann hinsichtlich des Verschuldens zu prüfen, ob der Schuldner die Pflichtverletzung hätte vorhersehen und vermeiden können[542]. Eine Unterscheidung zwischen äußerer und innerer Fahrlässigkeit macht aber nur dann Sinn, wenn an die innere Sorgfalt nicht die gleichen Anforderungen gestellt werden, wie an die äußere Sorgfalt. Wird folglich die auf Verschuldensebene erwartete innere Sorgfalt an den individuellen Möglichkeiten des Schuldners ausgerichtet, könnte sich dieser mit dem Argument seiner Unfähigkeit entlasten – ein Ausweg, der durch die Festlegung auf einen objektivierten Sorgfaltsstandard ja gerade abgeschnitten werden soll. Die für die subjektive Fahrlässigkeitsebene eingebrachten Kriterien der Erkennbarkeit und Vermeidbarkeit müssten sich somit ebenfalls an dem objektivierten Fahrlässigkeitsmaßstab orientieren. Das heißt, es wäre die Frage zu stellen, welche Vorkehrungen der Schuldner treffen musste, um Kenntniserlangung und Vermeidung sicherzustellen[543]. So landet man doch letztlich wieder im Bereich des sorgfältigen Handelns des Schuldners und damit im objektiven Haftungstatbestand. Im Ergebnis ist also festzuhalten, dass es sich nicht lohnt, im Zivilrecht eine eigene dogmatische Kategorie der inneren, subjektiven Fahrlässigkeit zu entwickeln. Ein Verstoß gegen den objektivierten Sorgfaltsstandard reicht aus, um eine Haftung zu begründen[544].

Trotz des Grundsatzes, dass eine Haftung nur für Schäden eintritt, die auf vom Schuldner zu vertretenden Ursachen beruhen, lässt das deutsche Recht Ausnahmen von der Verschuldenshaftung zu. Bereits die Vorschrift des § 276 Abs. 1 S. 1 2. HS BGB selbst beinhaltet die Einschränkung, dass das Verschuldensprinzip nur gilt, wenn keine strengere oder mildere Haftung Anwendung findet. Von der Möglichkeit, die Haftung abzumildern oder zu verschärfen, hat der deutsche Gesetzgeber auch bewusst Gebrauch gemacht. So wurde beispielsweise das alte Reichshaftpflichtgesetz[545] auch nach Inkrafttreten des BGB beibehalten und statuiert in der heute geltenden Fassung als Haftpflichtgesetz[546] in § 1 Abs. 2, dass die Ersatzpflicht des Betreibers einer Schienen- oder Schwebebahn für eine bei Betrieb der Bahn verursachte Körperverletzung

---

nach seinen *individuellen* Eigenschaften und Fähigkeiten auch persönlich verlangt werden kann [Hervorhebungen im Original].".

542 BT-Drucks. 14/6040, 135f.; Looschelders, Schuldrecht AT, Rn 561; Lorenz/Riehm, Lehrbuch zum neuen SchuldR, Rn 173, 182; Schur, Leistung und Sorgfalt, § 4 III 3 b) cc).

543 So auch Looschelders, Schuldrecht AT, Rn 515f.

544 Schlechtriem/Schmidt-Kessel, Schuldrecht AT, Rn 565.

545 RGBl. 1871, 207, vom 7. Juni 1871, bekannt gemacht am 14. Juni 1871.

546 BGBl. I, 145, in Kraft getreten am 1. Januar 1978.

oder Sachbeschädigung nur ausgeschlossen ist, wenn der Unfall durch höhere Gewalt verusacht wurde. Die gleiche Haftungsregel findet sich zum Beispiel in § 7 Abs. 2 StVG. Der deutsche Gesetzgeber hat sich somit nicht gescheut, Ausnahmen vom Prinzip der Verschuldenshaftung anzunehmen und für besonders gefahrenträchtige Tätigkeiten wie die Personenbeförderung eine verschuldensunabhängige Gefährdungshaftung einzuführen. De facto gilt damit im deutschen Recht in den Fällen der Gefährdungshaftung der gleiche Haftungsumfang wie im französischen Recht für den Schuldner einer „obligation de sécurité de résultat". Allerdings wird in Deutschland ohne Probleme diese objektive, verschuldensunabhängige Haftung auch beim Namen genannt, während in Frankreich Rechtsprechung und Doktrin Begründungsansätze konstruieren, um im Rahmen des art. 1147 CCiv. von einer „responsabilité pour faute" zu sprechen (s. Kapitel D.II.1.a).(2).(b).(ii)).

### (3) Schaden und Kausalität

Der Schaden, für den ein Ersatz geltend gemacht wird, muss adäquat kausal auf der Pflichtverletzung beruhen, damit ein Ersatzanspruch gemäß § 280 Abs. 1 BGB entsteht. Ein wesentlicher Unterschied zum französischen Recht liegt in dem dort statuierten Erfordernis eines inneren rechtlichen Zusammenhangs zwischen dem schadensbegründenden Ereignis und einer vertraglichen Leistungspflicht: Ein Schaden, der lediglich bei der Gelegenheit der Vertragserfüllung verursacht wird, engagiert nicht die vertragliche Haftung des Schuldners. In Frankreich muss es sich für eine Haftung aus der „obligation de sécurité" bei dem Schaden nicht nur um die direkte Folge einer „inexécution" handeln, sondern der Schaden muss darüber hinaus die Realisierung eines typischen, der vertraglichen Leistung innewohnenden Risikos darstellen. In Deutschland wurde dagegen im Zuge der Schuldrechtsreform das Schuldverhältnis im weiteren Sinn als zentrale Einheit herangezogen, so dass nun mehr jeder Verstoß gegen das Schuldverhältnis im weiteren Sinn zu einem Schadensersatzanspruch führt. Durch das Bestreben, die zuvor richterrechtlich geregelten Nebenpflichten ins Gesetz zu integrieren, wurden im Schuldrecht mit der Zweiteilung des § 241 BGB und der Einführung des Einheitstatbestandes des § 280 BGB die Schutzpflichten gleichberechtigt neben die Leistungspflichten gestellt. Zwar entspringen auch die Schutzpflichten dem Leistungsverhältnis von Schuldner und Gläubiger sowie den das Leistungsverhältnis begleitenden Umständen, eben dem Schuldverhältnis im weiteren Sinn (s. Kapitel C.I.1.a)). In Frankreich wird die „obligation de sécurité" dagegen als eine vom Inhalt der Leistungspflicht abhängige „obligation accessoire" angesehen. Die vertragliche Hauptleistungspflicht bestimmt ihre Existenz, ihr Ausmaß und ihre Handhabung[547]. Einen erweiterten Pflichtenrahmen im Sinne des deutschen Schuldverhältnisses im weiteren Sinn, der Entstehung und Ausgestaltung eigenständiger Pflichten beeinflusst, gibt es im französischen Recht nicht. Eine weitere Begründung für das Erfordernis besonderer Leistungsnähe des Schadensfalls im französischen Recht liefert

547 Le Tourneau/Leroy, Jur. Cl. civ., art. 1136-1145: fasc. 30 (2002), n$^{os}$ 9, 14: „C'est en quelque sorte l'obligation principale qui devrait déterminer son existence, son étendue comme son régime."; s. auch Kapitel B.IV.

der unterschiedliche Grund für eine Haftung in beiden Rechtssystemen. So stellt im deutschen Recht die Haftung für Schutzpflichtverletzungen das Gegenstück für eine zuvor beim Partner des Schuldverhältnisses generierte Erwartungshaltung dar. Eine schützenswerte Erwartung und schützenswertes Vertrauen entsteht dabei auch über das Leistungsverhältnis hinaus. Da im französischen Recht das Bestehen einer „obligation de sécurité" jedoch abstrakt-allgemein für bestimmte Verträge angenommen wird, wird hierfür an typische Vertrauenstatbestände hinsichtlich typischerweise bestehender Gefahrenlagen angeknüpft. Das Vorliegen einer Vertrauenshaltung des Gläubigers im konkreten Fall spielt hingegen keine Rolle. Vielmehr ist zu belegen, dass der Schadensfall aufgrund der vertragstypischen Gefahr und damit unter Verletzung des gläubigertypischen Vertrauens eingetreten ist.

### b) Haftungsmodifikationen

Bezüglich möglicher Veränderungen des Haftungsmaßstabes bei Schutzpflichten ist zu unterscheiden zwischen Haftungserleichterungen, die von den Parteien gezielt vereinbart wurden, und solchen, die per Gesetz für manche Vertragsverhältnisse vorgesehen sind.

#### (1) Direkte individulavertragliche Haftungsmodifikation

Individualvertragliche Abweichungen von der generellen Verschuldenshaftung des § 276 Abs. 1 S. 1 BGB sind in Deutschland – bis zur Grenze der Vorsatzhaftung und vorbehaltlich zusätzlicher Einschränkungen für AGB – grundsätzlich zulässig. Es scheint jedoch fraglich, ob es auch für Schutzpflichtverletzungen bei dieser grundsätzlichen Zulässigkeit von Haftungsklauseln bleibt oder ob die Frage anders zu beurteilen ist, wenn statt des Leistungs- das Integritätsinteresse eines Anderen verletzt wurde.

Der BGH lässt in ständiger Rechtsprechung[548] und gestützt von der Mehrheit der Literaturvertreter[549] vertragliche Haftungsmodifikationen auch auf deliktische Anspruchsgrundlagen als klassischerweise das Integritätsinteresse schützende Normen durchwirken. Einschränkungen des Integritätsschutzes sind also – anders als in Frankreich – auch durch vertragliche Haftungsklauseln möglich. Somit sind direkt auf die Schutzpflichten bezogene Haftungsklauseln nicht per se unzulässig. Sie unterliegen lediglich den allgemeinen Vorgaben für Veränderungen des Haftungsmaßstabes. So ist gemäß § 276 Abs. 3 BGB der Ausschluss oder die Begrenzung der Haftung für Vorsatz untersagt. Für Musterverträge finden sich zusätzliche Klauselverbote in den Regelungen für AGB: § 309 Nr. 7 b) BGB verbietet Haftungsausschlüsse und

548 RGZ 88, 317 (318); BGH NJW 1954, 145; BGHZ 46, 140 (145); BGH NJW 1967, 558; BGHZ 93, 23 (29); s. auch Kapitel E.II.1.

549 Palandt/Sprau, Einf v § 823, Rn 5; Erman/Schiemann, Vor § 823 Rn 26; Medicus/Petersen, Bürgerliches Recht, Rn 639f. (differenzierend: stimmt einem Durchwirken vertraglicher Haftungsmilderungen grundsätzlich zu, lehnt aber ein Durchwirken kürzerer vertraglicher Verjährungsfristen ab); Brox/Walker, Bes. Schuldrecht, § 52 Rn 39; Larenz/Canaris, Schuldrecht II/2, § 83 IV 2; s. auch Kapitel E.II.1.

-begrenzungen bereits bei grober Fahrlässigkeit. Für Verletzungen von Leben, Körper und Gesundheit gilt gemäß § 309 Nr. 7 a) BGB das Verbot sogar schon beim Haftungsausschluss für normale Fahrlässigkeit.

Bei Unsicherheiten, ob die individualvertraglich vereinbarte Haftungsmilderung sich auch auf die Schutzpflichten durchschlagen soll, ist mittels Vertragsauslegung eine Einzelfallentscheidung nach dem Zweck der jeweiligen Haftungsvereinbarung zu treffen[550]. Allerdings plädieren einige Autoren für eine sehr enge Auslegung. So sei bei Unklarheiten davon auszugehen, dass regelmäßig nur das Leistungsrisiko, nicht aber das Verletzungsrisiko beschränkt werden soll. Denn die Möglichkeit, dass sich eine Partei während der Vertragsausführung verletzen könnte, würde von den Vertragspartnern regelmäßig nicht bedacht[551].

### (2) Beschränkung gesetzlicher Haftungsmodifikationen auf die Leistungspflicht oder Durchwirken auf Schutzpflichten?

Angesichts der im deutschen Recht vorgenommenen und seit der Schuldrechtsreform auch durch die Systematik des § 241 BGB zum Ausdruck kommenden Differenzierung zwischen Leistungs- und Schutzpflichten stellt sich die Frage, ob auch hinsichtlich gesetzlicher Haftungsmilderungen zwischen den beiden Pflichtentypen unterschieden werden muss.

Eine gewichtige Position in der Literatur lehnt den Durchgriff der auf die Leistungspflicht bezogenen Haftungsklauseln grundsätzlich ab[552]. Argumentiert wird mit dem Zweck der Schutzpflichten, der im Schutz des Integritätsinteresses des anderen Teils besteht. Die Fälle, in denen durch eine Schutzpflichtverletzung die Rechtsgüter Leib, Leben und Sacheigentum betroffen sind, gehörten eigentlich in den Bereich des Deliktsrechts[553]. Deswegen sei im Hinblick auf gesetzliche Haftungsmodifikationen eine Unterscheidung zwischen Leistungs- und Schutzpflichten zu machen: Schutzpflichten hätten mit den sich aus dem Vertragsinhalt ergebenden Leistungspflichten nichts zu tun[554]. Aus diesem Grund sollen Haftungsregelungen, die sich auf das ver-

550 Medicus, Schuldrecht I, AT (17. Aufl., 2006), Rn 418; Canaris, JZ 1965, 475 (481); Staudinger/Olzen, § 241 Rn 524 mwN.

551 Frost, „Vorvertragliche" und „vertragliche" Schutzpflichten, 235; Lothar Müller, JuS 1998, 894 (897).

552 Heinrich Stoll, Lehre von den Leistungsstörungen, 28f.; Hans Stoll, Anm. zum *Kartoffelpülpe Fall*, BGH JZ 1985, 384 (386); Schlechtriem, VersR 1973, 581 (585f.); ders., Anm. zum *Kartoffelpülpe Fall*, BB 1985, 1356 (1358); ders., in Gutachten II, 1591 (1618 ff); Frost, „Vorvertragliche" und „vertragliche" Schutzpflichten, 229 ff; Lothar Müller, JuS 1998, 894 (897).

553 BHGZ 93, 23 (28): „Im Übrigen wurde, worauf Schlechtriem (VersR 1973, 581, 586) zutreffend hingewiesen hat, in der zweiten Kommission einem Antrag, § 551 E I (= § 600 BGB) zu streichen, weil im Fall der Ansteckung der Herde des Entleihers eine derartig weitgehende Haftungsmilderung unangemessen sei, entgegengehalten, dass „dem hervorgehobenen praktischen Bedürfnisse durch die Bestimmungen über Schadensersatz wegen unerlaubter Handlung genügt werde".“; s. auch Heinrich Stoll, Lehre von den Leistungsstörungen, 28 ff.

554 Heinrich Stoll, Lehre von den Leistungsstörungen, 28.

tragliche Leistungsverhältnis und damit das Äquivalenzinteresse beziehen, nicht auf Schutzpflichten durchschlagen können, deren Zweck in der Erhaltung des Integritätsinteresses liegt. Eine Regelung des Schenkungsrechts könne laut *Schlechtriem* nicht der Grund für eine vom Deliktsrecht differierende Behandlung der Rechtsgüter des § 823 BGB sein, da ihr Schutz eben nicht im Schenkungsrecht normiert sei[555]. Diese Schutzpflichtverletzungen – damals Fälle der „pVV" – sollten dagegen, so *Hans Stoll*, „ihrer wahren Natur entsprechend dem deliktsrechtlichen Standard folgen" und mit einer Haftung für alle Formen der Fahrlässigkeit belegt sein[556]. Bereits sein Vater *Heinrich Stoll* hielt eine Begrenzung der Haftung aus dem Schutzpflichtverhältnis für nicht angebracht, solange nicht auch die Haftung für unerlaubte Handlungen begrenzt werden könne[557]. Zum Schutz vor einer Haftung für die Verletzung der Rechtsgüter anderer stünde jedem der Abschluss einer Haftpflichtversicherung frei[558]. Da außerdem zum Zeitpunkt der Schaffung der gesetzlichen Vorschriften die Schöpfer des BGB unter vertraglich begründeten Pflichten noch ausschließlich reine Leistungspflichten verstanden, könnten die gesetzlich normierten Haftungsmilderungen sich weitestgehend auch bloß auf diese beziehen[559].

Für die haftungsrechtliche Begünstigung des unentgeltlichen Verwahrers gemäß § 690 BGB wie des Gesellschafters aus § 708 BGB ergibt sich aus der Entstehungsgeschichte des BGB, dass hier jeweils nur die Haftung für die verwahrte Sache[560] beziehungsweise die Haftung für Handlungen zur Erfüllung gesellschaftlicher Verpflichtungen[561] gemildert werden soll. Für die Verwahrung sind der Schutz der verwahrten Sache und gegebenenfalls auch die zu ihrer Erhaltung notwendige Fürsorge bereits in der vertraglichen Hauptleistungspflicht enthalten und damit folglich auch von der Haftungsmilderung des § 690 BGB mit abgedeckt[562]. Auch die Beschränkung der Gesellschafterhaftung, die sich auf das weite Feld der vertragstypischen Pflichten bezieht, spricht für eine Einbeziehung der Schutzpflichten, „weil sie [...] mit Blick auf den

555 Schlechtriem, Anm.zu *Kartoffelpülpe Fall*, BGH BB 1985, 1356 (1358); ders. so auch bereits schon in Vertragsordnung und außervertragl. Haftung, 333 ff und in Gutachten II, 1591 (1618 ff).

556 Hans Stoll, Anm. zum *Kartoffelpülpe Fall*, JZ 1985, 384 (386).

557 Heinrich Stoll, Lehre von den Leistungsstörungen, 29.

558 Heinrich Stoll, Lehre von den Leistungsstörungen, 29.

559 Mit ähnlichem Gedanken sogar Canaris, JZ 1965, 475.

560 Mugdan II, 319f. und 968f.; so auch Larenz, Schuldrecht II/1, § 58; Schlechtriem, Vertragsordnung und außervertragl. Haftung, 389; ders., in Gutachten II, 1591 (1624).

561 In E I (§ 633) war noch explizit die Rede von der Erfüllung einer „Verpflichtung, die ihm als Gesellschafter obliegt", Mugdan II, CV und 336. So auch Schlechtriem, Vertragsordnung und außervertragl. Haftung, 420. Auch die Motive legen Wert darauf, dass sich die Haftungsmilderung nur auf die Erfüllung der gesellschaftlichen Verpflichtungen beziehe, die den Gesellschafter kraft dieser Stellung treffen, Mugdan II, 336. So auch zum heutigen § 708 BGB, BGHZ 46, 313 (318): „Es handelt sich um eine Norm, die nur die Regelung der vermögensrechtlichen Beziehungen zwischen den Gesellschaftern im Auge hat"; s. auch Palandt/Sprau, § 708 Rn 2.

562 Palandt/Sprau, § 688 Rn 4; s. auch Schlechtriem, in Gutachten II, 1591 (1624).

Vertragszweck entwickelt und für den Einzelfall konkretisiert werden“[563], und somit auch in jedem Gesellschaftsvertrag möglich sind. Nicht erfasst sei jedoch die Haftung für Konfliktfälle, die bloß gelegentlich der Verwahrung oder des Handelns als Gesellschafter entstehen[564].

Auch hinsichtlich der beschränkten Haftung des Schenkers, § 521 BGB, und Verleihers, § 599 BGB, entsprach es dem Willen des Gesetzgebers, den gemilderten Haftungsmaßstab nur auf die „Nichterfüllung der sich aus dem Vertrag ergebenden Pflichten“ zu beziehen[565]. Da der Gesetzgeber damals jedoch noch nicht ahnte, dass über das Instrument der „positive Vertragsverletzung“ Pflichten in den Vertrag implementiert würden, die er im deliktischen Bereich verortete, muss man sich fragen, ob diese heutigen Schutzpflichten in den für die Haftungsmilderung relevanten Pflichtverletzungen inbegriffen sein sollen.

Jedenfalls für die klassischen Fälle der Mangelfolgeschäden könnte dem Gesetzeswortlaut nach die auf arglistiges Verschweigen beschränkte Mängelhaftung der §§ 524, 600 BGB Anwendung finden. Dieser Ansicht schien zumindest der Gesetzgeber gewesen zu sein[566]. Für die Haftung des Schenkers wird eine Beschränkung der Haftung für Mangelfolgeschäden gemäß § 524 Abs. 1 BGB auch heute teilweise angenommen[567]. Es finden sich aber ebenso Stimmen, die den Anwendungsbereich des § 524 Abs. 1 BGB auf den Ersatz des Vertrauensschadens beschränkt erklären[568]. Für die gleichlautende Haftungserleichterung des § 600 BGB entspricht dies auch der überwiegenden Meinung[569].

563 Erman/Westermann, § 708 Rn 5f.; so auch MüKo/Ulmer,Schäfer, § 708 Rn 7 mwN; Karsten Schmidt, Gesellschaftsrecht, § 59 III 2b) Fn 88; a.A.: Larenz, in FS Westermann (1974), 299 (302 ff).

564 Frost, „Vorvertragliche“ und „vertragliche“ Schutzpflichten, 230.

565 So lautete § 521 BGB im 1. Entwurf (§ 442): „der Schenker haftet wegen Nichterfüllung seiner Verpflichtungen gegenüber dem Beschenkten nur dann, wenn ihm Vorsatz oder grobe Fahrlässigkeit zur Last fällt“, Mugdan II, LIV und 164. § 599 BGB lautete im 1. Entwurf (§ 550): „der Verleiher sowie derjenige, welcher die Verleihung einer Sache zugesagt hat, haftet wegen der Nichterfüllung seiner Verpflichtungen dem Entleiher nur dann, wenn ihm Vorsatz oder grobe Fahrlässigkeit zur Last fällt“, Mugdan II, LXXXII und 249. Die Umformung in die heutigen Vorschriften sollte in beiden Fällen nur eine redaktionelle Änderung darstellen, Mugdan II, 747 bzw. 894f.

566 Für § 524 Abs. 1 BGB: Mugdan II, 164f., 751f. Für § 600 BGB ist eine solche Interpretation ausgehend von den Protokollen, Mugdan II, 895, ebenfalls möglich, s. weitere Ausführungen bei Schlechtriem, Vertragsordnung und außervertragl. Haftung, Fn 258.

567 Palandt/Weidenkaff, § 524 Rn 6; Jauernig/Mansel, § 524 Rn 1; Erman/Herrmann, § 524, Rn 2; Bamberger, Roth/Gehrlein, § 524 Rn 2; Gerhardt, JuS 1970, 597 (600).

568 MüKo/Koch, § 521 Rn 7; Staudinger/Wimmer-Leonhardt, § 524 Rn 6; Soergel/Mühl, Teichmann (12. Aufl., 1997), § 524 Rn 2; Schlechtriem, in Gutachten II, 1591 (1619); ders., Vertragsordnung und außervertragl. Haftung, 335; Larenz, Schuldrecht II/1, § 47 II b); Frost, „Vorvertragliche“ und „vertragliche“ Schutzpflichten, 234.

569 Palandt/Weidenkaff, § 600 Rn 1; MüKo/Häublein, § 599 Rn 5; Schlechtriem, in Gutachten II, 1591 (1620); ders., Vertragsordnung und außervertragl. Haftung, 348; Larenz, Schuldrecht II/1, § 50; Frost, „Vorvertragliche“ und „vertragliche“ Schutzpflichten, 234 ; Jauernig/Mansel, § 600 Rn 1; a.A. Staudinger/Reuter, § 600 Rn 6; Soergel/Heintzmann, § 600 Rn 2; Erman/Graf v.

Entgegen der teilweise vertretenen grundsätzlichen Ablehnung eines Durchwirkens gesetzlich normierter Haftungsbeschränkungen hält eine wohl überwiegende Anzahl der Autoren wie auch der BGH die Anwendung gesetzlicher Milderungen auf Schutzpflichten prinzipiell für möglich.

Entsprechend seines Ansatzes, ausgehend von den für die „cic" geltenden Regeln alle Schutzpflichten – ob vorvertraglicher, vertraglicher Natur oder aus einem Vertrag zu Gunsten Dritter abgeleitet – einheitlichen Regeln zu unterwerfen, beschränkt sich *Canaris* auf den Hinweis, dass der Haftungsmaßstab für die Verletzung vorvertraglicher Pflichten sich nach dem des beabsichtigten Vertragsverhältnisses richte[570]. Dementsprechend müssten die gesetzlich für manche Vertragstypen vorgesehen Haftungsmilderungen sich immer auch auf die zwischen den Vertragspartnern bestehenden Schutzpflichten ausdehnen.

Der BGH[571] wie auch die meisten Vertreter der Literatur[572] differenzieren jedoch zwischen Schutzpflichtverletzungen, die mit dem Vertragsgegenstand in Zusammenhang stehen, und solchen, die keinen Zusammenhang zu der vertraglichen Leistung aufweisen. So könne die in der Freigiebigkeit des Schenkers begründete Haftungsmilderung des § 521 BGB nur zu den Vertragserwartungen des Begünstigten in Beziehung gesetzt werden[573]. *Thiele* und *Gerhardt* konkretisieren diesen Zusammenhang mit dem Vertragsgegenstand, der bei „Schäden, die durch verliehene oder geschenkte Sachen entstehen", gegeben sei[574]. Die Haftungsmilderung könne nur solche Verhaltensweisen umfassen, die am eigentlichen Vertragsziel, das heißt am Leistungsinteresse, ausgerichtet sind. Da das bei Schutzpflichten, die das Integritätsinteresse im Blick haben, aber in der Regel nicht der Fall ist, könne die Milderung der Sorgfaltsanforderungen nur bei solchen Schutzpflichten zum Tragen kommen, die – wenn auch mit verschiedenem Ziel – sich inhaltlich mit einer Leistungspflicht decken[575].

Im Ergebnis kommen also beide Auffassungen zu dem Schluss, dass gesetzliche, primär auf die Hauptleistung bezogene Haftungsmilderungen auch auf solche Schutzpflichten durchwirken, die den Status einer Nebenleistungspflicht haben oder in einem engen Zusammenhang zur Leistungserbringung stehen.

---

Westphalen, § 599 Rn 2, § 600 Rn 2, halten für den Ersatz von Mangelfolgeschäden die Haftungserleichterung des § 599 für anwendbar.

570 Canaris, JZ 1965, 475 (481 Fn 52) mit Verweis auf Blomeyer, Allg. Schuldrecht, § 17 III 2. c) und Enneccerus/Lehmann, Schuldrecht, § 43 III.

571 BGHZ 93, 23 (27).

572 Thiele, JZ 1967, 649 (654); Gerhardt, JuS 1970, 597 (600); Medicus/Petersen, Bürgerliches Recht, Rn 209a; Lorenz/Riehm, Lehrbuch zum neuen SchuldR, Rn 376; Palandt/Grüneberg, § 311 Rn 28; Staudinger/Olzen, § 241 Rn 524; MüKo/Emmerich, § 311 Rn 282; Nomos Komm./Krebs, § 311 Rn 71. Ein Durchwirken prinzipiell bejahend, aber nur unter dem zusätzlichen Kriterium, dass die „Entlastung [...] gerechtfertigt erscheint", Schuber, Anm. zum *Kartoffelpülpe Fall*, BGH JR 1985, 323 (326).

573 BGHZ 93, 23 (27).

574 Gerhardt, JuS 1970, 597 (600); Thiele, JZ 1967, 649 (654).

575 Thiele, JZ 1967, 649 (654).

Bei der Gesamtschau der Veröffentlichungen bezüglich der Anwendbarkeit gesetzlich vorgesehener Haftungsmodifikationen auf Schutzpflichten fällt auf, dass viele Autoren sich zu dieser Frage im Zusammenhang mit Erörterungen zur Rechtsgrundlage der Schutzpflichten äußern. Dabei erstaunt, dass gerade die Autoren, die vehement für eine faktisch-gesetzliche Begründung der Schutzpflichten eintreten, dennoch für die Frage des Haftungsmaßstabes bewusst auf vertragliche Normen zurückgreifen[576]. So unabhängig vom Konstrukt des leistungsbezogenen Schuldverhältnisses, wie von ihnen behauptet, scheinen die Schutzpflichten also doch nicht zu sein. Im Gegenteil würde man die Begründung der Bezugnahme auf vertragliche Haftungsregeln allein mit dem gleichen „konkreten sozialen Sachverhalt"[577], der den Leistungs- wie den Schutzpflichten zu Grunde läge, wohl eher den Vertretern des rechtsgeschäftlichen Begründungsansatzes zuordnen.

## 2. Beweislast

Im deutschen Schuldrecht wird dem Wortlaut des § 280 Abs. 1 S. 2 BGB nach das Verschulden grundsätzlich vermutet. Dementsprechend ist es Sache des Schuldners darzulegen, dass er die objektive Pflichtverletzung nicht zu vertreten hat. Die Pflichtverletzung und deren Kausalität für den eingetretenen Schaden muss wiederum der Gläubiger nachweisen. Bei dieser Beweislastumkehr handelt es sich um eine einfache Verschuldensvermutung, die durch den Nachweis des Nichtvertretenmüssens seitens des Schuldners widerlegt werden kann. Dagegen ist in Frankreich je nach Art des vorliegenden Pflichtentyps – „obligation de moyens" oder „obligation de résultat" – entweder das vorwerfbare Fehlverhaltens des Schuldners, das heißt seine mangelnde Sorgfalt, nachzuweisen oder es wird die komplette „faute" des Schuldners vermutet, die dann aber nur durch den Nachweis höherer Gewalt widerlegt werden kann (so die h.M., s. Kapitel D.II.1.a).(2).(b).(ii)). Die deutsche Verschuldensvermutung bewegt sich damit auf den ersten Blick zwischen den Beweislastsituationen der beiden französischen Pflichtentypen.

Aber zumindest bei Verstößen gegen Leistungspflichten nimmt die Beweislastumkehr des § 280 Abs. 1 BGB anerkanntermaßen deutlich weitere Ausmaße an. Bereits vor der Schuldrechtsreform wurde die Beweislastumkehr im Bezug auf das Verschulden aus §§ 282, 285 BGB a.F. abgeleitet. Die auf die Unmöglichkeit der Leistung beschränkte Regelung des § 282 BGB a.F. kam der Beweislastverteilung einer „obligation de résultat" nahe: Den Schuldner traf die Beweislast für die Frage, ob die Unmöglichkeit Folge eines von ihm zu vertretenden Umstandes ist. Nur durch den Nachweis des Gegenteils konnte er sich entlasten. Dementsprechend bot § 282 BGB a.F. nach

---

576 So vor allem Canaris, JZ 1965, 475 (476 ff, 481); Thiele, JZ 1967, 649 (650 ff, 654); Gerhardt, JuS 1970, 597 (598f., 600).

577 Thiele, JZ 1967, 649 (654).

damals allgemeiner Ansicht[578] die Möglichkeit eines doppelten Entlastungsbeweises. Da man im Anwendungsbereich des § 282 BGB a.F. nach der Natur der Sache nicht verlangen könne, dass der Schuldner den Umstand beweist, der die unverschuldete Unmöglichkeit herbeigeführt hat – denn dazu wird er unter Umständen nicht in der Lage sein, da völlige Gewißheit nach der Natur der Dinge in solchen Fällen häufig nicht zu erbringen ist – muss man sich damit begnügen, dass er die Umstände widerlegt, die entweder für sein Verschulden oder für die Ursächlichkeit seines Verhaltens für die eingetretene Unmöglichkeit sprechen[579]. Die aufgestellte Vermutung betraf also nicht nur das Verschulden, sondern auch das Vorliegen eines objektiv pflichtwidrigen Verhaltens des Schuldners sowie den Kausalzusammenhang zwischen diesem Verhalten und der Unmöglichkeit der Leistung[580]. In dieser Konzeption des Gesetzes steckte, so *Larenz*, ein „Stück Erfüllungsgarantie“[581] – quasi eine „obligation de résultat“. Die zu den §§ 282, 285 BGB a.F. entwickelten Rechtsgedanken einer zusätzlichen Beweiserleichterung sollen auch im neuen Schuldrecht im Zusammenhang mit § 280 Abs. 1 S. 2 BGB weiter Geltung behalten[582].

Allerdings konnte diese Konzeption der Erfüllungsgarantie nicht ohne weiteres auf die damaligen Fälle der „pVV“ übertragen werden. Schließlich handelt es sich dabei nicht um die Nichterfüllung einer inhaltlich festgelegten und vertraglich zugesicherten Leistung, sondern um zusätzliche Schadensersatzpflichten wegen mangelnder Sorgfalt bei der Leistungserbringung selbst oder wegen der Verletzung sonstiger Verhaltenspflichten – Verfehlungen, die erst als solche qualifiziert werden müssen. Der Umstand, dass der Gläubiger bei Gelegenheit der Durchführung des Schuldverhältnisses einen Schaden erlitten hat, kann deswegen noch nicht die Vermutung rechtfertigen, dass die Ursache dieses Schadens in einem pflichtwidrigen Verhalten des Schuldners liegt[583]. Stattdessen muss der Gläubiger zum Nachweis einer objektiven Pflichtverletzung belegen, dass der Schuldner seiner Pflicht zu sorgfältigem und rücksichtsvollem Handeln nicht entsprochen hat. Gelingt ihm dies, hat er auch den Verschuldensnachweis gleich mit erbracht. Für die Vermutung des § 280 Abs. 1 S. 2 BGB bleibt folglich kein Raum mehr, weswegen diese handlungsbezogenen Pflichten in ihrer Handhabung im Bezug auf die Beweislast grundsätzlich den französischen „obligations de moyens“ entsprechen. Damit ist nach den Regeln des alten und neuen Schuldrechts, ebenso wie in

578 S. nur BGH NJW 1953, 59f.; Palandt/Heinrichs (60. Aufl., 2001), § 282 Rn 5; Soergel/Wiedemann (12. Aufl., 1990), § 282 Rn 11 mwN; Baumgärtel/Strieder, Handbuch der Beweislast, Bd. 1 (2. Aufl., 1991), § 282 Rn 4.

579 BGH NJW 1953, 59f.; Baumgärtel/Strieder, Handbuch der Beweislast, Bd. 1 (2. Aufl., 1991), § 282 Rn 6.

580 Anders als von *Canaris* behauptet, in Karlsruher Forum 2002, 5 (30), besteht bei Leistungspflichten die Pflichtverletzung nicht „schlicht und einfach in ihrer Nicht- oder Schlechterfüllung“. Objektiv pflichtwidrig kann nur ein Verhalten des Schuldners, nicht aber die Unmöglichkeit einer Leistung als solche sein, Larenz, Schuldrecht I, § 24 I b); Hans Stoll, in FS von Hippel (1967), 517 (535).

581 Larenz, Schuldrecht I, § 24 I b).

582 BT-Drucks. 14/6040, 136.

583 Larenz, Schuldrecht I, § 24 I b); Esser/Schmidt, Schuldrecht I/2, § 29 III 5 b); Canaris, JZ 2001, 499 (512); MüKo/Ernst, § 280 Rn 13; so auch BGH NJW 2006, 2262f.

Frankreich, auf der Ebene der Beweislast eine Differenzierung zwischen erfolgsbezogenen und verhaltenbezogenen Pflichten im Gesetzestext angelegt[584].

Um aber die Beweiserleichterungen auch bei Verletzungen von Pflichten zu erreichen, die nicht erfolgsbezogen sind, hat der BGH in Anlehnung an § 282 BGB a.F. die sogenannte „Sphärentheorie“ entwickelt, mittels derer eine Umkehr der Beweislast auch für verhaltensbezogene Schutzpflichten möglich wird. Dabei ging der BGH über eine bloße Verschuldensvermutung hinaus und beschränkte die Beweislast des Gläubigers auf den Schaden und das Vorliegen einer Schadensursache im Herrschaftsbereich des Schuldners. Voraussetzung für diese erweiterte Beweislastumkehr ist jedoch, dass die Umstände eine objektive Schutzplichtverletzung nahe legen müssen[585]. Wenn feststeht, dass die Schadensursache aus dem Gefahren- und Verantwortungsbereich des Beklagten stammt, und wenn den Umständen nach die Annahme als begründet erscheint, dass auf seiner Seite ein Fehlverhalten begangen wurde, wird das Vorliegen eines objektiv pflichtwidrigen Verhaltens, das folglich auch als schuldhaft zu bewerten ist, sowie ein Kausalzusammenhang zwischen diesem Fehlverhalten und dem Schadenseintritt vermutet[586]. Begründet hat der BGH diese Beweislastverteilung nach Gefahrenbereichen mit dem regelmäßigen Unvermögen des Gläubigers, eine konkrete Pflichtverletzung des Schuldners und deren Münden in der Schadensursache zu beweisen. Der Nachweis scheitert typischerweise daran, dass die Vorgänge im Betrieb oder sonstigen Herrschaftsbereich des Schuldners für ihn nicht durchschaubar sind – der Gläubiger sich somit in einem Beweisnotstand befindet – und außerdem der beklagte Schuldner „näher daran“ sei, die Folgen der nicht vollständigen Aufklärbarkeit eines Hergangs, der in seinem Bereich stattgefunden hat, zu tragen als der Kläger[587]. Im Ergebnis wird also, wenn im Bereich der Schutzpflichten die Beweislastverteilung nach der „Sphärentheorie“ zum Tragen kommt, auf den Nachweis eines konkreten Fehlverhaltens verzichtet. Der Mechanismus der zusätzlichen Beweiserleichterung über die „Sphärentheorie“ soll auch im neuen Schuldrecht weiter seine Geltung behalten[588].

Mit diesem Rechtsgedanken hat sich die Beweislastverteilung im deutschen Recht auch bei Schutzpflichtverletzungen deutlich dem Regime der französischen „obligation de résultat“ angenähert. Während hier allerdings noch eine Schadensursache im Herrschaftsbereich des Schuldners nachzuweisen ist und zusätzlich die Umstände eine Schutzpflichtverletzung nahe legen müssen, reicht in Frankreich die alleinige

584 S. Kapitel B.II.1.c).(3). So auch Hübner, in FS Baumgärtel (1990), 151 (159). Für eine Verschiebung der Bedeutung der „Sorgfalt“ von als Schuldform verstandener Fahrlässigkeit hin zum Pflichtverletzungstatbestand s. auch Schur, Leistung und Sorgfalt, § 1 II.

585 BGHZ 8, 239 (240 ff); 23, 288 (290f.); 27, 236 (238f.); 28, 251 (254); 48, 310 (312f.); BGH JZ 1965, 26; BGH WM 1983, 916 (917); BGH NJW 2000, 2812 (2813); bereits auch schon RGZ 148, 148 (150).

586 Larenz, Schuldrecht I, § 24 I b); Hans Stoll, in FS von Hippel (1967), 517 (522); Prölss, Beweislasterleichterungen, 67 ff.

587 BGHZ 48, 310 (313); sinngemäß auch BGHZ 23, 288 (291); 28, 251 (254).

588 BT-Drucks. 14/6040, 136.

„inexécution" der „obligation de sécurité de résultat" durch eine Verletzung des Gläubigers aus, um den Schuldner haften zu lassen.

Für die Fälle, in denen eine Anwendung der „Sphärentheorie" scheitert, verbleibt die Beweislast allerdings fast vollständig beim Gläubiger. Dieses Problem besteht auch nach der Schuldrechtsreform unverändert weiter und wird gerade durch die Systematik des § 280 Abs. 1 BGB besonders deutlich: Wenn die gemäß § 280 Abs. 1 S. 1 BGB erforderliche Pflichtverletzung bei Schutzpflichten darin besteht, keine Rücksicht im Sinne des § 241 Abs. 2 genommen zu haben, stellt sich die Frage, worin der Unterschied zum Vertretenmüssen des Satzes 2 besteht, welches nach § 276 Abs. 2 BGB vorliegt, wenn die im Verkehr erforderliche Sorgfalt außer Acht gelassen wurde[589]. Aus der Natur der Pflichten heraus kann demnach die Verschuldensvermutung bei Schutzpflichten kaum zum Tragen kommen, wenn man ihren Inhalt rein verhaltensbezogen begreift. So können auch die Erleichterungen der „Sphärentheorie" nicht korrigieren, dass bei Schutzpflichtverletzungen im Grunde der Gläubiger vollständig die Beweislast trägt. Im Gegensatz dazu reicht nach neuem Recht in Fällen der Leistungsstörung – Unmöglichkeit, Verzug oder Schlechtleistung – der Nachweis eben des Nichterreichens des versprochenen Leistungserfolges nach wie vor aus, um neben der Vermutung des Vertretenmüssens auch ein objektiv-pflichtwidriges Verhalten des Schuldners sowie den Kausalzusammenhang zu implizieren. Berücksichtigt man jedoch, dass Leistungspflichten einen lediglich verhaltensbezogenen Inhalt haben können und erkennt man an, dass es auch innerhalb der Schutzpflichten solche mit genau definiertem, erfolgsorientiertem Inhalt gibt, dann spricht nichts dagegen, auch bei verhaltensbezogenen Leistungspflichten den Gläubiger die volle Beweislast tragen, beziehungsweise für die erfolgsbezogenen Schutzpflichten die weite Vermutungswirkung des § 280 Abs. 1 S. 2 BGB Anwendung finden zu lassen (s. Kapitel B.II.1.c).(3).(b)).

## II. Die „obligation de sécurité" im französischen Recht

Bei der Untersuchung der zur Haftungsbegründung notwendigen Tatbestandsmerkmale stellt sich eine der grundlegenden Fragen des französischen Zivilrechts – die Frage nach dem Erfordernis einer „faute" im Rahmen der „obligation de résultat". Das Ausmaß dieser Frage beschränkt sich jedoch nicht nur auf den Bereich der Haftungsvoraussetzungen. Je nachdem ob man durch die Bestimmung des art. 1147 CCiv. eine objektive Haftung oder eine Haftung für „faute" normiert sieht, ändert sich auch der Ansatz, mit dem die unterschiedliche Verteilung der Beweislast bei „obligation de moyens" und „obligation de résultat" erklärt wird.

589 Canaris, in Karlsruher Forum 2002, 5 (29 ff); MüKo/Ernst, § 280 Rn 22, 139.

### 1. Haftungsbegründung

Anders als im deutschen Recht wird im französischen Recht hinsichtlich der Haftung weder zwischen der Verletzung einer (Haupt-) Leistungspflicht und der Verletzung einer leistungsunabhängigen Nebenpflicht, noch zwischen dem durch die Störung tangierten Äquivalenz- oder Integritätsinteresse unterschieden. Alle möglichen Arten der Vertragsverletzung werden unter dem Zentralbegriff der „inexécution“ erfasst. So findet für die Verletzung beider Pflichtenarten und beider Interessen das Haftungssystem der „responsabilité contractuelle“ gleichermaßen Anwendung[590].

#### a) Haftungsvoraussetzungen

##### (1) Die „inexécution“ der vertraglichen Pflicht

Die „inexécution“ fungiert als zentraler Leistungsstörungstatbestand im französischen Vertragsrecht. Vergleichbar mit dem im Rahmen der Schuldrechtsreform eingeführten Generaltatbestand der Pflichtverletzung des § 280 Abs. 1 BGB vereint sie sowohl die Tatbestände des Verzugs als auch der Schlecht- oder Nichtleistung jeglicher vertraglicher Pflicht[591]. Definiert wird die „inexécution“ als jede Abweichung der erbrachten von der vertraglich versprochenen Leistung, also jede nicht vertragsgemäße Erfüllung des Vertrages[592]. Entscheidend für die Feststellung, ob eine Pflichtverletzung vorliegt, ist dementsprechend die Frage, wozu der Schuldner verpflichtet ist. Hat sich der Schuldner zu der Erreichung eines bestimmten Erfolges verpflichtet, liegt die Abweichung zum Pflichteninhalt und damit eine „inexécution“ bereits im Ausbleiben dieses versprochenen Ergebnisses. Lag die Verpflichtung des Schuldners dagegen lediglich in einem sorgfältigen Handeln, bedeutet das Ausbleiben des Erfolges noch keine Pflichtverletzung. Stattdessen setzt das Vorliegen einer Pflichtverletzung voraus, dass der Schuldner unzureichendes Bemühen und mangelnde Sorgfalt an den Tag gelegt hat. Damit ist der Inhalt des Tatbestandsmerkmals der „inexécution“ von dem Umstand bestimmt, ob es sich bei der zu Grunde liegenden Pflicht um eine „obligation de résultat“ oder um eine „obligation de moyens“ handelt[593].

##### (2) Die „faute“ als zentrales Element der französischen Vertragshaftung neben der „inexécution“?

##### (a) Definition der „faute“

Die „faute“ ist im französischen Recht nicht definiert, und über kaum ein Merkmal der zivilrechtlichen Haftung herrscht so viel Unklarheit[594]. Grundsätzlich beschreibt die

---

590 Terré/Simler/Lequette, Les obligations, n$^{os}$ 566 ff.

591 S. nur Terré/Simler/Lequette, Les obligations, n° 570; Le Tourneau, Droit de la responsabilité, n° 3205.

592 Constantinesco, Inexécution et Faute contractuelle, n° 11; Ripert/Boulanger, Traité de droit civil, t. II, n$^{os}$ 529 ff; Meller, Obligation de Sécurité, 35.

593 S. nur Le Tourneau, Droit de la responsabilité, n$^{os}$ 3213 ff mwN.

594 Constantinesco, Inexécution et Faute contractuelle, n° 163; Ferid, Das Frz. Zivilrecht I (1971), 2 C 14; Meller, Obligation de sécurité, 51f.

„faute“ im Rahmen der „responsabilité contractuelle“ die verschuldete Verletzung einer vertraglichen Pflicht. Innerhalb des Deliktsrechts versteht man unter „faute“ ein vorwerfbar pflichtwidriges Handeln, wobei das Verhalten eines „bon père de famille“ als Maßstab für ein pflichtgemäßes Verhalten herangezogen wird. Die innere Haltung des Schuldners muss im Hinblick auf den objektiven Pflichtverstoß von Absicht bezeihungsweise Vorsatz („dol“) oder Fahrlässigkeit („négligence“ und „imprudence“) geprägt sein, damit das Verhalten des Schuldners als „fautif“ charakterisiert werden kann. Im deutschen Recht kommt wohl der Terminus des „vorwerfbaren Fehlverhaltens“ der „faute“ am nächsten[595].

Die Hauptschwierigkeit beim Aufstellen einer einheitlichen Definition liegt in der bereits beschriebenen Antinomie der artt. 1137 und 1147 CCiv., auf denen das französische Haftungsrecht aufbaut (s. Kapitel B.II.1.c)). Die Bestimmung der „faute“ im Sinne des art. 1137 CCiv. ist nicht weiter problematisch: Der Schuldner, der bei der Erfüllung einer „obligation de moyens“ eben nicht die Sorgfalt walten lässt, die eine umsichtige Vergleichsperson („bon père de famille“) an den Tag gelegt hätte, begeht eine „faute“, wenn deswegen der Vertrag nicht so erfüllt wird, wie er gemäß der Abrede hätte erfüllt werden sollen.

Die Bezugnahme auf den „bon père de famille“ zur Bestimmung des an das Schuldnerverhalten anzulegenden Maßstabs ist nicht wörtlich zu nehmen, sondern als Sinnbild des umsichtigen, sorgfältigen und fleißigen Menschen zu verstehen[596]. Der Begriff des „bon père de famille“ existiert auch im deutschen Recht und dient als Grundlage des Sorgfaltsmaßstabs im Deliktsrecht, mit dem derjenige, der jemanden zur Verrichtung bestellt, diesen auch sorgfältig ausgesucht und beaufsichtigt haben muss. So sprechen die Begründer des BGB vom Sorgfaltsmaßstab eines „ordentlichen Hausvaters“[597].

Im Rahmen der „obligations de résultat“ ist hingegen aufgrund der Formulierung des art. 1147 CCiv. die Ausgestaltung der „faute“ unklar, beziehungsweise wird das Erfordernis einer „faute“ für die Haftung des Vertragsschuldners komplett in Frage gestellt.

### (b) Die „faute“ als Haftungsvoraussetzung bei „obligations de résultat“?

Ebenso wie das deutsche Zivilrecht baut die „responsabilité civile“ in Frankreich grundsätzlich auf dem Prinzip auf, den Schädiger nur für das haften zu lassen, was er auch zu verschulden hat. Die „inexécution“ der vertraglichen Pflicht muss grundsätzlich „fautive“ sein[598]. Allerdings fehlt es im französischen Vertragsrecht an einer ein-

---

595 S. auch Constantinesco, Inexécution et Faute contractuelle, n$^{os}$ 173f.; Ferid, Das Frz. Zivilrecht I (1971), 2 C 18; von Bar, Deliktsrecht in Europa, 17f., der die Elemente objektiver Unwert und subjektive Zurechenbarkeit in der „faute“ vereint sieht; Hans Stoll, in FS von Hippel (1967), 517 (540).

596 Terré/Simler/Lequette, Les obligations, n° 579.

597 Mugdan II, 411; Staudinger/Olzen, Einl zu §§ 241 ff Rn 85.

598 So die ganz h.M.: H., L. Mazeaud/Tunc, Responsabilité civile, t. I, n° 665; Tunc, RTD civ. 1945, 235 n$^{os}$ 3 ff (insb. n° 9); Esmein, RTD civ. 1933, 627 (637); Terré/Simler/Lequette,

deutigen Verankerung des Verschuldensprinzips, wie sie mit § 276 im BGB zu finden ist. Stattdessen hat sich aufgrund der Regelung des art. 1147 CCiv., nach dessen Wortlaut allein die „inexécution“ einer vertraglichen Pflicht ausreicht, um einen Anspruch auf Schadensersatz entstehen zu lassen, in der französischen Doktrin eine Diskussion über die Notwendigkeit der „faute“ als haftungsbegründendes Merkmal entsponnen[599].

Auch wenn der Schuldner im Falle einer „obligation de résultat“ ohnehin für die Nichterfüllung der vertraglichen Pflicht einsteht – es sei denn, dass er höhere Gewalt als Ursache für das Ausbleiben des Erfolges nachweisen kann, hat der Umstand, ob die Haftung nun auf einer „faute“ basiert, Auswirkungen auf die Begründung der unterschiedlichen Beweislastverteilung bei der „obligation de moyens“ und der „obligation de résultat“. Zudem interessiert es im Hinblick auf einen Vergleich mit dem deutschen Haftungssystem, ob das französische Recht für einen seiner zwei Grundpflichttypen tatsächlich von dem in Deutschland grundsätzlich geltenden Verschuldensprinzip abweicht.

### (i) Haftung ohne „faute“

Geht man allein vom Gesetzestext aus, so fällt zunächst auf, dass keine der Normen, die das allgemeine Regime der „obligation contractuelle“ betreffen, den Begriff der „faute“ benutzt[600]. Insbesondere kommt das Konzept einer „responsabilité sans faute“ aber im Zusammenhang mit der „obligation de résultat“ zum Tragen. Denn laut art. 1147 CCiv. reicht für eine Haftung die objektive Tatsache einer „inexécution“ der vertraglichen Pflicht. Anders als bei der „obligation de moyens“, wo dem Schuldner die nicht ausreichende Sorgfalt nachgewiesen werden muss, haftet der Schuldner einer „obligation de résultat“, sobald er keine „force majeure“ belegen kann, das heißt also auch für die Fälle, in denen die Schadensverursachung ungeklärt ist. Unter Umständen haftet der Schuldner folglich auch, ohne dass ihm der Vorwurf eines Fehlverhaltens gemacht werden könnte[601]. Die Regel des art. 1147 CCiv. sei, so *Marton*[602], mit dem Grundsatz der Haftung für „faute“ nicht zu vereinbaren: „Celui qui répond de *tout* ce qu’il n’a pas prouvé être provenu d’une cause étrangère, répond nécessairement de *plus* que de sa propre faute.“

Kritiker der Auffassung, in art. 1147 CCiv. eine objektive Haftung zu sehen, behaupten, dass in Fällen, wo nachweislich kein Ereignis höherer Gewalt für die Nichterfüllung ursächlich ist, die genaue Ursache aber unklar sei, eine „faute“ des Schuldners immer mitschwinge. Diese bestünde darin, ein Ergebnis, zu dessen Realisierung man sich freiwillig verpflichtet habe, eben nicht erbracht zu haben, obwohl man davon

---

Les obligations, n$^{os}$ 571 ff; Le Tourneau, Droit de la responsabilité, n$^{os}$ 3506 ff; Constantinesco, Inexécution et Faute contractuelle, n° 124.

599 Constantinesco, Inexécution et Faute contractuelle, n$^{os}$ 119 ff; H., L. Mazeaud/Tunc, Responsabilité civile, t. I, n$^{os}$ 336 ff.

600 Sowohl in den artt. 1147, 1148 CCiv., als auch in art. 1137 CCiv., der nur von einem Verhalten eines „bon père de famille“ spricht, ist nicht von dem Erfordernis einer „faute“ die Rede.

601 Josserand, Cours de Droit Civil, t. II, n° 611; Frossard, La distinction des obligations de moyens et des obligations de résultat, n° 179; Lalou/Azard, Responsabilité civile, n° 396.

602 Marton, RTD civ. 1935, 499 (540).

nicht durch höhere Gewalt abgehalten wurde[603] – der Schwerpunkt liegt hier auf der Nichteinhaltung des vertraglichen Versprechens. Andere stehen auf dem Standpunkt, eine „faute" läge vor, sobald die „inexécution" eben nicht auf höherer Gewalt beruhe[604], was den Charakter der „faute" als Gegenstück zur „force majeure" betont.

Damit würde die „faute" aber auf den Nichteintritt des versprochenen vertraglichen Erfolges bei Nichtvorliegen höherer Gewalt reduziert, ein rein objektiv, tatsächlicher Umstand. Letztlich zeigt sich also auch bei den Begründungsansätzen, die nicht auf die „faute" als Haftungsvoraussetzung verzichten wollen, dass es im Rahmen des art. 1147 CCiv. auf ein Veschulden des „débiteurs" wohl nicht ankommt.

### (ii) Haftung basierend auf dem Erfordernis der „faute"

Die Idee, dass eine vertragliche Haftung auch ohne „faute" möglich sein soll, wird jedoch von der herrschenden Meinung in der französischen Doktrin nicht geteilt. Die überwiegende Mehrzahl der französischen Rechtsgelehrten vertritt die Ansicht, dass die „responsabilité contractuelle" ausschließlich auf „faute" basiert[605]. Zwar scheint der Code Civil mit dem Widerspruch zwischen artt. 1137 und 1147 zwei Haftungssysteme zu kennen[606]: Einmal haftet der Schuldner nur, wenn ihn ein Verschulden trifft, welches der Gläubiger nachzuweisen hat – „obligation de moyens"; nach dem Haftungssystem der „obligation de résultat" dagegen haftet er bis zur Grenze des Vorliegens höherer Gewalt. Dennoch ist die Mehrheit der französischen Doktrin bestrebt, beide Ansätze einem einheitlichen Prinzip einer Verschuldenshaftung unterzuordnen.

Ein möglicher Ausweg zu einheitlichen Haftungsgrundsätzen scheint für die Rechtsprechung[607] und den Großteil der Autoren[608] der Ansatz, dass das Vorliegen einer „faute" bei der Nichterfüllung einer „obligation de résultat" schlichtweg vermutet wird. Vordergründig scheint mit dieser Sichtweise die Problematik um das Erfordernis

603 Le Tourneau/Cadiet, Droit de la responsabilité (6ème éd., 2006), n° 3222; Marty/Raynaud, Les obligations, t. I, n° 534.

604 Saleilles, Théorie générale de l'obligation, n° 333; Esmein, RTD civ. 1933, 627 (636); Tunc, RTD civ. 1945, 235 n°s 3 ff (insb. n° 9).

605 H., L. Mazeaud/Tunc, Responsabilité civile, t. I, n° 665; Marty/Raynaud, Les obligations, t. I, n° 534; Terré/Simler/Lequette, Les obligations, n°s 571 ff (insb. n° 580); Le Tourneau/Cadiet, Droit de la responsabilité (6ème éd., 2006), n° 3222; Constantinesco, Inexécution et Faute contractuelle, n° 124; Esmein, RTD civ. 1933, 627 (634 ff); Radé, D. 1998, chron., 301; Tunc, RTD civ. 1945, 235 n° 1.

606 Constantinesco, Inexécution et Faute contractuelle, n° 130.

607 CCass. civ. 1ère, 8 oct. 1968, D. 1969, jrspr., 157 (note J. Mazeaud); CCass. civ. 3ème, 3 avr. 1973 (*affaire Boshouwers et autre*), JCP 1973, IV, p. 201; CCass. civ. 1ère, 13 nov. 1974, D. 1975, somm., 16; CCass. civ. 1ère, 12 févr. 1975, D. 1975, jrspr., 512 (note Le Tourneau); CCass. civ. 1ère, 12 juill. 1977, Bull. civ., I, n° 331; CCass. civ. 1ère, 17 nov. 1993, RTD civ. 1994, 611 (obs. Jourdain).

608 H., L. Mazeaud/Tunc, Responsabilité civile, t. I, n°s 103-5, 694-3; Starck/Roland/Boyer, Obligations, t. 2, n°s 1684 ff; Le Tourneau/Cadiet, Droit de la responsabilité (6ème éd., 2006), n° 3234; Terré/Simler/Lequette, Les obligations, n°s 577 ff; Ghestin/ Jourdain/Viney, Les conditions de la responsabilité, n°s 521 ff, 530; Constantinesco, Inexécution et Faute contractuelle, n° 131.

der „faute“ durch eine Verlagerung in den Bereich der Beweislast gelöst. Die Regelung des art. 1147 CCiv. wird im Einklang mit dem Verschuldensprinzip gewähnt.

Tatsächlich kann aber die sogenannte „présomption de la faute“ – anders als im deutschen Recht – nicht durch den Nachweis fehlenden Verschuldens zu Fall gebracht werden. Zur Entlastung des Schuldners ist der Nachweis höherer Gewalt notwendig. Im Grunde spielt die „faute“ des Schuldners damit weder auf der Ebene der Haftungsvoraussetzungen, noch auf der Ebene der Beweislast eine Rolle. Eine „faute“ des Schuldners ist nicht notwendig für seine Verurteilung und ein Beweis ihres Fehlens reicht nicht für seine Entlastung[609].

Dennoch hält die herrschende Meinung mit zwei unterschiedlichen Ansätzen an der „faute“ als Haftungserfordernis fest.

**(α) Gleichsetzung von „faute“ und „inexécution“**

In Abgrenzung zur deliktischen Haftung, deren gesetzliche Normierung das Vorliegen einer „faute“ ausdrücklich voraussetzt, art. 1382 CCiv., soll im Rahmen der „responsabilité contractuelle“ die besondere Bindung zwischen den Vertragsparteien auch im Haftungsgrund Ausdruck finden. So wird von Teilen der französischen Literatur der Verstoß gegen eine vertragliche Pflicht – und sei dieser auch noch so geringfügig – als „faute“ gewertet[610].

Vertreter dieses Standpunktes erklären die Unstimmigkeit zwischen den die Haftung regelnden Normen, indem sie ihnen eine unterschiedliche Funktion zuschreiben[611]: Zunächst solle mittels art. 1137 CCiv. das Ausmaß und der Inhalt der vertraglichen Pflicht bestimmt werden. Dabei sei die von *Demogue* getroffene Unterscheidung zwischen „obligations de moyens“ und „obligations de résultat“ allein für die Bestimmung des Pflichteninhalts heranzuziehen[612]. Der Norm des art. 1147 CCiv. käme dagegen allein die Bedeutung zu, im Falle der Nichterfüllung der Pflicht den Schuldner automatisch haften zu lassen. Denn anders als im Deliktsrecht gelte bei der „responsabilité contractuelle“ der Grundsatz „pacta sund servanda“.

Der Grund für das unterschiedliche Haftungsausmaß sei demnach nicht auf der Ebene des Verschuldensgrades angesiedelt, denn das Verschulden liege immer in der Nichterfüllung der versprochenen Vertragspflicht. Stattdessen sei allein der Umfang des vertraglichen Versprechens – lediglich erfolgsgerichtetes Handeln oder der Erfolg selbst – ausschlaggebend für das Ausmaß der Haftung.

Im Falle einer „inexécution“ läge wegen der besonderen vertraglichen Bindungswirkung immer eine implizierte „faute“ – ein als bewiesen vorausgesetztes schuld-

---

609 Constantinesco, Inexécution et Faute contractuelle, n° 131.

610 So noch H., L. Mazeaud, Responsabilité civile, t. I (4ème éd., 1947), n° 694; Ripert/Boulanger, Traité de droit civil, t. II, n° 785; Josserand, Cours de Droit Civil, t. II, n° 616; Le Tourneau/Cadiet, Droit de la responsabilité (6ème éd., 2006), n$^{os}$ 3222, 3234.

611 Marty/Raynaud, Les obligations, t. I, n° 533 bis; Überblick über die verschiedenen Vertreter bei Constantinesco, Inexécution et Faute contractuelle, n° 164.

612 Marty/Raynaud, Les obligations, t. I, n° 534.

haftes Fehlverhalten vor –, das grundsätzlich – außer im Ausnahmefall höherer Gewalt – nicht widerlegt werden könne[613].

Die Gleichsetzung von „inexécution“ und „faute“ lässt jedoch unberücksichtigt, dass eine nicht vertragsgemäße Erfüllung oder die schlichte Nichterfüllung neben einem Verschulden des Schuldners eben noch durch einen Fall höherer Gewalt bedingt werden kann. Schließlich kann gemäß art. 1148 CCiv. das Nichterreichen des Leistungserfolges auch auf einem äußeren Ereignis beruhen, dem der Schuldner sich nicht widersetzen konnte. Dazu zählen auch Verhinderungen des Erfolges durch Dritte oder den Gläubiger selbst. Unter Umständen gelingt es dem Schuldner aber nicht, den Nachweis für die höhere Gewalt zu erbringen. Dennoch könne man, so *Tunc*, nicht behaupten, dass der Schuldner sich „en faute“ befinde, wenn der Leistungserfolg aus einem Grund ausbleibt, der ihm nicht anzulasten sei. Von einer „faute“ könne man erst sprechen, wenn der Schuldner den Leistungserfolg nicht mit der gebotenen Sorgfalt und dem gebotenen Eifer verfolgt[614]. Man ließe, wenn eine „faute“ bereits beim Vorliegen des rein objektiv-materiellen Umstandes der „inexécution“ bejaht würde, den subjektiven Aspekt des Verschuldens völlig außer Acht. Nicht zuletzt bliebe für eine Differenzierung zwischen den traditionellen Verschuldensstufen von Vorsatz und Fahrlässigkeit gar kein Raum mehr[615].

Im Ergebnis landet man also auch trotz des behaupteten Festhaltens am Kriterium der „faute“ durch seine Gleichsetzung mit der Nichterfüllung der vertraglichen Pflicht bei einer objektiven Haftung, die das subjektive Verschulden des Schuldners nicht berücksichtigt.

**(β) Die „faute“ als Gegenstück zur „force majeure“**

Nach Ansicht derer, die zwischen den Begriffen „faute“ und „inexécution“ differenzieren und stattdessen die „faute“ als Gegenstück zur „force majeure“ begreifen, dürfen die beiden die Haftung betreffenden gesetzlichen Normen der artt. 1137 und 1147 CCiv. nicht separat voneinander betrachtet und unterschiedlich angewendet werden. Eine „faute contractuelle“ liegt somit immer vor, wenn die „inexécution“ einer vertraglichen Pflicht unzureichender Sorgfalt und unzureichendem Bemühen („diligence“) geschuldet ist[616]. Der Schuldner muss sich – egal um welchen Pflichtentyp es sich handelt – immer mit einer gewissen Sorgfalt um die Erfüllung der vertraglichen Verpflichtung bemühen. Im Falle einer „obligation de moyens“ liegt nur dann eine „faute“ vor, wenn die Vertragspflicht nicht erfüllt wurde, weil sich der Schuldner nicht wie ein

613 Ripert/Boulanger, Traité de droit civil, t. II, n° 785; Ferid, Das Frz. Zivilrecht I (1971), 2 C 18.

614 H., L. Mazeaud/Tunc, Responsabilité civile, t. I, n$^{os}$ 660f.: „On ne dira pas qu'est en faute, [...] le transporteur [...] alors qu'il circulait de manière irréprochable. [...] Est en faute, en revanche, le débiteur qui n'applique pas à la poursuite du résultat promis la diligence qu'implique le contrat et les circonstances“.

615 Constantinesco, Inexécution et Faute contractuelle, n° 172; Ferid, Das Frz. Zivilrecht I (1971), 2 C 20.

616 H., L. Mazeaud/Tunc, Responsabilité civile, t. I, n° 660.

durchschnittlich sorgfältiger und umsichtiger Mensch verhalten hat. Auch wenn der Schuldner diese Durchschnittsanforderungen erfüllt hat, kann es dennoch sein, dass ein Mehr an Bemühungen erforderlich gewesen wäre, um den Leistungserfolg zu erreichen. Dass er dieses Mehr nicht aufgebracht hat, ist dem Schuldner weder anzulasten, noch fällt es in den Bereich höherer Gewalt.

Bei einer „obligation de résultat" hingegen sollen die Anforderungen an den Schuldner und die Fälle höherer Gewalt ein Gegensatzpaar bilden[617]. Die „inexécution" könne bei einer „obligation de résultat" nur zwei Gründe haben: Entweder der Schuldner hat die vom ihm geforderte gesteigerte Sorgfalt und das besondere Bemühen an den Tag gelegt, aber für den Erfolgseintritt hätte es einer unaufbringbaren Sorgfalt und Bemühen bedurft – womit dann ein Fall höherer Gewalt vorläge. Oder aber der Schuldner ist hinter den an ihn gestellten gesteigerten „diligence"-Anforderungen zurückgeblieben und handelte somit fautif[618]. Der Schuldner verpflichtet sich also bis zur Grenze des Menschenmöglichen.

Eine Unterscheidung der beiden Normen wird demnach nur hinsichtlich des Grades der erforderlichen „diligence" vorgenommen. Die vertragliche Haftung basiere aber sowohl bei der „obligation de moyens", als auch bei der „obligation de résultat" ausschließlich auf der „faute"[619].

Doch selbst wenn ein Schuldner alles in seiner Macht stehende getan hat, um seiner vertraglichen Pflicht gerecht zu werden, bleibt von seinem bestmöglichen Handeln nicht immer noch ein Spielraum bis zur „force majeure"? Gerade im Hinblick auf Maschinen oder technische Geräte, deren Einsatz zur Vertragserfüllung oftmals für die Auferlegung einer „obligation de sécurité de résultat" ursächlich ist, gerät die Gegenüberstellung von menschenmöglichen Vorsichtsmaßnahmen und höherer Gewalt ins Wanken. So stellt, auch nach einer genauen Überprüfung des medizinischen Gerätes vor seiner Inbetriebnahme durch den Arzt, ein anschließender Defekt und eine dadurch bedingte Gesundheitsschädigung oder Verletzung des Patienten keinen Fall von „force majeure" dar, der den Arzt von seiner „obligation de sécurité de résultat" befreien würde. Sobald der Patient nachweist, dass seine Verletzungen von einer Fehlfunktion des Gerätes herrühren, ist die Haftung des Arztes begründet – unabhängig davon, ob der Defekt erkennbar war und das Ergreifen entsprechender Vorsichtsmaßnahmen damit überhaupt im Bereich des Menschenmöglichen lag, oder nicht[620].

---

617 Saleilles, Théorie générale de l'obligation, n° 333: „le cas fortuit commence là où cesse la faute"; Esmein, RTD civ. 1933, 627 (636); Tunc, RTD civ. 1945, 235 n$^{os}$ 3 ff (insb. n° 9).

618 Tunc, RTD civ. 1945, 235 n$^{os}$ 3 ff (insb. n° 9); H., L. Mazeaud/Tunc, Responsabilité civile, t. I, n° 664.

619 H., L. Mazeaud/Tunc, Responsabilité civile, t. I, n° 665.

620 CCass. civ. 1ère, 9 nov. 1999, Bull. civ., I, n° 300; Jourdain, note zu CCass. civ. 1ère, 9 nov. 1999, jrspr. comm., 117 (119); Ghestin/Viney/Jourdain, Les conditions de la responsabilité, n° 500-2. So bereits schon CCass. civ. 1ère, 17 janv. 1995, D. 1995, jrspr., 350 (note Jourdain) gegenüber einer Schule, deren Schüler sich beim Spielen auf dem Schulhof an einem Hula-Hoop-Reifen verletzt hatte: „Contractuellement tenu d'assurer la sécurité des élèves qui lui sont confiés, l'établissement d'enseignement privé est responsable des dommages qui leur son cau-

Nach beiden Begründungsansätzen ergibt sich auf der Ebene der Beweislast aus der Regelung des art. 1147 CCiv. somit eine Verschuldensvermutung, die de facto allerdings einer verschuldensunabhängigen Haftung gleichkommt, da das Verschulden derart ausgedehnt wird, dass es nur durch den Nachweis höherer Gewalt widerlegt werden kann.

Insgesamt lässt sich feststellen, dass in Frankreich, sobald es sich bei der verletzten Pflicht um eine „obligation de résultat" handelt, eine deutlich weitere Haftung als im deutschen Recht gegeben ist. Nicht nur wird das Verschulden des Schuldners, sondern auch der Kausalzusammenhang zwischen der – vermutet – schuldhaften Pflichtverletzung und dem eingetretenen Schaden[621] derart angenommen, dass beides nur durch den Nachweis höherer Gewalt widerlegt werden kann. Während in Deutschland der Gläubiger einer Schutzpflicht allein von der allgemeinen Vermutung des Vertretenmüssens des § 280 Abs. 1 S. 2 BGB profitiert – was in der Regel aber auf Grund seiner Pflicht zum Nachweis der Schutzpflichtverletzung de facto auf die komplette Beweislasttragung hinaus läuft[622], entspricht die „responsabilité contractuelle pour l'inexécution d'une obligation de résultat" der Gefährdungshaftung im deutschen Recht[623]. Allein die Tatsache, dass eine Schädigung eingetreten ist, reicht aus, um den Schuldner bis zum Nachweis höherer Gewalt haften zu lassen.

Grund hierfür scheinen allein die Vorgaben des Gesetzestextes in art. 1147 CCiv. zu sein. Denn wie oben dargestellt, besteht bei einem ganz überwiegenden Teil der französischen Lehre das Bestreben, die nach den Vorgaben des Code Civil eigentlich zweigliedrige „responsabilité contractuelle" einem einheitlichen Verschuldenskonzept zu unterwerfen. Somit scheint es nicht der Geisteshaltung der französischen Rechtsgelehrten zu entsprechen, dem geschädigten Gläubiger einer „obligation de résultat" einen verschuldensunabhängigen Haftungsanspruch gewähren zu *wollen*. Vielmehr versuchen sie alles, um die Vorgaben des art. 1147 CCiv. mit einer einfachen Verschuldensvermutung, wie es sie auch im deutschen Recht gibt, zu vereinbaren.

Nimmt man jedoch hin, dass die französische „responsabilité contractuelle" zwei Haftungsstufen kennt, bedeutet dies zwangsläufig auch für die Haftung aus der „obligation de sécurité" ein variables Ausmaß je nachdem, ob es sich um eine „obligation de moyens" oder eine „obligation de résultat" handelt. Für den Umstand, dass der Schuldner so gegebenenfalls ohne den Nachweis seines Verschuldens für die Verletzung des Gläubigers einstehen muss, lässt sich zumindest im Bereich der Schutzpflichten eine gewisse Legitimation empfinden. Anders als im deutschen Recht ist es in Frankreich immer die Unversehrtheit des menschlichen Körpers, die bei einem Verstoß gegen die „obligation de sécurité" verletzt wird. Zudem wird in Frankreich eine Schutzpflicht in der Ausprägung einer „obligation de résultat" nur angenommen, wenn ein durch den Schuldner gut beherrschbares Risiko besteht. Auch werden die Qualifi-

---

sés non seulement par sa faute mais encore par le fait des choses qu'il met en œuvre pour l'exécution de son obligation contractuelle.".

621 S. Kapitel D.II.1.a).(3).

622 S. Kapitel D.I.2.

623 So auch Hübner, in FS Baumgärtel (1990), 151 (155).

kation des Schuldners und seine Möglichkeiten, sich gegen eine eventuelle Haftung abzusichern, bei der Annahme einer „obligation de résultat" berücksichtigt (s. Kapitel B.II.1.c).(2)).

#### (3) Schaden und Kausalität als weitere grundsätzliche Haftungsvoraussetzungen

Um eine „responsabilité contractuelle" zu begründen, ist neben einer „inexécution fautive" erforderlich, dass diese einen Schaden beim Vertragsgläubiger hervorgerufen hat.

Wurde gegen eine „obligation de sécurité" verstoßen, so kam es bei der Vertragsdurchführung zwangsläufig zu einer Gesundheitsschädigung oder Körperverletzung des Gläubigers. Der Nachweis eines Schadens, der sicher ist oder mit dem sicher gerechnet werden kann, und der sich direkt aus der Pflichtverletzung ergibt (Erfordernis des „dommage certain et direct"[624]), ist also regelmäßig kein Problem. Bei „dommages corporels" kann mit Heilungskosten und gegebenenfalls auch Verdienstausfall gewiss gerechnet werden, und auch erlittene Schmerzen und entgangene Lebensfreude gelten als sichere Schadensfolgen einer Körperverletzung, für die die Zahlung eines Schmerzensgeldes geltend gemacht werden kann[625].

Handelt es sich bei der verletzten Vertragspflicht, um eine „obligation de résultat", so wird der Kausalzusammenhang zwischen der „inexécution fautive" und dem geltend gemachten Schaden vermutet[626]. Somit handelt es sich bei art. 1147 CCiv. letztlich um eine komplette Haftungsvermutung, die nur durch den Nachweis höherer Gewalt widerlegt werden kann[627]. Handelt es sich dagegen bei der verletzten Vertragspflicht um eine „obligation de moyens" muss entsprechend der Vorgabe des art. 1151 CCiv. nachgewiesen werden, dass der geltend gemachte Schaden aus der nachgewiesenen Pflichtverletzung resultiert[628].

#### (4) Vorhersehbarkeit des Schadens

Gemäß der Vorschrift des art. 1150 CCiv. kann bei der Rechtsfolge in Form des Schadensersatzes innerhalb der „responsabilité contractuelle" nur ein Ersatz desjenigen Schadens gefordert werden, der bereits bei Vertragsschluss vorhergesehen wurde oder vorhersehbar war. Diese Vorgabe soll dem Vertragsschuldner eine Einschätzung des

---

624 Terré/Simler/Lequette, Les obligations, n$^{os}$ 700 ff.

625 Terré/Simler/Lequette, Les obligations, n$^{os}$ 562, 708. S. auch Kapitel E.I.2.a).

626 CCass. civ. 1ère, 16 févr. 1988, Bull. civ., I, n° 42; CCass. civ. 1ère, 2 févr. 1994, D. 1994, inf. rap., 55; CCass. civ. 1ère, 21 oct. 1997, D. 1998, jrspr., 271 (note Brun); H., L. Mazeaud/Tunc, Responsabilité civile, t. I, n° 155; Terré/Simler/Lequette, Les obligations, n° 580; Rodière/Mercadal, Droit des transports, n° 358.

627 Le Tourneau, Droit de la responsabilité, n° 3234; Terré/Simler/Lequette, Les obligations, n° 580.

628 CCass. com., 15 mars 1976, JCP 1977, II, 18632 (note Ghestin); CCass. civ. 1ère, 17 nov. 1982, JCP 1983, II, 20056 (note Saluden); Terré/Simler/Lequette, Les obligations, n° 592.

Ausmaßes einer eventuellen Haftung ermöglichen, um gegebenenfalls nachverhandeln zu können und den Vertrag in vollem Bewußtsein der sich für ihn ergebenden Risiken abzuschließen[629]. Die Vorhersehbarkeit bezieht sich dabei nicht auf die Schadensursache[630], sondern auf das Ausmaß des Schadens, das heißt seine bezifferbare Höhe[631]. Nur so wird man auch der Intention des art. 1150 CCiv. gerecht, dem Schuldner eine ungefähre Einschätzung der unter Umständen auf ihn zukommenden Schadensersatzforderung zu ermöglichen. Das Bestreben, dem Schuldner eine Risikoabschätzung zu gestatten, geht jedoch nicht so weit, auch die Vorhersehbarkeit der sich aus dem Schaden ergebenden Ersatzansprüche zu fordern[632]. Unterlässt es der Gläubiger, den Schuldner über den besonderen Wert der Sachen, die er ihm im Zuge der Vertragsdurchführung übergibt, aufzuklären, wird ihm ein Mitverschulden angerechnet[633].

Der Grund für die Beschränkung der Haftung auf den vorhersehbaren Schaden wird in den Besonderheiten der Vertragshaftung gesehen. Die Pflichten der Vertragspartner seien auf ihre privatautonome Vertragsvereinbarung zurückzuführen. Der Wille zum Vertragsschluss sei aber durch die vorhersehbaren Entwicklungen bestimmt und erfasse keine unvorhersehbaren Umstände. Dementsprechend bezögen sich auch die vertraglich vereinbarten Pflichten nicht auf unvorhergesehene Umstände. Da sich die Ersatzansprüche im Fall der Nichterfüllung durch die zugrundeliegenden Vertragspflicht und den gemeinsamen Willen der Vertragspartner zum Zeitpunkt des Abschlusses bestimmen, können diese sich ebenso nur auf den vorhersehbaren Schaden beziehen. Eine Ersatzpflicht, die auch den unvorhersehbaren Schaden erfasst, verlässt das Feld der vertraglichen Haftung[634]. So haftet ein Transportunternehmer bei Verlust des zu beför-

629 CCass. civ., 9 juill. 1913, D. 1915, I, 35f.: Ein Reisender war wegen der Verspätung seines Zuges zu spät zu einer Versteigerung gekommen. Die Instanzgerichte hatten die Bahngesellschaft zu Ersatz des Schadens verurteilt, den der Reisende durch die verpasste Teilnahme erlitten hatte. Die CCass. hob die Entscheidung auf, da der besondere Schaden, der durch das Verpassen einer Versteigerung entsteht, für die Bahngesellschft nicht vorhersehbar war.

630 So die frühere Rspr. bis 1913: CA Pau, 11 août 1903, D. 1904, II, 302f.; CA Paris, 22 déc. 1910, GP 1911, I, 606. Die ursprüngliche Interpretation beruhte auf dem Gedanken, dass das grundlegende Prinzip des art. 1149 CCiv. – „les dommages et intérêts dus au créancier sont [...] de la perte qu'il a faite et du gain dont il a été privé" –, das einen Ersatz des kompletten erlittenen Schadens vorsieht, möglichst kaum eingeschränkt und die Begrenzung durch art. 1150 CCiv. dementsprechend gering gehalten werden soll. So kann z.B. ein Transporteur, dem ein Packet zum Transport übergeben wird, zwar immer mit einem möglichen Verlust oder der Zerstörung des Päckchens rechnen, doch ist er mangels Kenntnis über den Inhalt regelmäßig nicht in der Lage den durch Verlust bzw. Zerstörung enstandenen Schaden zu beziffern. Anders als nach der aktuellen Rechtslage, wäre nach alter Rechtsprechung auch der Verlust eines außergewöhnlich wertvollen Frachtguts zu ersetzen gewesen.

631 CCass. civ., 29 déc. 1913, D. 1916, I, 117; CCass. civ., 7 juill. 1924, D. 1927, I, 119f.; CCass. civ., 3 août 1932, D. 1932, hebdo., 572f.; CCass. civ., 31 juill. 1944, D. 1944, jrspr., 96f. (note A.C.); CCass. civ., 2 déc. 1947, GP 1948, I, 84.

632 CCass. civ., 16 févr. 1954, D. 1954, jrspr., 534.

633 Terré/Simler/Lequette, Les obligations (8ème éd., 2002), S. 543 Fn 1. Eine ähnliche Mitverschuldensregelung besteht mit § 254 Abs. 2 S. 1 1. Alt. BGB auch im deutschen Recht.

634 Radé, Jur. Cl. civ., art. 1146 – 1155: fasc. 10, n° 21; Le Tourneau/Stoffel-Munck, Droit de la responsabilité, n$^{os}$ 1034 ff; Starck/Roland/Boyer, Obligations, t. 2, n$^{os}$ 1664 ff (insb. n° 1671).

dernden Guts nicht für den vollen Wert der transportierten Sache, wenn deren Wert nicht aus der Art ihrer Verpackung ersichtlich war und der Auftraggeber auch keine entsprechenden Angaben gemacht hat[635].

Damit fungiert das Kriterium der Vorhersehbarkeit als Scharnier zwischen dem Ansatz einer allein am Parteiwillen festgemachten Verpflichtung und Haftung („approche subjective“) und der oktroierten Verpflichtung und Haftung unabhängig vom Parteiwillen („approche objective“)[636].

Gemäß art. 1150 CCiv. entfällt das Erfordernis der Vorhersehbarkeit des Schadens bei vorsätzlichem Handeln („dol“) des Schuldners. Die Rechtsprechung der Cour de Cassation stellt dem Eventualvorsatz grob fahrlässiges Handeln („faute lourde“) gleich[637], was in der Literatur kritisiert wird[638].

### (5) Erfordernis eines „lien nécessaire“ zwischen dem schadensbegründenden Ereignis und der vertraglicher Leistungspflicht

Die „obligation de sécurité“ zählt in Frankreich zwar als vollwertige vertragliche Pflicht, aber auch wenn im Einzelfall für den relevanten Vertragstyp eine „obligation de sécurité“ anerkannt wurde, stellt sich vor einem Eintritt der Rechtsfolgen die Frage, ob die Schutzpflicht auch gerade den eingetretenen Schaden vermeiden sollte.

Ein Beispielsfall aus der französischen Rechtsprechung macht deutlich, dass Körperverletzungen, die sich im Rahmen einer vertraglichen Beziehung zwischen Schädiger und Geschädigtem realisieren, nicht zwangsläufig über die vertragliche Haftung der „obligation de sécurité“ abgewickelt werden: Eine Krankengymnastin behandelt ihre Patienten in Räumlichkeiten, die zu ihrer Privatwohnung gehören. Ein Patient, der die Wohnung betritt, um dort behandelt zu werden, und auf einem über den frisch gebonerten Boden gelegten Teppich ausrutscht, hat keinen vertraglichen Anspruch gegen die Krankengymnastin, sondern muss seine Schadensersatzforderung auf die deliktische Grundlage des art. 1384 al. 1^er^ CCiv. stützen[639]. Die Cour de Cassation begründet ihre Entscheidung mit dem Fehlen eines „lien nécessaire“ zwischen der Ausführung des Behandlungsvertrages und der Schadensursache des rutschigen Teppichs, „l'usage du tapis, cause du dommage, ne se rattache pas par un lien nécessaire à l'exécution du contrat“[640].

---

635 CCass. com., 4 mars 1965, JCP 1965, II, 14219 (note Rodière).

636 S. auch Dedek, Negative Haftung aus Vertrag, 23.

637 CCass. civ., 29 juin 1948, JCP 1949, II, 4660; CCass. com., 15 juin 1959, D. 1960, jrspr., 97f. (note Rodière); CCass. com., 28 mai 1991, Bull. civ., IV, n° 193.

638 Le Tourneau/Stoffel-Munck, Droit de la responsabilité, n° 1039; Starck/Roland/Boyer, Obligations, t. 2, n° 1678.

639 CCass. civ. 1ère, 28 avr. 1981, Bull. civ. I, n° 137; D. 1981, inf. rap., 438; RTD civ. 1982, 144f. (obs. Durry).

640 CCass. civ. 1ère, 28 avr. 1981, Bull. civ. I, n° 137. Genauso entschied die CCass. später in einem ähnlich gelagerten Fall: keine Anwendung der vertraglichen Haftung für einen Unfall, der im Eingangsbereich eines Ärztehauses geschah, weil „le contrat passé entre le centre médical et le patient se limite à la consultation et aux soins“; il faut qu'il „existe un lien suffisament étroit entre la prestation du contrat et les risques du dommage“, CCass. civ. 1ère, 10 janv. 1990, RTD civ. 1990, 481 (obs. Jourdain).

Da die Cour de Cassation aber keine weitere Aussage zu dieser engen Verbindung zwischen Vertragserfüllung und Schadensursache trifft, bleibt zu klären, was darunter zu verstehen ist. Der Ansatz, ein „lien nécessaire“ für all diejenigen Handlungen anzunehmen, die für die Erbringung der vertraglichen Hauptleistungspflicht unerlässlich sind[641], trifft in der französischen Literatur nur teilweise auf Zustimmung. Da dieser Erklärungsversuch zu manigfaltigen Entscheidungen über die Details der Erfüllung einzelner Verträge führe, wurde er als „vollendeter Byzantinismus“[642] kritisiert. Stattdessen solle ein Vergleich zwischen der Situation des Vertragsgläubigers und einem Dritten ohne Vertragsbindung vorgenommen werden. Sobald die äußeren Umstände sich derart gestalten, dass ein Dritter ohne vertragliche Bindung zum Schädiger gleichsam Opfer der Schadensursache hätte werden können, handele es sich nicht mehr um eine vertragliche Haftung[643]. Da in dem vorliegenden Fall ein nicht in vertraglicher Beziehung zu der Krankengymnastin stehender Dritter, der diese einfach nur in ihrer Wohnung besucht, genauso auf dem Teppich hätte ausrutschen und sich verletzen können, bestehe kein „lien nécessaire“ zwischen der Schadensursache des rutschigen Teppichs und dem Behandlungsvertrag[644]. Denn in beiden Fällen hat sich nicht das im Zusammenhang mit einem Behandlungsvertrag typischerweise bestehende Risiko einer Gesundheitsschädigung durch Fehlschlagen der Behandlung ausgewirkt[645].

Im deutschen Recht wird eine parallele Argumentation jedoch auf einer anderen Ebene geführt. Um Dritten, die sich während der Begleitung Angehöriger bei Arztbesuchen oder Untersuchungen im Krankenhaus verletzen, einen vertraglichen Anspruch zu gewähren, wird in solchen Fällen die Annahme eines Vertrages mit Schutzwirkung zu Gunsten Dritter diskutiert. Der BGH lehnte dagegen schon früh ab, angehörigen Begleitern von Krankenhauspatienten einen vertraglichen Schadensersatzanspruch zuzubilligen. Die grundlegende Entscheidung aus dem Jahr 1951 betraf ebenfalls den Verstoß gegen eine Verkehrssicherungspflicht durch ein Krankenhaus, der zu einer Verletzung des Ehemannes einer Patientin geführt hatte. Da aber die Begleitpersonen nicht mit der Behandlung in Berührung kommen sollen, sei die Voraussetzung der Leistungsnähe für die Annahme eines Vertrages mit Schutzwirkung zu Gunsten Dritter nicht gegeben. Begleitende und besuchende Angehörige hielten sich stattdessen mehr oder weniger zufällig am Leistungsort auf[646].

Eine gegenteilige Ansicht wird in der deutschen Literatur vereinzelt vertreten. Ausgehend von der Erkenntnis, dass viele Patienten – „namentlich geh- oder sehbehinderte Personen, ängstliche Gemüter – den Arzt in Begleitung eines Angehörigen aufsuchen“, sieht *Weimar* in dem Behandlungsvertrag einen Vertrag mit Schutzwirkung zu Gunster Dritter[647]. So könne „auch die Begleitperson, die zur

---

641 So z.B. Le Tourneau/Leroy, Jur. Cl. civ., art. 1136-1145: fasc. 30 (2002), n° 14.

642 Durry, RTD civ. 1982, 144 (145); s. auch Huet, Responsabilité contractuelle et délictuelle, n$^{os}$ 348 ff.

643 Huet, Responsabilité contractuelle et délictuelle, n$^{os}$ 362 ff.

644 Durry, RTD civ. 1982, 144 (145); Terré/Simler/Lequette, Les obligations, n° 568; Huet, Responsabilité contractuelle et délictuelle, n$^{os}$ 337 ff mit weiteren Bsp.

645 CCass. civ. 1ère, 28 avr. 1981, Bull. civ. I, n° 137; D. 1981, inf. rap., 438; Durry, RTD civ. 1982, 144f.

646 BGH NJW 1951, 596; so auch MüKo/Gottwald, § 328 Rn 120; Palandt/Grüneberg, § 328 Rn 22 mwN; RGRK/Ballhaus, § 328 Rn 83.

647 Weimar, JR 1972, 181f.

Unterstützung oder Beruhigung des Patienten mit erscheint, wenn sie ... auf dem zu glatt gebohnerten Boden des Wartezimmers oder über einen dort liegenden ausgefransten Teppich zu Fall kommt" einen vertraglichen Schadensersatzanspruch geltend machen[648].

Schäden durch Körperverletzungen im Rahmen einer Vertragserfüllung können im französischen Recht also nur über die „obligation de sécurité" ersetzt werden, wenn sie das Resultat einer typischen Verwirklichung der der vertraglichen Hauptleistungspflicht innewohnenden Risiken sind[649]. Ganz überwiegend wird das Kriterium des inneren Zusammenhangs bei Schäden infolge von Schlechtleistung bejaht.

Allerdings legt die Cour de Cassation auch bei der Beurteilung des Zusammenhangs zwischen vertraglicher Erfüllungshandlung und dem schadensverursachenden Ereignis keine einheitliche Linie an den Tag. So ordnete beispielsweise die 2ème chambre civile der Cour de Cassation eine sich beim Nachfüllen einer Gasflasche durch ein Fehlverhalten des Gasverkäufers ereignende Explosion als einen Fall deliktischer Haftung auf Grundlage des art. 1384 al. 1er CCiv. ein[650]. Zwar habe sich der Unfall während der Erfüllung eines Kaufvertrages ereignet, doch stünden die entstandenen Verletzungen in keinem Zusammenhang mit der vertraglichen Pflicht des Verkäufers, die verkaufte Sache zu liefern. Noch im gleichen Jahr wurde bei identischem Sachverhalt die Explosion einer Gasflasche bei der Belieferung eines Kunden von der 1ère chambre civile als Nichterfüllung einer vertraglichen Pflicht verstanden mit der Folge, dass dem geschädigten Kunden ein vertraglicher Haftungsanspruch an die Hand gegeben wurde[651]. So kommt die Cour de Cassation letztlich zu dem Schluss, dass die Leistungspflicht eines Verkäufers auch die Pflicht umfasse, die Sache in einen die Lieferung ermöglichenden Zustand zu versetzen, weswegen sie die Explosion einer Gasflasche bei der Kundenbelieferung letzten Endes doch als Verfehlung der Leistungspflicht und somit als Fall vertraglicher Haftung einordnet[652].

Das einschränkende Erfordernis des „liens nécessaire" kann zu sehr unterschiedlichen Haftungsergebnissen im deutschen und französischen Recht führen. *Henri* und *Léon Mazeaud* nennen in ihren zusammen mit *André Tunc* herausgebrachten Abhandlungen ein prägnantes Beispiel für die Differenzierung der Haftungsgrundlage je nach Nähe des Schadens zur Leistungspflicht. So würde ein Klempner, der bei Schweißarbeiten einen Brand verursacht, wegen Schlechterfüllung des Vertrages auch nach vertraglichen Haftungsregeln für den Schaden einstehen müssen. Würde dagegen derselbe Klempner lediglich anlässlich der Erfüllung seiner Arbeit in den Räumen seines Auftraggebers aus Unachtsamkeit eine Vase zerstören – zum Beispiel indem er versehentlich dagegen stößt –, richte sich seine Haftung nach deliktischen Grundsätzen[653]. Da-

---

648 Weimar, JR 1972, 181.

649 So auch Le Tourneau/Poumarède, Jur. Cl. civ., art. 1136-1145: fasc. 30, n° 9; Hassler, Petites Affiches n° 19, jrspr., 17.

650 CCass. civ. 2ème, 13 mai 1955, D. 1956, jrspr., 53.

651 CCass. civ. 1ère, 7 déc. 1955, D. 1956, jrspr., 136.

652 So schon Savatier in der Anm. zu CCass. civ. 2ème, 13 mai 1955, D. 1956, jrspr., 53 (54); CCass. civ. 1ère, 7 déc. 1955, D. 1956, jrspr., 136.

653 H., L. Mazeaud/Tunc, Responsabilité civile, t. I, note 1 unter n° 145, die zu den wenigen Autoren gehören, die eine „obligation de sécurité" auch zu Gunsten von Sachen annehmen. Der be-

mit erfährt der für die Rücksichtspflichten des neuen Schuldrechts als Paradebeispiel zitierte Fall des unvorsichtigen Handwerkers, der das Mobiliar seines Auftraggebers beschädigt[654], in Frankreich eine grundlegend andere Lösung als im deutschen Recht. Auch der Beispielsfall aus der französischen Rechtsprechung zur Handhabung des Sturzes eines Patienten auf dem Weg zu seinem Arzt würde im deutschen Recht als Auslöser einer vertraglichen Haftung über die Schutzpflichten gelöst. So hat der BGH erst kürzlich bekräftigt, dass durch den Kauf einer Zugfahrkarte zu Lasten des Verkehrsunternehmens die vertragliche Pflicht entstehe, den Zugang bis zum Wagon für den Reisenden sicher zu gestalten. Im Zuge der Verhandlung wies der Vorsitzenden des 10. Zivilsenats Peter Meier-Beck darauf hin, dass dieses Verfahren auch über den Bahnbetrieb hinaus Bedeutung habe, etwa für Fälle, in denen ein Patient auf dem Weg zu seinem Arzt in dessen Treppenhaus stürze und daraus Ansprüche aus dem Arztvertrag herleite[655].

Die unterschiedliche Handhabung erkärt sich aus der Herleitung der „obligation de sécurité", die sich im Gegensatz zum deutschen Recht aus der vertraglichen Hauptpflicht ergibt, welche wiederum vom Richter typisiert und unter Zugrundelegung des vertraglichen Regelfalles betrachtet wird (s. Kapitel C.II.1.b)). Grundlage für die Schutzpflicht ist somit nicht wie im deutschen Recht das zugrunde liegende *konkrete* Schuldverhältnis, sondern sind Inhalt und Natur der Hauptpflichten eines Vertragstypus im Allgemeinen. Deswegen bietet die „obligation de sécurité" lediglich einen Schutz vor den typischerweise im Zusammenhang mit einer vertraglichen Leistung auftretenden Gefahren, nicht jedoch einen umfassen Integritätsschutz gegen jedwede Schädigung. Die im französischen Recht anerkannten Fälle eines Schadens, der in innerem rechtlichem Zusammenhang zur Verletzung der Leistungspflicht steht, liegen deswegen regelmäßig in den Konstellationen eines Schadenseintritts durch Schlechtleistung – vor Inkrafttreten der Schuldrechtsreform im deutschen Recht klassische Fälle der „pVV".

Damit ist der Schutzbereich der „obligation de sécurité" deutlich enger als der der deutschen Rücksichtspflichten. Während eine für einen Vertrag anerkannte „obligation de sécurité" nur darauf abzielt, einen Haftungsanspruch für typischerweise im Zusammenhang mit den vertraglichen Ausführungshandlungen auftretende Schäden zu gewähren, leisten die Schutzpflichten des § 241 Abs. 2 BGB einen umfassenden Schutz für alle möglichen Schäden, die bei Gelegenheit der Erfüllung des Schuldverhältnisses – und im speziellen des Vertrages – geschehen können. Für eine derartige Erweiterung der vertraglichen Haftung auf Schäden, die lediglich „à l'occasion d'un contrat" entstehen, tritt nur eine Mindermeinung in Frankreichs Literatur ein[656]. Hinzu

hauptete deliktische Charakter der Haftung erklärt sich also nicht durch den Umstand, dass es sich um eine Sachbeschädigung handelt.

654 BT-Drucks. 14/6040, 141.

655 Süddeutsche Zeitung vom 18.01.2012, „Glatteis und andere Gefahren", Artikel zu BGH Urteil vom 17.01.2012, Az. X ZR 59/11.

656 Demogue, Traité des obligations, t. V, n° 1243.

kommt, dass über die „obligation de sécurité“ grundsätzlich nur Personenschäden ersetzt werden (s. Kapitel B.II.2). Auch wenn ein Sachschaden an den Rechtsgütern des Gläubigers bei Erfüllung der vertraglichen Pflicht entsteht, kommt regelmäßig nur eine deliktische Haftung des Schuldners in Betracht[657].

Die Einschränkung des Haftungstatbestandes der „obligation de sécurité“ ist aber im Vergleich zu den deutschen Schutzpflichten auch gerade deswegen möglich, weil das französische Deliktsrecht mit art. 1384 al. 1er CCiv. eine für den Geschädigten gleichsam günstige Haftungsregelung enthält. Dieser Hintergedanke scheint auch die Cour de Cassation bei ihrer Entscheidung aus dem Jahre 1981 dazu bewegt zu haben, den Schadensersatzanspruch des verletzten Patienten auf die „responsabilité pour fait des choses“ zu stützen. Während eine Schadensersatzforderung basierend auf Verletzung der „obligation de sécurité“, die im Zusammenhang mit ärztlichen Behandlungsverträgen fast immer in Gestalt einer „obligation de moyens“ angenommen wird, den Nachweis einer „faute“ der Krankengymnastin erfordert hätte, ist mit der Sachwalterhaftung des art. 1384 al. 1er CCiv. dem Geschädigten eine verschärfte Verschuldensvermutung zu Gute gekommen (s. Kapitel E.I.2.b)).

### (6) Keine „mise en demeure“

Im französischen Vertragsrecht trifft den Gläubiger grundsätzlich die Pflicht, seinen Schuldner in Verzug zu setzen, um Schadensersatz wegen einer nicht oder nicht wie geschuldet erfüllten Pflicht verlangen zu können, art. 1146 CCiv. Eine Ausnahme gilt logischerweise grundsätzlich für Unterlassungspflichten, art. 1145 CCiv. Im Falle der „obligation de sécurité“ handelt es sich bei der Pflicht, die Gesundheit des Vertragspartners zu schützen, letztlich um die Pflicht, dem anderen keinen Schaden zuzufügen, und damit um eine „obligation de ne pas faire“, für die ein Verzug naturgemäß nicht eintreten kann. Die „mise en demeure“ ist somit keine Haftungsvoraussetzung bei der „obligation de sécurité“.

Das Erfordernis eines in Verzug Setzens wird jedoch für die Rechtsfolge des Schadensersatzes diskutiert. Angesichts der durch art. 1146 CCiv. aufgestellten Voraussetzung, dass ein Schadensersatz nur geschuldet wird, wenn der Schuldner sich in Verzug befindet, wurde in der französischen Doktrin die Frage aufgeworfen, ob sich dieses Erfordernis allein auf Ansprüche bezieht, die auf den Ersatz des Verzugsschadens gerichtet sind („dommages et intérêts moratoires“), oder ob auch kompensatorische Schadensersatzansprüche („dommages et intérêts compensatoires“) erfasst werden.

Teilweise wird die Ansicht vertreten, dass – auch wenn der kompensatorische Schadensersatzanspruch des Gläubigers unbestritten im Zeitpunkt des Schadenseintritts entstehe, dieser erst mit in Verzug Setzen des Schädigers und der Bezifferung der Schadensforderung durchsetzbar werde[658]. Die Mehrheit im französischen Schrifttum geht aber davon aus, dass die Pflicht, die körperliche Unversehrtheit seines Vertragspartners zu schützen als „obligation de ne pas faire“ nicht dem Erfordernis einer „mise en demeure“ unterliegt. Da es sich bei der Schadensersatzforderung nicht um einen zwei-

657 Jourdain, RTD civ. 1992, IV, 766 (768).
658 Terré/Simler/Lequette, Les obligations, n° 1084.

ten, unabhängigen Anspruch, sondern um den in einen Sekundäranspruch umgewandelten Schutzanspruch handelt, muss die Freistellung vom Erfordernis des in Verzug Setzens auch auch für den Schadensersatzanpruch gelten[659]. Außerdem liegt im Falle des Verstoßes gegen eine „obligation de sécurité“ keine typische Verletzung einer vertraglichen Pflicht vor. Vielmehr handelt es sich dabei um Körperverletzungen, die klassischerweise dem Deliktsrecht zuzuordnen wären. Schadensersatzforderungen aus deliktischer Haftung sind aber unbestritten ohne ein in Verzug Setzen des Schuldners fällig[660].

## b) Haftungsmodifikationen

### (1) Vertragliche Haftungsbeschränkungen

Grundsätzlich sind im französischen Vertragsrecht sowohl Haftungsfreizeichnungsklauseln („clauses de non-responsabilité“ / „clauses exonératoires“ / „clauses d’irresponsabilité“) als auch Haftungsbeschränkungen („clauses limitatives / restrictives de responsabilité“) zulässig. Damit besteht ein grundlegender Unterschied zur deliktischen Haftung, wo jegliche Haftungseinschränkungen nichtig sind[661]. Diese divergierende Handhabung erklärt sich aus der Tatsache, dass der Vertragsschuldner freiwillig eine Leistung oder ein Verhalten versprochen hat. Entsprechend des Grundsatzes der Privatautonomie muss er auch nur das erbringen, wozu er sich – unter Berücksichtigung der vereinbarten Beschränkungen – verpflichtet hat. Im Gegensatz dazu hat die deliktische Haftung den Rang eines „ordre public“[662].

Die französche Rechtsprechung hat Haftungsfreizeichnungsklauseln erst Mitte des 20. Jahrhunderts eine tatsächlich haftungsbefreiende Wirkung zugestanden. Zuvor ging man lange Zeit davon aus, dass durch eine vertragliche „clause de non-responsabilité“ lediglich eine Beweislastumkehr erfolgt[663].

---

659 Meurisse, JCP 1947, I, 667; so im Ergebnis auch Le Tourneau/Stoffel-Munck, Droit de la responsabilité, n° 820, der zur Beurteilung der Notwendigkeit einer „mise en demeure“ darauf abstellt, ob die Primärforderung noch erfüllbar ist; Pierrard, JCP 1945, I, 466; Josserand, Cours de Droit civil, t. II, n° 621.

660 CCass. civ. 3ème, 22 mai 1968, 2e espèce, D. 1970, jrspr., 453 (note Jestaz); CCass. civ. 3ème, 25 oct. 1968, JCP 1969, II, 16062 (note Prieur); CCass. civ. 3ème, 20 nov. 1984, D. 1985, inf. rap., 399.

661 S. z.B.: CCass. req., 27 juill. 1925, D. 1926, I, 5 ff; CCass. civ., 3 janv. 1933, D. 1933, hebdo., 113 (1ère espèce); CCass. civ., 18 juill. 1934, D. 1935, I, 38 ff (note Roger); CCass. civ. 2ème, 17 fév. 1955, D. 1956, jrspr., 17 (note Esmein); Grands arrêts, t. II, 182; CCass. civ., 28 nov. 1962, D. 1963, jrspr., 465f. (note Borricand). Allerdings gibt es Stimmen, die außerhalb einer Haftung für „faute prouvée“ oder Körperverletzungen Haftungsklauseln auch bei der deliktischen Haftung aus vermutetem Verschulden, z.B. bei art. 1384 al. 1er und 1385 CCiv. zulassen wollen, so Terré/Simler/Lequette, Les obligations, n$^{os}$ 735, 801; René Savatier, Responsabilité civile, t. II, n° 664.

662 S. Kapitel E.III.1.b).

663 Für die alte Rspr. s. CCass. civ., 9 nov. 1915, D 1921, I, 23; Änderung der Rspr. mit CCass. civ., 3 août 1948, D. 1948, jrspr., 536; CCass. soc., 15 juill. 1949, S. 1950, I, 19f.; Rodière, in note zu CCass. com., 15 juin 1959, D. 1960, jrspr., 97 (98).

Der imperative Charakter der deliktischen Haftung wirkt jedoch bis in den vertraglichen Bereich hinein. So entfällt die Wirkung kontraktueller Haftungsklauseln in Fällen absichtlicher Schädigung[664] („dol“) oder bei bedingtem Vorsatz beziehungsweise bewusster Fahrlässigkeit[665] („faute lourde“)[666 667]. Ein gleichlautendes Verbot gilt mit § 276 Abs. 3 BGB im deutschen Recht.

Teilweise ist die Vereinbarung von Haftungsbeschränkungen für einzelne Vertragskonstellationen mittels Gesetzes auch komplett untersagt. So ist es dem unternehmerischen Verkäufer zum Beispiel verboten, über eine Haftungsklausel die Ersatzansprüche des kaufenden Verbrauchers zu beschränken[668]. Gleiches gilt über §§ 309 Nr. 8 b), 310 Abs. 3 Nr. 2 BGB auch im deutschen Recht.

---

664 Ferid, Das Frz. Zivilrecht I (1971), 2 C 32.

665 Ferid, Das Frz. Zivilrecht I (1971), 2 C 34: Die „faute lourde“ entspricht nicht völlig der groben Fahrlässigkeit des deutschen Rechts. Als Außerachtlassung der Vorsicht und Behutsamkeit eines gewöhnlichen Menschen ohne besondere Geistesfähigkeit entspricht dieses Verschulden fast der Absicht und wird dem Vorsatz gleichbehandelt („culpa lata dolo aequiparatur“). Die grobe Fahrlässigkeit des deutschen Rechts wird dagegen als deutlicher Verstoß gegen die Sorgfalt und Behutsamkeit eines sorgsamen und verständigen Hausvaters verstanden und steht damit auf einer anderen Stufe.

666 Während für den „dol“ die Unwirksamkeit von Haftungsklauseln unbestritten ist (s.nur CCass civ. 1ère, 1er juill. 1964, Bull. civ., I, n° 358; CCass. civ. 1ère, 4 févr. 1969, D. 1969, jrspr., 601; H., L., J. Mazeaud/Chabas, Responsabilité civile, t. III-2, n$^{os}$ 2522, 2610, 2631; Josserand., Cours de Droit Civil, t. II, n° 624; Starck/Roland/Boyer, Obligations, t. 2, n$^{os}$ 2121 ff; Viney/Jourdain, Les conditions de la responsabilité, n° 604; Terré/Simler/Lequette, Les obligations, n° 615, wird die „faute lourde“ diesbezüglich dem „dol“ gleichgesetzt (CCass civ. 1ère, 19 déc. 1960, Bull. civ., I, n° 552; CCass. com., 20 mars 1961, Bull. civ., III, n° 148; CCass. civ. 1ère, 21 déc. 1964, Bull. civ., I, n° 585; CCass. com., 21 déc. 1970, Bull. civ., IV, n° 354; CCass. civ. 1ère, 22 nov. 1978, JCP 1979, II, 19139 (note Viney); CCass. civ. 1ère, 8 nov. 1983, D. 1984, inf rap., 486 (note Baron); CCass. civ. 1ère, 18 janv. 1984, RTD civ. 1984, 727 (obs. Huet); CCass. civ. 1ère, 12 déc. 1984, Bull. civ., I, n° 335; CCass. civ. 1ère, 15 nov. 1988, Bull. civ, I, n° 318; CCass com., 11 juill. 1995, Bull. civ., IV, n° 215; CCass. com., 3 avr. 2001, Bull. civ., IV, n° 70; H., L., J. Mazeaud/Chabas, Responsabilité civile, t. III-2, n° 2523; Starck/Roland/Boyer, Obligations, t. 2, n$^{os}$ 1875 ff; Viney/Jourdain, Les conditions de la responsabilité, n° 606; Terré/Simler/Lequette, Les obligations, n° 615; Le Tourneau/Krajeski, Droit de la responsabilité, n$^{os}$ 1140f., 1177.

667 Damit stimmt die Regelung der Haftungsbeschränkungen mit der Norm des art. 1150 CCiv. überein. Die sich letztlich auch als Haftungsbeschränkung auswirkende Vorgabe, dass nur der vorhersehbare Schaden ersetzt werden muss, entfällt bei „dol“ und „faute lourde“, CCass com., 25 mars 1963, D. 1964, jrspr., 17 (note Rodière); CCass com., 11 mai 1976, D. 1976, somm., 64.

668 Art. 2 des décret n° 78-464 vom 24 mars 1978, mittlerweile art. R. 132-1 Code de la Consommation: „Dans les contrats de vente conclus entre des professionnels, d'une part, et des non-professionnels ou des consommateurs, d'autre part, est interdite comme abusive au sens de l'alinéa 1er de l'article L. 132-1 la clause ayant pour objet ou pour effet de supprimer ou de réduire le droit à réparation du non-professionnel ou consommateur en cas de manquement par le professionnel à l'une quelconque de ses obligations.“.

Damit beschränkt sich die Zulässigkeit von vertraglichen Haftungsklauseln auf die Verschuldensform der „faute légère“, der im deutschen Recht die einfache Fahrlässigkeit entspricht[669]. Im Rahmen der Haftung wegen der Verletzung einer „obligation de sécurité“ ist jedoch selbst die Zulässigkeit von Beschränkungen der Haftung wegen „faute légère“ fraglich.

Vereinzelt wird in der französischen Doktrin der Haftungsausschluss für Fahrlässigkeit auch bei Körperschäden als zulässig erachtet[670]. Denn würde eine Unzulässigkeit im Zusammenhang mit dem Schutzgut der körperlichen Integrität angenommen, müsste konsequenterweise eine Haftungsklausel stets für unwirksam erklärt werden, wenn ein Interesse von Rang eines „ordre public“ in Gefahr sei oder eine nicht zur Disposition stehende Vertragspflicht verletzt würde. Eine derartige Einschränkung der vertraglichen Autonomie würde aber ein zu exessives Ausmaß annehmen[671]. Ebenso könne das Verbot des art. 1128 CCiv., Personen zum Gegenstand von Verträgen zu machen, hier nicht als Argument angeführt werden, da vertragliche Absprachen, die eine Haftung für Körperschäden ausschließen, sich lediglich auf eine eventuell geschuldete Schadensersatzzahlung bezögen[672].

Auch die Rechtsprechung scheint einer Zulässigkeit von individualvertraglichen Haftungsbeschränkungen im Falle von Körperverletzungen zuzustimmen. Auch wenn entsprechende Entscheidungen nicht sehr zahlreich sind, kann aus ihnen eine implizite Anerkennung der Haftungsklauseln herausgelesen werden. So lehnte die Cour de Cassation 1989 beispielsweise die Schadensersatzforderung eines Seglers gegen den Organisator einer Regatta ab, da letzterer einen Haftungsausschluss vereinbart hatte und der verletzte Segler ihm keine „faute lourde“ nachweisen konnte[673]. Der Segler war erst nachts im Zielhafen eingelaufen und hatte sein Boot auf einen Liegeplatz gesteuert. Dort fiel er beim Aussteigen in einen Spalt zwischen dem festen Anlegesteg und einem schwimmenden Ponton, der den Steg verlängerte. Die Cour de Cassation war angesichts der Tatsache, dass es sich bei den Regatta-Teilnehmern, wie auch dem Kläger, um erfahrene Segler handelte, davon ausgegangen, dass diese sich den Gefahren des nächtlichen Anlegens an teils festen, teils mobilen Stegen bewusst seien. Dem-

---

669 Ferid, Das Frz. Zivilrecht I (1971), 2 C 38; Constantinesco, Inexécution et Faute contractuelle, n$^{os}$ 197 ff: Innerhalb der „faute légère“ wird im französischen Recht nicht mehr zwischen grober und leichter Fahrlässigkeit unterschieden wie dies im deutschen Recht der Fall ist.

670 Brun, Responsabilités, n° 78; Demogue, Traité des obligations, t. V, n° 1198; Marty/Raynaud, Les obligations, t. I, n° 618; Starck/Roland/Boyer, Obligations, t. 2, n$^{os}$ 1886, 1893.

671 Marty/Raynaud, Les obligations, t. I, n° 618.

672 Starck/Roland/Boyer, Obligations, t. 2, n° 1893; Esmein, in Mélanges R. Savatier (1965), 271 (275f.); D. Mazeaud, in Obligations en dt. fr. et en dt. belge, 155 (168); Le Tourneau/Krajeski, Droit de la responsabilité, n° 1137.

673 CCass. civ. 1ère, 29 juin 1989, Bull. civ., I, n° 265; s. auch in der gleichen Sache CCass. civ. 1ère, 8 nov. 1983, Bull. civ., I, n° 261; eindeutig anders aber noch: CA Lyon, 27 juin 1913, D. 1914, II, 73f.; CA Paris, 12 mars 1931, D. 1931, II, 141 (note Loup); CA Toulouse, 23 oct.1934, D. 1935, II, 49 (51) (note L. Mazeaud); Trib. civ. Marseille, 12 juin 1956, D. 1956, jrspr., 515.

entsprechend sei es Sache des Klägers gewesen, für das Aussteigen Vorsichtsmaßnahmen zu ergreifen und zuvor den Steg mit einer Taschenlampe abzuleuchten.

Allerdings hatte die Cour de Cassation noch nicht oft die Gelegenheit, über die Zulässigkeit einer vertraglichen Haftungsklausel zu urteilen, da es selten vorkommt, dass die Vertragspartner eine solche unter Einbeziehung der „obligation de sécurité" vereinbaren[674]. Angesichts der wenigen Entscheidungen, die bis jetzt zu dieser Problematik ergangen sind, und insbesondere im Hinblick auf den besonderen Kontext des Urteils von 1989 sollte dessen Tragweite relativiert werden. In Anbetracht der starken Gegenmeinung in der Doktrin und einer fast einheitlich gegenteiligen Position der Instanzgerichte[675] ist die Möglichkeit zu erwägen, dass die Cour de Cassation mit ihrer abweichenden Lösung nur den Besonderheiten sportlicher Wettkampfsituationen und dem dort geltenden Prinzip der Risikoeinwilligung („théorie de l'acceptation des risques") gerecht werden wollte[676].

Der ganz überwiegende Teil der Autoren lehnt Haftungsbeschränkungen bei Körperschäden auch für einfache Fahrlässigkeit ab. Entsprechend des aus art. 1128 CCiv. zu entnehmenden Grundsatzes des französischen Vertragsrechts, dass die Person des Menschen „hors le commerce" – außerhalb des Handelbaren – ist, werden Haftungsbeschränkungen für Personenschäden als Verstoß gegen den „ordre public" und die guten Sitten, art. 6 CCiv., gewertet[677]. Auch wenn mit der vertraglichen Klausel keine wirkliche Disposition über die Person geschieht – der Gläubiger der „obligation de sécurité" erlaubt dem Vertragspartner ja nicht, ihn zu verletzen oder seine Gesundheit

674 In einem Fall aus dem Jahre 1970 hatte die Cour de Cassation sich noch um eine Entscheidung gedrückt. Die Instanzgerichte hatten die Klage eines Fluggastes wegen einer Verletzung, die er sich beim Sturz in einem Parkhaus zugezogen hatte, mit Verweis auf eine Haftungsklausel zu Gunsten des Flughafenbetreibers abgelehnt. In seinem Rechtsmittel vor der Cour de Cassation berief sich der Kläger auf die Unwirksamkeit dieser Klausel wegen ihres Verstoßes gegen den Status der körperlichen Integrität als „ordre public". Die Cour de Cassation wies das Rechtsmittel des Klägers jedoch aus anderen Gründen zurück, CCass. civ. 1ère, 3 juin 1970, D. 1971, jrspr., 373 (374) (note Chauveau). Bereits 1958 kam es gar nicht erst zu einer Entscheidung, weil die Cour d'Appel bereits zulässigerweise den Anwendungsbereich der Haftungsklausel mittels Auslegung derart beschränkt hatte, dass der die Verletzung des Klägers bereits nicht mehr darunter zu fassen war, CCass. civ. 1ère, 14 mai 1958, D. 1958, jrspr., 484. In einer Entscheidung aus dem Jahre 1965 befand die Cour de Cassation die angegriffene Entscheidung der Cour d'Appel, eine vertragliche Haftungsfreizeichnungsklausel nicht anzuwenden, für richtig. Allerdings begründete die Cour de Cassation die Unanwendbarkeit der Klausel mit dem Vorliegen einer „faute lourde" des Verwenders und nicht – wie die Cour d'Appel – mit dem Verstoß gegen den „ordre public" der körperliche Integrität des Menschen, CCass. com., 19 oct. 1965, D. 1966, jrspr., 238.

675 So beispielsweise CA Paris, 25 mars 1954, JCP 1954, II, 8094 (note Rodière); CA Toulouse, 23 oct. 1934, D. 1935, II, 49 (51); CA Nancy, 26 juin 1925, D. 1927, II, 25 (29).

676 So auch Bloch, L'obligation contractuelle de sécurité, n° 43; Mayr, Schutzpflichten, 76.

677 Josserand., Cours de Droit Civil, t. II, n° 624-3; ders., D. 1932, chron., 1 ff; Savatier, Responsabilité civile, t. II, n° 661; Terré/Simler/Lequette, Les obligations, n° 615; Ripert, La règle morale dans les obligations, n° 28: „La liberté contractuelle s'arrête quand on essaie d'échapper à l'observation du devoir de ne pas nuire à autrui."; Meller, Obligation de Sécurité, 48f.; D. Mazeaud, GP 1997 (hors série), 1201 (1209).

zu schädigen, so werde doch eine Nachlässigkeit gegenüber der körperlichen Integrität anderer Menschen bewilligt, die zu weit gehe[678].

So werden also Haftungsklauseln bei Körperschäden im französischen Schriftum allgemein für unzulässig erachtet, darüber hinaus liegt die Unabdingbarkeit speziell der „obligation de sécurité" aber auch in ihrer dogmatischen Herleitung begründet. Als eine von der Rechtsprechung entwickelte imperative Vertragspflicht habe sie den Rang einer „obligation légale" (s. auch Kapitel B.IV.2). Da die Schutzpflicht unabhängig vom Parteiwillen den beiden Vertragspartnern oktroyiert wird, müsse sie konsequenterweise auch deren Disposition entzogen sein[679].

Hinzu kommt, dass bei manchen Verträgen, für die eine „obligation de sécurité" anerkannt wurde, die Schutzpflicht dem Rang einer Hauptpflicht („obligation essentielle") nahe kommt. Deswegen könne die „obligation de sécurité" nicht über eine Haftungsklausel abbedungen werden, ohne dass der Vertrag in Gänze hinfällig würde[680].

### (2) Gesetzliche Haftungsmodifikationen

Das vorhergehend Gesagte bezieht sich ausschließlich auf Haftungsbeschränkungen vertraglichen Ursprungs. Im Code Civil finden sich jedoch, wie im BGB, Haftungsnormen in den speziellen Vorschriften in Bezug auf einzelne Schuldverhältnisse. So haftet gemäß art. 1927 CCiv. der Verwahrer nur nach dem Maßstab der Sorgfalt in eigenen Angelegenheiten, und die Haftung des unentgeltlich Beauftragten wird „milder" beurteilt, art. 1992 al. 2 CCiv. Es stellt sich die Frage, ob diese Haftungsklauseln, die sich, ebenso wie in Deutschland, aus dem Inhalt des Leistungsverhältnisses ergeben, auch auf die „obligation de sécurité" durchschlagen.

---

678 H., L., J. Mazeaud/Chabas, Responsabilité civile, t. III-2, n° 2529; Terré/Simler/Lequette, Les obligations, n° 611; Ghestin/Jourdain/Viney, Les effets de la responsabilité, n° 194-1: „[O]n peut [...] appuyer [la nullité de toutes clauses écartant ou limitant la réparation pour dommages corporels] tout simplement sur la nécessité de garantir la réparation des dommages corporels, en raison de l'importance vitale de cette indemnisation pour les individues concernés et pour la société toute entière, l'une des aspirations essentielles de notre civilisation étant précisement d'assurer aux citoyens la sécurité physique, ce qui implique naturellement, en cas d'atteinte à leur intégrité corporelle, une réparation suffisante et équitable.".

679 Bloch, L'obligation contractuelle de sécurité, n° 26; D. Mazeaud, GP 1997 (hors série), 1201 (1207); Meller, Obligation de Sécurité, 49.

680 So H., L., J. Mazeaud/Chabas für den Beförderungsvertrag: „Il en est le même de l'obligation de sécurité dans le contrat de transport de personnes; elle lui est essentielle; elle ne peut être détachée. S'engager à transporter un voyageur, c'est nécessairement s'engager à l'amener à destination sain et sauf.", H., L., J. Mazeaud/Chabas, Responsabilité civile, t. III-2, n° 2520. Ein ähnliches Argument wird wohl auch für den Behandlungsvertrag gelten müssen, dem die Verpflichtung des Arztes zu einer sorgfältigen Behandlung unter Berücksichtigung der Regeln der Kunst zwangsläufig inheränt ist. Mit dem gleichen Argument wurde von der CCass. eine vertragliche Haftung trotz Haftungsausschluss / -beschränkung bejaht: CCass. civ. 1ère, 23 fév. 1994, Bull. civ., I, n° 76 (Parkhausbetreiber, der eine Überwachung der geparkten Fahrzeuge und der darin befindlichen Gegenstände ausgeschlossen hatte); *arrêt Chronopost*, CCass. civ. 1ère, 22 oct. 1996, D. 1997, jrspr., 121 (122) (note Sériaux) (spezieller Postzustelldienst für schnelle Übermittlung, der seine Haftung für eine verspätete Zustellung auf den Preis der Zustellung beschränkt hatte).

Für eine Auswirkung des herabgesetzten Haftungsmaßstabes auf die „obligation de sécurité“ spricht, dass die klare Mehrheit der Autoren sowie die Rechtsprechung die Grundlage der französischen Schutzpflicht im vertraglichen Verhältnis von Schädiger und Opfer sehen (s. Kapitel B.IV). Manche gehen sogar soweit, die „obligation de sécurité“ als akzessorisch mit der Hauptleistungspflicht verbunden zu sehen und sie deswegen den gleichen Regeln zu unterwerfen[681]. Andererseits wird in Frankreich die Schutzpflicht über art. 1135 CCiv. von den Richtern in den Vertrag implementiert. Im Gegensatz zu art. 1134 al. 3 CCiv. generiert art. 1135 CCiv. echte, eigenständige Pflichten. Die „obligation de sécurité“, die zwar in Abhängigkeit vom Vertrag entsteht, hat ein Eigenleben und ist in ihrer Anwendung autonom gegenüber den anderen Pflichten und Forderungen aus dem Vertrag[682].

Obgleich sich aus der dogmatischen Begründung der „obligation de sécurité“ für das Verhältnis zur vertraglichen Hauptleistungspflicht keine klare Beurteilung ableiten lässt, kann in Frankreich stattdessen primär auf den Gesetzeswortlaut abgestellt werden. Denn die gesetzlichen Vorschriften zur Milderung des Haftungsmaßstabes bei den einzelnen Vertragsverhältnissen sind genauer formuliert als es bei den gesetzlichen Haftungsmodifikationen des BGB der Fall ist. So muss der französische Verwahrer nur „dans la garde de la chose déposée“ – also im Hinblick auf die Obhut über die verwahrte Sache – die gleiche Sorgfalt wie in eigenen Angelegenheiten an den Tag legen. Auch spricht die systematische Stellung des art. 1927 CCiv. für eine entsprechende Beschränkung der Haftungsmilderung auf die Hauptleistungspflicht, da die nachfolgenden Artikel, die weitere Präzisierungen der Verwahrerhaftung beinhalten, sich nur auf die Verschlechterung oder das Abhandenkommen der verwahrten Sache beziehen.

Dagegen bezieht sich bei der Leihe die im Code Civil vorgesehene Haftungsmilderung auf Schäden an jeglichen Rechtsgütern des Gläubigers. Zwar haftet der Verleiher, wie bei § 600 BGB, auch hier nur für durch verschwiegene Mängel der geliehenen Sache verursachte Schäden, art. 1891 CCiv. Entgegen der im deutschen Recht bestehenden Unsicherheit über die Ausdehnung der Haftungserleichterung auf Mangelfolgeschäden wird diese in Frankreich in ständiger Rechtsprechung von der Cour de Cassation[683] und auch in der Literatur[684] ohne weitere Diskussion bejaht. Allerdings scheint auch der Wortlaut des art. 1891 CCiv. – der von dem Schaden spricht, den die Sache beim Benutzer verursacht – eher auf Schäden an bereits bestehenden Rechtsgü-

681 Le Tourneau/Leroy, Jur. Cl. civ., art. 1136-1145: fasc. 30 (2002), n° 9, 14; Leroy, Contribution à la notion de professionnel, n^os^ 154, 220 ff.

682 Bloch, L’obligation contractuelle de sécurité, n^os^ 50 ff, insb. n° 58.

683 CCass. crim., 17 sept. 2002, JCP 2002, IV, n° 2887: Der Eigentümer eines Pferdes klärt den Entleiher nicht über die Bockigkeit des Tieres auf und haftet deswegen für die Verletzungen, die der Entleiher beim Sturz erleidet. CCass. civ. 1ère, 26 oct. 1960, Bull. civ. I, n° 463, 2e espèce: Der Besteller, der dem Unternehmer zur Verrichtung der Arbeit eine Leiter zur Verfügung stellt, haftet nicht für Verletzungen des Unternehmers, die dieser sich beim Zusammenbrechen der Leiter zuzieht, da er nicht um die Instabilität der Leiter wuße. Cass. civ. 2ème, 6 févr. 1964, Bull. civ., II, n° 121.

684 S. nur Malaurie/Aynès/Gautier, Contrats spéciaux, n° 918; Collart Dutilleul/Delebecque, Contrats civils, n° 612.

tern hinzudeuten als das deutsche Pendant, wo der Wortlaut auf einen Schaden im Sinne einer Gebrauchsbeeinträchtigung abzielt.

Da also der Umfang von der Haftungsmilderung abgedeckter Schadensfälle bereits durch die gesetzlichen Normen vorgegeben ist, kann man in Frankreich sogesehen nicht von einem „Durchwirken" einer auf die Leistungspflicht bezogenen Verringerung des Haftungsmaßstabes sprechen. Anders als in Deutschland, wo durch Rechtsprechung und Literatur generelle Regeln für die Anwendbarkeit gesetzlicher Haftungsmodifikationen auf Schutzpflichten entwickelt wurden, richtet man sich schlichtweg nach den Normen des Code Civils. Letztlich werden jedoch bei der Anwendung gesetzlicher Haftungsmilderungen ähnliche Ergebnisse erzielt: Ob über von Rechtsprechung und Literatur erarbeitete oder durch das Gesetz vorgegebene Regeln – in beiden Ländern kann sich nur für Verletzungshandlungen und Schäden, die in einem engen Zusammenhang mit Vertragsgegenstand und -erwartung stehen, auf eine gesetzliche Haftungserleichterung berufen werden.

Trotz quasi identischer Ausgangskonstellation – sowohl in Frankreich als auch in Deutschland sind die Vorsatzhaftung beschränkende Klauseln unzulässig – ist also zumindest die Handhabung vertraglicher Haftungsklauseln im Bezug auf Schutzpflichten unterschiedlich.

Während in Deutschland vertragliche Haftungsabreden auch für die Schutzpflichten gelten können und gesetzliche Haftungsklauseln mit Bezug auf die Leistungspflicht sich grundsätzlich auf die Schutzpflicht durchschlagen, muss man in Frankreich davon ausgehen, dass vertragliche Haftungsbeschränkungen selbst für „faute légère" bei der „obligation de sécurité" unzulässig sind. Zwar vertritt die Cour de Cassation nach derzeitiger Rechtsprechung noch eine andere Position hinsichtlich vertraglicher Haftungsabreden, doch rechnet man in der französischen Doktrin mit einem Revirement bei nächster Gelegenheit. Allerdings hindert der besondere Status der „obligation de sécurité" als obligatorisch in den Vertrag implementierter Pflicht nicht die Wirkung gesetzlich vorgesehener Haftungsmilderungen. Dies ist aber auch in sich schlüssig: Schließlich können sich die Richter mittels art. 1135 CCiv. über den Willen der Vertragsparteien, nicht aber über das Gesetz hinwegsetzen.

Die strikte Haltung der Franzosen erklärt sich aus dem durch das Prinzip des non-cumul geprägten Verhältnis von vertraglicher und deliktischer Haftung (s. Kapitel E.III). Da etwaige Haftungsbeschränkungen oder -freizeichnungen in der „responsabilité contractuelle" nicht durch Ansprüche aus unerlaubter Handlung ausgeglichen werden können, verbietet sich angesichts der Wertigkeit der betroffenen Rechtsgüter eine Beschränkung der „obligation de sécurité".

Zwar existiert eine entsprechende Ansicht, die Schutzpflichten nicht durch Haftungsmodifikationen zu begrenzen, auch im deutschen Recht. Doch konnten sich die Vertreter dieses Ansatzes, die mit der Gesetzessystematik und der Nähe der Schutzpflichten zum Deliktsrecht argumentieren, nicht durchsetzen.

Allerdings hat die in Deutschland im Einzelfall mögliche Haftungsbegrenzung bei Schutzpflichten ähnlich weitreichende Folgen für den Geschädigten wie in Frankreich die Anwendbarkeit gesetzlicher Haftungsklauseln. Anders als im französischen Recht ist ein Nebeneinander von vertraglichen und deliktischen Ansprüchen, die sich aus dem gleichen Tatbestand ergeben, durchaus möglich, jedoch wirken sich vertraglich vereinbarte oder gesetzliche Beschränkungen der vertraglichen Haftung auch auf die Haftung aus unerlaubter Handlung aus. Es kann keine strengere Haftung nach Deliktsrecht eintreten[685]. Ebenso wie im französischen Recht kann also auch im deutschen Recht eine eingeschränkte Haftung aus der Schutzpflicht nicht durch die deliktische Haftung aufgefangen werden.

## 2. Beweislast

### a) Unterschiedliche Beweislastverteilung bei „obligation de moyens" und „obligation de résultat"

Grundsätzlich gilt in Franktreich, ebenso wie in Deutschland, dass derjenige, der einen Haftungsanspruch geltend macht, auch dessen Voraussetzungen zu belegen hat[686]. Jedoch hat die Beweislast innerhalb der „responsabilité contractuelle" einen unterschiedlichen Umfang, je nach dem, ob es sich bei der verletzten Pflicht um eine „obligation de moyens" oder „obligation de résultat" handelt. Während im Rahmen der „obligation de moyens" die generellen Beweislastprinzipien angewendet werden, wird der Gläubiger einer „obligation de résultat" weitestgehend von der Beweislast befreit.

Ist der Gläubiger aus einer „obligation de moyens" berechtigt, so muss er, um eine Haftung des Schuldners zu erreichen, alle genannten Haftungsvoraussetzungen belegen. So muss er vor allem auch beweisen, dass das Nichterreichen des avisierten Ziels einer nicht ausreichenden Anstrengung seitens des Schuldners im Sinne des art. 1137 CCiv. geschuldet ist, da hierin das vorwerfbare Fehlverhalten liegt, welches es zu beweisen gilt. Das Ausbleiben des angestrebten vertraglichen Erfolges muss darauf beruhen, dass der Schuldner sich nicht wie ein „bon père de famille" verhalten hat, das heißt, nicht die Sorgfalt und das Bemühen an den Tag gelegt hat, die man von einer sorgfältigen und bemühten Vergleichsperson[687] erwarten durfte. Im Rahmen einer „obligation de moyens" trifft somit den Gläubiger die Beweislast für die Schuldhaftigkeit des Verhaltens – die „faute" – des Schuldners.

Handelt es sich bei der Pflicht des Schuldners hingegen um eine „obligation de résultat", so wird nach der Rechtsprechung und der herrschenden Meinung in der Lite-

---

685 St. Rspr.: BGH NJW 1985, 383 (384); BGH NJW 1954, 145; RGZ 88, 317 (318); RGZ 66, 363 (364f.).

686 H., L. Mazeaud/Tunc, Responsabilité civile, t. I, n$^{os}$ 693, 694-4; Hils, Unterscheidung zwischen obligation de résultat und obligation de moyens, 75.

687 Terré/Simler/Lequette, Les obligations, n° 579.

ratur die „faute“ des Schuldners vermutet[688]. In der Regel korrespondiert der geltend gemachte Schaden mit der „inexécution“ der vertraglichen Pflicht. Ist dies nicht der Fall, wird auch der Kausalzusammenhang zwischen Nichterfüllung und Schaden vermutet[689]. Es bleibt dem geschädigten Gläubiger lediglich gemäß art. 1147 CCiv. die „inexécution“ der vertraglichen Pflicht zu beweisen[690]. Übertragen auf die „obligation de sécurité“ bedeutet dies für den verletzten Gläubiger, dass er lediglich beweisen muss, im Zuge der Vertragserfüllung Opfer eines Unfalls geworden zu sein[691].

### b) Begründungsansätze für die unterschiedliche Beweislastverteilung

Die französischen Gerichte machen die Beweislastverteilung unmittelbar und automatisch davon abhängig, ob es sich bei der verletzten Pflicht, um eine „obligation de moyens“ oder „obligation de résultat“ handelt[692]. Da zumindest für die Bestimmung des Pflichtentypus auf den Willen der Parteien abgestellt wird – gegebenenfalls ermittelt durch Vertragsauslegung (s. Kapitel B.II.1.c).(2)) – könnte man folglich meinen, dass die vertragliche Festlegung, ob ein Erfolg oder lediglich erfolgsgerichtetes Handeln geschuldet wird, auch gleichzeitig die Vereinbarung einer Beweislastregel darstelle. Soweit ersichtlich, gehen die gerichtlichen Entscheidungen zu dem Themenkomplex allerdings nicht auf die Frage ein, warum bei der Verletzung einer „obligation de moyens“ einerseits und einer „obligation de résultat“ andererseits unterschiedliche Beweislastsituationen bestehen[693].

Stattdessen werden in der französischen Doktrin mehrere Ansätze vertreten, um die divergierende Beweislastvertreilung zu erklären.

---

688 S. S. 167.

689 CCass. civ. 1ère, 16 fév. 1988, Bull. civ., I, n° 42; CCass. civ. 1ère, 2 févr. 1994, D. 1994, inf. rap., 55; Terré/Simler/Lequette, Les obligations, n° 580.

690 CCass. com., 3 déc. 1980, Bull. civ., IV, n° 409; CCass. civ. 1ère, 18 janv. 1989, D. 1989, jrspr., 302 (note Larroumet); CCass. civ. 3ème, 14 fév. 1996, Bull. civ., III, n° 46; CCass. civ. 3ème, 3 juill. 1996, D. aff. 1996, chron., 1161; Ghestin/ Jourdain/Viney, Les conditions de la responsabilité, n° 530; Terré/Simler/Lequette, Les obligations, n° 580; Frossard, La distinction des obligations de moyens et des obligations de résultat, n° 193.

691 Frossard, La distinction des obligations de moyens et des obligations de résultat, n° 180.

692 Für die „obligations de moyens“: CCass. civ. 1ère, 11 mai 1971, D. 1971, jrspr., 477; CCass. civ. 1ère, 11 févr. 1975, JCP 1975, II, 18179, 1ère espèce (note Viney); CCass. com., 16 juin 1975, D. 1975, inf. rap., 205; CCass. civ. 1ère, 1er fév. 1983, Bull. civ., I, n° 47; CCass. civ. 1ère, 19 juill. 1983, Bull. civ., I, n° 211; CCass. civ. 1ère, 12 nov. 1985, Bull. civ., I, n^os^ 299f. Für die „obligations de résultat“: CCass. civ. 1ère, 8 oct. 1968, D. 1969, jrspr., 157 (note J. Mazeaud); CCass. civ. 3ème, 3 avr. 1973 (*affaire Boshouwers et autre*), JCP 1973, IV, p. 201; CCass. civ. 1ère, 13 nov. 1974, D. 1975, somm., 16; CCass. civ. 1ère, 12 févr. 1975, D. 1975, jrspr., 512 (note Le Tourneau); CCass. civ. 1ère, 12 juill. 1977, Bull. civ., I, n° 331; CCass. civ. 1ère, 17 nov. 1993, RTD civ. 1994, 611 (obs. Jourdain).

693 So auch Hils, Unterscheidung zwischen obligation de résultat und obligation de moyens, 59, 77f.

### (1) Abhängigkeit des Umfangs der Beweislast vom Umfang der Pflicht

*Frossard* geht in seiner Abhandlung über die Unterscheidung zwischen „obligations de moyens“ und „obligations de résultat“[694] für die Begründung der divergierenden Beweislast vom Umfang der nicht erfüllten vertraglichen Pflicht aus[695]. Ein Vertragsschuldner könne entweder lediglich ein erfolgsorientiertes Verhalten – „obligation de moyens“ – oder aber den Erfolg selbst – „obligation de résultat“ – versprechen. Ein Erfolgsversprechen beinhalte aber zwangsläufig auch die Konsequenz für das Eintreten des vereinbarten Erfolges einstehen zu müssen, das heißt, eben unabhängig von Verschulden bis zur Grenze von höherer Gewalt zu haften[696]. Die weitreichende vertragliche Einstandspflicht des Schuldners führt *Frossard* zu der Schlussfolgerung, dass der Gläubiger aufgrund der Haftung des Schuldners bis zur Grenze höherer Gewalt auch niemals dessen Fehlverhalten beweisen muss[697]. Der rein objektive Charakter der zu Grunde liegenden Leistungspflicht – Herbeiführung eines Erfolges – macht es unnötig, das Verhalten des Schuldners zu analysieren. Dementsprechend ist nach der Argumentation *Frossard*s bei der Nichterfüllung einer „obligation de résultat“ die „faute“ keine Haftungsvoraussetzung, es handelt sich um eine „responsabilité objective“[698].

Diesen Ansatz vertritt auch *Marton*: So bestimme der Charakter einer vertraglichen Pflicht als „obligation de résultat“ auch die Beweislast im Falle einer Nichterfüllung. Der Umfang der Vertragspflicht – nämlich die Herbeiführung des vereinbarten Erfolges – korrespondiere auf der Ebene der Beweislast mit einer Erfolgshaftung[699].

Teilweise stützen sich aber auch Befürworter einer auf dem Verschuldensprinzip basierenden Haftung auf das Argument des Umfangs der vertraglichen Leistung. Die Autoren, die die „inexécution“ einer vertraglichen Pflicht mit der „faute“ gleichsetzen, rechtfertigen dieses Vorgehen mit der besonderen vertraglichen Bindung, „pacta sund servanda“ (s. Kapitel D.II.1.a).(2).(b).(ii).(α)). Dabei wird betont, dass das Verhältnis von art. 1137 und art. 1147 CCiv. keine grundsätzlich unterschiedliche Beweislast begründe, sondern dass die gesetzlichen Regelungen auf einer Verschiedenheit der zu beweisenden Tatbestände der „inexécution“ beruhten und sich als Folge daraus zwangsläufig auch der Umfang der nachzuweisenden Umstände für den Beweis der „inexécution“ ändere[700].

---

694 Frossard, La distinction des obligations de moyens et des obligations de résultat (1965).

695 Frossard, La distinction des obligations de moyens et des obligations de résultat, n$^{os}$ 17, 199.

696 Frossard, La distinction des obligations de moyens et des obligations de résultat, n$^{o}$ 197.

697 Frossard, La distinction des obligations de moyens et des obligations de résultat, n$^{o}$ 197: „Ces dernières [les obligations déterminées] obligent le débiteur jusqu'à la limite de la force majeure, c'est-à-dire qu'il peut être responsable en dehors de toute faute de sa part. La conséquence s'impose: le créancier n'aura jamais à prouver la culpa du défendeur et c'est au contraire à ce dernier de prouver le cas fortuit libératoire. Le contenu de l'obligation a donc une incidence sur la répartition du fardeau probatoire et cela se comprend aisément. Dans la mésure où un fait n'a pas à exister pour qu'une règle juridique soit déclarée applicable, il va de soi qu'il n'a pa à être prouvé.“.

698 Frossard, La distinction des obligations de moyens et des obligations de résultat, n$^{o}$ 17.

699 Marton, RTD civ. 1935, 499 (526).

700 H., L. Mazeaud, Responsabilité civile, t. I (4ème éd., 1947), n$^{o}$ 694 (p. 464f.).

Anstatt wie *Frossard* und *Marton* im Falle der „inexécution" direkt eine (objektive) Haftung anzunehmen, gehen die Vertreter dieser Ansicht noch den Zwischenschritt, angesichts der „inexécution" automatisch auch eine „faute" als gegeben anzusehen und den Schuldner damit (verschuldensabhängig) haften zu lassen. Im Endeffekt ist jedoch für beide Ansätze ausschließlich die Nichterfüllung des vertraglichen Erfolgsversprechens ausschlaggebend für eine Haftung. Eine entsprechende nach Erfolgs- oder Verhaltensbezogenheit der Pflicht verteilte Beweislast würde sich, was den Nachweis der Pflichtverletzung angeht, auch für das deutsche Recht anbieten, um eine Emanzipation der Schutzpflichten auch auf dem Gebiet der Beweislast zu erreichen (s. bereits Kapitel B.II.1.c).(3).(b)).

#### (2) Abhängigkeit des Umfangs der Beweislast von Wahrscheinlichkeitserwägungen und Sphärengedanken

Die Autoren, die die Ansicht vertreten, für eine Haftung aus Vertrag müsse stets auch eine „faute" des Schuldners vorliegen – welche aber nicht schon durch den Umstand der „inexécution" realisiert werde, behelfen sich damit, in der Regel des art. 1147 CCiv. die Vermutung der restlichen Haftungsvoraussetzungen begründet zu sehen. Nach *Esmein* verändere sich zwischen einer „obligation de moyens" und einer „obligation de résultat" nur das Ausmaß des zu erbringenden „Eifers" („diligence") bei der Erfüllung. Während im Rahmen einer „obligation de moyens" nur das Handeln eines „bon père de famille" geschuldet ist, muss der Schuldner einer „obligation de résultat" alles Menschenmögliche bis zur Schwelle höherer Gewalt vollbringen. Die Frage, ob das Zurückbleiben hinter dem Eifer, zu dem man sich verpflichtet hat, schuldhaft geschah, stelle sich aber für beide Pflichttypen gleichermaßen (s. Kapitel D.II.1.a).(2).(b).(ii).(β)). Die Regelung des art. 1147 CCiv. entspricht nach diesem Verständnis den allgemeinen Prinzipien der Beweislastverteilung, wie man sie auch aus Deutschland kennt.

Sofern nur die „inexécution" im Sinne des Ausbleibens der geschuldeten Leistung – Erfolg oder Verhalten – feststehe, müsse der Gläubiger nicht auch noch die „faute" des Schuldners dartun, sondern dieser sich durch den Nachweis fehlender „faute" entlasten. Diese Beweislastumkehr erkläre sich aus einem besseren Einblick in die ursächlichen Umstände durch den Schuldner selbst – „c'est lui [le débiteur] qui est mieux placé pour la [son activité] faire connaître" – und dem Grundsatz des „plerumque fit" – „la considération du plerumque fit fait présumer que l'inexécution est due à une faute du débiteur, car, dans la majorité des cas, heuresement, un débiteur peut remplir ses engagements"[701].

Im Gegensatz zu *Esmein* sieht *Tunc* in der Unterscheidung zwischen „obligation de moyens" und „obligation de résultat" durchaus eine Bedeutung für die Verteilung der Beweislast: „[L]'intérêt fondamental de la distinction réside dans une répartition differente du fardeau de la preuve"[702]. Art. 1147 CCiv. enthalte eine Verschuldensvermutung für den Fall feststehender „inexécution" im Rahmen einer „obligation de

701 Esmein, RTD civ. 1933, 627 (649f.).
702 H., L. Mazeaud/Tunc, Responsabilité civile, t. I, n° 103-3 Fn 2.

résultat"[703]. Zur Begründung beruft sich *Tunc* ebenfalls auf die Argumente der besseren Beweisposition – so verfüge der Schuldner über eine bessere „aptitude à la preuve" – sowie der Wahrscheinlichkeit. Da eine „obligation de résultat" in der Regel nur dann angenommen wird, wenn keine erheblichen Risiken hinsichtlich des Erreichens des Leistungserfolges bestehen (s. Kapitel B.II.1.c).(2)), ist die Wahrscheinlichkeit des Schuldnerverschuldnes als Ursache für die „inexécution" groß – „puisqu'il s'agit d'une obligation déterminée, le résultat voulu par les parties n'était entaché que d'un très faible aléa; c'est donc d'un évennement exceptionnel que se prévaut le débiteur, et cela explique encore qu'il supporte la charge de la preuve"[704].

Ähnliche Argumente waren auch im deutschen Recht schon vor der Schuldrechtsreform Anlass für die Diskussion die Beweislastumkehr des § 282 BGB a.F. auch auf „positive Vertragsverletzungen" anzuwenden[705] und die Grundlage für die Schaffung einer für alle Leistungsstörungen geltende Beweislastregel mit § 280 Abs. 1 S. 2 BGB[706].

703 H., L. Mazeaud/Tunc, Responsabilité civile, t. I, n$^{os}$ 694-2f.; Tunc, JCP 1945, I, 449 n° 26.

704 H., L. Mazeaud/Tunc, Responsabilité civile, t. I, n$^{os}$ 694-2f.

705 Esser/Schmidt, Schuldrecht I/1, § 2 II 2; Blomeyer, in Verhandlungen des 46. Dt. Juristentages, Bd. I, Kap. 2 A, S. 8; Meißner, Beweislast bei positiver Forderungsverletzung, 112; Raape, AcP 147 (1941), 217 (220 ff); Prölss, VersR 1964, 901 (902f); ders., Beweiserleichterungen, 79 ff.

706 BT-Drucks. 14/6040, 136.

## E. Verhältnis zum Deliktsrecht

Das französische Zivilrecht ist gekennzeichnet durch eine Überschneidung der Schutzbereiche vertraglicher und deliktischer Haftung. Dadurch dass die deliktische Generalklausel der artt. 1382, 1383 CCiv. jegliches Fehlverhalten und auch die Beeinträchtigung von Vermögensinteressen erfasst, würde jegliche Vertragsverletzung auch stets eine Haftung aus unerlaubter Handlung auslösen. Aus diesem Grund war die Beziehung beider Arten von „responsabilité" zunächst von dem Bedürfnis geprägt, die Besonderheiten der vertraglichen Haftung vor einer Überlagerung durch das Deliktsrecht zu schützen. Mittels des „principe du non-cumul" bleibt der Gläubiger einer verletzten Vertragspflicht deswegen auf die Regeln der vertraglichen Haftung beschränkt und kann diese nicht durch ein Ausweichen auf einen deliktischen Schadensersatzanspruch umgehen. Im Bezug auf die in beiden Kategorien entwickelten Mechanismen zum Schutz vor technischen Gefahrenquellen für Leib und Leben hat sich der Nutzen der Vertragshaftung für den Geschädigten jedoch mittlerweile zur tendenziell eher vorteilhafteren deliktischen Haftung verschoben. Denn die in Form einer „obligation de moyens" in Verträge eingeführte „obligation de sécurité" hat sich für den Gläubiger als Phyrrussieg erwiesen. Während er in diesem Fall die komplette Beweislast hinsichtlich der Haftungsvoraussetzungen trägt, kommt dem Geschädigten bei der Haftungsnorm des art. 1384 al. 1$^{er}$ CCiv. eine Verschuldensvermutung im Umfang einer „obligation de résultat" zu Gute. In Folge dessen gewinnt im Hinblick auf die Frage, ob sich die Haftung eines Schädigers nach den Regeln der „obligation de sécurité" oder des art. 1384 al. 1$^{er}$ CCiv. richtet, das Prinzip des „non-cumul" der Haftungsarten eine neue Wirkungsweise. Unter Ausnutzung des Ausschlusses einer deliktischen Haftung wurde die „obligation de sécurité de moyens" zuletzt nicht mehr eingesetzt, um eine Besserstellung des geschädigten Gläubigers zu erreichen, sondern um die weit geratene Sachwalterhaftung des Deliktsrechts einzugrenzen.

Im deutschen Recht waren hingegen mit der ursprünglichen Ausgestaltung des BGB grundsätzlich unterschiedliche Schutzrichtungen für die Haftung aus Vertrag und jene aus unerlaubter Handlung vorgesehen. Das Kumulieren beider Schadensersatzansprüche im Wege der Anspruchskonkurrenz war deswegen notwendig, um dem Geschädigten einen möglichst lückenlosen Haftungsschutz zu gewährleisten. Jedoch stellt sich angesichts der Ausdehnung der vertraglichen Haftung über die Schutzpflichten in den eigentlichen Wirkungskreis des Deliktsrechts die Frage nach der Legitimation einer Konkurrenz beider Ansprüche. Mit der Ausbildung vielfältiger vertraglicher Schutzpflichten hat sich die Gewichtung der Haftungsarten im deutschen Recht dem von Spezialität geprägten Verhältnis der französischen „responsabilité" angenähert. Damit stellt sich für das deutsche Zivilrecht die Frage, ob nicht eine Neuregelung des Verhältnisses von vertraglicher und deliktischer Haftung notwendig geworden ist. Angesichts einer spezielleren Risikoverteilung im Rahmen von Schutzpflichten im Vergleich zur allgemeinen neminem laedere Pflicht des Deliktsrechts, werden Stimmen laut, die eine alleinige Anwendung vertraglicher Haftung zu Lasten der Haftung aus unerlaubter Handlung entsprechend der französischen Regel des „principe du non-cumul“ fordern.

## I. Relevanz der Differenzierung der Haftungssysteme

### 1. Unterschiede zwischen vertraglicher und deliktischer Haftung im deutschen Recht

#### a) Unterschiede in der dogmatischen Einordung

Das ursprüngliche Konzept der zivilrechtlichen Haftung des BGB basiert auf einer grundsätzlichen Trennung der Anwendungsbereiche vertraglicher und deliktischer Haftung. Während die limitative Aufzählung geschützter Rechtsgüter in § 823 BGB einen deliktsrechtlichen Schadensersatz für Vermögensschäden nach wie vor auschließt, hat sich hingegen ein Schutz des Integritätsinteresses über die Instrumente der „pVV“ und „cic“ auch in das Vertragsrecht eingeschlichen. Die prinzipielle Aufteilung der Haftung in einen Schutz des Äquivalenzinteresses und einen Schutz des Integritätsinteresses besteht jedoch noch immer.

Eine weitere elementare Unterscheidung zwischen vertraglichen und deliktischen Schuldverhältnissen ist im Bezug auf ihren Entstehungsgrund zu treffen. So wird die vertragliche Beziehung durch die Einigung zweier bewusst und willentlich handelnder Parteien begründet. Der Schuldner handelt zielgerichtet, um die Rechtsfolge seiner vertraglichen Verpflichtung entstehen zu lassen. Dagegen sind deliktische Verletzungshandlungen in der Regel nicht willensgetragen, sondern geschehen versehentlich. In jedem Fall handelt der Schädiger nicht, um die Rechtsfolge der §§ 823 ff BGB hervorzurufen. Dementsprechend sanktioniert die vertragliche Haftung die Nichteinhaltung eines selbstbestimmt abgegebenen Versprechens, also einer allein zwischen zwei Personen aufgestellten, individuellen Regelung[707]. Die deliktische Haftung hingegen sichert die Einhaltung allgemein vorgegebener Verhaltensregeln.

Desweiteren hat die vertragliche Bindung zweier Personen eine grundlegend andere Qualität als die Verbindung zwischen deliktischem Schädiger und Geschädigtem. Vertragspartner sind unmittelbar mit dem Vertragsschluss durch ihnen wechselseitig zustehende klagbare Ansprüche auf Naturalerfüllung verbunden. Dagegen entsteht im Deliktsrecht ein Anspruch nur zu Gunsten des Geschädigten und dies auch erst mit dem Eintritt einer Rechtsverletzung[708]. Eine Rechtsverletzung innerhalb der vertraglichen Beziehung führt hingegen dazu, dass sich – unter bestimmten Voraussetzungen – der vorhandene Anspruch auf Naturalerfüllung in einen Schadensersatzanspruch wan-

707 S. dazu auch Weller, Die Vertragstreue, 157f., 165 ff., 572.
708 S. dazu auch Weller, Die Vertragstreue, 372, 380, 389.

delt. Bei dem dem Deliktsrechts zu Grunde liegenden „neminem laedere"-Prinzip handelt es sich von vorne herein um eine schlicht schadensersatzbewehrte Pflicht[709].

Hinsichtlich der Pflichten zum Schutz der Integrität Anderer besteht ebenfalls ein qualitativer Unterschied zwischen den vertraglichen Schutzpflichten und den deliktischen Verkehrspflichten. Während die Verkehrspflichten als gegenüber Jedermann bestehenden Pflichten nur einen Minimum an Schutz gewährleisten, gehen vertragliche – genauso wie innerhalb gesetzlicher Schuldverhältnisse bestehende – Schutzpflichten aufgrund der besonderen Beziehung von Schädiger und Geschädigtem über dieses Mindestmaß hinaus (s. Kapitel B.I.4).

Vereinzelt ist in der Literatur aber von einer zumindest „materiellrechtlich identischen Wirkung von Vertrag und Delikt"[710] die Rede. So sei laut *Kegel* der Bestandsschutz („status quo") Leitgedanke aller schuldrechtlichen Verbindungen – egal, ob es sich um Vertrag oder Delikt, Geschäftführung ohne Auftrag oder ungerechtfertigte Bereicherung handele. Alle schuldrechtlichen Beziehungen hätten die Wiederherstellung von Vermögenverhältnissen zum Ziel[711].

Ausgangspunkt der Argumentation *Kegel*s ist die Erkenntnis, dass vertragliche Pflichten meist erfüllt werden. Diese Wahrscheinlichkeit der Erfüllung lasse einen Vertragsgläubiger bereits im Moment des Vertragsschlusses einen Vermögensvorteil erwerben. Werde die Erfüllung der vertraglichen Forderung ganz oder teilweise vereitelt, entstehe ein Vermögensnachteil, den die Rechtsordnung ausgleiche. Der einzige Unterschied zu den gesetzlichen Schuldverhältnissen liege darin, dass „beim Delikt, bei ungerechtfertigter Bereicherung und (qua Aufwendungen) bei der Geschäftsführung ohne Auftrag *vorhandenes* Vermögen (gleichsam ein natus) vermindert", bei der „Verletzung vertraglich [...] begründeter Forderungen etwas, das *erst kommen soll* (gleichsam ein nasciturus), verhindert" werde. Entscheidend seie jedoch sowohl bei der Vertragsbeziehung als auch bei der unerlaubten Handlung das Scheitern[712]. Dementsprechend liege der Haftungsgrund im Vertragsrecht nicht in der Einigung der Par-

709 Zur Idee einer Rangordnung von Rechten und Pflichten entsprechend ihrer Rechts- beziehungsweise Sanktionsfolgenintensität s. Weller, Die Vertragstreue, 260 ff.

710 Kegel, Vertrag und Delikt, 27; ders., Vermögensbestand - Vermögensherrschaft - Vermögensschutz, 14. Allerdings differenziert *Kegel* im Hinblick auf den Entstehungsgrund: Zwar versteht *Kegel* in Anlehnung an *Schlossmann* (Der Vertrag (1876), §§ 36, 39, 41), die Nichterfüllung einer vertraglichen Verpflichtung als Vermögensschaden, jedoch erkennt er, dass „es schwerer erscheint, etwas nicht zu erhalten, was man sich erhofft hat, [...] als etwas zu verlieren, was man besessen hat.". In Abgrenzung zum Delikt träten im Vertrag Rechtfolgen ein, weil sie von den Parteien gewollt sind, Vertrag und Delikt, 30 ff. Außerdem bestünden deliktische Pflichten gegenüber jedermann, während vertragliche Pflichten auf einem Versprechen gegenüber einer bestimmten Person beruhten, 119.

711 Kegel, Vertrag und Delikt, 1.

712 Kegel, Vertrag und Delikt, 98f.

teien – das heißt in dem wechselseitig geäußerten Willen und entgegengebrachten Vertrauen, sondern in dem Schutz eines Vermögensvorteils[713].

Aus dieser einheitlichen Rechtsfolge dürfe man auf die Verwandschaft der Tatbestände schließen: Vertrag und Delikt „erscheinen als Geschwister, nämlich als Ursachen auszugleichender Vermögensminderung“[714]. Mithin böte es sich an, Vertragsbruch und Delikt in einem allgemeinen Haftungstatbestand zu vereinen[715].

Die Argumentation *Kegel*s vermag jedoch nicht zu überzeugen. Abgesehen von den bereits genannten grundlegenden dogmatischen Unterschieden zwischen vertraglicher und deliktischer Haftung, ignoriert *Kegel* bereits in seinem Ausgangspunkt, der Gleichsetzung eines vertraglichen Forderungsrechts mit einem Vermögensvorteil, die im Zuge der Schuldrechtsreform mit der Einführung des § 241 BGB ausdrücklich getroffene Differenzierung zwischen Leistungs- („status ad quem“) und Schutzinteresse („status quo“) (s. Kapitel B.I.2.b)). Darüber hinaus liegt dem *Kegel*schen Ansatz ein von dem des BGB grundlegend abweichendes Verständnis des vertraglichen Naturalerfüllungsanspruchs zu Grunde. Da nach dem von *Kegel* vorgeschlagenen Modell erst die Vertragsverletzung als Form einer unerlaubten Handlung im Sinne eines allgemeinen Vermögensschutz-Haftungstatbestands eine Haftung auslöse, entstünde auch erst in dem Moment der Verletzungshandlung eine die Naturalerfüllung einschließende Ersatzpflicht. Haftungsgrund sei wie beim Delikt die Verursachung einer Vermögensminderung[716]. Damit wirkt sich die Vorverlagerung des Vermögenszuwachses auf den Zeitpunkt des vertraglichen Versprechens auch auf die Begründung der Haftung aus: Sie dient nicht mehr der Durchsetzung eines gegebenen Versprechens, sondern dem Ausgleich eines Schadens. Dementsprechend würde die den §§ 280 ff BGB inherente Systematik, vor Übergang auf einen Schadensersatzanspruch die Durchsetzung des primären Erfüllungsanspruch zu sichern, hinfällig. Da mit Eintritt der Vertragsverletzung ein die Naturalrestitution beinhaltender Schadensersatzanspruch entstünde, läge der Fokus nunmehr nicht auf dem primären Naturalerfüllungsanspruch, sondern verschöbe sich zu Gunsten der Naturalrestitution. Damit verstößt *Kegel* aber gegen die geltende Anspruchsdogmatik im BGB, wonach der Erfüllungsanspruch und die ihn ersatzweise sichernden Sekundäransprüche nicht infolge einer Verletzungshandlung, sondern unmittelbar aus dem Vertrag selbst erwachsen[717] und missachtet den unterschiedlichen Inhalt und Zweck von Naturalerfüllung und Naturalrestitution: Während der Naturalerfüllungsanspruch auf die Aufstockung des Gläubigervermögens in einer bestimmten Art und Weise gerichtet ist, bezweckt die Naturalrestitution lediglich einen wirtschaftlich gleichartigen Schadensausgleich in Form der Wiederherstellung des ex-ante Zustandes[718]. Vor allem ist jedoch – wie oben bereits gesagt – festzuhalten, dass sich eine Gleichsetzung der ver-

713 Kegel, Vertrag und Delikt, 104 ff, 128 ff.
714 Kegel, Vertrag und Delikt, 129, 131, 133f.
715 Kegel, Vertrag und Delikt, 130 ff.
716 Kegel, Vertrag und Delikt, 119.
717 Weller, Die Vertragstreue, 371 ff, 569.
718 Ausführlich dazu Weller, Die Vertragstreue, 568 ff.

traglichen Haftung mit der Haftung aus anderen Schuldverhältnissen allein schon aus dem Grund verbietet, da der Vertrag das einzige Schuldverhältnis ist, welches keine gesetzliche, sondern eine freiwillige Grundlage hat. Haftungsgrund ist allein die Verletzung einer in Selbstbestimmung freiwillig eingegangenen Verpflichtung.

### b) Unterschiede in der Geltendmachung

Darüber hinaus gibt es im deutschen Recht vielfältige Unterschiede in der Geltendmachung eines vertraglichen oder deliktischen Haftungsanspruchs. Divergenzen finden sich sowohl auf der Ebene der Anspruchsvoraussetzungen als auch der Anspruchsdurchsetzung.

In beiden Haftungssystemen wird gemäß § 276 Abs. 1 S. 1 BGB für Vorsatz und Fahrlässigkeit gehaftet; Modifikationen der Anforderungen an die subjektiven Tatbestandsvoraussetzungen des Vertretenmüssens sind jedoch möglich. Im Vertragsrecht können Abmilderungen des Haftungsmaßstabes in jedem Fall individualvertraglich vereinbart werden, jedoch sieht auch das Gesetz für einzelne Vertragstypen geringere Anforderungen an das Verhalten des Schuldners vor (§ 521 BGB – Haftung des Schenkers; § 599 BGB – Haftung des Verleihers; § 690 BGB – Haftung des unentgeldlichen Verwahrers; § 708 BGB – Haftung des Gesellschafters). Eine strengere Haftung trifft den Schuldner, der eine Garantie abgibt oder das Beschaffungsrisiko übernimmt.

Die deliktische Haftung aus der Generalklausel des § 823 BGB gilt immer auch für fahrlässiges Verhalten. Ausnahmen verschuldensunabhängiger Haftung gibt es im Deliktsrecht des BGB nur in Form des § 833 S. 1 – Tierhalterhaftung – sowie außerhalb durch spezialgesetzliche Tatbestände der Gefährdungshaftung (z.B. im StVG, HPflG, LuftVG, WHG, AtomG, GenTG, UmweltHG, ProdHG und AMG). Allerdings wirken nach herrschender Meinung vertragliche Haftungsmodifikationen auf deliktische Ansprüche durch (s. Kapitel D.I.1.b).(1)).

Beim Nachweis des Vertretenmüssens profitiert der im Rahmen eines Vertragsverhältnisses zu Schaden gekommene Gläubiger von einer grundsätzlichen Beweislastumkehr, § 280 Abs. 1 S. 2 BGB. Im deutschen Deliktsrecht obliegt es dagegen generell dem verletzten Opfer zu beweisen, dass sein Schädiger schuldhaft handelte. Eine Verschuldensvermutung gilt nur für die Sonderfälle der § 831 BGB – Geschäftsherrenhaftung; § 832 BGB – Haftung des Aufsichtspflichtigen; § 833 S. 2 BGB – Nutztierhalterhaftung; § 834 BGB – Tierhüterhaftung; §§ 836 ff BGB – Haftung für Schäden durch Bauwerke. Während also in Frankreich für durch Tiere oder Gebäude verursachte Schäden eine der „obligation de résultat“ vergleichbare Gefährdungshaftung gilt[719], handelt es sich bei entsprechenden Schäden in Deutschland lediglich um eine Haftung aus vermutetem Verschulden (bis auf § 833 S. 1 BGB).

719 S. Kapitel E.I.2.b).

Zu den besonderen Voraussetzungen der vertraglichen Haftung zählt das Erfordernis erfolglos eine Frist zur Erbringung der geschuldeten Leistung oder zur Nacherfüllung gesetzt zu haben, um überhaupt einen Schadensersatzanspruch zu erlangen, §§ 281 Abs. 1 S. 1, 323 Abs. 1 BGB. Unter Umständen können den Vertragsgläubiger auch zusätzlich objektive Haftungsvoraussetzungen, wie das Erfordernis einer Mängel-, § 536 c Abs. 2 BGB und § 377 HGB, oder Schadensanzeige, § 438 HGB, treffen. Die Pflicht zu einer erfolglosen Fristsetzung besteht jedoch nicht für einen Schadensersatzanspruch wegen Verletzung der körperlichen Unversehrtheit des Vertragspartners, da dieser allein auf § 280 Abs. 1 BGB basiert.

Ein weiterer wesentlicher Unterschied zwischen vertraglicher und deliktischer Haftung findet sich auf der Ebene der Anspruchsdurchsetzung: Während der Vertragsschuldner für das Verschulden der Hilfspersonen, derer er sich für die Vertragserfüllung bedient, vollständig einstehen muss, § 278 S. 1 BGB, besteht für den Geschäftsherrn im Falle einer unerlaubten Handlung seines Verrichtungsgehilfen über § 831 Abs. 1 S. 2 BGB die Möglichkeit, sich durch den Nachweis sorgfältiger Auswahl und Überwachung zu exkulpieren.

Hinsichtlich des Ersatzes eines Schadens, der kein Vermögensschaden ist, hat eine Annäherung des deutschen an das französische Recht stattgefunden. Während sich in Frankreich bereits in der ersten Hälfte des 19. Jahrhunderts die Gleichbehandlung von materiellem und immateriellem Schaden durchsetzte[720], wurde in Deutschland erst mit Wirkung zum 1. August 2002 die bis dato auf das Deliktsrecht beschränkte Anerkennung eines Schmerzensgeldanspruchs (§ 847 BGB a.F.) auf sonstige Schuldverhältnisse erweitert, § 253 Abs. 2 BGB[721]. Insofern wird – wie auch im französischen Recht – die vertragliche und die deliktische Haftung nunmehr gleich gehandhabt[722]. Allerdings bleibt der Anspruch auf Ersatz des immateriellen Schadens in Deutschland auf die gesetzlich vorgesehenen Fälle beschränkt: Nur bei Verletzungen des Körpers, der Gesundheit, der Freiheit und der sexuellen Selbstbestimmung ist ein Schmerzensgeldanspruch gegeben. Damit dürfte die Regel des § 253 BGB nach wie vor im Widerspruch zu den französischen Haftungsnormen stehen, die einen vollständigen Ersatz entstandener Schäden vorsehen[723].

---

720 CCass. ch. réunies, 15 juin 1833, S. 1833, I, 458 (462f.).

721 Zweites Gesetz zur Änderung schadensrechtlicher Vorschriften vom 19. Juli 2002, in Kraft getreten am 1. August 2002, BGBl. I, 2674.

722 BT-Drucks. 14/752, 14f.: „Das Anliegen des Entwurfs ist es, die Diskrepanz zu schließen, die nach der derzeitigen Rechtslage zwischen Fällen der außervertraglichen Verschuldenshaftung auf der einen und Fällen der […] Vertragshaftung auf der anderen Seite besteht.“ und 15: „Mit der Ausweitung des Schmerzensgeldanspruchs auf die […] Vertraghaftung wird […] das Schadensersatzrecht auch insoweit den europäischen Nachbarrechtsordnungen angeglichen, die etwa in Frankreich oder dem Vereinigten Königreich eine Beschränkung des Schmerzensgeldes auf außervertragliche Ansprüche nicht kennen.“.

723 So in der *affaire Krieger c/ Amigues*, CA Paris, 2 oct. 1963, D. 1964, somm., 39: „La loi allemande qui exclut la réparation pécuniaire d'un dommage qui ne ressortit pas du domaine économique (en l'espèce préjudice moral) est contraire à l'ordre public français, qui exige que la

Die Begrenzung des Schmerzensgeldes im neuen Schuldrecht auf Fälle der Verletzung der körperlichen Integrität, wirft die Frage auf, ob sich aus der derart beschränkten Ausdehnung des Schmerzensgeldanspruchs auf vertragliche Schuldverhältnisse nicht auf den vertraglichen Charakter der Schutzpflicht schließen lässt.

Ausgehend von seiner systematischen Stellung gilt der über § 253 Abs. 2 BGB eingeführte Anspruch für Verletzungen im Rahmen jeglicher Schuldverhältnisse[724] – eine konsequente Fortführung des § 241 Abs. 2 BGB, über den die allgemeine Rücksichtspflicht auch mit Wirkung für alle schuldrechtlichen Verbindungen eingeführt wurde. Jedoch entsprach es der Intention des Gesetzgebers, den Schmerzensgeldanspruch über die außervertragliche Verschuldenshaftung hinaus gerade auf die Vertragshaftung auszudehnen[725]. Im Bezug auf den Schmerzensgeldanspruch sollte die Differenzierung zwischen außervertraglicher und vertraglicher Haftung aufgegeben werden[726].

Da die Gesetzesänderung also ausdrücklich durch eine Einbeziehung der Vertragshaftung motiviert war, muss aus Sicht des Gesetzgebers ein Bedürfnis für die Zahlung von Schmerzensgeld im Rahmen der Vertragshaftung bestanden haben. Pflichtverletzungen, die klassischerweise eine vertragliche Haftung auslösen, sind aber Verletzungen der Pflicht zur vertragskonformen Leistungserbringung. Diese Pflichtverletzungen führen in der Regel nicht zu körperlichen Schäden des Gläubigers. Wenn der Gesetzgeber dennoch Bedarf für die Eröffnung eines Schmerzensgeldanspruchs gerade für Vertragsgläubiger sieht, muss es dabei um Haftungsfälle gehen, bei denen der Haftungsauslöser eben nicht in einer Verletzung der Leistungspflicht liegt. Stattdessen ist eine Erweiterung des Schmerzensgeldanspruchs erforderlich für Pflichtverletzungen, die zu körperlichen Schäden führen. Der Gesetzgeber muss demnach eine speziell vertragsinhärente Pflicht zum Schutz der körperlichen Integrität des Vertragspartners im Sinn gehabt haben.

Dieser Hintergrund des Gesetzes zur Änderung schadensrechtlicher Vorschriften deckt sich mit langjährigen Forderungen der Lehre nach einer Gleichbehandlung von Delikts- und Vertragshaftung im Hinblick auf die Gewährung von Schmerzensgeld. Mit der sukzessiven Ausweitung der vertraglichen Haftung und der Anerkennung vertraglicher Pflichten zum Schutze des Integritätsinteresses wurden Stimmen laut, die ein Gleichziehen mit dem deliktischen Schutz der körperlichen Unversehrtheit auch auf der Ebene des Schmerzensgeldes forderten[727]. Es gäbe keinen Grund, über die Vertragshaf-

---

victime d'un fait illicite reçoive la juste mais entière réparation du préjudice qu'elle a subi." Das Urteil wurde allerdings kassiert unter Anerkennung des Widerspruchs des deutschen Schadensersatzrechts zu imperativen Haftungsregeln in Frankreich, der jedoch keinen Verstoß gegen den französischen „ordre public" im Sinne des Internationalen Privatrechts bedeute: CCass. civ. 1ère, 30 mai 1967, D. 1967, jrspr., 629 (note Malaurie): „la non-reconnaisance par la loi compétente en vertu de la règle de conflit [...] à une indemnité pour le préjudice moral [...], si elle n'est pas conforme aux règles internes impératives du droit de la responsabilité extra-contractuelle, ne saurait en revanche être considérée comme étant en contradiction avec l'ordre public au sens du droit international privé, et de nature, en conséquence, à faire écarter la loi étrangère normalement applicable".

724 AnwKomm Schuldrecht/Christian Huber, § 253 Rn 11; Christian Huber, in Das neue SchuldR in der anwaltl. Praxis, § 16, Rn 45; Deutsch, ZRP 2001, 351 (352); Riedel, Ersatz von Nichtvermögensschäden im Vertragsrecht, 48.

725 BT-Drucks. 14/7752, 1, 11, 14f., 24.

726 BT-Drucks. 14/7752, 15.

727 Bereits das RG stellte in seiner Entscheidung RGZ 65, 17 (21) fest, dass „ein innerer Grund für diese Verschiedenheit der Haftung aus Verträgen und aus unerlaubten Handlungen vielleicht nicht aufzufinden ist"; in der Lit.: Ernst Fuchs, JW 1929, 553 (554); Münzel, NJW 1963, 1579;

tung keinen Schmerzensgeldanspruch zu gewähren, wo doch gerade durch ein Vertragsverhältnis zwischen den beteiligten Parteien besondere Rechtsbeziehungen geschaffen würden, die eine engere Verbundenheit herstellen, als sie aufgrund der allgemeinen Normen unter allen Rechtsgenossen bestehe[728]. Auf dieses argumentum a fortiori wird auch im französischen Recht die Gleichbehandlung des Ersatzes von Nichtvermögensschäden in „responsabilité contractuelle" und „responsabilité délictuelle" gestützt. So bestünde im Vertragsrecht aufgrund des bewussten Kontakts beider Partner und der, unter Umständen gezielt zur Sicherung eines Nichtvermögensinteresses getroffenen Abreden, ein größeres Bedürfnis nach dem Ersatz immaterieller Schäden als im Deliktsrecht[729].

Mit der Gewährung von Schmerzensgeld auch im Rahmen der vertraglichen Haftung wird somit im deutschen Recht die Übernahme des Schutzes des Integritätsinteresses in den Vertragsinhalt auch auf der Ebene des Schadensersatzes komplettiert[730].

Bis zum 31. Dezember 2001 lag aus Sicht des Geschädigten ein weiterer Vorteil der vertraglichen Haftung in dem bis dato geltenden Verjährungsrecht. Der dreijährigen Verjährungsfrist des § 852 Abs. 1 BGB a.F. stand die alte dreißigjährige Regelverjährung vertraglicher Ansprüche wegen Körperverletzungen aus „cic" oder „pVV" entgegen. Im Zusammenhang mit der Schuldrechtsreform wurde jedoch auch das Verjährungsrecht reformiert und die Verjährung deliktischer Ansprüche ist komplett im Verjährungssystem des allgemeinen Teils des BGB aufgegangen. Dabei hat der Gesetzgeber die ehemals im Deliktsrecht vorgesehene Dauer der Verjährungsfrist von drei Jahren als neue Regelverjährung übernommen. Für jegliche Schadensersatzansprüche, die auf die Verletzung persönlicher Rechtsgüter wie Freiheit, Körper, Leben oder Gesundheit gestützt sind, gilt hingegen nunmehr generell eine absolute Verjährungsfrist von dreißig Jahren, § 199 Abs. 2 BGB. Diese Verjährungsvorschrift für Schadensersatz wegen Verletzungen der körperlichen Unversehrtheit gilt ohne Rücksicht auf die vertragliche oder deliktische Natur der Anspruchsgrundlage sowie für den Ersatz materieller Schäden und des Schmerzensgeldes[731].

Im Ergebnis sind als Vorteile der vertraglichen Haftung festzuhalten, dass über sie sowohl Verletzungen des Äquivalenz- als auch des Integritätsinteresses geltend gemacht werden können, den Geschädigten grundsätzlich keine Beweislast hinsichtlich des Verschuldens trifft, sowie der Umstand, dass dem Verantwortlichen bei Handeln eines Dritten keine Exkulpationsmöglichkeit zusteht. Insgesamt stellt somit das vertragliche Haftungsrecht trotz des teilweisen Gleichlaufs mit der deliktischen Haftung nach wie vor das eindeutig günstigere Haftungssystem für den Geschädigten dar.

---

von Beauvais, Verhältnis von Vermögens- und Nichtvermögensschäden, 124 ff; Hans Stoll, in Gutachten 45. Dt. Juristentag, 38; Hohloch, in Gutachten I, 375 (438); Diedrich, MDR 1994, 525 (528f.); Laghzaoui, § 253 BGB und der Nichtvermögensschaden bei cic und pVV, 106 ff mwN, 114 ff.

728 Münzel, NJW 1963, 1579; Bötticher, MDR 1963, 353 (355); von Beauvais, Verhältnis von Vermögens- und Nichtvermögensschäden, 125; Braschos, Ersatz immaterieller Schäden im Vertragsrecht, 41, 231f.; Riedel, Ersatz von Nichtvermögensschäden im Vertragsrecht, 136 ff.

729 H., L. Mazeaud/Tunc, Responsabilité civile, t. I, n° 332.

730 So auch Riedel, Ersatz von Nichtvermögensschäden im Vertragsrecht, 143f.

731 S. nur Palandt/Ellenberger, § 199 Rn 42.

## 2. Unterschiede zwischen vertraglicher und deliktischer Haftung im französischen Recht

In Frankreich sind die deliktischen Anspruchsgrundlagen der artt. 1382, 1383 CCiv. Generalklauseln. Art. 1382 CCiv. enthält die häufig zitierte Formulierung, dass jeder, der durch vorsätzliches Handeln einem anderen einen Schaden zufügt, für diesen Ersatz leisten muss – „Tout fait quelconque de l'homme, qui cause à autrui un dommage, oblige celui par la faute duquel il est arrivé à le réparer.“. Art. 1383 CCiv. übernimmt die Ersatzpflicht für fahrlässiges Handeln. Die folgenden artt. 1384 bis 1386 CCiv. normieren die Haftung der Sachwalter, Eltern und Aufsichtspersonen, Tierhalter und Gebäudeeigentümer.

Im französischen Deliktsrecht gibt es also keine enumerative Beschränkung der geschützten Rechtsgüter wie in der Regel des § 823 BGB. Damit wäre in Frankreich bei jeglicher Vertragsverletzung ein Rückgriff auf einen Schadensersatzanspruch aus unerlaubter Handlung möglich. Es gibt – anders als im deutschen Gesetz ursprünglich vorgesehen – keinen überschneidungsfreien Anwendungsbereich, der ein unbehelligtes Nebeneinander von vertraglicher und deliktischer Haftung ermöglichen würde. Besonderheiten der vertraglichen Schadenstragung würden im Falle eines zusätzlichen deliktischen Schadensersatzanspruchs ausgehebelt. Während im Rahmen der „responsabilité délictuelle“ für jede Art von „faute“ gehaftet wird, sind im Vertragsrecht individuelle Haftungsbeschränkungen möglich und die gesetzlichen Vorgaben entlasten im Einzelfall schon bei Einhaltung der Sorgfalt in eigenen Angelegenheiten (art. 1927 CCiv. – unentgeltliche Verwahrung) oder bestimmen eine „weniger strenge Anwendung“[732] der Verschuldenshaftung (art. 1992 al. 2 CCiv. – unentgeltlicher Auftrag). Ein Verleiher haftet nur für beim Entleiher eingetretene Mangelfolgeschäden, wenn er den Mangel kannte, aber verschwiegen hat (art. 1891 CCiv.)

Insbesondere würde die Auslegung des art. 1384 al. 1^er CCiv. als allgemeine Haftungsvermutung des Sachwalters[733] eine vertragliche Haftung zwischen den Parteien im Falle einer „obligation de moyens“ verdrängen[734]. Denn bei der vertraglichen Haftung ist die Verteilung der Beweislast von der Qualifikation der verletzten Pflicht als „obligation de moyens“ oder „obligation de résultat“ abhängig und bei Ersterer obliegt es dem Geschädigten, alle Haftungsvoraussetzungen zu belegen (s. Kapitel D.II.2.a)).

Zusammenfasend ist festzuhalten, dass die vertraglichen Haftungsregeln des Code Civil von Rechtsprechung und Lehre zu einem differenzierten System ausgebaut wurden, für das spezielle Haftungsvoraussetzungen gelten und besondere Anforderungen an die Gewährung von Schadensersatz gestellt werden. Ein Rückgriff auf deliktische

732 „Le mandataire répond non seulement du dol, mais encore des fautes qu'il commet dans sa gestion. Néanmoins la responsabilité relative aux fautes est appliquée moins rigoureusement à celui dont le mandat est gratuit qu'à celui qui reçoit un salaire.“.

733 S. Kapitel E.I.2.b).

734 Cornu, Le problème du cumul, 247: „[L]'intervention de la responsabilité délictuelle et de tout son appareil de présomptions nivellerait brutalement le régime de la responsablité contractuelle”.

Anspruchsgrundlagen würde dieses austarierte Gefüge aus dem Gleichgewicht bringen[735].

### a) Generelle Unterschiede zwischen vertraglicher und deliktischer Haftung

Wie bereits in Kapitel D.II.1.b).(1) dargestellt, sind anders als im Deliktsrecht, wo die Nichtigkeit von Haftungseinschränkungen gilt, sowohl Haftungsfreizeichnungen als auch -beschränkungen im Rahmen der vertraglichen Haftung grundsätzlich zulässig. Ausnahmen gelten nur bei bewusster Schädigung. Im Hinblick auf Körperverletzungen, die im Zuge der Vertragserfüllung geschehen, ist die Rechtslage jedoch unklar.

Grundsätzlich bedarf es für eine vertraglichen Haftung der speziellen Voraussetzung der „mise en demeure" des Schuldners, art. 1146 CCiv. Im Falle von Verletzungen einer „obligation de sécurité" ist dieses Haftungserfordernis aber ausgesetzt und es gilt die gleiche Handhabung wie im Deliktsrecht.

Für die Schadensverursachung durch Dritte haftet der vertragliche Schuldner wie für eigenes Verschulden, wenn er den Dritten zur Erfüllung seiner vertraglichen Pflichten eingesetzt hat[736]. Die deliktsrechtliche Haftung „pour le fait d'autrui" beschränkt sich dagegen auf den in art. 1384 al. 4 und 5 CCiv. genannten Personenkreis. Die Handhabung der Haftung für Hilfspersonen ist jedoch im Wesentlichen ähnlich, ein grundlegender Unterschied wie die Möglichkeit zur Exkulpation im deutschen Deliktsrecht existiert nicht[737].

Anders als im Vertragsrecht, wo gemäß art. 1150 CCiv. nur ein Ersatz des vorhersehbaren Schadens verlangt werden kann, ist der deliktische Schadensersatzanspruch umfassend (s. Kapitel D.II.1.a).(4)).

Schmerzensgeld („indemnisation du dommage moral") wird in Frankreich im Falle einer vertraglichen Pflichtverletzung genauso wie bei unerlaubten Handlungen gewährt[738]. Eine ausdrückliche Erfassung des Nichtvermögensschadens fehlt zwar in den Regelungen der vertraglichen Schuldverhältnisse

---

735 Schlechtriem, Vertragsordnung und außervertragl. Haftung, 68.

736 St. Rspr. seit CCass. civ. 1ère, 29 mai 1963, GP 1963, II, 290: „Le débiteur est responsable de l'inexécution des ses obligations, alors même que cette inexécution proviendrait du fait d'un tiers qu'il se serait substitué."; CCass. civ. 1ère, 3 oct. 1967, JCP 1968, II, 15365 (note Durand); CCass. civ 3ème, 5 janv. 1978 (*affaire Sté La Motte-Picquet-Duvivier*), JCP 1978, IV, p. 78; CCass. civ. 1ère, 18 juill. 1983, Bull. civ., I, n° 209; CCass. com., 30 nov. 1983, D. 1984, inf. rap., 308; CCass. com., 9 oct. 1984, Bull. civ., I, n° 251; CCass. civ. 1ère, 18 janv. 1989, Bull. civ., I, n° 32.

737 S. Darstellung bei Renner, Grundsatz des „non-cumul" als Vorbild für eine Reform des dt. Schuldrechts, 135 ff; Ferid/Sonnenberger, Das Frz. Zivilrecht II, 2 O 23; Sonnenberger/Autexier, Einführung in das frz.Recht, Rn 85.

738 Für die Gleichbehandlung des Schmerzensgeldanspruchs bei vertraglicher und deliktischer Haftung in der Praxis s. Überblick bei Riedel, Ersatz von Nichtvermögensschäden im Vertragsrecht, 89 ff.

des Code Civils, wird aber von der Rechtsprechung[739] anerkannt und auch in der französischen Literatur[740] überwiegend bejaht.

Auch wenn art. 1149 CCiv. als Gegenstand der „dommages et intérêts" nur erlittene Verluste und entgangenen Gewinn benennt, so sind doch die art. 1142, 1147 und 1148 CCiv. weit genug gefasst, um auch die Kompensation von Nichtvermögensschäden durch die Zahlung eines Schmerzensgeldes zu umfassen. Außerdem spricht nichts dafür, unter „erlittenem Verlust" in art. 1149 CCiv. zwangsläufig einen materiellen Verlust zu verstehen[741].

Von dem zunächst auch in Frankreich herrschenden Dogma vom Vermögenswert der Leistung[742] – ein immaterielles Interesse könne nicht Gegenstand einer vertraglichen Verpflichtung sein – hatte man sich aufrund der Erkenntnis, dass alle Argumente, die für den Ersatz immaterieller Schäden im Deliktsrecht angeführt wurden, auch im Vertragsrecht Geltung erlangten, schon früh befreit. Es sei im Gegenteil im Vertragsrecht besonders unbillig, den Geschädigten nur auf den Ersatz von materiellen Schäden zu verweisen, wenn dieser seine immateriellen Interessen mit einer vertraglichen Vereinbarung habe verwirklichen wollen und dafür eine Gegenleistung erbracht habe[743].

Die Zulassung des Ersatzes des „dommages moral" auch im Zuge vertraglicher Haftung und der damit praktizierten Gleichbehandlung mit der deliktsrechtlichen Haftung wurde teilweise mit dem Gedanken verknüpft, dass die allgemeine Sorgfaltspflicht gegenüber Mitmenschen, deren Verstöße durch die „responsabilité délictuelle" sanktioniert werden, auch im Vertragsrecht unverändert fortgel-

---

739 St. Rspr. seit CCass. ch. réunies, 15 juin 1833, S. 1833, I, 458 (462f.); Trib. com. Seine, 20 févr. 1932, GP 1932, I, 895 (Schmerzensgeld für eine Schauspielerin, die vom Schauspieldirektor nicht mit dem abgesprochenen Text auf einem Plakat angekündigt wird); Trib. civ. Seine, 20 déc. 1932, S. 1933, II, 44 (Schmerzensgeld für die Angehörigen eines verstorbenen, dessen Körper sich der Beerdigungsunternehmer weigert herauszugeben); *affaire Lunus*, CCass. civ. 1ère, 16 janv. 1962, D. 1962, jrspr., 199f. (note Rodière) (Schmerzensgeld für den Tod eines Tieres; der Anspruch wurde im Rahmen des Vertragsverhältnisses zwischen dem Eigentümer des Pferdes *Lunus* und dem Vermieter der Pferdebox, der den Tod des Tieres verschuldet hatte, gewährt); insbesondere wird häufig ein Schmerzensgeldanspruch zugestanden im Zuge der Arzthaftung, z.B. CA Grenoble, 4 nov. 1946, D. 1947, jrspr., 79 (80) und im Rahmen von Transportverträgen, auch zu Gunsten der Angehörigen, Trib. civ. Neufchâtel, 12 juin 1957, D. 1957, jrspr., 538 (539f.). S. auch Überblick bei Riedel, Ersatz von Nichtvermögensschäden im Vertragsrecht, 89 ff.

740 H., L. Mazeaud/Tunc, Responsabilité civile, t. I, n^os 329 ff, mwN in n° 292; Terré/Simler/Lequette, Les obligations, n° 562; Malaurie/Aynès/Stoffel-Munck, Les obligations, n° 961; Le Tourneau, Droit de la responsabilité, n^os 1550 ff; Martine, L'option entre la responsabilité contractuelle et la responsabilité délictuelle, 26; Ferid, Das Frz. Zivilrecht I (1971), 2 B 91.

741 H., L. Mazeaud/Tunc, Responsabilité civile, t. I, n° 330; Terré/Simler/Lequette, Les obligations, n° 562.

742 Unter Einfluss von *Domat* und *Pothier* stand man in Frankreich dem Ersatz des immateriellen Schadens ablehnend gegenüber. Es wurde überwiegend die Einstellung vertreten, ein „intérêt moral" könne nicht Gegenstand einer gültigen Verpflichtung sein. S. Darstellung bei Braschos, Ersatz immaterieller Schäden im Vertragsrecht, 175 mwN; H., L. Mazeaud/Tunc, Responsabilité civile, t. I, n° 331.

743 Braschos, Ersatz immaterieller Schäden im Vertragsrecht, 176; H., L. Mazeaud/Tunc, Responsabilité civile, t. I, n° 332.

te[744]. Da ein Vertrag im Bezug zum Deliktsrecht lediglich zusätzliche Verpflichtungen schaffe, sei so neben dem Äquivalenzinteresse auch immer das Integritätsinteresse des anderen Teils vertraglich mitgeschützt[745]. Anders jedoch als in Deutschland, wo im Rahmen der Änderung des Schadensersatzrechtes ein auf die Verletzung bestimmter Rechtgüter – darunter die körperliche Unversehrtheit – beschränkter Schmerzensgeldanspruch zugelassen wurde, scheint die Herstellung einer derartigen Verknüpfung fraglich.

Abgesehen von der Tatsache, dass mit Anerkennung des „principe du non-cumul" die Entscheidung für ein unabhängiges Nebeneinander beider Haftungssysteme und gegen ein hierarchisches Verhältnis gefallen ist[746], wird hier der Denkfehler begangen, die Ebenen der Haftungsbegründung und der Haftungsausfüllung zu vermischen. Zunächst muss der Vertrag eine (Haupt- oder Neben-) Pflicht zum Schutz der körperlichen Integrität des Vertragspartners beinhalten, deren Verletzung die Pflicht zum Ersatz des „dommage matériel", insbesondere des „dommage moral" überhaupt erst generiert. Welchen Ursprungs diese Schutzpflicht ist – vertraglicher oder gesetzlicher Natur, steht jedoch in keinem Zusammenhang mit dem Umfang des Schadensersatzes, der auf der nächsten Ebene der Haftungsausfüllung ermittelt wird. Erst hier kommt die Anerkennung auch des Nichtvermögensschadens zum Tragen. Es kann somit nicht im Umkehrschluss von der grundsätzlichen Zulässigkeit des Ersatzes von Nichtvermögensschäden auf ein generelles Bestehen von Schutzpflichten in allen Verträgen im französischen Recht geschlossen werden. Zwar mögen Körperverletzungen einer der Anwendungsfälle des entschädigungsfähigen „dommage moral" im französischen Recht sein[747], jedoch kann ebenso gut das Äquivalenzinteresse eines Vertragspartners auf den Erhalt einer nicht vermögensrechtlichen Leistung gerichtet sein[748]. Anders als in Deutschland ist der Anspruch auf Ersatz des Nichtvermögensschadens nicht auf Fälle des Schmerzensgeldes für Körperverletzungen, Freiheitsberaubungen oder sexueller Übergriffe begrenzt.

Unabhängig von der systematischen Unstimmigkeit der Verknüpfung von Schmerzensgeld und Schutzpflicht schließt auch der zeitliche Bezug einen Zusammenhang der Entwicklung beider Instrumente aus: Während die Zulässigkeit des Ersatzes eines „dommages moral" im Rahmen von Vertragsverhältnissen bereits Ende des 19. Jahrhunderts gerichtlich anerkannt wurde[749], wurde die vertragliche Schutzpflicht der „obligation de sécurité" erst 1911 eingeführt.

Die einheitliche Gewähr von Schadensersatz für Nichtvermögensschäden und insbesondere von Schmerzensgeld sowohl im Rahmen vertraglicher als auch deliktischer Haftung erklärt sich im französischen Recht vielmehr durch die Beherrschung des Schadensersatzrechts durch das Prinzip des „non-

744 So z.B. Schwartz, Die Zufügung seelischen Schmerzes, 48.

745 So teilweise die frz. Literatur, s. Kapitel E.III.1.b).(1).

746 S. Kapitel E.III.1.a) und E.III.1.b).(1).

747 Le Tourneau, Droit de la responsabilité, n$^{os}$ 1550 ff, insb. n$^{os}$ 1581 ff; Carval, Construction de la responsabilité, 268; Hans Stoll, in Gutachten 45. Dt. Juristentag, 84.

748 CA Paris, 2 déc. 1897, D. 1898, II, 465 (467): Nichtausführung eines Portraitauftrages; Trib. comm. Seine, 20 févr. 1932, GP 1932, I, 895: Verletzung der Verpflichtung, den Namen einer Schauspielerin in einer bestimmten Weise auf Werbeplakaten zu annoncieren; CA Paris, 25 mai 1950, D. 1950, jrspr., 439: Verletzung des Auftrages die Konzession für ein Grab zu erneuern; Trib. comm. Toulouse, 12 juill. 1889, D. 1891, III, 39 (40): ein Reisender wird gezwungen in einem Güterwagon Platz zu suchen; Trib. comm. Lyon, 18 sept. 1936, GP 1936, II, 893: ein Fleischer liefert abredewidrig nicht koscheres Fleisch.

749 Trib. comm. Toulouse, 12 juill. 1889, D. 1891, III, 39 (40); CA Paris, 2 déc. 1897, D. 1898, II, 465 (467).

cumul". Da dem Geschädigten bei einer Verletzung im Zuge der Erfüllung einer Vertragspflicht der Rückgriff auf die „responsabilité délictuelle" verwehrt ist, besteht für die Anerkennung eines Schmerzensgeldanspruches innerhalb der „responsabilité contractuelle" ein viel dringlicheres Bedürfnis als in Deutschland. Somit fordert der Grundsatz des „non-cumul" die Gleichstellung von Vertrags- und Deliktshaftung hinsichtlich des ersatzfähigen Schadens[750]. Dies gilt umso mehr angesichts der Tatsache, dass der Inhalt vieler Verträge von der französischen Rechtsprechung um eine „obligation de sécurité" erweitert wurde. Ein Rückgriff auf die Deliktshaftung wird – und das ist ja gerade der Zweck einer Implementierung dieser Schutzpflicht in manche Verträge (s. Kapitel E.III.2.b)) – dadurch ausgeschlossen. Ein eventueller immaterieller Schaden muss also auch nach den Regeln des Vertragsrechts ersetzt werden können, andernfalls könnte die „obligation de sécurité" nicht die ihr zugewiesenen Aufgaben erfüllen[751], denn die Franzosen haben sich bei der Entwicklung der „obligation de sécurité" klar für deren vertraglichen Charakter entschieden.

Die Verjährungsfristen im französischen Recht waren vor wenigen Jahren Gegenstand einer grundlegenden Reform. Mit Gesetz vom 17. Juni 2008, in Kraft getreten am 19. Juni 2008[752] wurde die dreißigjährige Regelverjährungsfrist des ehemaligen art. 2262 CCiv. – seit jeher wegen ihrer exzessiven Länge Gegenstand von Kritik und umgangen durch eine Vielzahl von Sonderverjährungsfristen – abgeschafft. Die Regelverjährungsfrist beträgt nunmehr fünf Jahre ab Kenntnis oder Möglichkeit zur Kenntnis der anspruchsbegründenden Tatsachen, art. 2224 CCiv. n.F. Haftungsansprüche, die auf einer Körperverletzung beruhen, verjähren unabhängig von vertraglicher oder deliktischer Natur der Haftung in zehn Jahren ab Manifestation der Schädigung oder ihrer Verschlimmerung, art. 2226 CCiv. n.F. Auf die Anwendungsfälle der „obligation de sécurité" bezogen, besteht also keine unterschiedliche verjärungsrechtliche Behandlung im Vergleich zu den deliktischen Schadensersatzansprüchen.

Trotz der deutlichen Herabsetzung der Hauptverjährungsfristen bestehen nach wie vor Sonderregelungen für viele Einzelfälle[753]: Schadensersatzansprüche gegen einen Verkäufer für versteckte Sachmängel verjähren nach zwei Jahren ab Entdecken des Mangels, art. 1648 CCiv.[754]. Einen Schadensersatzanspruch beruhend auf der Produzentenhaftung muss der Geschädigten innerhalb von drei Jahren ab Kenntnis oder Möglichkeit zur Kenntnis von Schaden, Produktfehler und Identität des Produzenten

750 Riedel, Ersatz von Nichtvermögensschäden im Vertragsrecht, 102; H., L., J. Mazeaud/Chabas, Droit civil, t. II/1 (7ème éd., 1985), n° 422.

751 Larroumet, Droit civil, t. III-2, n° 653.

752 Loi n° 2008-561 portant réforme de la prescription en matière civile.

753 S. Übersicht bei Le Tourneau/Stoffel-Munck, Droit de la responsabilité, n^os^ 2276 ff. Der Rapport einer Arbeitsgruppe um den Präsidenten der 3. Zivilkammer der Cour de Cassation, *J.-J. Hyest* hat mehr als 250 verschiedene Verjährungsfristen gezählt, Sénat, Rapport n° 338, session 2006-2007, Annex 1.

754 „L'action résultant des vices rédhibitoires doit être intentée par l'acquéreur dans un délai de deux ans à compter de la découverte du vice.
Dans le cas prévu par l'article 1642-1, l'action doit être introduite, à peine de forclusion, dans l'année qui suit la date à laquelle le vendeur peut être déchargé des vices apparents.".

geltend machen, art. 1386-17 CCiv.[755]. Trifft den Produzent kein Verschulden, ist er nur zehn Jahre ab in Verkehr Bringen des Produktes haftbar, art. 1386-16 CCiv.[756]. Sich aus Pflichtverletzungen im Rahmen von Behandlungsverträgen ergebende Ansprüche verjähren gemäß art. L1142-28 Code de la santé publique[757] innerhalb von zehn Jahren ab Manifestation des Schadens.

Anders als im deutschen Recht ist eine Einbeziehung Dritter in den Schutzbereich des Vertrages in Frankreich nicht vorgesehen. Nur in Einzelfällen wurde die Ausweitung des vertraglichen Schutzes über Sonderlösungen konstruiert (s. Kapitel C.II.1.c)).

Eine weitere der „responsabilité contractuelle“ innewohnende Problematik ist die zeitliche Eingrenzung des Vertragsschutzes. Insbesondere im Bezug auf den „contrat de transport“ hat es einer langen Fortentwicklung der Rechtsprechung bedurft, um den zeitlichen Geltungsbereich der „obligation de sécurité“ abzustecken (s. Fn. 462), was *Esmein* zu der Bemerkung veranlasste, in der Station Saint-Germain-des-Prés herrsche scheinbar ein anderes Recht als in der Gare Saint-Lazare[758].

Insgesamt ist somit der Schadensersatzanspruch auf Grundlage der deliktischen Haftung für den Geschädigten häufig der günstigere Anspruch im Vergleich zur vertraglichen Haftung. Im Einzelfall muss jedoch der Inhalt des konkreten Vertrags berücksichtigt werden. Insbesondere der geschuldete Sorgfaltsgrad und die Art der vertraglichen Pflicht („obligation de moyens“ / „obligation de résultat“) sowie individualvertragliche Garantien zu Gunsten des Gläubigers können dazu führen, dass die vertragliche Haftung günstiger ist.

#### b) Ausbau der Sachwalterhaftung des art. 1384 al. 1$^{er}$ CCiv. als „deliktische Konkurrenz“ zur „obligation de sécurité“

Seine für den Geschädigten vorteilhafte Auslegung der Beweislastverteilung kam art. 1384 al. 1$^{er}$ CCiv. nicht von Anfang an zu. Von den Vätern des Code Civil war eine Besserstellung des Geschädigten gegenüber der normalen deliktischen Haftung ursprünglich, wie im deutschen Recht, nur bei einer Schadensverursachung durch Tie-

755 „L'action en réparation fondée sur les dispositions du présent titre se prescrit dans un délai de trois ans à compter de la date à laquelle le demandeur a eu ou aurait dû avoir connaissance du dommage, du défaut et de l'identité du producteur.“.

756 „Sauf faute du producteur, la responsabilité de celui-ci, fondée sur les dipositions du présent titre, est éteinte dix ans après la mise en circulation de produit même qui a causé le dommage à moins que, durant cette période, la victime n'ait engagé une action en justice.“.

757 „Les actions tendant à mettre en cause la responsabilité des professionnels de santé ou des établissements de santé publics ou privés à l'occasion d'actes de prévention, de diagnostic ou de soins se prescrivent par dix ans à compter de la consolidation du dommage.
Ces actions ne sont pas soumises au délai mentionné à l'article 2232 du code civil.“.

758 Esmein, note zu CCass. civ. 1ère, 12 févr. 1964, D. 1964, jrspr., 359.

re (art. 1385 CCiv.) oder Gebäuderuinen (art. 1386 CCiv.) vorgesehen[759]. Ausgehend von der zunehmenden Gefährdung der Arbeitnehmer durch die Maschinisierung der Produktionsabläufe und ihrem regelmäßigen Unvermögen im Falle eines Arbeitsunfalles eine „faute" seitens des Arbeitgebers zu beweisen, kam es jedoch zu einer Neuinterpretation der Sachwalterhaftung.

Zunächst wurde allerdings in der Literatur nach einer Lösung des Problems durch eine Verlagerung ins Vertragsrecht gesucht. *Sauzet*[760] und *Sainctelette*[761] vertraten den Standpunkt, der Arbeitgeber sei durch den Arbeitsvertrag verpflichtet, die Sicherheit seiner Angestellten zu gewährleisten. Käme es also zu einem Unfall des Arbeiters, läge eine Pflichtverletzung seitens des „patron" vor, welcher dafür im Rahmen der „responsabilité contractuelle" hafte. Hinsichtlich des Verschuldens sollte die Beweislast umgekehrt sein, so dass der Arbeitgeber von der Haftung frei würde, sobald er nachweisen kann, dass die Verletzung seines Angestellten auf einer Ursache beruhe, die er nicht zu vertreten habe. Obwohl diese Lösung in der französischen Doktrin großen Anklang fand[762] und dem Bestreben nach einem verstärkten Schutz der Arbeiter gerecht wurde, weigerte sich dennoch die Rechtsprechung die „obligation de sécurité" in den Arbeitsvertrag einzuführen[763]. Anders als später beim Beförderungsvertrag waren die Gerichte mit der Ausdehnung vertraglicher Pflichten noch sehr zurückhaltend und wollten keine Pflicht des Arbeitgebers anerkennen, seine Angestellten „sain et sauf" aus dem Dienst zu entlassen[764]. Gerade vor dem Hintergrund der späteren Argumentation beim Beförderungsvertrag, erscheint die ablehnende Haltung der Cour de

759 Somit besteht eine gewisse Vergleichbarkeit mit dem deutschen Recht, wo im allgemeinen Deliktsrecht des BGB die Haftung von Tierhaltern sowie Grundstücks- und Gebäudebesitzern auf der einen und die Haftung von Tieraufsehern und Gebäudeunterhaltungspflichtigen auf der anderen Seite ebenfalls in separaten Paragraphen geregelt sind.

760 Befürwortend Sauzet, Rev. crit. 1883, 596 (596 ff, 677 ff); s. auch Kapitel B.II.1.b).

761 Sainctelette, De la responsabilité et de la garantie, 139 ff.

762 Laurent, Principes de droit civil, t. XX, n° 463; Demolombe, Traité des contrats ou des obligations conventionnelles en général, t. VIII, n° 472; Vavasseur, Journal La Loi, 2 juill. 1885; Larombière, Théorie et pratique des obligations, t. VII, art. 1382, n$^{os}$ 8f.; Labbé, notes zu Cour supérieure de Justice de Luxembourg, 27 nov. 1884 / CA Liège, 18 juin 1885 / Trib. civ. Bruxelles, 25 avr. 1885 / Trib. com. Bruxelles, 28 avr. 1885, S. 1885, IV, 25 (27f.); CA Paris, 23 févr. 1884 / 17 mars 1884 / 11 févr. 1886, S. 1886, II, 97f.; CCass. bel., civ. 1ère, 8 janv. 1886 , S. 1886, IV, 25 ff; CA Gand (Bel.), 18 juin 1887, S. 1889, IV, 1 (2); CCass. bel., civ. 1ère, 28 mars 1889, S. 1890, IV, 17; Gérard, Rev. crit. 1888, 426 (427); Ripert, note zu CCass. civ., 27 févr. 1929, D. 1929, I, 129 (130f.); Lalou, note zu CA Paris, 31 déc. 1934, D. 1935, II, 45 (46); Esmein, in note zu CCass. civ., 2 août 1950, JCP 1951, II, 6592; s. auch H., L. Mazeaud/Tunc, Responsabilité civile, t. I, n° 156.

763 CCass. req., 5 avr. 1894, D. 1894, I, 479; CCass. req., 15 juill. 1896, S. 1897, II, 229. Auch später bestätigt durch CCass. civ., 27 fév. 1929, D.1929, I, 129 (note Ripert); CCass. civ. 2ème, 5 juin 1957, D. 1957, jrspr., 577; CCass. civ. 2ème, 15 mars 1961, D. 1961, somm., 80.

764 Cour de Rennes, 20 mars 1893, S. 1894, II, 36: „En cas d'accident survenu à un ouvrier dans l'exécution du travail qui lui a été confié, la responsabilité du patron est régie, non d'après les règles des obligations contractuelles, qui mettent à la charge du détenteur d'une chose les dégradations et les pertes survenues pendant qu'il en a la jouissance [...], mais par les dispositions des art. 1382 et 1383 C.Civ."; Cour de Rouen, 3 déc. 1898, D. 1899, II, 316.

Cassation unverständlich. Ende des 19. Jahrhunderts herrschte unter den Juristen in Frankreich jedoch noch die Geisteshaltung vor, sich bei der Rechtsgestaltung strikt an den Code Civil zu halten und nicht über den Gesetzestext hinauszugehen. Daneben kam zum damaligen Zeitpunkt dem „principe d'autonomie de la volonté" eine besonders bedeutende Rolle zu[765]. Dementsprechend herrschte großes Misstrauen gegenüber in den Vertrag implementierten Pflichten[766]. Mit Inkrafttreten des Gesetzes über die Entschädigung bei Arbeitsunfällen vom 9. April 1898 entfiel zwar die Notwendigkeit, sich weiter um einen besonderen Schutz der Arbeitnehmer auf Ebene der „responsabilité contractuelle" zu bemühen, jedoch kann gerade in der Verabschiedung dieses Gesetzes die Anerkennung einer Schutzpflicht des Arbeitgebers gesehen werden, die ihn gegenüber all jenen trifft, die – eben auf Grundlage eines Arbeitsvertrages – für ihn arbeiten.

Zuvor wurde jedoch noch im Jahr 1896 mit dem *arrêt Teffaine*[767] die Entschädigung von Arbeitsunfällen auf deliktsrechtlicher Grundlage durch eine Neuinterpretation des art. 1384 al. 1er CCiv. möglich. Ausgangspunkt der Entscheidung war der Tod eines Schiffsmechanikers, der bei einer Explosion im Maschinenraum eines Schleppdampfers tödliche Verletzungen erlitten hatte. Seine Witwe forderte Schadensersatz von den Eigentümern des Dampfschiffes. In dem gerichtlichen Verfahren wurde festgestellt, dass die Explosion auf einen Konstruktionsfehler des Kessels zurückzuführen war, von dem die Schiffseigentümer jedoch keine Kenntnis hatten und auch nicht haben konnten. Dennoch nahm die Cour de Cassation eine Haftung der Schiffseigentümer auf Grundlage des art. 1384 al. 1er CCiv. an: Der „gardien" einer Sache haftet für alle durch die Sache verursachten Schäden, auch wenn der schadensursächliche Mangel der Sache für ihn nicht erkennbar war und nicht durch ihn herbeigeführt wurde[768]. Ein Freiwerden von dieser Haftung sei weder durch den Nachweis einer „faute" des Kesselherstellers, noch der Nichterkennbarkeit des Sachmangels möglich[769]. Die „responsabilité délictuelle" der Sachwalterhaftung schien somit einen objektiven Charakter zu haben.

Bei dieser Haltung der Cour de Cassation blieb es jedoch nicht. Im Verlauf der weiteren Rechtsprechung zur Schadensverursachung durch Sachen haben die Richter den

---

765 Josserand, note zu CA Lyon, 7 déc. 1928, D. 1929, II, 17 (18); ders., D. 1933, chron., 89 (90); ders., in Recueil Gény, t. II, 333 (335); ders., Cours de Droit Civil, t. II, n° 244; Ripert/Boulanger, Traité de droit civil, t. II, n° 92.

766 Saleilles, note zu *arrêt Teffaine*, CCass. civ., 16 juin 1896, D. 1897, I, 433 (434): „[E]n les [les clauses tacites destinées à completer les conditions expresses d'un contrat] adoptant en dehors de toute présomption résultant des clauses expresses du contrat, on s'expose à violer le contrat lui-même" (bzgl. implementierter Vertragspflichten). „[S]'agissent de droit privé, il fallait se rattacher aux principes formulés par les textes [art. 1384 al. 1er CCiv.]."; Meller, Obligation de Sécurité, 13; s. auch René Savatier, Les métamorphoses économiques et sociales du droit civil, t. I, nos 20 ff.

767 *Arrêt Teffaine*, CCass. civ., 16 juin 1896, D. 1897, I, 433 (note Saleilles).

768 Leitsatz des *arrêt Teffaine*, CCass. civ., 16 juin 1896, D. 1897, I, 433: „La responsabilité des choses que l'on a sous sa garde subsiste malgré le vice occulte de la chose et la faute de celui qui l'a fournie".

769 *Arrêt Teffaine*, CCass. civ., 16 juin 1896, D. 1897, I, 433 (440).

Ansatz einer objektivierten Haftung, unabhängig von einer „faute" des Schädigers, schnell aufgegeben und standen auch der Begründung der Sachwalterhaftung mit der von der Nutzung der Sache ausgehenden Gefährdung anderer eher ablehnend gegenüber[770]. So stufte die Cour de Cassation das Ausmaß der Haftung aus art. 1384 al. 1er CCiv. auf eine Haftung aus vermutetem Verschulden herab. Dabei handelt es sich bei der Verschuldensvermutung ebenso wie bei der „obligation de sécurité de résultat" um eine verschärfte Vermutung, die nur durch den Nachweis höherer Gewalt oder des Verschuldens des Opfers beziehungsweise eines Dritten widerlegt werden kann[771].

Bereits bei der vertraglichen Haftung aus einer Schutzpflichterveletzung hatte diese „présomption renforcée" im Falle der „obligations de résultat" eine Diskussion heraufbeschworen, ob es sich in diesen Fällen überhaupt noch um eine „responsabilité pour faute" handele (s. Kapitel D.II.1.a).(2).(b)). Gerade bei einer deliktischen Haftung wegen Schadensverursachungen durch Sachen, drängt sich der Ansatz der Gefährdungshaftung, die Schadenszurechnung mit dem durch die Sache gesetzten Risiko zu begründen, auf. Selbst die Cour de Cassation legitimiert in einer Vorentscheidung zum *arrêt Jand'heur* die Anwendung der Sachwalterhaftung mit der Notwendigkeit einer Beaufsichtigung von Sachen, von denen besondere Gefahren für andere ausgehen, um die Haftung über art. 1348 al. 1er CCiv. – statt der normalen deliktischen Haftung des art. 1382 CCiv. – auch für von Menschen geführte Maschinen zu erreichen[772].

Dennoch betont die höchstrichterliche Rechtsprechung immer wieder, dass es sich bei der Sachwalterhaftung um eine Haftung wegen „faute" handelt. Der Grund für die Haftung liege, so die Cour de Cassation, in der ungenügenden Beaufsichtigung der Sache und nicht in der Sache selbst[773]. Dafür spräche auch der Wortlaut des art. 1834 al. 1er CCiv., der an die „garde de la chose" anküpft: Wenn trotz der Aufsicht über die Sache diese einen Schaden verursacht, könne davon ausgegangen werden, dass sie schlecht beaufsichtigt wurde, das heißt, dass der Beaufsichtigende eine „faute" begangen hat. Urteile der Instanzgerichte, die eine Haftung an die Voraussetzung knüpfen, dass der Schaden durch eine spezifische, der Sache innewohnende Gefahr verursacht worden sein muss, werden kassiert[774]. Eine reine Gefährdungshaftung – „la théorie du

770 *Arrêt Jand'heur*, CCass. ch. réunies, 13 févr. 1930, rapport du Conseiller *Le Marc'hadour*, D. 1930, I, 57 (64).

771 CCass. civ., 16 nov. 1920, D. 1920, I, 169 (170); *arrêt Jand'heur*, CCass. ch.réunies, 13 févr 1930, D. 1930, I, 57 (70).

772 CCass. civ., 21 févr. 1927, D. 1927, I, 97: Für die Anwendbarkeit des art. 1384 al. 1er CCiv. reicht aus, „que s'il s'agisse d'une chose soumise à la nécessité d'une „garde" en raison des dangers qu'elle peut faire courir à autrui". Dazu der Conseiller *Le Marc'hadour* in seinem rapport zum *arrêt Jand'heur*: „A la notion de garde s'associe donc la notion de chose dangereuse.", D. 1933, I, 57 (63).

773 CCass. civ., 21 janv. 1919 / CCass. req., 28 juin 1920 / CCass. civ., 15 mars 1921, D. 1922, I, 25 (27f.); CCass. civ., 16 nov. 1920, D. 1920, I, 169 (170); *arrêt Jand'heur*, CCass. ch.réunies, 13 févr 1930, D. 1930, I, 57 (70): „[L]'article [art. 1384 al. 1er CCiv.] rattachant la responsabilité à la garde de la chose, non à la chose elle-même". So auch Ripert/Boulanger, Traité de droit civil, t. II, n° 1058.

774 CCass. civ., 16 nov. 1920, D. 1920, I, 169 (170), hebt die Entscheidung der CA Bordeaux vom 16. Juli 1917, die es als erforderlich ansah, dass „la cause du dommage doit résider dans la

risque créé" – lehnt die Mehrzahl der Autoren als ungerecht ab[775]. Schließlich werde derjenige, der eine Gefahrenquelle eröffne und dabei jegliche Sorgfalt beachte, genauso behandelt wie der Gefahrenquellen-Verantwortliche, der sich „fautif" verhält[776]. Das Prinzip einer Haftung „pour risque créé" lässt sich nicht mit der Grundlagennorm der deliktischen Haftung im Code Civil, art. 1382, vereinbaren, der auf das Verhalten des Schuldners abhebt. Die Sachwalterhaftung gilt dementsprechend uneingeschränkt für alle Sachen, nicht nur für besonders gefährliche[777].

Letztlich vereint die Sachwalterhaftung wohl Elemente beider Ideen[778]: Zum einen wird dem Sachwalter eine „présomption de faute" angelastet. Allein die Existenz eines durch die Sache verursachten Schadens zeigt, dass deren Überwachung unzureichend war und der „gardien" somit seine Pflicht verletzt hat. Auf der anderen Seite wird auch für das von der Sache ausgehende Risiko und im Gegenzug für den mit der Sache erwirtschafteten Profit gehaftet[779].

### 3. Fazit

Damit gibt es in Deutschland und Frankreich zwar vergleichbare Unterschiede zwischen der jeweiligen vertraglichen und deliktischen Haftungsordnung: Verteilung der Beweislast, Verjährung, besondere Anforderungen bei vertraglicher Haftung. Dennoch gestaltet sich das Zusammenspiel von vertraglicher und deliktischer Haftung an entscheidenden Punkten anders. Im deutschen Recht bieten die vertraglichen Haftungsnormen eine deutlich günstigere Ausgangsposition für den Geschädigten als dies beim Schadensersatzanspruch aus unerlaubter Handlung der Fall ist (Vermögensschäden sind mit umfasst; keine Exkulpationsmöglichkeit; Beweislastumkehr hinsichtlich des Vertretenmüssens). In Frankreich hingegen geht der deliktsrechtliche Schutz häufig deutlich weiter (keine Beschränkung auf vorhersehbaren Schaden; verschärfte Verschuldensvermutung im Fall des art. 1384 al. 1[er] CCiv. im Gegensatz zur nachteiligen Beweislastverteilung der „obligation de moyens"; keine Haftungsbeschränkungen).

---

chose qu'on a sous sa garde, lui être intrinseque", mit dem Argument auf, dass die Haftung nicht an der Sache anküpfe.

775 Ripert/Boulanger, Traité de droit civil, t. II, n° 908; Planiol, Rev. crit. 1905, 277 (279): „On aura beau écrire des milliers de pages sur la responsabilité objective, jamais on ne démontrera l'utilité ni l'équité, car elle consiste à faire supporter à un homme les conséquences de la faute d'un autre. En supprimant l'appréciation des fautes dans les rapports humaines, on détruira toute justice."; Colin/Capitant, Droit civil, t. II, n° 293; Lalou/Azard, Responsabilité civile, n° 126; René Savatier, Rev. crit. 1934, 409 (438 ff); Esmein, Rev. crit. 1931, 129 (152):„L'idée de risque [...] est une idée caduque et dépassée. L'appui qu'elle paraissait trouver dans la causalité matérielle, manque en réalité."; H., L. Mazeaud/Tunc, Responsabilité civile, t. I, n° 73.

776 Conseiller Le Marc'hadour, rapport zum *arrêt Jand'heur*, CCass. ch. réunies, 13 févr. 1930, D. 1930, I, 57 (64); Planiol, Rev. crit. 1905, 277 (279).

777 St. Rspr. seit *arrêt Jand'heur*, CCass. ch.réunies, 13 févr 1930, D. 1930, I, 57 (70).

778 René Savatier, Anm. zu CCass. civ., 16 nov. 1920, D. 1920, I, 169f.; Procureur général Matter, conclusions zum *arrêt Jand'heur*, CCass. ch. réunies, 13 févr. 1930, D. 1930, I, 57 (67).

779 René Savatier, Anm. zu CCass. civ., 16 nov. 1920, D. 1920, I, 169; Ripert/Boulanger, Traité de droit civil, t. II, n° 909.

## II. System der Anspruchskonkurrenz im deutschen Recht

Anders als im französischen Recht haben die vertragliche und die deliktische Haftung des BGB einen unterschiedlichen Schutzzweck. Während der Schwerpunkt der Vertragshaftung im Vermögensschutz liegt, ist die Haftung aus unerlaubter Handlung auf den Rechtsgüterschutz ausgerichtet. Aus dieser grundsätzlich verschiedenen Schutzrichtung ergibt sich die Möglichkeit für ein unbeeinflusstes Nebeneinander vertraglicher und deliktischer Haftung. Hätte sich – wie im französischen Recht – die Ansicht durchgesetzt, dass eine Forderungsverletzung stets auch eine unerlaubte Handlung im Sinne des Deliktsrechts darstelle, dann wäre wohl die Abschirmung vertraglicher Sonderhaftungsordnungen durch eine Konkurrenzregel erforderlich geworden[780]. Allerdings kann man sich angesichts des Ausbaus von Instrumenten wie der „pVV" und „cic" sowie des Vertrags mit Schutzwirkung zu Gunsten Dritter die Frage stellen, ob nicht die Ausbreitung vertraglicher Schutzpflichten in den eigentlichen Bereich des Deliktsrechts ein Überdenken der Anspruchskonkurrenz erforderlich macht.

### 1. Gründe für das Prinzip der Anspruchskonkurrenz

In Deutschland wie in Frankreich trifft das Gesetz selbst keine Aussage zum Verhältnis vertraglicher und deliktischer Schadensersatzansprüche. Weil sich eine zweifelsfreie Fassung des maßgebenden Grundsatzes nicht finden ließ, haben sich die Verfasser des BGB einer Regelung für den Fall, dass beide Haftungssysteme einschlägig seien sollten, enthalten und dies der Klärung durch Wissenschaft und Rechtsprechung überlassen[781].

Die bewusst gelassene Lücke des BGB hat zu einer Fülle wissenschaftlicher Arbeiten Anlass gegeben[782]. Eine grundlegende Auseinandersetzung mit dieser Problematik, die auch zu einer langfristigen Anerkennung der grundsätzlichen Unabhängigkeit beider Haftungssysteme im Wege der Anspruchskonkurrenz geführt hat, stellt die 1934 erschienene Habilitationsschrift von *Dietz*[783] dar. Eine – wie teilweise vertreten – prinzipielle Vorrangigkeit der Vertragshaftung lehnt *Dietz* und mit ihm die herrschende Meinung ab, weil sie der Ausgestaltung des Zivilrechts konstruktiv widerspreche. Voraussetzung für eine solche Gesetzeskonkurrenz wäre ein Rangverhältnis zwischen vertraglicher und deliktischer Haftung, wodurch die Anwendung der zweitrangigen Norm verdrängt würde. Eine Gesetzeskonkurrenz in Form der Spezialität – wie es in Frankreich der Fall ist – scheitert am Fehlen eines allgemeinen Deliktstatbestandes im deutschen Recht. Dieser müßte auch relative Forderungsrechte schützen, weswegen die Haftung aus Vertrag in diesen Fällen einen Sondertatbestand bilden würde[784]. Ein

780 Schlechtriem, Vertragsordnung und außervertragl. Haftung, 33; Riedel, Ersatz von Nichtvermögensschäden im Vertragsrecht, 68f.

781 Mugdan I, 506; Schlechtriem, Vertragsordnung und außervertragl. Haftung, 28 ff.; ders., in Gutachten II, 1591 (1600).

782 Überblick bei Georgiades, Die Anspruchskonkurrenz, 63 ff und 84 ff; Schlechtriem, Vertragsordnung und außervertragl. Haftung, 33 ff.

783 Dietz, Anspruchskonkurrenz bei Vertragsverletzung und Delikt.

784 Dietz, Anspruchskonkurrenz bei Vertragsverletzung und Delikt, 88f.

durch Subsidiarität geprägtes Rangverhältnis der Haftungsgrundlagen kommt ebenfalls nicht in Betracht. Zwar handelt es sich bei den deliktischen Normen um allgemeine Pflichten gegenüber jedermann. Wenn sie dem Gesetzgeber jedoch wichtig genug sind, um sie jedem Rechtsgenossen gegenüber jedem anderen Rechtsgenossen aufzuerlegen, könne es sich nicht um prinzipiell subsidiäre Bestimmungen handeln[785].

Stattdessen widerspreche der Aufbau der zivilrechtlichen Haftung des BGB der Annahme eines Rangverhältnisses von Vertrags- und Deliktsrecht. Es herrsche in Deutschland eine grundsätzliche Verschiedenheit der Haftungstatbestände, ihrer Geltungsbereiche und der durch sie geschützten Interessen: So befasse sich das Vertragsrecht nur mit Forderungsrechten – dem Leistenmüssen des Schuldners und dem Forderndürfen des Gläubigers (Leistungs- oder Äquivalenzinteresse). Im Gegensatz dazu seien Gegenstand der deliktischen Haftung Angriffe gegen die Person selbst und die absolut geschützte Beziehung der Person zu einer Sache oder zu einem Recht (Integritätsinteresse). Verschiedene Rechtsgründe der beiden Haftungssysteme lassen also keine andere Möglichkeit, als die der unabhängigen Existenz in Form der Anspruchskonkurrenz[786].

Bereits 1916 entschied das Reichsgericht grundlegend über die Folgen des Zusammentreffens der Haftung aus Vertrag und unerlaubter Handlung im Sinne der Anspruchskonkurrenz[787]. Diese Rechtshaltung wurde vom BGH übernommen: „Zwischen dem Schadensersatzanspruch aus Vertragsverletzung und dem aus unerlaubter Handlung besteht eine echte Anspruchskonkurrenz mit der Folge, daß jeder Anspruch der ihm eigenen Regelung folgt und es dem Geschädigten grundsätzlich freisteht, auf welche Anspruchsgrundlage er seine Forderung stützen will“[788]. Nicht selten hat sich die Rechtsprechung bei ihren Ausführungen auf die grundlegende Arbeit von *Dietz* berufen[789].

Allerdings wird die Einhaltung der Anspruchskonkurrenz nicht umfassend durchgesetzt. Schon vor der Arbeit von *Dietz* hatten die Gerichte in Einzelfällen auf die Besonderheiten der vertraglichen Haftung Rücksicht genommen und sie gegen eine Überlagerung durch die Regeln der Haftung aus Delikt abgeschirmt[790]. Heute ist in Recht-

---

785 Dietz, Anspruchskonkurrenz bei Vertragsverletzung und Delikt, 97.

786 Dietz, Anspruchskonkurrenz bei Vertragsverletzung und Delikt, 101 ff, 125. So auch Riedel, Ersatz von Nichtvermögensschäden im Vertragsrecht, 69: Das französische Haftungsrecht hingegen kennt eine Differenzierung der Schutzrichtung bei vertraglicher und deliktischer Haftung nicht, weswegen auch nicht das Bedürfnis für eine Anspruchskonkurrenz besteht, um beide Interessen ausreichend zu schützen.

787 RGZ 88, 433 (435).

788 *Schwimmerschalter Fall*, BGHZ 67, 359 (362f.).

789 Statt aller BGHZ 9, 301 (302 ff).

790 RGZ 66, 363 (364f.); RGZ 75, 116 (119); RGZ 96, 300 (301f.); BGHZ 54, 264 (267); BGHZ 104, 6 (17); BGHZ 116, 293 (295); BGHZ 119, 35 (41) (Durchwirken kürzerer Verjährungsfristen im Vertragsrecht); RGZ 88, 317 (318); BGH NJW 1954, 145; BGHZ 46, 140 (145); BGH NJW 1967, 558; BGHZ 93, 23 (29) (Durchwirken eines gemilderten Haftungsmaßstabes im Vertragsrecht).

sprechung und Lehre allgemein anerkannt, dass die vertragliche Risikoordnung mit Haftungmilderungen und / oder kürzeren Verjährungsfristen der deliktischen Haftung vorgeht, wenn sie ein bestimmtes Risiko abschließend zuteilt und durch ein Eingreifen konkurrierender deliktischer Ansprüche gestört würde[791]. Mit dem Vorherrschen der vertraglichen Risikoordnung und ihrer Verdrängung des Deliktsrechts in manchen Fällen hat sich das deutsche Haftungssystem zumindest stellenweise der französischen Systematik angenähert.

## 2. Eine Verdrängung der deliktischen Haftung durch die vertraglichen Schutzpflichten

Angesichts der gewachsenen Bedeutung vertraglicher Pflichten zum Schutz der körperlichen Integrität, mutet *Dietz* Plädoyer für die Anspruchskonkurrenz, beruhend auf der grundsätzlichen Annahme überschneidungsfreier Anwendungsbereiche von Vertrags- und Deliktsrecht, heute befremdlich an. Lediglich im Bezug auf § 826 BGB erkennt *Dietz* die Konsequenz einer Ausdehnung vertraglicher Pflichten auf den Bereich des Integritätsinteresses: Es entstehe ein Spezialitätsverhältnis, was eigentlich eine Regelung der Kollision im Wege der Gesetzeskonkurrenz erforderlich machen würde. Denn „wenn die vertraglichen Schadensersatzbestimmungen als Schutzgesetze aufgefaßt werden könnten, [...] dann könnte man davon sprechen, dass der Verstoß gegen dieses Schutzgesetz besonders geregelt sei“[792].

Allerdings hätte die Erweiterung der vertraglichen Haftung um Pflichten zum Schutz des Integritätsinteresses bereits von *Dietz* berücksichtigt werden können. Zum Zeitpunkt des Erscheinens seiner Abhandlungen war der Festschriftbeitrag *Staub*s bereits lange erschienen (1902), und auch wenn dieser noch schwerpunktmäßig von Fällen der Schlechtleistung der Hauptpflicht oder Verstößen gegen wettbewerbsrechtliche Absprachen ausging, so hat zumindest das Reichsgericht in Entscheidungen aus den Jahren 1903[793] und 1905[794] auf Grundlage der „pVV“ eine vertragliche Pflicht zur Vornahme von Schutzvorkehrungen statuiert, um die deliktische Exkulpationsmöglichkeit des § 831 BGB zu umgehen.

Wenigstens für vertragliche Schutzpflichten, die das Integritätsinteresse des Vertragspartners im Blick haben, verliert also die Begründung der Anspruchskonkurrenz mit der unterschiedlichen Schutzrichtung beider Haftungssysteme ihre Berechtigung. Stattdessen hat diese Weiterentwicklung der vertraglichen Haftung eine Konkurrenzsituation zur deliktischen Haftung überhaupt erst geschaffen. Denn die Ausbreitung vertraglicher Schutzpflichten im deutschen Recht geht deutlich weiter als der Anwen-

---

791 Palandt/Sprau, Einf v § 823, Rn 5; Erman/Schiemann, Vor § 823 Rn 26; Medicus, Bürgerliches Recht, Rn 639f. (differenzierend: stimmt einem Durchwirken vertraglicher Haftungsmilderungen grundsätzlich zu, lehnt aber ein Durchwirken kürzerer vertraglicher Verjährungsfristen ab); Brox/Walker, Bes. Schuldrecht, § 52 Rn 39; Larenz/Canaris, Schuldrecht II/2, § 83 IV 2; Looschelders, Schuldrecht AT, Rn 23. Noch ablehnend Dietz, Anspruchskonkurrenz bei Vertragsverletzung und Delikt, 146 ff, 236 ff.

792 Dietz, Anspruchskonkurrenz bei Vertragsverletzung und Delikt, 89.

793 Entscheidung des VI. Zivilsenats vom 5. Okt. 1903, RGZ 55, 335.

794 Entscheidung des VII. Zivilsenats vom 1. Dez. 1905, RGZ 62, 119.

dungsbereich der „obligation de sécurité", bei der es für eine Haftung immer noch des „inneren, rechtlichen Zusammenhangs" zum Vertragsgegenstand bedarf (s. Kapitel D.II.1.a).(5)).

Diese „Hypertrophie" des Vertragsrechts führt de facto zu einem Bedeutungsverlust des Deliktsrechts, denn selbst wenn im Zuge der Anspruchskonkurrenz ein Wahlrecht zwischen beiden Schadensersatzansprüchen möglich ist, entscheidet sich der Geschädigte wegen der deutlich günstigeren Voraussetzungen im Zweifel für den vertraglichen Anspruch.

In Anbetracht dieser Ausdehnung der vertraglichen Haftung stellt sich die Frage nach einer Neugestaltung des Verhältnisses der Haftungssysteme. Unter Zugrundelegung der Argumentation von *Dietz* stellt die Vertragshaftung durch die Vereinigung ihres ursprünglichen Anwendungsbereichs (Schutz des Äquivalenzinteresses) mit dem der Haftung aus unerlaubter Handlung (Schutz des Integritätsinteresses) und ihren somit auch für letzteren geltenden besonderen Haftungsregeln, nunmehr den spezielleren der beiden Haftungstatbestände dar. Wäre also die französische Systematik des „non-cumuls" eine Option für eine Reform des deutsche Haftungsrechts?

Als Parallele zum französischen Prinzip des Vorrangs der vertraglichen Haftung dachte *Knetsch* auch für das deutsche Recht an eine „ausschließliche[n] Zuständigkeit des vertragsrechtlichen Normenkomplexes für die Abwicklung vertraglicher Schadensfälle [...] und damit im Ergebnis dieselbe Lösung [...], die die französische Rechtslehre mit dem Aufstellen des „cumul"-Verbotes dogmatisch vorgezeichnet hat"[795]. Ausgangspunkt von *Knetsch*s Überlegungen war die Rechtsprechung des Reichsgerichts, das bereits in seiner ersten Entscheidung zum Verhältnis von Vertrags- und Deliktsrecht eine „Verstärkung" der allgemeinen deliktischen Rechtspflicht, niemanden körperlich zu verletzen, durch eine vertragliche Fürsorgepflicht annahm[796]. So bestünde ein inhaltlicher Unterschied zwischen den auf den Schutz des Integritätsinteresses gerichteten Pflichten beider Haftungssysteme: Vertragliche Schutzpflichten seien eine speziellere Ausgestaltung der allgemeinen deliktsrechtlichen Pflicht, fremde Rechtsgüter nicht zu schädigen, die über eine lediglich erfolgsbezogene Nichtverlet-

795 Knetsch, Verhältnis von Vertrags- und Deliktsrecht, 161.

796 RGZ 88, 433 (434f.): „Die allgemeine Rechtspflicht, niemanden körperlich zu verletzen, besteht immer und gegenüber jeder Person, gleichviel ob diese mittels Vertrags oder ohne Vertrag in den Handlungsbereich des Verletzers gekommen ist. Diese allgemeine Rechtspflicht kann dadurch nicht beseitigt werden, daß es ein Vertrag war, durch den die Möglichkeit der Einwirkung auf den Körper des anderen gegeben wurde. Auch der Vertragsgegner bleibt immer der durch § 823 BGB Geschützte; er wird es in noch stärkerem Grade, wenn der Vertrag den Verletzer sogar besonders, nämlich eben auch noch vertragsmäßig, zur Fürsorge verpflichtet. Das allgemeine Verbot widerrechtlicher Körperverletzung wird dadurch n u r i n d i v i d u a l i s i e r t u n d v e r s t är k t [Hervorhebung im Text der amtl. Entscheidungssammlung], daß der Vertrag dem andern sogar noch ein vereinbartes Recht auf Fürsorge, also auf das Gegenteil jeder Körperverletzung gibt.".

zungspflicht hinausgehen, indem sie eine Schutz- und Fürsorgepflicht beinhalten[797]. Im Falle einer weitergehenden vertraglichen Verhaltenspflicht wird der Maßstab für recht- und unrechtmäßiges Verhalten allein durch die vertraglichen Vereinbarungen des Einzelfalls gesetzt. Würde sich der Vertragspartner stattdessen an der allgemeinen Rechtspflicht des Deliktsrechts orientieren, sich also gemessen am gemeinen Recht durchaus pflichtgemäß verhalten, würde er unter Umständen gegen den Vertrag verstoßen und Unrecht begehen. Die allgemeine Rechtspflicht der §§ 823 ff BGB, niemanden körperlich zu verletzen, könne sich also nur an diejenigen richten, die noch nicht von einer spezielleren vertraglichen Verhaltenspflicht betroffen sind[798].

Neben der Aufnahme des eigentlich deliktsrechtlichen Schutzes in das Vertragsrecht geht *Knetsch* generell von einer abschließenden Risikoverteilung durch das Vertragsrecht – wie dies auch in Frankreich der Fall ist (Kapitel E.III.1.a)) – aus und nimmt dies als weiteres Argument für dessen alleinige Anwendbarkeit[799].

Einzig der damals für den vertraglichen Ersatzanspruch komplett ausgeschlossene Ersatz immaterieller Schäden stellte eine Übernahme der französischen Systematik noch in Frage. Denn es sei „dieser [...] Nachteil des vertragsrechtlichen Ersatzsystems [, der] für die heute fast ausschließlich vertretene Ansicht von einem konkurrierenden Nebeneinander von Vertrags- und Deliktsrecht bestimmend geworden ist"[800]. *Knetsch* sah allerdings den Zweck des § 253 BGB a.F. nur in der Beschränkung des Schmerzensgeldes auf Verletzungen der im Gesetz genannten Rechtsgüter, nicht aber in der Beschränkung auf eine Haftungsart[801] und ging deswegen von einer Anwendbarkeit des § 847 BGB a.F. auch auf vertragsrechtliche Ersatzansprüche aus. Tatsächlich ist diese Rechtslage jedoch erst mit Einführung eines allgemeinen Schmerzensgeldanspruchs unter Beibehaltung des Wortlauts des § 847 BGB a.F. (s. Kapitel E.I.1) eingetreten.

Allerdings ist *Knetsch*s Argument einer abschließenden Risikoverteilung durch das Vertragsrecht differenziert zu betrachten. In seinem im Vorfeld der Schuldrechtsreform erstellten Gutachten zur Überarbeitung des Verhältnisses vertraglicher und außervertraglicher Haftung plädiert auch *Schlechtriem* für eine Neuregelung der Kollision beider Haftungssysteme[802]. Dafür untersucht *Schlechtriem* insbesondere auch die

797 Knetsch, Verhältnis von Vertrags- und Deliktsrecht, 180 ff; Renner, Grundsatz des „non-cumul" als Vorbild für eine Reform des dt. Schuldrechts, 4. So auch Staudinger/Schäfer (12. Aufl., 1986), Vorbem. zu §§ 823 ff Rn 32; Soergel/Spickhoff, vor § 823 Rn 73.

798 Knetsch, Verhältnis von Vertrags- und Deliktsrecht, 182f.; Bruns, JuS 1971, 221 (226).

799 Knetsch, Verhältnis von Vertrags- und Deliktsrecht, 189.

800 Knetsch, Verhältnis von Vertrags- und Deliktsrecht, 164 mit Bezug auf RGZ 88, 433.

801 Knetsch, Verhältnis von Vertrags- und Deliktsrecht, 192f., unter Berufung auf RGZ 65, 17 (21) (s. Fn 727); so auch Bruns, JuS 1971, 221 (226).

802 Es ist bei der Bewertung von *Schlechtriems* Lösungsvorschlag allerdings zu berücksichtigen, dass er mit seinem Gutachten einen von vorne herein eingeschränkten Auftrag des BMJ erfüllt. Bundesjustizminister *Engelhard* hat 1984 anläßlich der Einberufung der Reformdiskussion deutlich zum Ausdruck gebracht, dass „eine Reform an Haupt und Gliedern [...] nicht beabsichtigt" sei. „Vielmehr [gehe es] um eine *Überarbeitung* [Hervorhebung im Original], bei der unter Wahrung der systematischen Grundstrukturen, methodischen Ansätze und Grundwertungen

Regelungen spezieller vertraglicher Verschuldensmaßstäbe oder der Beweislastumkehr und ihr Durchwirken auf Ansprüche aus unerlaubter Handlung. Nach einer Durchleuchtung des Zwecks der einzelnen Haftungsmilderungen und -verschärfungen kommt er zu dem Schluss, dass der Geltungsbereich mancher Normen sich durchaus auf das Vertragsrecht beschränkt, beziehungsweise Besonderheiten des Deliktsrechts nicht durch anderslautende vertragliche Regeln niveliert werden dürfen.

So könne laut *Schlechtriem* die Unentgeldlichkeit einer Leistung, welche die Minderung der Sorgfaltsanforderungen verursacht (§ 521 BGB – Schenkung, § 599 BGB – Leihe, § 690 BGB – Verwahrung), grundsätzlich auch nur zu den leistungsbezogenen Vertragserwartungen und nicht zum Rechtsgüterschutz des Vertragspartners in Bezug gesetzt werden. Unbillige Ergebnisse könnten im Einzelfall über eine Anpassung der Sorgfaltsanforderungen im Deliktsrecht vermieden werden[803]. Auch der Bereich der Gesellschaftsinteressen bei deren Wahrnehmung die Sorgfaltsanforderungen an den Gesellschafter gegenüber seinen Mitgesellschaftern gemäß § 708 BGB gemindert sind, sollte klarer umrissen werden. Diese Norm betrifft aber in erster Linie das Interesse der Gesellschafter am Gesellschaftsvermögen und seiner nutzbringenden Verwendung[804] und somit gerade nicht die über § 823 BGB geschützten Rechtsgüter[805]. Insbesondere die deliktsrechtlichen Haftungsmaßstäbe der Gefährdungshaftung (§ 833 S. 1 BGB -Tierhalterhaftung) sollten nicht durch die allgemeinen vertraglichen Haftungsnormern verdrängt werden. Angebracht wäre vielmehr bei der Norm des § 833 S.1 BGB selber anzusetzen und die weite Gefährdungshaftung des Tierhalters gegenüber befugten Benutzern des Tieres zu begrenzen[806].

Außerdem weist *Schlechtriem* in seinem Gutachten auf die generellen Gefahren einer Einräumung des Vorrangs vertraglicher Haftung hin. So würde die Bevorzugung einer vertraglichen Verantwortung den Schutz der in Frage stehenden Rechtsgüter von der Gültigkeit des Vertrages und dessen zeitlicher Wirkensdauer abhängig machen. Überhaupt wäre der Haftungsmaßstab abhängig von der Zufälligkeit einer vertraglicher Bindung zwischen Schädiger und Verletztem (Problem bei reiner Gefälligkeit; Handeln von Minderjährigen ohne Einwilligung der Eltern; Qualifizierung als entgeldlicher oder unentgeldlicher Vertrag). Des Weiteren müsste die Möglichkeit von Haftungsfreizeichnung oder -beschränkung bei Schutzpflichten eine klare Regelung finden. Nicht zuletzt ist zu berücksichtigen, dass historische Einordnungen ein Eigengewicht haben, welches nicht so einfach bei Seite geschoben werden kann[807].

---

dieses Gesetzes gewissermaßen die Erfahrungen aus acht Jahrzehnten seiner Anwendung aufgearbeitet werden.“, Engelhard, NJW 1984, 1201 (1202).

803 Schlechtriem, in Gutachten II, 1591 (1618 ff).

804 BGHZ 46, 313 (318): „Es handelt sich um eine Norm, die nur die Regelung der vermögensrechtlichen Beziehungen zwischen den Gesellschaftern im Auge hat“; Mugdan II, CV und 336 und 984f.

805 Schlechtriem, in Gutachten II, 1591 (1618 ff).

806 Schlechtriem, in Gutachten II, 1591 (1626f.).

807 Schlechtriem, in Gutachten II, 1591 (1611).

Deswegen entscheidet sich *Schlechtriem* nicht für eine radikale Lösung durch eine grundsätzliche Spezialität der vertraglichen Haftung wie im französischen Recht, sondern für eine lediglich punktuelle Anpassung einzelner deliktischer Haftungsregeln an die vertragliche Haftungsausgestaltung[808]. Die Haftung für Verrichtungsgehilfen solle insoweit an § 278 BGB angepasst werden, dass die Verantwortung des Geschäftsherrn für von einem – nach wie vor weisungsabhängig handelnden – Gehilfen verursachte Schäden nicht mehr von seinem Eigenverschulden bei der Auswahl und Beaufsichtigung abhängig sei, sondern zu einer Haftung für Fremdverschulden werde[809]. Im Bezug auf unterschiedliche Verschuldensmaßstäbe oder Beweislastverteilung müsse vor einer Angleichung im Rahmen einer strengen Auslegung die Frage nach dem Grund der gemilderten beziehungsweise verschärften Haftung gestellt werden, um ausgehend von dem Grund zu entscheiden, ob dieser auch im deliktischen Haftungssystem Geltung beanspruche[810].

Ähnlich wie *Schlechtriem* plädiert auch die Rechtsprechung und herrschende Meinung in der Literatur für eine teleologische Hinterfragung der Besonderheiten vertraglicher Haftungsgestaltung und ein entsprechend eingeschränktes Durchwirken auf die Haftung aus unerlaubter Handlung[811].

Außerdem verbietet sich die französische Systematik des „principe du non-cumul" im deutschen Recht nicht zuletzt aufrgund des Fehlens der für ein Spezialitätsverhältnis vertraglicher und deliktischer Haftung notwendigen teilweisen Kongruenz der Tatbestände. Der Vorrang der vertraglichen Haftung ist nicht systematisch angelegt, sondern wirkt, dadurch dass der Geschädigten den für ihn günstigsten Anspruch wählt, auf einer rein tatsächlichen Ebene. Auch wird die Haftung in beiden Fällen aus unterschiedlichen Gründen ausgelöst: Auch wenn es im deutschen Vertragsrecht gerade keines „lien nécessaire" zwischen schadensbegründendem Ereignis und Leistungspflicht bedarf, so hat doch die Schutzpflicht und die Haftung bei ihrer Verletzung ihren Ursprung in dem zu Grunde liegenden Schuldverhältnis (s. Kapitel B.III.1 und D.I.1) und besteht zum Schutz und zur Durchsetzung des besonderen Vertrauens des Gläubigers in seinen Gegenüber. Damit ist der Haftungsgrund ein grundlegend anderer als im Deliktsrecht, wo lediglich Rücksicht gegenüber Jedermann gefordert wird.

Obwohl also das Prinzip der Anspruchskonkurrenz de facto ausgehöhlt ist – nicht nur ist die Verdrängung der deliktischen Haftungsregeln bei besonderen vertraglichen Verschuldens- oder Verjährungsbestimmungen allgemein anerkannt, sondern verliert der Anspruch aus unerlaubter Handlung durch das Vordringen vertraglicher Haftungsansprüche in seinen originären Anwendungsbereich an Bedeutung – hat sich der Gesetzgeber im Zuge der Schuldrechtsreform nicht zu einer systematischen Neuregelung durchringen können. Stattdessen wurde durch das Schuldrechtsmodernisierungsgesetz (Verjährung) und das spätere Gesetz zur Änderung schadensrechtlicher Vorschriften

808 Schlechtriem, in Gutachten II, 1591 (1622f.).
809 Schlechtriem, in Gutachten II, 1591 (1616f.).
810 Schlechtriem, in Gutachten II, 1591 (1618 ff).
811 S. Kapitel D.I.1.b).(2).

(Schmerzensgeld) eine Angleichung vertraglicher und deliktischer Haftungsregeln vorgenommen und somit zumindest stellenweise die Frage der Konkurrenz zwischen den beiden Haftungssystemen neutralisiert.

Anders als in Frankreich stellt die vertragliche Haftung auch im Regelfall die für den Geschädigten günstigere Haftungsvariante dar. Damit besteht nicht wie in Frankreich das Bedürfnis die „responsabilité contractuelle" in der Ausprägung einer „obligation de moyens" gegen eine Überlagerung durch einen deliktischen Schadensersatzanspruch zu schützen. Stattdessen wird sich der Geschädigte hierzulande sowieso bevorzugt auf den vertraglichen Anspruch stützen.

## III. System des „non-cumul" im französischen Recht

### 1. Entwicklung des Prinzip des „non-cumul"

Angesichts des Begriffs des „cumul des responsabilités" könnte man zunächst meinen, dass es sich dabei um eine kumulative Anwendung sowohl der vertraglichen als auch der deliktischen Haftung für einen Schadensfall handeln könnte. Diese Formulierung ist missverständlich, da es sich bei dem diskutierten „cumul" der Haftungen weder um eine doppelte Anspruchsgewähr für einen doppelten Schadensersatz, noch um die Möglichkeit handelt, Elemente beider Haftungen zu kombinieren. Insofern wäre sicherlich der Begriff „option" oder „choix" sinnvoller gewesen, doch hat sich die Bezeichnung als „principe du non-cumul" durchgesetzt und soll deswegen auch hier beibehalten werden.

Das „principe du non-cumul" liefert eine Antwort auf die Frage, wie sich die vertragliche Haftung zu der deliktischen Haftung verhält; ob beide Haftungsordnungen – wenn ihre Voraussetzungen gegeben sind – nebeneinander stehen oder ob die eine die andere verdrängt. Sowohl die französische Rechtsprechung als auch die herrschende Meinung in der Literatur vertreten den Standpunkt, dass der Gläubiger einer verletzten Vertragspflicht für seinen Schadensersatzanspruch auf die Normen der Vertragshaftung beschränkt bleibt und nicht alternativ noch Schadensersatzansprüche auf Normen des Deliktsrechts stützen kann. Ein „cumul des responsabilités" wird ausgeschlossen.

#### a) Gründe für das Prinzip des „non-cumuls" und Standpunkt der Befürworter

Grund für das „cumul"-Verbot im französischen Recht sind nicht allein die unter Kapitel E.I.2.a) dargestellten technischen Unterschiede zwischen der Durchsetzung einer „responsabilité contractuelle" und einer „responsabilité délictuelle". Daraus resultierende Konflikte beider Systeme hätten auch im Einzelfall durch eine Anpassung der deliktsrechtlichen Normen an die Erfordernisse der Vertragshaftung vermieden werden können. Anders als im deutschen BGB ist jedoch in Frankreich eine Überschneidung vertraglicher und deliktischer Haftung per se der Fall, denn die Normen der artt. 1382 ff CCiv. sind besonders weite Generalklauseln: Es gibt keine einschränkende Enumeration der geschützten Rechtsgüter. Ein durch den Verstoß gegen eine vertragliche Pflicht entstandener Vermögensschaden würde also immer auch zu einem deliktischen Schadensersatzanspruch berechtigen. Gesetzlich oder individualvertraglich festgelegte Sanktionen für Vertragsverletzungen und deren Anforderungen könnten so durch einen gleichzeitig gegebenen Deliktsanspruch überspielt werden. In Deutschland ist dagegen der typische, das Äquivalenzinteresse betreffende Vertragsbruch nicht von der deliktischen Haftung mit abgedeckt. Dass sich dennoch die Fälle einer Konkurrenz beider Haftungen häufen, ist Nebenprodukt einer erwünschten und von Rechtsprechung und Lehre geförderten Entwicklung der Ausdehnung der vertraglichen Haftung in den Bereich der §§ 823 ff BGB.

In Frankreich wurde das von vorneherein bestehende Konkurrenzverhältnis durch die Ausgestaltung, die art. 1384 al. 1er CCiv. erhalten hat, noch zusätzlich verschärft. Würden beide Haftungssysteme kumulativ Anwendung finden, hätte dies eine „brutale Nivellierung“[812] der vertraglichen Haftung zur Folge: In einer Vielzahl der Fälle werden heute Körper- oder Gesundheitsverletzungen durch Gegenstände verursacht. Dem Geschädigten stünden bei einem Wahlrecht zwischen vertraglicher und deliktischer Haftung somit meistens die vorteilhaftere verschärfte Verschuldensvermutung und der umfassende Schadensersatzanspruch der Sachwalterhaftung zu. Um eine Durchsetzung der besonderen Anforderungen der vertraglichen Haftung zu gewährleisten, hat die französische Rechtsprechung sich deswegen gegen einen „cumul“ der „responsabilités“ ausgesprochen.

Eingeführt wurde das Prinzip des „non-cumul“ durch ein Urteil der Cour de Cassation im Jahre 1922[813]. Das Anwendungsverbot der artt. 1382 ff CCiv. im Falle einer Vertragspflichtverletzung verhinderte in dem der Entscheidung zu Grunde liegenden Fall die Umgehung des objektiven Fahrlässigkeitsmaßstabes des art. 1137 CCiv. (Haftungsmaßstab eines „bon père de famille“) durch das Deliktsrecht.

Begründungsansätze für das Verbot der „responsabilité délictuelle“ bei Bestehen einer vertraglichen Beziehung zwischen Schädiger und Geschädigtem lieferte die Rechtsprechung hingegen nicht; sie wurden von der Doktrin herausgearbeitet. Hauptargument ist dabei die bereits im Zuge der Vertragsverhandlungen zwischen den Par-

812 Cornu, Le problème du cumul, 247; Martine, L'option entre la responsabilité contractuelle et la responsabilité délictuelle, 55, 69 ff.

813 CCass. civ., 11 janv. 1922, S. 1924, I, 105 (note Demogue): „Mais attendu que c'est seulement en matière de délit ou de quasi-délit que toute faute quelconque oblige son auteur à réparer le dommage provenant de son fait; que les art. 1382 et s., sont sans application lorsqu'il s'agit d'une faute commise dans l'exécution d'une obligation résultant d'un contrat; que le principe est alors posé par l'art. 1137, C. Civ., qui décide que le débiteur ne répond que de la faute que commettrait pas un bon père de famille“. Seit dem st. Rspr.: CCass. civ. 1ère, 24 nov. 1954, JCP 1955, II, 8625 (note Rodière); CCass. civ. 1ère, 7 déc. 1955, D. 1956, jurispr., 136; CCass civ. 1ère, 30 oct. 1962, D. 1963, jrspr., 57 (note Esmein); CCass. civ. 1ère, 23 nov. 1966, D. 1967, jrspr., 313 (note Cabrillac); CCass. civ. 1ère, 9 mars 1970, Bull. civ. 1970, I, n° 87; CCass. civ. 2ème, 9 avr. 1970 (*affaire Bouquet*), JCP 1970, IV, p. 136; CCass. civ. 2ème, 9 juin 1993, JCP 1994, II, 22264 (note Roussel); CCass. civ. 1ère, 19 mars 2002, Contrats, conc., consom. 2002, comm., n° 106 (note Leveneur).

teien getroffene Risikoverteilung. Da voraussehbare Schäden und Verluste von den Partnern in einer vertraglichen Risikoordnung berücksichtigt werden, bedürfe es keiner externen Haftungsregelung. Risiko- und Schadenstragung stünden in einem austarierten Gleichgewicht zu den vereinbarten Leistungen. Ein Ausweichen des geschädigten Gläubigers auf die ihm günstigeren Haftungsregelungen des Deliktsrechts würde das zuvor ausgehandelte Verhältnis der Risikoverteilung beziehungsweise das Verhältnis von Leistung- und Gegenleistung über den Haufen werfen[814]. Art. 1134 al. 1$^{er}$ CCiv. gewährt aber den Parteien das Recht, ihre vertraglichen Abreden so zu gestalten, wie sie es für richtig halten. Aus Gründen der Vertragsfreiheit und der dadurch bedingten Vertragsverbindlichkeit müsse also das individuell oder unter Berufung auf die gesetzlichen Regeln vereinbarte Risiko- und Leistungsgefüge unangetastet zwischen den Parteien bestehen bleiben[815]. Schließlich bietet der Vertrag auch die Grundlage für gesteigerte Einwirkungs- und Schädigungsmöglichkeiten zwischen den Parteien und liefert damit eine andere Ausgangssituation als die einer gewöhnlichen deliktischen Verletzungshandlung. Diese Sondersituation zwischen Schädiger und Geschädigtem verlangt nach einem besonderen Haftungssystem[816].

Anders als von den Kritikern des „cumul“-Verbots vertreten, behaupte sich die „responsabilité délictuelle“ also nicht als unabdingbare Basis-Haftung (s. Kapitel E.III.1.b).(1)), sondern es entstehe mit Vertragsschluss durch die „responsabilité contractuelle“ eine neue, speziellere Haftung, die die allgemeine deliktsrechtliche Haftung verdrängt[817].

Teil dieses geschlossenen Systems der „responsabilité contractuelle“ sei dabei nicht nur die Haftung für Verstöße gegen die vertraglichen Hauptpflichten, sondern auch die Haftung für die Verletzung vertraglicher Nebenpflichten wie der „obligation de sécurité“[818].

Neben der Anerkennung des Willens der Vertragspartner mache aber auch der Respekt des gesetzgeberischen Willens ein Verbot des „cumul“ notwendig[819]. Nicht jeder Vertrag enthält explizite Vereinbarungen der Parteien im Hinblick auf einen eventuellen Haftungsfall. Für die Kontrakte, bei denen keine individuellen Absprachen getroffen wurden, akzeptieren die Parteien die gesetzlichen Haftungsregeln der „responsabilité contractuelle“ als für sie verbindlich[820]. Damit werden die im Code

814 Saleilles, Théorie générale de l’obligation, n° 332; Martine, L’option entre la responsabilité contractuelle et la responsabilité délictuelle, 53; Lalou/Azard, Responsabilité civile, n° 627; Terré/Simler/Lequette, Les obligations, n° 876.

815 Martine, L’option entre la responsabilité contractuelle et la responsabilité délictuelle, 52 ff; Cornu, Le problème du cumul, 249; Terré/Simler/Lequette, Les obligations, n° 876.

816 Martine, L’option entre la responsabilité contractuelle et la responsabilité délictuelle, 57.

817 Labbé, notes zu Cour supérieure de Justice de Luxembourg, 27 nov. 1884 / CA Liège, 18 juin 1885 / Trib. civ. Bruxelles, 25 avr. 1885 / Trib. com. Bruxelles, 28 avr. 1885, S. 1885, IV, 25 (26 ff); Martine, L’option entre la responsabilité contractuelle et la responsabilité délictuelle, 56.

818 H., L. Mazeaud/Tunc, Responsabilité civile, t. I, n° 192.

819 Cornu, Le problème du cumul, 247; H., L. Mazeaud/Tunc, Responsabilité civile, t. I, n° 192.

820 Martine, L’option entre la responsabilité contractuelle et la responsabilité délictuelle, 56; H., L. Mazeaud/Tunc, Responsabilité civile, t. I, n$^{os}$ 198f.

Civil vorgesehenen technischen Besonderheiten der vertraglichen Haftung (s. Kapitel E.I.2.a)) Vertragsbestandteil. Ihre Unterwanderung mit Hilfe eines deliktischen Haftungsanspruches widerspräche somit nicht nur den Wertungen der Parteien, sondern auch den Wertungen des Gesetzgebers.

Auch die von den Kritikern des „principe du non-cumul“ stets als Argument für eine zumindest beschränkte Zulassung der Anspruchskonkurrenz angeführten vertraglichen Freizeichnungsklauseln machen keine parallele Geltung des Deliktsrechts notwendig. Zwar sind sich beide Seiten darin einig, dass eine vertragliche Haftungsklausel nicht dazu führen darf, dass der Schuldner bewusst seine Verpflichtungen nicht erfüllt, in dem Wissen keine Konsequenzen befürchten zu müssen. Jedoch bedarf es keines Rückgriffs auf die Haftung wegen unerlaubter Handlung, um diesen gemeinhin als ungrecht empfundenen Zustand zu verhindern[821]. Nach herrschender Meinung in Rechtsprechung und Doktrin sind Haftungsklauseln unwirksam, sobald der Schuldner vorsätzlich oder grob fahrlässig seinen Pflichten zuwider handelt[822]. Vertragliche Haftungsbeschränkungen, die auch die Haftung wegen Körperverletzungen umfassen, sind wohl im Ergebnis ebenfalls als unzulässig zu betrachten[823].

Das Prinzip des „non-cumuls“ vertraglicher und deliktischer Haftungsansprüche hat in Frankreich zwar angesichts einer verschärften Konkurrenz beider Haftungssysteme durch die bewusste Ausdehnung der vertraglichen Haftung mittels der „obligation de sécurité“ ein besonderes Gewicht gewonnen, da es auch hier für eine klare Abgrenzung der „responsabilités“ sorgt. Dennoch hat sich sowohl in der französischen Literatur als auch in der Rechtsprechung eine teilweise Abkehr von dem Dogma einer strikten Trennung vollzogen.

### b) Kritik und Aufweichungen des Prinzips des „non-cumuls“

Die Kritiker des „principe du non-cumul“ haben gemein, dass sie den über die deliktische Haftung gewährten Schutz als derart elementar bewerten, dass er nicht durch individualvertragliche Abreden untergraben werden soll. Diese Stellung der „responsabilité délictuelle“ wird mit ihrem besonderen Status als Grundregel für das gesellschaftliche Miteinander und einer darauf beruhenden Hierarchie zwischen deliktischer und vertraglicher Haftung begründet. Auf diesem Ansatz beruht auch die gemeinhin anerkannte Auffassung, dass der Schuldner eine für ihn vorteilige vertragliche Haftungsordnung durch besonders schwere Verfehlungen auch verwirken kann, so dass die deliktische Haftung wieder zum Tragen kommt.

In jedem Fall gilt jedoch, dass ein Konkurrenzverhältnis der Haftungsordnungen mit einer Lösung zu Gunsten der „responsabilité contractuelle“ nur dann entsteht, wenn auch ein vertragsspezifischer Schaden entstanden ist.

---

821 Terré/Simler/Lequette, Les obligations, n° 876.
822 S. Kapitel D.II.1.b).(1), insb. Fn 666.
823 S. Kapitel D.II.1.b).(1).

### (1) Die „responsabilité délictuelle“ als Grundlagenhaftung „d'ordre public"

Teilweise wird in der französischen Doktrin die Ansicht vertreten, dass, sobald eine Verletzungshandlung die Voraussetzungen beider Haftungssysteme erfülle, eine Haftung aus unerlaubter Handlung grundsätzlich immer gegeben sei. Denn die Berufung auf die Vertragsfreiheit dürfe kein Freibrief dafür sein, das Verhältnis der Parteien uneingeschränkt ihren Individualabreden zu unterstellen. Ein unerlässlicher Mindestschutz durch eine außervertragliche Haftung müsse stets gewährt bleiben[824].

Manche Autoren gehen dabei soweit, der allgemeinen deliktischen Haftung den Rang eines „ordre public“ zuzuweisen. Dementsprechend seien die Regeln der „responsabilité délictuelle“ imperativer Natur, so dass sie nicht von vertraglichen Vereinbarungen außer Kraft gesetzt werden können[825]. Bei der Haftung wegen unerlaubter Handlung der artt. 1382 ff CCiv. handele es sich somit um eine allgemeine Basis-Haftung, die immer Anwendung finde. Die vertragliche Haftung sei hingegen lediglich eine besondere Spielart der generellen deliktischen Haftung, die die letztere ergänzt, aber nicht ersetzt. Da die gesetzliche Haftung aus unerlaubter Handlung bereits vor dem Vertragsschluss der Parteien existiere, könnten diese das geltende Recht nicht außer Kraft setzen, sondern ihm höchstens etwas hinzufügen[826]. Es könne nicht unterstellt werden, dass der Gläubiger bei Abschluss eines Vertrages auf den ihm zukommenden Schutz durch die allgemeinen Haftungsregeln verzichten wolle[827]. Auch sei nicht einzusehen, warum ein Schuldner einer vertraglichen Pflicht, der eine unerlaubte Handlung begeht, besser gestellt sein soll, als ein Dritter, der nicht vertraglich gebunden ist[828]. Der Vertrag solle nicht zur Umgehung der gesetzlichen Pflichten zum Schutze der Rechtsgüter Anderer herangezogen werden[829].

Die Befürworter einer Hierarchie der Haftungssysteme beschränken sich darauf, unter Berufung auf den Charakter eines „ordre publics“ der artt. 1382 ff CCiv., deren generelle Anwendbarkeit zu behaupten. Ein beschränktes Anwendungsfeld steht je-

---

824 Aubry/Rau (5ème éd. par Bartin), t. VI, § 446; Sainctelette, De la responsabilité et de la garantie, 34 ff; Demogue, Traité des obligations, t. V, n° 1243; René Savatier, Responsabilité civile, t. I, n° 148; Bonnecase, Supplément au Traité de Droit civil de Baudry-Lacantinerie, n$^{os}$ 506 ff; Planiol, note zu Cour de Paris, 17 janv. 1905, D. 1907, II, 97.

825 Sainctelette, De la responsabilité et de la garantie, 34f.; Aubry/Rau (5ème éd. par Bartin), t. VI, § 446 (zumindest für die délits im Sinne des art. 1382 CCiv., nicht aber bei den quasi-délits des art. 1383 CCiv.); Cornu, Le problème du cumul, 246.

826 Planiol, note zu Cour de Paris, 17 janv. 1905, D. 1907, II, 97; Bonnecase, Supplément au Traité de Droit civil de Baudry-Lacantinerie, n$^{os}$ 506, 514: „D'autant qu'avec notre système le principe général de la responsabilité a son fondement dans les articles 1382 et suivants, l'organisation de la responsabilité contractuelle étant un dérivé et une adaptation particulière de la responsabilité délictuelle. Celle-ci est donc susceptible à tout instant d'intervenir.“, „Les règeles de la responsabilité délictuelle des articles 1382 et 1383 s'imposent donc chaque fois que le législateur n'en a pas disposé autrement. La responsabilité contractuelle baigne en quelque sorte dans la responsabilité délictuelle“.

827 René Savatier, Responsabilité civile, t. I, n° 148; Martine, L'option entre la responsabilité contractuelle et la responsabilité délictuelle, 49; Schlechtriem, Vertragsordnung und außervertragl. Haftung, 74.

828 Aubry/Rau (5ème éd. par Bartin), t. VI, § 446.

829 Martine, L'option entre la responsabilité contractuelle et la responsabilité délictuelle, 50.

doch der Eigenschaft des „ordre publics“ nicht entgegen. Bevor eine Rangordnung zwischen „responsabilité contractuelle“ und „responsabilité délictuelle“ aufgestellt wird, wäre vielmehr zu beweisen, dass die Haftung aus unerlaubter Handlung auch im Falle einer vertraglichen Bindung zwischen Schädiger und Geschädigtem Anwendung findet[830]. Durch den Abschluss eines Vertrages wird von den Parteien ein neues Gefüge von Rechten und Pflichten zwischen ihnen begründet. Im Falle eines Vewahrungsvertrages trifft den späteren Verwahrer vor Vertragsschluss gegenüber dem Eigentum des späteren Hinterlegers die allgemeine deliktische Sorgfaltspflicht; er haftet für jegliches Verschulden, wenn er eine Sache des anderen beschädigt. Im Rahmen des geschlossenen unentgeltlichen Verwahrungsvertrages haftet der Verwahrer jedoch nur für die Sorgfalt, die er in eigenen Angelegenheiten anzuwenden pflegt, art. 1927 CCiv. In Ausübung der Vertragsfreiheit schaffen die Parteien durch ihre neu begründeten Verpflichtungen ein Gleichgewicht zwischen ihren wechselseitigen Leistungen. Diese Neuregelung des Umgangs miteinander tritt an die Stelle der vormals vom deliktischen System vorgegebenen Verhaltensnormen und schafft eine neue, eigenständige Haftung. Dem „orde public“ der deliktischen Haftung steht bei Vorliegen eines Vertrages der „orde public“ der Privatautonomie, deren Respekt gemäß art. 1134 al. 1er CCiv. auch vom Gesetzgeber eingefordert wird, entgegen[831].

### (2) Situationsbezogener Rückgriff auf die deliktische Haftung trotz Vertragsbeziehung

Hingegen lehnen auch die Rechtsprechung sowie die meisten Autoren ein Zusammenspiel zwischen vertraglicher und deliktischer Haftung nicht komplett ab. Sie unterscheiden Situationen, in denen die vertragliche Haftung die deliktische ablöst, von Situationen, in denen der Schadensersatzanspruch trotz Vertragsbeziehung zwischen Geschädigtem und Schädiger auf die „responsabilité délictuelle“ gestützt wird.

Eine generelle Einschränkung des „principe du non-cumul“ dahingehend, dass in besonderen Konstellationen Schäden zwischen Vertragsparteien dennoch über das Deliktsrecht abgewickelt werden, ergibt sich aus der Beschränkung der vertraglichen Haftung auf die Realisierung vertragsspezifischer Schäden. Mit den Ausnahmen, die vom Kumulierungsverbot gemacht werden, kommt dagegen der besondere Rang „d'ordre public“ der deliktischen Haftung zum Tragen.

### (a) Beschränkungen des Prinzip des „non-cumul“

Sowohl Rechtsprechung als auch Vertreter der französischen Doktrin wollen der verletzten Vertragspartei ausschließlich einen deliktischen Haftungsanspruch zuweisen,

830 H., L. Mazeaud/Tunc, Responsabilité civile, t. I, n° 192.

831 H., L. Mazeaud/Tunc, Responsabilité civile, t. I, n° 192; Martine, L'option entre la responsabilité contractuelle et la responsabilité délictuelle, 56; Labbé, notes zu Cour supérieure de Justice de Luxembourg, 27 nov. 1884 / CA Liège, 18 juin 1885 / Trib. civ. Bruxelles, 25 avr. 1885 / Trib. com. Bruxelles, 28 avr. 1885, S. 1885, IV, 25 ff.

wenn der entstandene Schaden nicht im Zusammenhang mit der Verletzung einer Vertragspflicht steht[832].

Die Rechtsprechung hat nach der Einführung des „cumul"-Verbots im Jahre 1922 die strikte Ablehnung der deliktischen Haftung eines mit seinem Opfer vertraglich verbundenen Schädigers nicht lange beibehalten. Musste man ausgehend von den ersten Entscheidungen zum Verhältnis beider Haftungsregime noch den Eindruck gewinnen, dass das Prinzip der Exklusivität der „responsabilité contractuelle" ohne Ausnahme gelten solle[833], hat sich die Rechtsprechung der Cour de Cassation dahingehend gewandelt, dass es sich bei dem Verbot des „cumul" zwar um eine grundsätzliche Maxime handele, die aber durch Beschränkungen und Ausnahmefälle modifiziert werde[834].

Dementsprechend solle die Geltung des „principe du non-cumul" ausgesetzt werden, sobald es sich um einen Schadensfall handelt, der nicht auf der Verletzung einer vertraglichen Pflicht beruht[835]. Wie bereits in Kapitel D.II.1.a).(5) als Haftungsvoraussetzung beschrieben, bedarf es nach der Rechtsprechung der Cour de Cassation für die „responsabilité contractuelle" eines „lien nécessaire" zwischen der Schadensursache und der Vertragserfüllung (il faut que „la cause du du dommage se rattache par un lien nécessaire à l'exécution du contrat")[836].

Damit in diesem Fall überhaupt eine deliktische Haftung des Schädigers trotz vertraglicher Beziehung zum Opfer entstehen kann, müssen die Voraussetzungen der „responsabilité délictuelle" erfüllt sein. Nach Ansicht *Savatier*s kann ein Schadensfall sogar Anlass zu vertraglicher und deliktischer Haftung geben, wenn der Schuldner neben der Verletzung einer vertraglichen Pflicht zusätzlich gegen eine außervertragliche Verhaltenspflicht verstoßen hat. Entscheidend sei, dass außer dem Äquivalenzinteresse auch das Integritätsinteresse des Gläubigers beeinträchtigt wurde[837]. Andere stellen zur Bestimmung der besonderen Vertragsnähe des Schadens auf die Begleitumstände dessen Entstehung ab. Dabei sollen vor allem die äußeren Um-

---

832 CCass. civ., 23 juill. 1946, JCP 1947, II, 3534 (note Rodière); CCass. civ. 1ère, 24 nov. 1954, JCP 1955, II, 8625 (note Rodière); Demogue, Traité des obligations, t. V, n° 1243; René Savatier, Responsabilité civile, t. I, n° 112; Cornu, Le problème du cumul, 243; Malaurie/Aynès/Stoffel-Munck, Les obligations, n° 1003.

833 CCass. civ., 11 janv. 1922, S. 1924, I, 105 (note Demogue); CCass. civ., 6 avr. 1927, S.1927, I, 201 (note H. Mazeaud); CCass. req., 8 mars 1937, D. 1937, hebdo., 217; CCass. req., 15 juin 1937, GP 1937, II, 411; René Savatier, Responsabilité civile, t. I, no 149 Fn 1 mwN; H., L. Mazeaud, Responsabilité civile, t. I (4ème éd., 1947), n° 190 mwN.

834 CCass. civ., 22 juill. 1931, D. 1931, hebdo., 506; CCass. req., 9 mars 1936, D. 1936, hebdo., 233; CCass. req., 28 juin 1938, GP 1938, II, 613: diese Entscheidungen benutzen bereits die Formulierung einer Geltung des „non-cumul" lediglich „en principe". Später ließ die CCass. eine deliktische Haftung dann auch innerhalb vertraglicher Beziehungen zu: CCass. civ. 2ème, 13 mai 1955, D. 1956, jrspr., 53; CCass. civ. 3ème, 27 nov. 1970, Bull. civ. III, n° 653; CCass. civ. 2ème, 3 mars 1977, Bull. civ. II, n° 61.

835 CCass. civ., 23 juill. 1946, JCP 1947, II, 3534 (note Rodière).

836 CCass. civ. 1ère, 28 avr. 1981, Bull. civ. I, n° 137.

837 René Savatier, Responsabilité civile, t. I, n° 152.

stände, die die Schadensverursachung erst ermöglichen, sowie die Intention des Schädigers eine Rolle spielen. Entscheidend sei dabei die Frage, ob der Schaden bei der Erfüllung der vertraglichen Pflicht oder nur gelegentlich der Vertragserfüllung zugefügt wurde[838]. Hätte wie in letzterer Konstellation also auch ein Dritter Opfer der schädigenden Handlung werden können[839], steht dem Geschädigten der Weg über die deliktische Haftung offen. *Durry* formuliert die Abgrenzung zur allgemeinen Deliktshaftung über Inhalt und Gegenstand der Vertragspflicht: Die Haftung des Schädigers bleibt auf die „responsabilité contractuelle" beschränkt, wenn es sich um einen Verstoß gegen eine Vertragspflicht handelt, der einen Schaden an dem Objekt verursacht, auf das sich diese Pflicht bezieht[840].

Eine das Deliktsrecht verdrängende Spezialität der vertraglichen Haftung ist folglich gegeben, wenn es sich bei dem Schaden um eine enttäuschte Vertragserwartung handelt. Denn Grundlage der Haftung ist hier allein der Vertrag. Eine deliktische Haftung liegt hingegen vor, wenn der Schaden auch Dritte hätte treffen können, also kein vertragliches Interesse, sondern ein nicht vertraglich abgesichtertes Integritätsinteresse verletzt ist. Die Vertragsbeziehung hat in diesen Fällen nur die Gelegenheit zur Schädigung geboten.

Bei dieser Differenzierung nach dem verletzten Gläubigerinteresse muss allerdings beachtet werden, dass mit der Einführung einer „obligation de sécurité" in einen Vertrag, der Schutz der körperlichen Integrität des Gläubigers Vertragsinhalt und somit Gegenstand des Leistungsinteresses wird. Kommt es bei der Vertragsausführung also zu einem Unfall mit der Folge einer Körperverletzung, ist die anzuwendende Haftung abhängig vom Bestehen einer „obligation de sécurité".

Im Gegenzug zur Zulassung einer deliktischen Haftung trotz Vertragsbeziehung bei fehlendem innerem Zusammenhang zwischen Schaden und Vertrag verlangen aber einige der Autoren ein Fortwirken etwaiger vertraglicher Haftungsklauseln[841]. Dem ist die Rechtsprechung nicht gefolgt. Modifikationen der Haftung bleiben für das Deliktsrecht ausgeschlossen[842].

### (b) Ausnahmen vom Prinzip des „non-cumul"

In besonderen Konstellationen wird das „cumul"-Verbot nach Ansicht der Rechtsprechung und Teilen der Literatur außer Kraft gesetzt. Trotz vertraglicher Beziehung zwischen Schadensverursacher und Geschädigtem ist die Haftung deliktischer Natur,

---

838 Demogue, Traité des obligations, t. V, n° 1243; Huet, Responsabilité contractuelle et délictuelle, n^os^ 361 ff.

839 Malaurie/Aynès/Stoffel-Munck, Les obligations, n° 1004; Jourdain, RTD civ. 1992, IV, 766 (768).

840 Durry, RTD civ. 1979, 610 (611).

841 René Savatier, Responsabilité civile, t. I, n° 153 ff; Demogue, Traité des obligations, t. V, n° 1244; ders., note zu CCass. civ., 11 janv. 1922, S. 1924, I, 105; H., L. Mazeaud, Responsabilité civile, t. I (4ème éd., 1947), n^os^ 173 ff.

842 S. Rspr.-nachweise in Fn 661.

sobald die Verletzung der Vertragspflicht durch den Schuldner eine Straftat verwirklicht, eine arglistige Täuschung oder eine „faute lourde" darstellt[843]. Hauptargument ist dabei, dass der Schuldner bei für ihn günstiger Vertragsgestaltung die Möglichkeit zur Berufung auf diese ihm vorteilhaftere Vertragshaftung durch seine Böswilligkeit verspielt habe[844]. Auch soll dem geschädigten Gläubiger nicht die Gelegenheit, vor dem Strafgericht ein Adhäsionsverfahren zu verfolgen, genommen werden[845].

Eine weitere Ausnahme soll für den Fall gelten, dass der Schuldner in Ausübung seines Berufes handelt, eine spezielle zwingende Berufpflicht verletzt und seinen Vertragspartner dadurch schädigt. Denn die sogenannten „règles impératives à la profession" behielten im Verhältnis zwischen beruflich Handelndem und seinem Kunden unabhängig von vertraglichen Abreden ihre Geltung wie gegenüber einem Dritten[846].

## 2. Die „obligation de sécurité" als Gegenmaßnahme zur Sachwalterhaftung des art. 1384 al. 1er CCiv.

Die Notwendigkeit eines erweiterten Haftungschutzes für die Opfer von Personenunfällen war Ende des 19. Jahrhunderts Richtern wie Rechtsgelehrten bewusst. Die häufige Schwierigkeit oder schlichte Unmöglichkeit, dem Schädiger ein vorwerfbares Fehlverhalten nachzuweisen, machte einen Dispens des Opfers von der Beweislast für die „faute" erforderlich. Aus Respekt vor der Vertragsfreiheit scheute sich die Rechtsprechung zunächst noch, Schutzpflichten mit verschärfter Beweislastumkehr in Verträge zu implementieren und wählte mit der „Neuentdeckung" des art. 1384 al. 1er

---

843 Z.B. CCass. crim., 12 déc. 1946, JCP 1947, II, 3621 (note Rodière): „[S]i la responsabilité médicale est, en principe, une responsabilité contractuelle, il en est autrement lorsque [...] le manquement à leur obligation commis par un médecin ou une sage-femme présente les caractères d'une imprudence ou d'une négligence constitutifs de l'infraction prévue et réprimée par l'article 319 C. pén.; en ce cas, il y a lieu à application de la loi pénale, la cause de la responsabilité résultant nécessairement de la constatation du délit"; s. auch CCass. civ. 3ème, 13 nov. 1970, Bull. civ. III, n° 596 (delikt. Verjährungsfrist bei faute lourde); Sainctelette, De la responsabilité et de la garantie, 34 ff; Demogue, Traité des obligations, t. V, n° 1244; ders., note zu CCass civ., 11 janv. 1922, S. 1924, I, 105 (106); Josserand, in Anm. zu CCass. req., 14 déc. 1926, D. 1927, I, 105 (108); René Savatier, Responsabilité civile, t. I, n° 154; Lalou/Azard, Responsabilité civile, n° 623; a.A.: Terré/Simler/Lequette, Les obligations, n° 876: die Haftung bleibt vertraglicher Natur, nur werden alle vertraglichen Haftungseinschränkungen ausgesetzt, so dass das „principe du non-cumul" seine Notwendigkeit verliert; Malaurie/Aynès/Stoffel-Munck, Les obligations, n° 1008; Viney, JCP 1994, I, 3773 n° 3. Auch die Rspr. der CCass. ist widersprüchlich: CCass. req., 14 déc. 1926, D. 1927, I, 105 (Anwendbarkeit der responsabilité délictuelle neben der responsabilité contractuelle lediglich bei faute simple); CCass. civ. 1ère, 28 nov. 1967, D. 1968, jrspr., 199 (strikte Anwendung des non cumul trotz faute lourde).

844 Josserand, in Anm. zu CCass. req., 14 déc. 1926, D. 1927, I, 105 (108); Darstellung der verschiedenen Erklärungsansätze bei Brun, Responsabilités, n° 110.

845 Josserand, in Anm. zu CCass. req., 14 déc. 1926, D. 1927, I, 105 (108); Brun, Responsabilités, nos 206 ff.

846 Brun, Responsabilités, nos 229 ff; Jean Savatier, La profession libérale, 311 ff, der eine Anspruchskonkurrenz von vertraglicher und deliktischer Haftung zulässt; Überblick über die Rechtsprechung bei Lalou, Responsabilité civile, nos 421 ff und Schlechtriem, Vertragsordnung und außervertragl. Haftung, 78 ff.

CCiv. den Weg über die deliktische Haftung. Dabei blieb es jedoch nicht: 1911 folgte mit dem Institut der „obligation de sécurité“ in Form einer „obligation de résultat“ der vertragliche Gegenentwurf einer verschärften Haftung, deren Errungenschaft für den Geschädigten aber bereits 1925 durch die Einführung der „obligation de sécurité de moyens“ konterkarriert wurde.

### a) Einführung der „obligation de sécurité de résultat“

Sachwalterhaftung und „obligation de sécurité“ verfolgen ein identisches Ziel – besserer Schutz des Opfers bei Körperverletzungen – mit dem gleichen Mittel – eine vereinfachte Haftung des Schädigers durch Beweislastumkehr in Verbindung mit eingeschränkter Exkulpationsmöglichkeit. Der Umstand, dass die Cour de Cassation sich nicht weiter mit der deliktischen Haftung des art. 1384 al. 1er CCiv. beholfen hat, muss folglich Gründe haben, die entweder in der unterschiedlichen Handhabung der Haftungsinstrumente – je nach vertraglicher oder deliktischer Natur – oder in einer besonderen Verknüpfung der Haftung mit dem eigentlichen Vertragsgegenstand liegen[847].

Wie bereits dargestellt, reicht im Falle einer „obligation de sécurité de résultat“ seitens des Opfers der Nachweis, dass es sich bei Vertragsausführung eine Verletzung zugezogen hat, um die Haftung des Vertragspartners auszulösen (s. Kapitel D.II.1.a).(3)). Bei der „responsabilité pour le fait d'une chose“ des art. 1384 al. 1er CCiv. variiert jedoch der Umfang der Beweislast des Geschädigten. Je nach den Umständen des Unfallhergangs, muss das Opfer nicht nur den Nachweis erbringen, dass eine Sache des Haftungsgegners involviert war, sondern auch dass diese bei der Schadensentstehung eine „rôle actif“ gespielt hat, das heißt, dass die Sache Instrument der Schadensverursachung war[848]. Die „rôle actif“ der Sache wird zu Gunsten des Geschädigten vermutet, wenn die Sache zum Zeitpunkt des Unfalles in Bewegung war und das Opfer berührt hat[849]. Der Sachwalter kann sich in diesem Fall nur durch den Nachweis höherer Gewalt exkulpieren. Sobald jedoch die Sache bei Schadensentstehung nicht in Bewegung war oder das Opfer nicht berührt hat, muss der Verletzte beweisen, dass die Sache Instrument der Schadensverursachung war (z.B. Nachweis der Fehlerhaftigkeit der Sache; Nachweis, dass die Sache sich anders verhalten oder anders reagiert hat, als es Sachen der entsprechenden Gattung unter gleichen Umständen normalerweise tun[850]).

---

847 Anders jedoch Schlechtriem, in Gutachten II, 1591 (1611 und 1613), der behauptet der Weg über das Vertragsrecht sei in Frankreich eher zufällig erfolgt.

848 Terré/Simler/Lequette, Les obligations, nos 775f.

849 Z. B. angenommen bei einem Aufzug, CCass. civ. 2ème, 1er févr. 1973, JCP 1974, II, 17810 (note Dejean de la Bâtie).

850 CCass req., 19 janv. 1914, D. 1914, I, 303 (Exlosion einer Siphonflasche); CCass. civ. 2ème, 19 juill. 1972, D. 1972, somm., 212 (rutschige Treppenstufen in einem Kaufhaus); CCass. civ. 2ème, 15 mars 1978, D. 1978, inf. rap., 406 (verschneite und vereiste Treppenstufen sind bei einer Wintersportstation normal); CCass. civ. 2ème, 16 févr. 1994, Resp. civ. et assur. 1994, comm., 164 (Öllache auf dem Boden einer Eingangshalle).

Allerdings kann die im Zweifel günstigere Beweislastverteilung einer vertraglichen Haftung bei der Statuierung der „obligation de sécurité" im Rahmen der *affaire Zbidi Hamida* keine entscheidende Rolle gespielt haben: Die Verletzung des Klägers wurde durch ein Fass verursacht, welches schlecht befestigt und deswegen auf seinen Fuss gefallen war. Nach den Regeln der Beweislast für die Sachwalterhaftung wäre die „rôle actif" des Fasses vermutet worden, so dass sich die Schiffseigner wie bei der „obligation de sécurité de résultat" auch nur durch den Nachweis höherer Gewalt hätten exkulpieren können.

Vielmehr schien der tatsächliche Inhalt der vertraglichen Leistung auch die Annahme einer „obligation de sécurité" vorzugeben. Da hinsichtlich transportierter Ware bereits eine vertragliche Schutzpflicht zu Lasten des Beförderers bestand, art. 1784 CCiv., war klar, dass es für Personenschäden ebenfalls eine Haftungsregelung geben musste, die darüber hinaus nicht hinter dem Umfang der Warenhaftung zurückstehen sollte. Durch die Vorgabe des art. 1784 CCiv. war es naheliegend, diese Haftung ebenfalls im vertraglichen Bereich anzusiedeln[851]. Allein der Vertragsgegenstand der Beförderung und die Umstände der Vertragserfüllung implizieren notwendigerweise die Pflicht, sowohl transportierte Sachen wie auch beförderte Passagiere wohlbehalten zum Zielort zu bringen[852]. So zieht *Sarrut*, vorsitzender Richter in der *affaire Mestelan*, die Folgerung einer Schutzpflicht aus den Begleitumständen des Beförderungsvertrages – „En réalité, le voyageur s'est livré corps et biens; il a confié sa personne au voiturier pour l'exécution du voyage; il n'a aucune autorité sur le personnel, aucune action sur l'agencement du matériel, sur la marche du convoi, sa direction, sa vitesse."[853]. Vor allem mache die Erbringung der vertraglichen Hauptleistung – der Transport von A nach B – keinen Sinn, wenn der Reisende am Zielort nicht im gleichen Zustand aussteige, wie er auch am Ausgangsort eingestiegen ist. Eine Schutzplicht wohne deswegen zwangsläufig jedem Beförderungsvertrag inne[854]. Bei der Schutzpflicht im Zuge des Transports handelt es sich aufgrund der besonderen Umstände nicht mehr um eine allgemeine Pflicht, sondern um eine spezielle Pflicht des Beförderers gegenüber dem Reisenden. Seinen besonderen Status im Verhältnis zum Beförderungsunternehmen erhält der Reisende eben auf Grund des zwischen ihnen abgeschlossenen Vertrages.

---

851 Sarrut, note zu *affaire Zbidi Hamida ben Mahmoud c. Compagnie Générale Transatlantique*, CCass. civ., 21 nov. 1911, D. 1913, I, 249 (250, 252); ders., conlusions zu *affaire Mestelan*, CCass. civ., 27 janv. 1913, D. 1913, I, 249 (254).

852 Sarrut, note zu *affaire Zbidi Hamida ben Mahmoud c. Compagnie Générale Transatlantique*, CCass. civ., 21 nov. 1911, D. 1913, I, 249 (250): „[E]n fait comme en droit, le contrat de transport implique nécessairement l'obligation de faire parvenir les choses ou les personnes à destination en bon état. [...] cette obligation est [...] de l'essence du contrat de transport"; ders., conlusions zu *affaire Mestelan*, CCass. civ., 27 janv. 1913, D. 1913, I, 249 (255).

853 Sarrut, conlusions zu *affaire Mestelan*, CCass. civ., 27 janv. 1913, D. 1913, I, 249 (254).

854 Sarrut, conlusions zu *affaire Mestelan*, CCass. civ., 27 janv. 1913, D. 1913, I, 249 (255): „[L]'obligation de restituer en bon état [...] la personne est inhérente au contrat de transport; elle en forme un élément nécessaire, car il n'y a pas transport [...] de la personne si [elle] n'arrive pas à destination telle que le voiturier l'a reçue.".

So fand mit der Einführung der „obligation de sécurité“ im Jahre 1911 eine Ausdehnung des Anwendungsbereichs des Vertragsrechts statt. Der Bereich der deliktischen Haftung verkürzte sich um die Fälle, die durch das Instrument der vertraglichen Schutzpflicht nunmehr über die „responsabilité contractuelle“ abgewickelt wurden[855].

### b) Einführung der „obligation de sécurité de moyens“

Mit der „obligation de sécurité de résultat“ und der Sachwalterhaftung des art. 1384 al. 1er CCiv. galten nun für den Geschädigten in beiden Haftungssystemen vorteilhaftere Voraussetzungen für eine Inanspruchnahme des Schädigers als bei der normalen deliktischen Haftung der artt. 1382, 1383 CCiv.

Besonders der vertragliche Weg über die „obligation de sécurité“ hat nach seiner Einführung schnell eine Ausbreitung in alle möglichen Vertragstypen erfahren[856]. Diese Expansion der „obligation de sécurité” hat eine Differenzierung ihres Inhalts und der Bedingungen einer auf sie begründeten Haftung notwendig gemacht. Die Gerichte sehen sie mittlerweile in den meisten Fällen als Schutzpflicht in Form der „obligation de moyens“ gegeben[857].

Ziel der Einführung dieser abgeschwächten Haftung war die Herstellung eines Gleichgewichts zwischen Leistungspflichten und Forderungsrechten der Vertragsparteien. Insbesondere für Fallkonstellationen, in denen der Schuldner nicht die Möglichkeit hat, die Sicherheit des Gläubigers verlässlich zu gewährleisten und zuzusagen (beispielsweise beim ärztlichen Behandlungsvertrag[858]), die kein besonderes Risiko für den Gläubiger beinhalten (beispielsweise Beherbergungs- und Restaurationsverträge) oder in denen dem Gläubiger viel Handlungsspielraum und Eigentinitiative zukommt (Verträge über das Erlernen oder Praktizieren einer Sportart) schien es angebracht, dem Geschädigten den Nachweis einer „faute“ des anderen Teils abzuverlangen[859]. Die „obligation de sécurité de moyens“ fungiert aber nicht nur als abgeschwächter Gegenpart der „obligation de sécurité de résultat“, sondern wird unter Ausnutzung des „principe du non-cumul“ eingesetzt, um die zu weit geratene deliktische Sachwalterhaftung des art. 1384 al. 1er CCiv. zurückzudrängen[860]. Denn ebenso wie bei der ver-

855 Goldschmidt, L'obligation de sécurité, 11; Le Tourneau, Droit de la responsabilité, n° 3303.

856 S. Kapitel B.II.1.a).(2), sowie beispielhafte Aufzählungen in Fn 199 und Fn 213.

857 Ghestin/Viney/Jourdain, Les conditions de la responsabilité, n° 552 mit ausführlichen Rechtsprechungsnachweisen in Fn 898-900; Marty/Raynaud, Les obligations, t. I, n° 536 mit Rechtsprechungsnachweisen; Rodière, in note zu CCass. req., 13 nov. 1945, JCP 1946, II, 3040 und CCass. civ., 6 mai 1946, JCP 1946, II, 3236; ders., JCP 1952, I, 997 n° 15.

858 So zitierte *Demogue* schon bei der Einführung der Unterscheidung zwischen „obligation de résultat“ und „obligation de moyens“ den ärztlichen Behandlungsvertrag als Bsp. für den Anwendungsbereich einer „obligation de sécurité de moyens“, Demogue, Traité des obligations, t. V, n° 1237.

859 Viney, GP 1997 (hors série), 1212 (1213); Ghestin/Huet, Les principaux contrats spéciaux, n° 32283.

860 CCass. req., 15 juin 1937, GP 1937, II, 411: keine Anwendbarkeit des art. 1384 al. 1er CCiv. im Rahmen eines ärztlichen Behandlungsvertrages; Huet, Responsabilité contractuelle et délictuelle, n° 433; D. Mazeaud, GP 1997 (hors série), 1201 (1207); Le Tourneau, Droit de la responsabilité, n° 3303; Hans Stoll, Handeln auf eigene Gefahr, 335; Schlechtriem, Vertragsord-

traglichen Schutzpflicht in ihrer ursprünglichen Ausgestaltung handelt es sich auch bei der deliktischen „responsabilité pour le fait d'une chose" um eine „obligation de résultat"[861].

Die besondere Zunahme der „obligation de sécurité" in der Ausprägung als „obligation de moyens" ist somit nicht mehr von einer Besserstellung des Geschädigten motiviert. Wie bereits in Kapitel B.II.1.d) dargestellt, hat die Einführung einer „obligation de sécurité" in den Fällen, wo dies als „obligation de moyens" geschah, zu einer deutlichen Schlechterstellung der Geschädigten geführt, weswegen für diese Konstellationen der Ruf nach einer Rückbesinnung auf die deliktische Haftung laut wird[862].

Der Vorteil des vertraglichen Haftungssystems, flexiblere Lösungen für die einzelnen Vertragskonstellationen anzubieten, war letztlich ausschlaggebend für den deutlich stärkeren Ausbau der vertraglichen Schutzpflichten im Gegensatz zur deliktischen Haftung. Die „obligation de sécurité de moyens" ermöglicht eine nuancierte Haftung, bei der die Strenge der Haftung den Interessen der Vertragsparteien und der Vertragsnatur angepasst werden kann. Derartige Abstufungen der Haftung sind bei der einheitlich angewandten „responsabilité délictuelle" hingegen per se ausgeschlossen[863].

Obwohl ursprünglich mit gleicher Motivation eingeführt, haben sich also die Sachwalterhaftung des art. 1384 al. 1$^{er}$ CCiv. und die „obligation de sécurité" zu regelrechten Antagonisten entwickelt[864]. Die „obligation de sécurité" wurde von der Rechtsprechung als bewusste Entscheidung gegen einen Schutz auf deliktischer Grundlage in Verträge eingeführt. Als Haftungsnorm für Körperverletzungen bewegt sie sich auf einem eigentlich klassischerweise deliktischen Gebiet[865], um über die Wirkung des Prinzips des „non-cumul" eine vertragliche Haftung durchzusetzen und damit gleichzeitig eine deliktische Haftung auszuschließen[866]. Damit handelt es sich bei der „obligation de sécurité" um einen opportunistischen Mechanismus[867] zur Umgehung des

nung und außervertragl. Haftung, 70; Renner, Grundsatz des „non-cumul" als Vorbild für eine Reform des dt. Schuldrechts, 251f.

861 Demogue, Traité des obligations, t. V, n° 1237; Ghestin/Viney/Jourdain, Les conditions de la responsabilité, n° 530 und n° 551.

862 S. Kapitel B.II.1.d).(1).

863 Viney, GP 1997 (hors série), 1212 (1214).

864 Viney, GP 1997 (hors série), 1212 (1213).

865 Jourdain, GP 1997 (hors série), 1196 (1197); D. Mazeaud, GP 1997 (hors série), 1201 (1205); Savaux, RTD civ. 1999, 1 (10); Sourd, L'obligation de sécurité, 138; Le Tourneau, Droit de la responsabilité, n$^{os}$ 3291, 3309; Hans Stoll, Handeln auf eigene Gefahr, 335; Schlechtriem, Vertragsordnung und außervertragl. Haftung, 71.

866 H., L. Mazeaud/Tunc, Responsabilité civile, t. I, n° 154 Fn 12; Viney, GP 1997 (hors série), 1212 (1213).

867 D. Mazeaud, GP 1997 (hors série), 1201: „[E]lle [l'obligation de sécurité] est le produit d'une conscience judiciaire spontanée très fortement teintée d'opportunité. [... L]'obligation de sécuri-

Deliktsrechts, um für die jeweilige Konstellation der einzelnen Vertragstypen möglichst gerechte Lösungen zu erreichen. Im französischen Recht stellt die „obligation de sécurité" also einen eindeutig vertraglichen Gegenentwurf zum deliktsrechtlichen Integritätsschutz dar[868].

Abschließend betrachtet, ist die Wahl der Kollisionsregeln in beiden Ländern eine logische Konsequenz der Ausgestaltung ihrer zivilrechtlichen Haftung. Während in Frankreich die Anspruchsgrundlagen sowohl der „responsabilité contractuelle" als auch der „responsabilité délictuelle" sehr weit gehalten sind – Generalklauseln der art. 1147 CCiv. und art. 1382 CCiv. – soll mittels des „prinzipe du non-cumul" der Haftungsumfang beschränkt werden. In Deutschland dagegen ist die zivilrechtliche Haftung durch Einzeltatbestände geprägt. Dadurch entstehende Haftungslücken sollen durch ein Nebeneinander vertraglicher und deliktischer Ansprüche geschlossen werden.

In beiden Rechtssystemen wird aber die jeweilige Kollisionsregel genutzt, um eine Verdrängung der deliktsrechtlichen Haftung durch die Regeln des Vertragsrechts durchzusetzen. In Deutschland ist es der Geschädigte selbst, der aufgrund einer günstigeren Ausgestaltung des vertraglichen Anspruchs diesem in der Praxis den Vorzug gewährt; beziehungsweise kann im Einzelfall die besondere Ausgestaltung der vertraglichen Haftung auf die deliktische Haftung übertragen werden. Die „obligation de sécurité" wird dagegen vom Richter zum Inhalt eines Vertrages erklärt, was dem Richter auch die Möglichkeit einräumt, die Hürden einer Haftung gegenüber dem Deliktsrecht zu erhöhen.

Diese unterschiedliche Nutzung der Kollisionsregeln in beiden Ländern ergibt sich ebenfalls wieder aus der unterschiedlichen Gestaltung ihrer Haftungsklauseln: Während im deutschen Recht versucht wird, das lückenhafte Deliktsrecht durch eine möglichst entgegenkommende vertragliche Haftung auszugleichen, soll im französischen Recht die weite „gardien"-Haftung des art. 1384 al. 1er CCiv. über den Einsatz vertraglicher Schutzpflichten eingedämmt werden.

---

té est une obligation indemnitaire, si l'on peut dire, dont les caractères utilitaire et fonctionnel [sont] très marqués".

868 So auch Meller, Obligation de Sécurité, 18.

# F. Fazit und Perspektiven einer Schutzpflicht im Rahmen eines europäischen Privatrechts

## I. Rechtsnatur der leistungsunabhängigen Pflichten zum Schutz der körperlichen Integrität vor dem Hintergrund eines Vergleichs der deutschen Schutzpflichten mit der französischen „obligation de sécurité“

In beiden Ländern wird die Nebenpflicht zum Schutz der körperlichen Integrität auf Grundlage einer gesetzlichen Öffnungsnorm als Ausprägung des Prinzips von Treu und Glauben in den Vertrag beziehungsweise die schuldrechtliche Verbindung eingeführt. Angesichts der Ausgestaltung des Code Civil stellt sich jedoch in Frankreich nicht die Frage nach der Rechtsnatur der „obligation de sécurité“ – sie ist eindeutig dem Vertragsrecht zugeordnet. Da dem Code Civil eine Bündelung von allgemeinen Regeln sowohl für vertragliche als auch für gesetzliche Schuldverhältnisse fremd ist, wird die Schadensersatzregel der artt. 1142 und 1147 CCiv. allein auf Pflichtverletzungen innerhalb von Vertragsverhältnissen beschränkt. Auch die Erweiterung des Pflichtenprogramms gemäß art. 1135 CCiv. auf durch Treu und Glauben gebotene zusätzliche Pflichten bezieht sich allein auf Verträge. Da ein von den Parteien frei ausgehandelter Vertragsinhalt sich nicht zwangsläufig in einem vertretbaren Gleichgewicht befindet und ein Eingreifen zum Schutz der schwächeren Vertragspartei geboten sein kann, besteht über art. 1135 CCiv. die Möglichkeit, Pflichten in den Vertrag einzuführen, die weder von den Parteien ausdrücklich formuliert wurden, noch ihrem Willen entsprechen müssen. Diese „obligations impératives“ werden durch die freie Entscheidung der Parteien, einen Vertrag zu schließen, zu Vertragspflichten und bilden mit den freiwillig vereinbarten Pflichten das Gesamtkonzept des Vertrages (s. Kapitel B.IV.2). Außerdem wird im französischen Recht mit dem „principe du non-cumul“ eine klare Trennung zwischen vertraglichen und deliktischen Pflichten gezogen. Angesichts der eindeutigen Verortung der „obligation de sécurité“ im vertraglichen Bereich sind Verletzungen der körperlichen Integrität, die in einem inneren Zusammenhang zu der Vertragsdurchführung stehen, dem Deliktsrecht entzogen. Aufgrund ihrer normativen Basis in art. 1135 CCiv. und ihres auf das Vertragsrecht beschränkten Anwendungsbereichs wird die „obligation de sécurité“ ganz überwiegend als „obligation contractuelle d'origine légale“ verstanden. Ein Verständnis, welches unter Erweiterung auf das Schuldverhältnis als Referenzverbindung auch den Schutzpflichten im deutschen Recht am ehesten gerecht wird.

### 1. Entstehung der Schutzpflichten auf Basis des das Leistungsverhältnis regelnden Schuldverhältnisses

Im Falle eines Vertrages werden entsprechend der gesetzes-historischen Vorbild-Norm des art. 1135 CCiv. die durch den Rückgriff auf § 241 Abs. 2 und § 242 BGB zusätzlich zu den explizit getroffenen Vereinbarungen begründeten Pflichten nicht automatisch solche gesetzlicher Natur. Vielmehr handelt es sich um weitere vertragliche Pflichten, die lediglich über den „Türöffner“ einer gesetzlichen Norm Eingang in den

Vertragsinhalt gefunden haben – eben „obligations contractuelles d'origine légale". Die Parteien legen ihrer privatautonomen Einigung und ihren individuellen Regelungen deren Einbettung in ein allgemeingültiges gesetzliches Regelwerk zu Grunde. Dementsprechend werden in den wenigsten Fällen die Folgen von Verstößen gegen die gegenseitigen vertraglichen Versprechen auch individuell geregelt (s. Kapitel D.I.1). Die Einbeziehung dispositiven Gesetzesrechts und ergänzender gesetzlicher Regeln verändert jedoch nicht die Rechtsnatur der so geschaffenen Pflicht: Bezugspunkt für die eingreifenden gesetzlichen Normen bleiben nach wie vor die vertragliche Einigung beziehungsweise die das Schuldverhältnis begründenden Handlungen der Beteiligten auf Leistungsebene (s. Kapitel B.III.1 und D.I.1). Diese erfüllen somit eine Doppelfunktion: Neben der Festlegung des Leistungsgegenstandes der Hauptpflichten sind sie auch Grundlage für ein schutzwürdiges Vertrauen der jeweiligen Vertragsgegenseite auf ein rücksichtsvolles Verhalten ihres Gegenübers, dem gemäß des Gebots von Treu und Glauben eine parallele Schutzpflicht Rechnung trägt.

Beleg für den Charakter der Schutzpflichten als Teil des bereits zwischen Gläubiger und Schuldner bestehenden schuldrechtlichen Verhältnisses bieten die zahlreichen Wechselwirkungen, die zwischen Leistungspflichten und Schutzpflichten bestehen. Bereits für die Begründung der Schutzpflichten ist auf das zu Grunde liegende Schuldverhältnis abzustellen. Über § 241 Abs. 2 BGB entsprechend dem Grundsatz von Treu und Glauben in das Schuldverhältnis eingebracht, ergeben sie sich aus der Natur des Vertrages beziehungsweise des Schuldverhältnisses. Je nach Inhalt und Gestaltung der Leistungspflicht werden Schutzpflichten nötig und wie der Wortlaut des § 241 Abs. 2 BGB bereits vorgibt, richtet sich auch die inhaltliche Ausgestaltung der Schutzpflichten nach dem Inhalt des zu Grunde liegenden Schuldverhältnisses (s. Kapitel C.I.1.b) und C.I.2). Überdies beeinflussen die Haftungskonditionen der Leistungspflichten die Ausgestaltung der Haftung für Schutzpflichtverletzungen (s. Kapitel D.I.1.b).(2)).

Der Ansatz, alle Schutzpflichten einheitlich als „dritte Spur" zwischen Vertrag und Delikt einzuordnen, geht dagegen von der dogmatischen Bewertung der anerkanntermaßen gesetzlichen „cic"-Pflichten aus und beginnt damit die Argumentation aus der falschen Richtung: Die Statuierung vorvertraglicher Pflichten hat eine Ausdehnung der Regeln des Vertragsrechts auf die Zeit vor Vertragsschluss zum Ziel und nicht umgekehrt die Erstreckung der vorvertraglichen Regeln auf den Vertrag. Dem ebenfalls als Argument zur Begründung eines eigenständigen gesetzlichen Schutzschuldverhältnisses bemühten Sozialkontakt fehlt es seinerseits an Trennschärfe, um zwischen allgemeiner deliktischer Haftung und der Haftung aus einem Schutzverhältnis zu differenzieren. Die besondere Funktion des vertraglichen Leistungsversprechens beziehungsweise der ein Schuldverhältnis begründenden tatsächlichen Handlungen als Vertrauenstatbestand und – in Verbindung mit §§ 241 Abs. 2, 242 BGB – als Quelle auch leistungsunabhängiger Schutzpflichten bleibt von diesen Begründungsansätzen unberücksichtigt.

Bestandteil eines Schuldverhältnisses und insbesondere eines Vertrages ist also nicht nur das, was die Parteien einander ausdrücklich und individuell versprechen, sondern auch das, was sie voneinander im Zuge der Erfüllung dieser Versprechen entsprechend dem Grundsatz von Treu und Glauben erwarten dürfen. Bei dem Leistungsversprechen und der der Vertrauenshaltung des anderen Teils entspringenden Pflicht handelt es sich um ein und dasselbe Schuldverhältnis. Dementsprechend erhält die Schutzpflicht ihre Rechtsnatur von dem Schuldverhältnis, welches zwischen den Parteien besteht. Wenn es sich dabei – wie wohl in der Mehrzahl der Fälle – um eine vertragliche Bindung handelt, erhält auch die Schutzpflicht den Status einer vertraglichen Pflicht. Das zu Grunde liegende Schuldverhältnis begründet die Schutzpflicht kraft Gesetz.

### 2. Abgrenzung zwischen deliktischen Verkehrspflichten und schuldrechtlichen Schutzpflichten

Schutz- und Verkehrspflichten verbindet zwar das gemeinsame Ziel, gegenüber Mitmenschen aufgebrachtes Vertrauen auf einen rücksichtsvollen Umgang miteinander zu schützen. Anders als Verkehrspflichten bestehen Schutzpflichten aber nur im Falle einer schuldrechtlichen Verbindung zwischen Schädiger und Geschädigtem. Die zwischen Gläubiger und Schuldner einer Schutzpflicht bestehende schuldrechtliche Verbindung hebt die beiden Parteien aus der Trivialität einer „Jedermanns-Beziehung" heraus. Innerhalb der schuldrechtlichen Beziehung generieren die Schutzpflichten eine besondere Verhaltensordnung, die nur für die Parteien gilt. Statt der allgemeinen Pflicht des „neminem laedere" gilt für die Parteien eines Schuldverhältnisses der Grundsatz des „alteram partem non laedere".

Zusätzlich verbindet außerdem ein wirtschaftliches Interesse die Parteien, aufgrund dessen einerseits ein besonderes Interesse an einer störungsfreien Abwicklung begründet wird, um den Geschäftspartner an sich zu binden und andererseits ein besonderes Vertrauen in die Redlichkeit des Geschäftspartners gerechtfertigt ist. Denn ein wirtschaftlicher Austausch macht regelmäßig die wechselseitige Öffnung der Rechtssphären der Parteien erforderlich und bietet so eine besondere Möglichkeit zur Einwirkung auf Rechtsgüter des anderen. Gerade aufgrund der Personalität des Schuldverhältnisses sind die Beteiligten aber zu einer Offenlegung ihrer Rechtsgüter bereit.

Dieser besonderen Bindung auf Grund des Schuldverhältnisses trägt ein inhaltliches „Mehr" der Schutzpflichten gegenüber Verkehrspflichten Rechnung: Die Anforderungen der Schutzpflichten an das Verhalten des Gegenübers gehen über die Anforderungen der Verkehrspflichten an die Mitmenschen hinaus (s. Kapitel B.I.4). Dementsprechend besteht auch auf der Haftungsebene ein Gleichlauf der Haftung für Schutzpflichtverletzungen mit Verstößen gegen Leistungspflichten. Beide Verfehlungen sind Pflichtverletzungen im Sinne des § 280 Abs. 1 BGB und auch der Verstoß gegen eine Schutzpflicht kann die Erfüllung der Vertragsbeziehung von der Primär- auf die Sekundärebene heben oder zur Rückabwicklung des Schuldverhältnisses führen. In jedem Fall führt die Verletzung einer Schutzpflicht zur Anwendung des schuldrechtlichen Leistungsstörungsrechts und dem Gläubiger kommen die Vorteile der Haftung im Rahmen einer bereits bestehenden schuldrechtlichen Verbindung zu Gute (Beweislastumkehr des § 280 Abs. 1 S. 2 BGB bei erfolgsbezogenen Pflichten, Ersatz von Vermögensschäden, Haftung für Verschulden eines Erfüllungsgehilfen, § 278 BGB).

Dementsprechend besteht ein besonderer Druck in Richtung Erfüllung der Schutzpflichten.

Der Rückgriff auf diese gesetzlichen Haftungsregeln macht aber aus der Haftung für Schutzpflichtverletzungen dennoch keine gesetzliche Haftung. Die gesetzlichen Normen bieten eine ergänzende Ausgestaltung der schuldrechtlichen Verbindung, sowohl auf Ebene des Inhalts der Pflichten über § 241 Abs. 2 und § 242 BGB als auch auf Ebene der Haftung über §§ 280 ff BGB. Die in Form der Schutzpflichten speziell für das schuldrechtliche Verhältnis geltenden Verhaltensregeln werden auch nach schuldrechtlichen Maßstäben durchgesetzt: Um als verbindliche Rechtspflicht wahrgenommen zu werden, müssen die Schutzpflichten in ihrem Inhalt entsprechendem Umfang haftungsbewehrt sein.

Anders als die Verkehrspflichten, die erst bei ihrer Verletzung ein Schuldverhältnis und Ersatzansprüche generieren, besteht im Rahmen eines Schuldverhältnisses bereits vor Auslösung einer Haftung ein pflichtenbegründender Katalog von Verhaltensregeln. Schadensersatzansprüche entstehen dort auf Sekundärebene mit der Verletzung dieser primären Schutzpflichten. Der Schadensersatzanspruch im Falle einer Schutzpflichtverletzung entsteht also auch aus dem Vertrag beziehungsweise der schuldrechtlichen Verbindung als Folge des Verstoßes gegen die schuldrechtliche Verhaltensregel. Der deliktische Schadensersatzanspruch entsteht dagegen allein aufgrund der eingetretenen Rechtsgutsverletzung.

Somit zieht ein zwischen Schädiger und Geschädigtem bestehendes Schuldverhältnis eine Trennlinie zwischen deliktischen Verkehrs- und schuldrechtlichen Schutzpflichten und hebt letztere auf eine höhere Ebene hinsichtlich der inhaltlichen Anforderungen und des Haftungsumfangs.

## II. Handhabung leistungsunabhängiger Schutzpflichten im Rahmen eines einheitlichen europäischen Privatrechts

Die Idee einheitlicher europäischer Privatrechtsregeln hat bislang in zwei wesentlichen Referenztexten ihren Niederschlag gefunden: die „Principles of European Contract Law“ – PECL, der von *Ole Lando* geleiteten Kommission für Europäisches Vertragsrecht, veröffentlicht in drei Teilen in den Jahren 1995, 2000 und 2003 und der „Draft Common Frame of Reference“ – DCFR, der akademische Entwurf eines Gemeinsamen Referenzrahmens, erarbeitet durch die Study Group on a European Civil Code und die Research Group on EC Private Law (sog. Acquis Group), veröffentlicht in 2009 als endgültiger Entwurf mit Kommentaren und Anmerkungen (Full Edition).

In den PECL scheinen Schutzpflichten über art. 6:102 PECL[869] als „stillschweigende Bestimmung“ in Verträge impliziert werden zu können, heißt es doch im Kommen-

869 Von Bar/Zimmermann, Grundregeln des Europäischen Vertragsrechts, 361: „Artikel 6:102: Stillschweigende Bedingungen

tar, dass „[w]enn z.B. der Vertrag ohne die Ergänzung einer angemessenen Bestimmung eine Seite einem ungewöhnlich hohen Risiko aussetzen würde, dann ist eine solche Bestimmung als stillschweigend vereinbart anzusehen." Veranschaulicht wird diese Forderung mit einem Beispiel aus der englischen Rechtsprechung: Im *Moorcock Fall* hatte sich ein Schiffseigner verpflichtet, das Schiff an einem Themsekai zu entladen. Bei Niedrigwasser laufen die Schiffe an besagtem Kai aber auf Grund, was dem Schiffseigner jedoch nicht bekannt war. Während des Entladens setzt das Schiff auf einem Felsriff auf und wird beschädigt. Der Besitzer des Kais soll einer stillschweigenden Vertragspflicht unterliegen, den Schiffseigner vor dieser Gefahr zu warnen[870] – im deutschen Recht wäre eine derartige Aufklärungspflicht zum Schutz des Eigentums des Vertragspartners Ausprägung der in § 241 Abs. 2 BGB normierten Schutzpflichten. Zwar wird die Regelung des art. 6:102 PECL in den Anmerkungen der deutschen Entsprechung ergänzender Vertragsauslegung gegenübergestellt, doch sollte angesichts des gewählten Beispieles die Entsprechung richtigerweise auf den nach Veröffentlichung der deutschen PECL-Ausgabe neu entstandenen § 241 Abs. 2 BGB erweitert werden. So wird für das französische Recht auch die Paralelle zur gesetzlichen Grundlage der „obligation de sécurité", art. 1135 CCiv., gezogen[871]. Diese Lesart entspricht dem Verständnis einer unabhängigen Forschergruppe um die Association Henri Capitant des Amis de la Culture Juridique Française und die Société de Législation Comparée unter deren Leitung auf Grundlage der PECL sogenannte „Principes directeurs du droit européen du contrat" erarbeitet wurden. Dementsprechend könnten gemäß art. 6:102 PECL – selbst ohne dass diese explizit vereinbart wurden – zwingende vertragliche Pflichten auf den Parteien ruhen, die sich allein aus dem Gebot von Treu und Glauben ergeben[872]. Folglich berufen sich auch die französischen Wissenschaftler auf art. 1135 CCiv. als nationalen Hintergrund der PECL-Regel der „implied terms" im Code Civil und sehen in § 241 Abs. 2 BGB als Konkretisierung des allgemeinen Grundsatzes von Treu und Glauben die deutsche Kodifizierung zusätzlich eingeführter zwingender Vertragspflichten[873]. Vor diesem Hintergrund wird als Bestandteil des „Principe directeur général" der Vertragssicherheit – „sécurité contractuelle" – ein vorangestellter art. 0:201 vorgeschlagen, in dessen Absatz 2 art. 1135 CCiv. inhaltlich übernommen wird: „Outre l'exécution des obligations du contrat, chacune des parties est tenue de respecter les devoirs qui s'induisent du principe de loyauté contractuelle"[874].

---

Neben ausdrücklich vereinbarten kann ein Vertrag auch stillschweigende Bedingungen enthalten, die sich ergeben aus:
(a) dem Willen der Parteien;
(b) der Natur und dem Zweck des Vertrages; sowie
(c) den Geboten von Treu und Glauben und des redlichen Geschäftsverkehrs.".

870 Von Bar/Zimmermann, Grundregeln des Europäischen Vertragsrechts, 362.

871 Von Bar/Zimmermann, Grundregeln des Europäischen Vertragsrechts, 364.

872 Fauvarque-Cosson/Mazeaud, Principes contractuels communs, 67.

873 Fauvarque-Cosson/Mazeaud, Principes contractuels communs, 71, 73.

874 Fauvarque-Cosson/Mazeaud, Principes contractuels communs, 86:
„Article 0 :201 : Principe de la force obligatoire
Le contrat légalement formé a force obligatoire entre les parties.

Im Entwurf eines Gemeinsamen Referenzrahmens („Draft Common Frame of Reference" – DCFR) werden Beeinträchtigungen des status quo dagegen vollständig im Deliktsrecht abgehandelt[875]. Gegenüber Verträgen, durch welche gewollte Änderungen in Rechtsbeziehungen vorgenommen werden, biete das Deliktsrecht Regeln zum Schutz bestehender Rechte und Rechtsgüter vor ungewollten Veränderungen. Denn „[t]he protection of assets once acquired and the protection from infringement of innate rights of personality is not something which contract law is able to provide".

Die Regelung des art. 6:102 PECL wurde in art. II.-9:101 (2) DCFR[876] übernommen[877], wobei diese Vorschrift des DCFR lediglich die Ausnahme von Absatz 1 derselben Norm darstellt und nur die Fälle betrifft, in denen sich nicht ausdrücklich getroffene Vereinbarungen weder als stillschweigende Übereinkünfte der Parteien noch aus anderen – auch nationalen – Rechtsnormen oder Handelsbrauch ableiten lassen[878], weswegen die fehlende Regel durch einen Richter in den Vertrag eingeführt werden muss. Auch wenn für die Regelfälle der Ausfüllung nicht ausdrücklich getroffener Vertragsvereinabrungen auf die Heranziehung nationaler Rechtsnormen abgestellt wird, kommt ein Rückgriff auf § 241 Abs. 2 BGB oder art. 1135 CCiv., mit dem Ziel eine Schutzpflicht in einem Vertrag zu verorten, wohl nicht in Frage. Zur Veranschaulichung eines „tacite agreements" im Sinne des art. II.-9:101 (1) DCFR wird in der Kommentierung ein mit einem Taxifahrer geschlossener Beförderungsvertrag herangezogen. Im Rahmen dieses Vertrages bestünden beispielsweise die stillschweigende Pflicht des Taxifahrers, eine direkte Fahrtroute zu wählen beziehungsweise die stillschweigende Pflicht des Fahrgastes auch nur den auf dem Taxameter angezeigten

---

Outre l'exécution des obligations du contrat, chacune des parties est tenue de respecter les devoirs qui s'induisent du principe de loyauté contractuelle.

En cours d'exécution, la force obligatoire du contrat peut être remise en cause si un changement imprévisible de circonstances compromet gravement l'utilité du contrat pour l'une des parties.".

875 Von Bar/Clive/Schulte-Nölke, Principles, Definitions and Model Rules of European Private Law, Vol. I, Princ. 30 ff.

876 Von Bar/Clive/Schulte-Nölke, Principles, Definitions and Model Rules of European Private Law, Vol. I, 575:

„Art. II.-9:101: Terms of a contract

(1) The terms of a contract may be derived from express or tacit agreement of the parties, from rules of law or from practices established between the parties or usages.

(2) Where it is necessary to provide for a matter which the parties have not foreseen or provided for, a court may imply an additional term, having regard in particular to:

(a) the nature and purpose of the contract;

(b) the circumstances in which the contract was concluded; and

(c) the requirements of good faith and fair dealing.

(3) Any term implied under paragraph (2) should, where possible, be such as to give effect to what the parties, had they provided for the matter, would probably have agreed.

(4) Paragraph (2) does not apply if the parties have deliberately left a matter unprovided for, accepting the consequences of so doing.".

877 Von Bar/Clive/Schulte-Nölke, Principles, Definitions and Model Rules of European Private Law, Vol. VI, Table of Derivations.

878 Von Bar/Clive/Schulte-Nölke, Principles, Definitions and Model Rules of European Private Law, Vol. I, 577.

Fahrpreis zu zahlen[879]. Von einer unausgesprochenen Pflicht, den Fahrgast wohlbehalten ans Ziel zu bringen, ist dagegen keine Rede. Unter Aufgriff des oben geschilderten Falles des Schiffseigners äußert sich stattdessen die Kommentierung zu art. III.-1:104 DCFR[880] bezüglich der Schutzgüter der körperlichen Integrität und des Vermögens des Vertragspartners. So bestünde neben der primären Kooperationspflicht zur Realisierung der Leistungserbringung auch die Pflicht „to inform the other party if the other party in performing the contract may not know that there is a risk of harm to persons or property“[881]. Obwohl als entsprechende nationale Rechtsgrundlage sowohl für das französische als auch für das deutsche Recht das Prinzip von Treu und Glauben benannt wird[882], ist im Zusammenhang mit der “obligation of co-operation” von einer über die Informations- und Warnpflicht hinausgehenden Schutzpflicht jedoch nicht die Rede.

Dabei entstehen – wie oben dargestellt – sowohl in Frankreich als auch in Deutschland Schutzpflichten auf Grundlage des Prinzips von Treu und Glauben als Folge der Vertragsbeziehung und stehen damit – solange es eine vertragliche Verbindung zwischen Schädiger und Geschädigtem gibt, in deren Zusammenhang die Verletzungshandlung geschieht – im Kontext der vertraglichen Haftung. Gerade angesichts der exponierten Bedeutung, welche dem Grundsatz von Treu und Glauben beziehungsweise „good faith and fair dealing“ bei der Erarbeitung der bisherigen Referenztexte zugekommen ist, verwundert es, dass der Schritt zur Anerkennung vertraglicher Schutzpflichten als „tacit agreements“ oder Teil der „obligation of co-operation“ im DCFR nicht gemacht wurde. Zwar könnte gegen die Einführung bindender impliziter Schutzpflichten sprechen, dass Vertragsfreiheit und Privatautonomie neben „Security“ als eines der „underlying principles“ des DCFR fungieren[883]. Jedoch werden diese Freiheiten im Anschluss durch vielfältige massive Einschränkungen im Regelwerk auch wieder beschnitten[884]. Selbst die Privatautonomie an sich wird von vorneherein nicht uneingeschränkt eingeräumt, sondern unterliegt gemäß art. II.-1:102 (1) in Verbindung

879 Von Bar/Clive/Schulte-Nölke, Principles, Definitions and Model Rules of European Private Law, Vol. I, 576.

880 Von Bar/Clive/Schulte-Nölke, Principles, Definitions and Model Rules of European Private Law, Vol. I, 685:
“Art. III.-1:104: Co-operation
The debtor and the creditor are obliged to co-operate with each other when and to the extent that this can reasonably be expected for the performance of the debtor’s obligation.”.

881 Von Bar/Clive/Schulte-Nölke, Principles, Definitions and Model Rules of European Private Law, Vol. I, 686.

882 Von Bar/Clive/Schulte-Nölke, Principles, Definitions and Model Rules of European Private Law, Vol. I, 687f.

883 Von Bar/Clive/Schulte-Nölke, Principles, Definitions and Model Rules of European Private Law, Vol. I, Princ. 3 ff.

884 S. Darstellung und Beispiele bei Eidenmüller, in Der akademische Entwurf für einen Gemeinsamen Referenzrahmen, 73 (80 ff).

mit art. III.-1:103 (1), (2) DCFR[885] dem Vorbehalt der Regeln von Treu und Glauben („duty to act in accordance with good faith and fair dealing").

Es wäre also nur konsequent, diese Vorgaben an die Gestaltung vertraglicher Beziehungen von der durch Treu und Glauben geprägten Kontrolle des tatsächlich Vereinbarten auf die Einführung imperativer Schutzpflichten auszudehnen, so wie es wohl schon mit art. 6:102 PECL und art. 0:201 der „Principes directeurs du droit européen du contrat" angedacht war.

Darüber hinaus ist die Ausgestaltung der deliktischen Haftung des DCFR extrem weit und unbestimmt geraten[886]. So bilden alle rechtlich schützenswerten Interessen („interest worthy of legal protection") mögliche Schutzgüter, deren Verletzung eine deliktische Haftung begründet, art. VI.-2:101 (1) (c) DCFR[887], und sowohl die Nor-

---

885 Von Bar/Clive/Schulte-Nölke, Principles, Definitions and Model Rules of European Private Law, Vol. I, 129, 676:
„Art. II.-1:102: Party autonomy
(1) Parties are free to make a contract or other juridical act and to determine its contents, subject to any applicable mandatory rules.
(2) Parties may exclude the application of any of the following rules relating to contracts or other juridical acts, or the rights and obligations arising from them, or derogate from or vary their effects, except as otherwise provided.
(3) A provision to the effect that parties may not exclude the application of a rule or derogate from or vary its effects does not prevent a party from waiving a right already arisen and of which that party is aware.".
"Art. III.-1:103: Good faith and fair dealing
(1) A person has a duty to act in accordance with good faith and fair dealing in performing an obligation, in exercising a right to performance, in pursuing or defending remedy for non-performance, or in exercising a right to terminate an obligation or contractual relationship.
(2)The duty may not be excluded or limited by contract or other juridical act.
(3) Breach of the duty does not give rise directly to the remedies for non-perfomance of an obligation but may preclude the person in breach from exercising or relying on a right, remedy or defence which that person would otherwise have.".

886 Kritik bei Eidenmüller/Faust/Grigoleit/Jansen/Wagner/Zimmermann, JZ 2008, 529 (539 ff); Wagner, in Der akademische Entwurf für einen Gemeinsamen Referenzrahmen, 161 (211 ff).

887 Von Bar/Clive/Schulte-Nölke, Principles, Definitions and Model Rules of European Private Law, Vol. IV, 3139:
„Art. VI.-2:101: Meaning of legally relevant damage
(1) Loss, wether economic or non-economic, or injury is legally relevant damage if:
(a) one of the following rules of this Chapter so provides;
(b) the loss or injury results from a violation of a right otherwise conferred by the law; or
(c) the loss or injury results from a violation of an interest worthy of legal protection.
(2) In any case covered only by sub-paragraphs (b) or (c) of paragraph (1) loss or injury constitutes legally relevant damage only if it would be fair and reasonable for there to be a right to reparation or prevention, as the case may be, under VI.-1:101 (Basic rule) or 1:102 (Prevention).
(3) In considering whether it would be fair and reasonable for there to be a right to reparation or prevention regard is to be had to the ground of accountability, to the nature and proximity of the damage or impending damage, to the reasonable expectations of the person who suffers or would suffer the damage, and to considerations of public policy.
(4) In this Book:

mierung der zusätzlich explizit genannten schützenswerten Rechte und Rechtsgüter als auch die Regelungen des Umfangs des Schadensersatzes sind durch Generalklauseln und unbestimmte Rechtsbegriffe geprägt. Vor diesem Hintergrund scheint es sinnvoll, wenigstens für Konstellationen, wo in Gestalt einer Vertragsbeziehung Anhaltspunkte dafür vorliegen, wie die Parteien ihre Rechtsbeziehung ausgestalten wollen, diese dem Vertrag zu entnehmenden Wertevorstellungen für die Ersatzfähigkeit von Integritätsbeeinträchtigungen zu übernehmen. So wird bereits mit art. VI.-2:207 DCFR[888] die deliktische Haftung für falsch gegebene Ratschläge auf die Erteilung des Hinweises im Rahmen der beruflichen Tätigkeit beschränkt. Da aber derartige Empfehlungen wohl meist sowieso auf Grundlage einer vertraglichen Verbindung zwischen Ratgeber und Ratsuchendem erfolgen, könnte konsequenterweise eine entsprechende Aufklärungspflicht zur Vermeidung von Beeinträchtigungen des Integritätsinteresses, insbesondere von Körperverletzungen, als Bestandteil der Vertragspflichten normiert werden.

In jedem Fall ist, wenn entscheidende Grundwertungen innerhalb der deliktischen Haftung nicht erkennbar sind, eine Diversizifierung und Uneinheitlichkeit bei der Anwendung der Normen durch die nationalen Gerichte, die auf unterschiedlichen Rechtssystemen mit unterschiedlichen Wertungen aufbaut, unvermeidbar. Das Ziel einer Vereinheitlichung des Rechts wird so verfehlt, beziehungsweise ist es nur über den Umweg einer Konkretisierung der Normen durch den Europäischen Gerichtshof erreichbar[889].

Im Übrigen konzentriert sich das Bedürfnis für eine Vereinheitlichung der privatrechtlichen Regeln in Europa ganz klar auf das Vertragsrecht. Gerade im Bereich des allgemeinen Vertrags- und Schuldrechts sollte im Hinblick auf die praktischen Bedürfnisse des europäischen Markts eine Vereinheitlichung stattfinden. Eine geschlossene Kodifizierung des Deliktsrechts ist dagegen wohl weniger dringlich. Damit ist die Auslagerung jeglichen Integritätsschutzes in den Bereich der außervertraglichen Haftung allein aus praktischen Erwägungen im Hinblick auf die in näherer Zukunft überhaupt realisierbare Vereinheitlichung nicht besonders hilfreich.

Das entspricht auch der Auffassung des Rates der Justizminister, der eine europäische Kodifizierung über das allgemeine Vertragsrecht einschließlich des Verbraucher-

---

(a) economic loss includes loss of income or profit, burdens incurred and a reduction in the value of property;
(b) non-economic loss includes pain and suffering and impairment of the quality of life.".

888 Von Bar/Clive/Schulte-Nölke, Principles, Definitions and Model Rules of European Private Law, Vol. IV, 3344:
„Art. VI.-2:207: Loss upon reliance on incorrect advice or information
Loss caused to a person as a result of making a decision in reasonable reliance on incorrect advice or information is legally relevant damage if:
the advice or information is provided by a person in pursuit of a profession or in the course of trade; and
the provider knew or could reasonable be expected to have known that the recipient would rely on the advice or information in making a decision of the kind made.".

889 Koziol, in Der Gemeinsame Referenzrahmen, 93 (95); Eidenmüller/Faust/Grigoleit/Jansen/Wagner/Zimmermann, JZ 2008, 529 (537, 540f.).

vertragsrechts hinaus ablehnt[890]. Die Arbeit an dem Common Frame of Reference sollte also zunächst auf den Anwendungsbereich der PECL konzentriert werden. Der Bericht des Zivilrechtsausschusses des Rates der Justizminister vom 11. April 2008 spricht ausdrücklich von der Erfassung „alle[r] relevanten Aspekte einer vertraglichen Beziehung von der Phase vor Vertragsabschluss bis hin zur Erfüllung oder Nichterfüllung“[891] – und damit auch der Schutzpflichten.

890 Mitteilung an die Presse, 8397/08 (Presse 96), 2683. Tagung des Rates der Europäischen Union – Justiz und Inneres, Luxemburg, 18. April 2008, S. 18 und Bericht des Ausschuss für Zivilrecht, n° 8286/08, Brüssel, 11. April 2008, Rn 10f. S. dazu auch Remien, GPR 2008, 124 (126). Später erweitert auf „Sonderverträge, die unter den gemeinschaftlichen Besitzstand fallen“ und die nicht per se aus dem Anwendungsbereich des Gemeinsamen Referenzrahmens ausgeschlossen werde sollen, Mitteilung an die Presse, 16325/08 REV 1 (Presse 344), 2908. Tagung des Rates der Europäischen Union – Justiz und Inneres, Brüssel, 27./28. November 2008, 30 und Bericht des Ausschuss für Zivilrecht, n° 15306/08, Brüssel, 7. November 2008, Rn 12.

891 Bericht des Ausschuss für Zivilrecht, n° 8286/08, Brüssel, 11. April 2008, Rn 11.

# Literaturverzeichnis

*Aubry, Charles / Rau, Charles (Hrsg.) /Bartin, Etienne (Bearb.)*
Cours de droit civil français, Tome VI, 5ème édition, Paris, 1920, („zit.: Aubry/Rau (5ème éd. par Bartin), t. VI, *Kapitel*.“).

*Ballerstedt, Kurt*
Zur Haftung für culpa in contrahendo bei Geschäftsabschluß durch Stellvertreter, AcP 151 (1950/1951), 501, („zit.: Ballerstedt, AcP 151 (1950/1951), *Seite*.“).

*Bamberger, Heinz Georg / Roth, Herbert (Hrsg.) / Grüneberg, Christian / Sutschet, Holger (Bearb.)*
Kommentar zum Bürgerlichen Gesetzbuch, Band 1, §§ 1-610, 2. Auflage, München, 2007, („zit.: Bamberger, Roth/*Bearbeiter*, *§*, *Rn*.“).

*von Bar, Christian*
“Nachwirkende” Vertragspflichten, AcP 179 (1979), 452, („zit.: von Bar, AcP 179 (1979), *Seite*.“).
Verkehrspflichten – Richterliche Gefahrsteuerungsgebote im deutschen Deliktsrecht (Habil.), Köln (u.a.), 1980, („zit.: von Bar, Verkehrspflichten, *Seite*.“).
Deliktsrecht – Empfielt es sich, die Voraussetzungen der Haftung für unerlaubte Handlungen mit Rücksicht auf die gewandelte Rechtswirklichkeit und die Entwicklungen in Rechtsprechung und Lehre neu zu ordnen?, Wäre es insbesondere zweckmäßig, die Grundtatbestände der §§ 823 Absätze 1 und 2, § 826 BGB zu erweitern oder zu ergänzen?, in Gutachten und Vorschläge zur Überarbeitung des Schuldrechts, hrsg. vom Bundesminister der Justiz, Band II, Köln, 1981, („zit.: von Bar, in Gutachten II, *Seite*.“).
Entwicklungen und Entwicklungstendenzen im Recht der Verkehrs(sicherungs)pflichten, JuS 1988, 169, („zit.: von Bar, JuS 1988, *Seite*.“).
Deliktsrecht in Europa, Länderbericht Frankreich, Köln (u.a.), 1993, („zit.: von Bar, Deliktsrecht in Europa, *Seite*.“).

*Baumgärtel, Gottfried (Hrsg.) / Strieder, Joachim (Bearb.)*
Handbuch der Beweislast im Privatrecht, Band 1 – Allgemeiner Teil und Schuldrecht BGB, 2., neu bearb. u. erw. Auflage, Köln (u.a.), 1991, („zit.: Baumgärtel/*Bearbeiter*, Handbuch der Beweislast, Bd. 1 (2. Aufl., 1991), *§*, *Rn*.“).

*Baumgärtel, Gottfried (Hrsg.) / Repgen, Tilman (Bearb.)*
Handbuch der Beweislast im Privatrecht, - Schuldrecht Allgemeiner Teil -, 3., neu bearb. u. erw. Auflage, Köln (u.a.), 2008, („zit.: Baumgärtel/*Bearbeiter*, Handbuch der Beweislast, Schuldrecht AT, *§*, *Rn*.“).

*von Beauvais, Ernst*
Das Verhältnis von Vermögens- und Nichtvermögensschaden unter besonderer Berücksichtigung des Schmerzensgeldes (Diss.), Bonn, 1956, („zit.: von Beauvais, Verhältnis von Vermögens- und Nichtvermögensschäden, *Seite*.“).

*Becqué, Jacques*
La protection de la victime d'un dommage corporel et de ses proches dans le cadre contractuel (Thèse), Montpellier, 1943, („zit.: Becqué, La protection de la victime, *Seite*.“).

*Behrends, Okko / Knütel, Rolf / Kupisch, Berthold / Seiler, Hans Hermann*
Corpus Iuris Civilis, -Text und Übersetzung-, Band I – Institutionen, 2., verbesserte und erweiterte Auflage, Heidelberg, 1997, („zit.: Behrends/Knütel/Kupisch/Seiler, *Buch, Titel, principium*.“).

*Blaevoet, Ch.*
Normalité, sécurité et garde, D. 1955, chron., 37, („zit.: Blaevoet, D. 1955, chron., *Seite*.“).

*Bloch, Cyril*
L'obligation contractuelle de sécurité (Thèse), Aix-en-Provence, 2002, („zit.: Bloch, L'obligation contractuelle de sécurité, *n°*.“).

*Blomeyer, Arwed*

Beweislast und Beweiswürdigung im Zivil- und Verwaltungsprozeß, - Empfiehlt es sich, das Recht der Beweislast und der Beweiswürdigung durch gesetzliche Vorschriften fortzubilden und in welchem Sinne?, in Verhandlungen des 46. Deutschen Juristentages (1966), Band I, München (u.a.), 1966, („zit.: Blomeyer, in Verhandlungen des 46. Dt. Juristentages, Bd. I, Teil 2 A, *Seite*.").

Allgemeines Schuldrecht, 4., durchgesehene und ergänzte Auflage, Berlin (u.a.), 1969, („zit.: Blomeyer, Allg. Schuldrecht, *Kapitel*.").

*Bötticher, Eduard*

Die Einschränkung des Ersatzes des immateriellen Schades und der Genugtuungsanspruch wegen Persönlichkeitsminderung, MDR 1963, 353, („zit.: Bötticher, MDR 1963, *Seite*.").

*Bonnecase, Julien*

Supplément au Traité théorique et pratique de Droit civil, de G. Baudry-Lacantinerie, Tome II, Paris, 1925, („zit.: Bonnecase, Supplément au Traité de Droit civil de Baudry-Lacantinerie, *n°*.").

*Bout, Roger*

Préface, in L'obligation contractuelle de sécurité, von Cyril Bloch, Aix-en-Provence, 2002, („zit.: Bout, in: L'obligation contractuelle de sécurité, préface.")

*Braschos, Franz-Joseph*

Der Ersatz immaterieller Schäden im Vertragsrecht (Diss.), Köln (u.a.), 1979, („zit.: Braschos, Ersatz immaterieller Schäden im Vertragsrecht, *Seite*.").

*Brouillonet, Pierre*

Des contrats comportant une dette de sécurité (Thèse), Montpellier, 1934, („zit.: Brouillonet, Des contrats comportant une dette de sécurité, *Seite*.").

*Brox, Hans (Begr.) / Walker, Wolf-Dietrich*

Allgemeines Schuldrecht, 35., aktualisierte Auflage, München, 2011, („zit.: Brox/Walker, Allg. Schuldrecht, *Kapitel*, *Rn*.").

Besonderes Schuldrecht, 35., aktualisierte und überarbeitete Auflage, München, 2011, („zit.: Brox/Walker, Bes. Schuldrecht, *Kapitel*, *Rn*.").

*Brun, André*

Rapports et domaines des responsabilités contractuelle et délictuelle, Lyon, 1931, („zit.: Brun, Responsabilités, *n°*.").

*Bruns, Rudolf*

Die Anspruchskonkurrenz im Zivilrecht – Eine Krebswucherung unserer Zivilistik?, JuS 1971, 221, („zit.: Bruns, JuS 1971, *Seite*.").

*von Caemmerer, Ernst*

Wandlungen des Deliktsrechts, in FS DJT (1960), 49, („zit.: von Caemmerer, in FS DJT (1960), *Seite*.").

*Calay-Auloy, Jean*

Ne mélangeons plus conformité et sécurité, D. 1993, chron., 130, („zit.: Calay-Auloy, D. 1993, chron., *Seite*.").

*Canaris, Claus-Wilhelm*

Ansprüche wegen "positiver Vertragsverletzung" und „Schutzwirkung für Dritte" bei nichtigen Verträgen, JZ 1965, 475, („zit.: Canaris, JZ 1965, *Seite*.").

Die Vertrauenshaftung im deutschen Privatrecht, Münchener Universitätsschriften, Band 16, München, 1971, („zit.: Canaris, Vertrauenshaftung im deutschen Privatrecht, *Kapitel*.").

Systemdenken und Systembegriff in der Jurisprudenz, entwickelt am Beispiel des deutschen Privatrechts, 2., überarbeitete Auflage, Berlin, 1983, („zit.: Canaris, Systemdenken und Systembegriff, *Seite*.").

Schutzgesetze – Verkehrspflichten – Schutzpflichten, in FS für Karl Larenz (1983), München, 1983, („zit.: Canaris, in FS Larenz (1983), *Seite*.").

Die Schadensersatzpflicht der Kreditinstitute für eine unrichtige Finanzierungsbestätigung als Fall der Vertrauenshaftung, in FS Schimansky (1999), 43, („zit.: Canaris, in FS Schimansky (1999), *Seite*.").

50 Jahre Bundesgerichtshof, Festgabe aus der Wissenschaft, Band 1 – Bürgerliches Recht, München, 2000, („zit.: Canaris, in Festgabe 50 Jahre BGH (2000), Bd. 1, *Seite*.").

Zur Bedeutung der Kategorie „Unmöglichkeit" für das Recht der Leistungsstörungen, in Die Schuldrechtsreform vor dem Hintergrund des Gemeinschaftsrechts (hrsg. von Reiner Schulze u. Hans Schulte-Nölke), Tübingen, 2001, („zit.: Canaris, in Die Schuldrechtsreform, *Seite*.").

Die Reform des Rechts der Leistungsstörungen, JZ 2001, 499, („zit.: Canaris, JZ 2001, *Seite*.").

Schuldrechtreform 2002, - Einführung -, München, 2002, („zit.: Canaris, Schuldrechtreform 2002, Einf. *Seite*.").

Die Neuregelung des Leistungsstörungs- und des Kaufrechts, – Grundstrukturen und Problemschwerpunkte –, in Karlsruher Forum 2002: Schuldrechtsmodernisierung, Karlsruhe, 2003, („zit.: Canaris, in Karlsruher Forum 2002, *Seite*.").

Die Nacherfüllung durch Lieferung einer mangelfreien Sache beim Stückkauf, JZ 2003, 831, („zit.: Canaris, JZ 2003, *Seite*.").

Begriff und Tatbestand des Verzögerungsschadens im neuen Leistungsstörungsrecht, ZIP 2003, 321, („zit.: Canaris, ZIP 2003, *Seite*.").

*Capitant, Henri / Terré, François / Lequette, Yves*

Les grands arrêts de la jurisprudence civile, Tome II: Obligations, Contrats spéciaux, Sûretés, 12ème édition, Paris, 2008, („zit.: Grands arrêts, t. II, *Entscheidung*, *n°*.").

*Carbonnier, Jean*

Droit civil – Introduction, Tome 1, 27ème édition refondue, Paris, 2002, („zit.: Carbonnier, Droit civil - Intro, *n°*.").

Droit civil - Les obligations, Tome 4, 22ème édition refondue, Paris, 2000, („zit.: Carbonnier, Droit civil - Les obligations, *n°*.").

*Carval, Suzanne*

La construction de la responsabilité civile, Paris, 2001, („zit.: Carval, Construction de la responsabilité, *Seite*.").

*Coing, Helmut*

Europäisches Privatrecht, Band II: 19. Jahrhundert, München, 1989, („zit.: Coing, Europäisches Privatrecht, Bd. II, *Seite*.").

*Colin, Ambroise / Capitant, Henri*

Cours élémentaire de droit civil français, Tome II, 10ème édition, Paris, 1953, („zit.: Colin/Capitant, Droit civil, t. II, *n°*.").

*Collart Dutilleul, François / Delebecque, Philippe*

Contrats civils et commerciaux, 8ème édition, Paris, 2007, („zit.: Collart Dutilleul/Delebecque, Contrats civils, *n°*.").

*Constantinesco, Léontin-Jean*

Inexécution et Faute contractuelle en Droit comparé (Thèse), Stuttgart (u.a.), 1960, („zit.: Constantinesco, Inexécution et Faute contractuelle, *n°*.").

*Cornu, Gérard*

Le problème du cumul de la responsabilité contractuelle et de la responsabilité délictuelle, Etudes de droit contemporain, VIème Congrès International de droit comparé – Hambourg 1962, Rapports français, Paris, 1962, („zit.: Cornu, Le problème du cumul, *Seite*.").

*Crome, Carl*

System des Deutschen Bürgerlichen Rechts, 2. Band: Recht der Schuldverhältnisse, Tübingen (u.a.), 1902, („zit.: Crome, System des Dt. Bürgerlichen Rechts II, *Seite*.").

Les similitudes du Code Civil allemand et du Code Civil français, in Le Code civil, 1804 - 1904, Livre du Centenaire, Tome II, 586, Paris, 1904, („zit.: Crome, in Livre du Centenaire, II, *Seite*.").

Intensive und extensive Bedeutung des französischen Privatrechts, Rheinische Zeitschrift für Zivil- und Prozeßrecht 1 (1909), 6, („zit.: Crome, Rhein. Zeitschrift f. Zivil- u. ProzeßR 1 (1909), *Seite*.“).

*Dahm, Henning*

Vorvertraglicher Drittschutz, JZ 1992, 1167, („zit.: Dahm, JZ 1992, *Seite*.“).

*Dauner-Lieb, Barbara*

Kodifikation von Richterrecht, in Zivilrechtswissenschaft und Schuldrechtsreform, hrsg. von Wolfgang Ernst u. Reinhard Zimmermann, Tübingen, 2001, („zit.: Dauner-Lieb, in Zivilrechtswissenschaft und Schuldrechtsreform, *Seite*.“).

Das Leistungsstörungsrecht im Überblick, in Das neue Schuldrecht in der anwaltlichen Praxis, hrsg. von Barbara Dauner-Lieb, Thomas Heidel, Manfred Lepa und Gerhard Ring, Bonn, 2002, („zit.: Dauner-Lieb, in Das neue SchuldR in der anwaltl. Praxis, *§*, *Rn*.“).

*Dauner-Lieb, Barbara / Konzen, Horst / Schmidt, Karsten (Hrsg.) / Grunewald, Barbara*

Schadensersatz für Mangel- und Mangelfolgeschaden, in Das neue Schuldrecht in der Praxis, Akzente – Brennpunkte – Ausblick, Köln u.a., 2003, („zit.: Grunewald, in Das neue Schuldrecht in der Praxis, *Seite*.“).

*Dauner-Lieb, Barbara / Heidel, Thomas / Lepa, Manfred / Ring, Gerhard (Hrsg.) / Dauner-Lieb, Barbara / Huber, Christian (Bearb.)*

Anwaltkommentar Schuldrecht, Erläuterungen der Neuregelungen zum Verjährungsrecht, Schuldrecht, Schadensersatzrecht und Mietrecht, Bonn, 2002, („zit.: AnwKomm Schuldrecht/*Bearbeiter*, *§*, *Rn*.“).

*Dauner-Lieb, Barbara / Heidel, Thomas / Ring, Gerhard (Hrsg.) / Krebs, Peter (Bearb.)*

Nomos Kommentar BGB, Band 2: Schuldrecht – Teilband 1: §§ 241 - 610, 2. Auflage, Baden-Baden, 2012, („zit.: Nomos Komm./*Bearbeiter*, *§*, *Rn*.“).

*Dauner-Lieb, Barbara / Arnold, Arnd / Dötsch, Wolfgang / Kitz, Volker*

Fälle zum neuen Schuldrecht, Heidelberg, 2002, („zit.: Dauner-Lieb/Arnold/Dötsch/Kitz, Fälle zum Neuen SchuldR, *Seite*.“).

*Dauner-Lieb, Barbara / Dötsch, Wolfgang*

Schuldrechtsreform: Haftungsgefahren für Zwischenhändler nach neuem Recht?, Der Betrieb 2001, 2535, („zit.: Dauner-Lieb/Dötsch, DB 2001, *Seite*.“).

*Dedek, Helge*

Negative Haftung aus Vertrag, (Diss.), Tübingen, 2007, („zit.: Dedek, Negative Haftung aus Vertrag, *Seite*.“).

*Delebecque, Philippe*

La dispersion des obligations de sécurité dans les contrats spéciaux, GP 1997 (hors série), 1184, („zit.: Delebecque, GP 1997 (hors série), *Seite*.”).

*Demogue, René*

De l’obligation du vendeur à raison des inconvéniants de la chose et de la responsabilité délictuelle entre contractants, RTD civ. 1923, 645, („zit.: Demogue, RTD civ. 1923, *Seite*.“).

Traité des obligations en général, Tome V, Paris, 1925. („zit.: Demogue, Traité des obligations, t. V, *n°*.“).

*Demolombe, Charles*

Cours de Code Napoléon – t. XXXI: Traité des contrats ou des obligations conventionnelles en général – Traité des engagements qui se forment sans convention, t. VII, Paris, 1882, („zit.: Demolombe, Traité des contrats ou des obligations conventionnelles en général, t. VIII, *n°*.“).

*Deutsch, Erwin*

Schmerzensgeld für Vertragsverletzungen und bei Gefährdungshaftung, ZRP 2001, 351, („zit.: Deutsch, ZRP 2001, *Seite*.“).

*Deutsch, Erwin / von Bar, Christian*

Schutzbereich und wesentliche Bedingung im Versicherungs- und Haftungsrecht, MDR 1979, 536, („zit.: Deutsch/von Bar, MDR 1979, *Seite*.“).

*Diedrich, Frank*
Schließt § 253 BGB den Ersatz immaterieller Personenschäden auch bei pVV und cic aus?, MDR 1994, 525, („zit.: Diedrich, MDR 1994, *Seite*.“).
*Dietz, Rolf*
Anspruchskonkurrenz bei Vertragsverletzung und Delikt (Habil.), Bonn, 1934, („zit.: Dietz, Anspruchskonkurrenz bei Vertragsverletzung und Delikt, *Seite*.“).
*Dölle, Hans*
Aussergesetzliche Schuldpflichten, Zeitschrift für die gesamte Staatswissenschaft 103 (1943), 67, („zit.: Dölle, Zeitschrift für die ges.Staatswissenschaft 103 (1942), *Seite*.“).
*Durand, Paul*
La contrainte légale dans la formation du rapport contractuel, RTD civ. 1944, 73, („zit.:Durand, RTD civ. 1944, *Seite, n°*.“).
*Durry, Georges*
Les obligations de sécurité portant sur la personne du contractant, RTD civ. 1977, 323, („zit.: Durry, RTD civ. 1977, *Seite*.”).
La nature contractuelle ou délictuelle de la responsabilité de l'entrepreneur dont les préposés endommagent des biens appartenant au maître de l'ouvrage, RTD civ. 1979, 610, („zit.: Durry, RTD civ. 1979, *Seite*.”).
La nature de la responsabilité d'un auxiliaire médical en cas de chute d'un de ses clients, RTD civ. 1982, 144, („zit.: Durry, RTD civ. 1982, *Seite*.”).
*Eckebrecht, Marc*
Vertrag mit Schutzwirkung für Dritte – Die Auswirkungen der Schuldrechtsreform, MDR 2002, 425, („zit.: Eckebrecht, MDR 2002, *Seite*.“).
*Eidenmüller, Horst*
Privatautonomie, Verteilungsgerechtigkeit und das Recht des Vertragsschlusses im DCFR, in Der akademische Entwurf für einen Gemeinsamen Referenzrahmen, hrsg. von Reiner Schulze / Christian von Bar / Hans Schulte Nölke, Tübingen, 2008, („zit.: Eidenmüller, in Der akademische Entwurf für einen Gemeinsamen Referenzrahmen, *Seite*.“).
*Eidenmüller, Horst / Faust, Florian / Grigoleit, Hans Christoph / Jansen, Nils / Wagner, Gerhard / Zimmermann, Reinhard*
Der Gemeinsame Referenzrahmen für das Europäische Privatrecht - Wertungsfragen und Kodifikationsprobleme -, JZ 2008, 529, („zit.: Eidenmüller/ Faust/ Grigoleit/ Jansen/ Wagner/ Zimmermann, JZ 2008, *Seite*.“).
*Emmerich, Volker*
Das Recht der Leistungsstörungen, 4., völlig neu bearbeitete Auflage, München, 1997, („zit.: Emmerich, Recht der Leistungsstörungen (4. Aufl., 1997), *Kapitel*.“).
Das Recht der Leistungsstörungen, 6., neu bearbeitete Auflage, München, 2005, („zit.: Emmerich, Recht der Leistungsstörungen, *Kapitel*.“).
*Engelhard, Hans A.*
Zu den Aufgaben einer Kommission für die Überarbeitung des Schuldrechts, NJW 1984, 1201, („zit.: Engelhard, NJW 1984, *Seite*.“).
*Enneccerus, Ludwig (Begr.) / Lehmann, Heinrich (Bearb.)*
Lehrbuch des Bürgerlichen Rechts, Band II – Recht der Schuldverhältnisse, 15., neubearbeitete Auflage, Tübingen, 1958, („zit.: Enneccerus/Lehmann, Schuldrecht, *Kapitel*.“).
*Erman, Walter (Begr.) / Grunewald, Barbara (Bearb.)*
Bürgerliches Gesetzbuch – Kommentar, Band I, 10., neubearbeitete Auflage, Köln, 2000, („zit.: Erman/*Bearbeiter* (10.Aufl., 2000), *§*, *Rn*.“).
*Erman, Walter (Begr.) / Battes, Robert / Belling, Detlev W. / Grunewald, Barbara / Hohloch, Gerhard / Herrmann, Elke / Westermann, Harm Peter / von Westphalen, Friedrich Graf (Bearb.)*
Bürgerliches Gesetzbuch – Kommentar, Band I, 13., neubearbeitete Auflage, Köln, 2011, („zit.: Erman/*Bearbeiter*, *§*, *Rn*.“).

*Erman, Walter (Begr.) / Schiemann, Gottfried (Bearb.)*
Bürgerliches Gesetzbuch – Kommentar, Band II, 13., neubearbeitete Auflage, Köln, 2011, („zit.: Erman/*Bearbeiter, §, Rn.*").
*Esmein, Paul*
Responsabilité civile, Rev. crit. 1931, 129, („zit.: Esmein, Rev. crit. 1931, *Seite.*").
Le fondement de la responsabilité contractuelle rapprochée de la responsabilité délictuelle, RTD civ. 1933, 627, („zit.: Esmein, RTD civ. 1933, *Seite.*").
La chute dans l'escalier, JCP 1956, I, 1321, („zit.: Esmein, JCP 1956, I, 1321, *n°.*").
Transporteurs, veillez sur nous, D. 1962, chron, 1, („zit.: Esmein, D. 1962, chron., *Seite.*").
Méditation sur les conventions d'irresponsabilité au cas de dommage causé à la personne, in Mélanges R. Savatier (1965), 271, Paris, 1965, („zit.: Esmein, in Mélanges R. Savatier (1965), *Seite*").
*Esser, Josef*
Grundlagen und Entwicklung der Gefährdungshaftung, 2., unveränderte Auflage, München, 1969, („zit.: Esser, Gefährdungshaftung, *Seite.*").
*Esser, Josef (Begr.) / Schmidt, Eike*
Schuldrecht, Band I: Allgemeiner Teil, Teilband 1, 8., völlig neubearbeitete Auflage, Heidelberg, 1995, („zit.: Esser/Schmidt, Schuldrecht I/1, *Kapitel.*").
Schuldrecht, Band I: Allgemeiner Teil, Teilband 2, 8., völlig neubearbeitete Auflage, Heidelberg, 2000, („zit.: Esser/Schmidt, Schuldrecht I/2, *Kapitel.*").
*Evans-von Krbek, Franziska-Sophie*
Nichterfüllungsregeln auch bei weiteren Verhaltens- oder Sorgfaltspflichtverletzungen?, AcP 179 (1979), 85, („zit.: Evans-von Krbek, AcP 179 (1979), *Seite.*").
*Ferid, Murad*
Das Französische Zivilrecht, Band I, Allgemeine Lehren – Recht der Schuldverhältnisse, Frankfurt a.M. (u.a.), 1971, („zit.: Ferid, Das Frz. Zivilrecht I (1971), *Rn.*").
*Ferid, Murad (Begr.) / Sonnenberger, Hans Jürgen*
Das Französische Zivilrecht, Band II, Schuldrecht: Die einzelnen Schuldverhätnisse / Sachenrecht, 2. Auflage, Heidelberg, 1986, („zit.: Ferid/Sonnenberger, Das Frz. Zivilrecht II, *Rn.*").
*Fikentscher, Wolfgang / Heinemann, Klaus*
Schuldrecht, 10., völlig neu bearbeitete Auflage, Berlin, 2006, („zit.: Fikentscher/Heinemann, Schuldrecht, *Rn.*").
*Fischer, Hans Albrecht*
Ein Beitrag zur Unmöglichkeitslehre, Sonder-Abdruck aus FS Amsberg (1904), Rostock, 1904, („zit.: Fischer, Beitrag zur Unmöglichkeitslehre, *Seite.*").
*Fischer, Thomas*
Strafgesetzbuch und Nebengesetze, Kommentar, 59. Auflage, München, 2012, („zit.: Fischer, StGB Komm., *§, Rn.*").
*Fliegner, Thomas*
Der Leistungsbegriff des neuen Schuld- und AGB-Rechts (Diss.), Baden-Baden, 2006, („zit.: Fliegner, Leistungsbegriff, *Rn.*").
*Flour, Jacques / Aubert, Jean-Luc*
Les obligations, Tome I – L'acte juridique, 5ème édition, Paris, 1991, („zit.: Flour, Les obligations, t. I, *n°.*").
*Flume, Werner*
Allgemeiner Teil des Bürgerlichen Rechts, Band 2: Das Rechtsgeschäft, 3. Auflage, Berlin (u.a.), 1979, („zit.: Flume, AT des Bürgerlichen Rechts, *Kapitel.*").
*Förtsch, Richard*
Der code penal in Elsaß-Lothringen nach Einführung des deutschen Strafgesetzbuches, Straßburg, 1874, („zit.: Förtsch, Der code penal in Elsaß-Lothringen nach Einführung des deutschen Strafgesetzbuches, 1874, *Seite.*").

Vergleichende Darstellung des Code civil und des Bürgerlichen Gesetzbuches für das Deutsche Reich, Berlin, 1897, („zit.: Förtsch, Vergleichende Darstellung des Code civil und des Bürgerlichen Gesetzbuches für das Deutsche Reich, 1897, *Seite*.").
Der code civil nach dem 1. Januar 1900, DJZ 5 (1900), 21, („zit.: Förtsch, DJZ 5(1900), *Seite*.").

*Frossard, Joseph*
La distinction des obligations de moyens et des obligations de résultat, Paris, 1965, („zit.: Frossard, La distinction des obligations de moyens et des obligations de résultat, *n°*.").

*Frost, Marina*
„Vorvertragliche" und „vertragliche" Schutzpflichten, Berlin, 1981, („zit.: Frost, „Vorvertragliche" und „vertragliche" Schutzpflichten, *Seite*.").

*Fuchs, Ernst*
Ein Streifzug durch das Schuldrecht des Kommentars von Reichsgerichtsräten, JW 1929, 553, („zit.: Ernst Fuchs, JW 1929, *Seite*.").

*Fuchs, Maximilian*
Deliktsrecht, 7., aktualisierte und überarbeitete Auflage, Berlin (u.a.), 2009, („zit.: Maximilian Fuchs, Deliktsrecht, *K*.").

*Fuzier-Herman, Édouard / Carpentier, Adrien / Frèrejouan du Saint, Georges-Marie-René (Hrsg.)*
Répertoire général alphabétique du droit français, Tome XXXV, Paris, 1905, v. Transports, („zit.: Fuzier-Herman/Carpentier/Frèrejouan du Saint, Répertoire général, t. XXXV, v. Transports, *n°*.").

*Georgiades, Apostolos*
Die Anspruchskonkurrenz im Zivilrecht und Zivilprozeßrecht, (Habil.), München, 1967, („zit.: Georgiades, Die Anspruchskonkurrenz, *Seite*.").

*Gérard, Marc*
Le louage de services et la responsabilité des patrons, Rev. crit. 1888, 426, („zit.: Gérard, Rev. crit. 1888, *Seite*.").

*Gerhardt, Walter*
Der Haftungsmaßstab im gesetzlichen Schutzverhältnis, (Positive Vertragsverletzung, culpa in contrahendo), JuS 1970, 597, („zit.: Gerhardt, JuS 1970, *Seite*.").
Die Haftungsfreizeichnung innerhalb des gesetzlichen Schutzverhältnisses, JZ 1970, 535, („zit.: Gerhardt, JZ 1970, *Seite*.").

*Gernhuber, Joachim*
Drittwirkungen im Schuldverhältnis kraft Leistungsnähe, in FS Nikisch (1958), Tübingen, 1958, („zit.: Gernhuber, in FS Nikisch (1958), *Seite*.").
Gläubiger, Schuldner und Dritte, JZ 1962, 553, („zit.: Gernhuber, JZ 1962, *Seite*.").
Das Schuldverhältnis, - Begründung und Änderung, Pflichten und Strukturen, Drittwirkungen, in Handbuch des Schuldrechts, hrsg. von Joachim Gernhuber, Band 8, Tübingen, 1989, („zit.: Gernhuber, Das Schuldverhältnis, *Kapitel*.").

*Ghestin, Jacques (Begr.) / Jourdain, Patrice / Viney, Geneviève*
Traité de droit civil – Les conditions de la responsabilité, 3ème édition, Paris, 2006, („zit.: Ghestin/Viney/Jourdain, Les conditions de la responsabilité, *n°*.").
Traité de droit civil – Les effets de la responsabilité, 2ème édition, Paris, 2001, („zit.: Ghestin/Viney/Jourdain, Les effets de la responsabilité, *n°*.").

*Ghestin, Jacques (Begr.) / Huet, Jérôme*
Traité de droit civil – Les principaux contrats spéciaux, 2ème édition, Paris, 2001, („zit.: Ghestin/Huet, Les principaux contrats spéciaux, *n°*.").

*Glasson, Ernest-Désiré*
Le Code civil et la question ouvrière, Extrait du compte rendu de l'Académie des sciences morales et politiques, Paris, 1886, („zit.: Glasson, Le Code civil et la question ouvrière, *Seite*.").

*Glöckner, Hans Peter*

Positive Vertragsverletzung – Die Geburt eines Rechtsinstituts, Frankfurt a.M., 2006, („zit.: Glöckner, Positive Vertragsverletzung, *Seite.*").

*Goldmann, Eduard / Lilienthal, Leo*

Das Bürgerliche Gesetzbuch systematisch dargestellt, 1. Band: Allgemeiner Theil und Recht der Schuldverhältnisse, 2. Auflage, Berlin, 1903, („zit.: Goldmann/Lilienthal, Das BGB syst. dargestellt, I, *Seite.*").

*Goldschmidt, Simone*

L'obligation de sécurité (Thèse), Besançon, 1947, („zit.: Goldschmidt, L'obligation de sécurité, *Seite.*").

*Grigoleit, Hans Christoph*

Leistungspflichten und Schutzpflichten, in FS Canaris (2007), Band 1, München, 2007 („zit.: Grigoleit, in FS Canaris (2007), *Seite.*").

*Gröschler, Peter*

Die notwendige Unterscheidung von Leistungspflichten und Nebenpflichten nach neuem Schuldrecht, in FS Konzen (2006), 109, („zit.: Gröschler, in FS Konzen (2006), *Seite.*").

*Groutel, Hubert*

Vers un „chambardement" de l'obligation de sécurité dans les contrats ?, RCA 1989, chron., n° 16, („zit.: Groutel, RCA 1989, chron., n° 16, *Seite.*").

*Halpérin, Jean-Louis*

La naissance de l'obligation de sécurité, GP 1997 (hors série), 1176, („zit.: Halpérin, GP 1997 (hors série), *Seite.*").

*Hassler, Théo*

Le point sur l'obligation de sécurité, Petites Affiches du 12 févr. 1997 (n° 19), („zit.: Hassler, Petites Affiches n° 19, jrspr., *Seite.*").

*Heinemann, Klaus*

Die Beweislastverteilung bei positiven Forderungsverletzungen, - Eine rechtsvergleichende Untersuchung unter Berücksichtigung des französischen Rechts -, Köln (u.a.), 1988, („zit.: Heinemann, Beweislastverteilung bei positiven Forderungsverletzungen, *Seite.*").

*Henckel, Wolfram*

Vorbeugender Rechtsschutz im Zivilrecht, AcP 174 (1974), 97, („zit.: Henckel, AcP 174 (1974), *Seite.*").

*Herholz, Felix*

Das Schuldverhältnis als konstante Rahmenbeziehung (Ein Rechtsgrund für negative Interesseansprüche trotz Rücktritt und Wandlung), AcP 130 (1929), 257, („zit.: Herholz, AcP 130 (1929), *Seite.*").

*Hils, Wolfgang*

Die Unterscheidung zwischen der obligation de résultat und der obligation de moyens und ihre Auswirkungen auf die Verteilung der Beweislast hinsichtlich der faute bei vertraglichen Schadensersatzansprüchen wegen exécution défectueuse im französischen Recht, (Diss.), Stuttgart, 1969, („zit.: Hils, Unterscheidung zwischen obligation de résultat und obligation de moyens, *Seite.*").

*Himmelschein, Jury*

Erfüllungszwang und Lehre von den positiven Vertragsverletzungen, AcP 135 (1932), 255, („zit.: Himmelschein, AcP 135 (1932), *Seite.*")

Zur Frage der Haftung für fehlerhafte Leistung, AcP 158 (1959/1960), 273, („zit.: Himmelschein, AcP 158 (1959/1960), *Seite.*").

*Hohloch, Gerhard*

Vorvertragliche Haftung nach culpa-in-contrahendo-Grundsätzen auch zugunsten Dritter? – BGHZ 66, 51, JuS 1977, 302, („zit.: Hohloch, JuS 1977, *Seite.*").

Allgemeines Schadensrecht – Empfiehlt sich eine Neufassung der gesetzlichen Regelung des Schadensrechts (§§ 249 - 255 BGB) ?, in Gutachten und Vorschläge zur Überarbeitung des Schuldrechts, hrsg. vom Bundesminister der Justiz, Band I, Köln, 1981, („zit.: Hohloch, in Gutachten I, *Seite*.").

*Huber, Christian*

Das neue Schadensersatzrecht, in Das neue Schuldrecht in der anwaltlichen Praxis, hrsg. von Barbara Dauner-Lieb, Thomas Heidel, Manfred Lepa und Gerhard Ring, Bonn, 2002, („zit.: Christian Huber, in Das neue SchuldR in der anwaltl. Praxis, *Kapitel*, *Rn*.").

*Huber, Peter / Faust, Florian*

Schuldrechtsmodernisierung, Einführung in das neue Recht, München, 2002, („zit.: Peter Huber, in Huber/Faust, Schuldrechtsmodernisierung, *Kapitel*, *Rn*.").

*Huber, Ulrich*

Zur Haftung des Verkäufers wegen positiver Vertragsverletzung, AcP 177 (1977), 281, („zit.: Ulrich Huber, AcP 177 (1977), *Seite*.").

Zur Dogmatik der Vertragsverletzungen nach einheitlichem Kaufrecht und deutschem Schuldrecht, in FS von Caemmerer (1978), 837, („zit.: Ulrich Huber, in FS von Caemmerer (1978), *Seite*.").

Leistungsstörungen – Empfielt sich die Einführung eines Leistungsstörungsrechts nach dem Vorbild des Einheitlichen Kaufgesetzes ? Welche Änderungen im Gesetzestext und welche praktischen Auswirkungen im Schuldrecht würden sich dabei ergeben ? in Gutachten und Vorschläge zur Überarbeitung des Schuldrechts, hrsg. vom Bundesminister der Justiz, Band I, Köln, 1981, („zit.: Ulrich Huber, in Gutachten I, *Seite*.").

Leistungsstörungen, Die allgemeinen Grundlagen – Der Tatbestand des Schuldnerverzuges – Die vom Schuldner zu vertretenden Umstände, in Handbuch des Schuldrechts, hrsg. von Joachim Gernhuber, Band 9/1, Tübingen, 1999, („zit.: Ulrich Huber, Leistungsstörungen, I, *Kapitel*.").

Die Pflichtverletzung als Grundtatbestand der Leistungsstörung im Diskussionsentwurf eines Schuldrechtsmodernisierungsgesetzes, ZIP 2000, 2273, („zit.: Ulrich Huber, ZIP 2000, *Seite*.").

Das geplante Recht der Leistungsstörungen, in Zivilrechtswissenschaft und Schuldrechtsreform,, hrsg. von Wolfgang Ernst u. Reinhard Zimmermann, Tübingen, 2001, („zit.: Ulrich Huber, in Zivilrechtswissenschaft und Schuldrechtsreform, *Seite*.").

*Hübner, Ulrich*

Die Haftung des Gardien für durch Sachen angerichteten Schaden im französischen Zivilrecht (Diss.), Karlsruhe, 1972, ("zit.: Hübner, Die Haftung des Gardien, *Seite*.").

Zur Problematik der „Verkehrssicherungspflichten" im französischen Recht, VersR 1980, 795, („zit.: Hübner, VersR 1980, *Seite*.").

Beweislastverteilung bei der Verletzung von Vertragspflichten im französischen und deutschen Recht, in FS Baumgärtel (1990), 151, („zit.: Hübner, in FS Baumgärtel (1990), *Seite*.").

*Hübner, Ulrich / Constantinesco, Vlad*

Einführung in das französische Recht, 4., völlig neu bearbeitete Auflage, München, 2001, („zit.: Hübner/Constantinesco, Einführung in das frz. Recht, *Seite*.").

*Huet, Jérôme*

Responsabilité contractuelle et délictuelle: Essai de délimitation entre les deux ordres de responsabilité (Thèse), Paris, 1978, („zit.: Huet, Responsabilité contractuelle et délictuelle, *n°*.").

*Jakobs, Horst Heinrich*

Unmöglichkeit und Nichterfüllung, Bonn, 1969, („zit.: Jakobs, Unmöglichkeit und Nichterfüllung, *Seite*.").

*Jauernig, Othmar (Hrsg.) / Mansel, Heinz-Peter (Bearb.)*

Bürgerliches Gesetzbuch, Kommentar, 14., neubearbeitete Auflage, München, 2011, („zit.: Jauernig/Mansel, *§*, *Rn*.").

*Jescheck, Hans-Heinrich / Weigend, Thomas*
Lehrbuch des Strafrechts, - Allgemeiner Teil -, 5., vollständig neubearbeitete und erweiterte Auflage, Berlin, 1996, („zit.: Jescheck/Weigend, Lehrbuch des Strafrechts, AT, *Kapitel.*").
*Josserand, Louis*
De la responsabilité des choses inanimées, Paris, 1897, („zit.: Josserand, De la responsabilité des choses inanimées, *Seite.*".).
La personne humaine dans le commerce juridique, D. 1932, chron., 1, („zit.: Josserand, D. 1932, chron., *Seite.*").
Le contrat dirigé, D. 1933, chron., 89, („zit.: Josserand, D. 1933, chron., *Seite.*").
L'essor moderne du concept contractuel, in Recueil d'études sur les sources de droit en l'honneur de François Gény, Tome II – Les sources générales des systèmes juridiques actuels, Paris, 1934, („zit.: Josserand, in Recueil Gény, t. II, *Seite.*").
Cours de droit civil positif français, Tome II, 3ème édition, Paris, 1939, („zit.: Josserand, Cours de droit civil, t. II, *n°.*").
*Jourdain, Patrice*
Le contrat d'entreprise et la responsabilité contractuelle entre les parties contractantes, RTD civ. 1992, IV, 766, („zit.: Jourdain, RTD civ. 1992, IV, *Seite.*").
L'obligation de sécurité (A propos de quelques arrêts récents), GP 1993, II, doctr., 1171, („zit.: Jourdain, GP 1993, II, doctr., *Seite.*").
Les actions des acquéreurs insatisfaits ou victimes de dommages, GP 1994, II, doctr., 829, („zit.: Jourdain, GP 1994, II, doctr., *Seite.*").
Le fondement de l'obligation de sécurité, GP 1997 (hors série), 1196, („zit.: Jourdain, GP 1997 (hors série), *Seite.*").
Obligation de sécurité : la valse hésitation de la Cour de Cassation, RTD civ. 1998, 116, („zit.: Jourdain, RTD civ. 1998, *Seite.*").
*Kaser, Max (Begr.) / Knütel, Rolf*
Römisches Privatrecht, 19., überarbeitete und erweiterte Auflage, München, 2008, („zit.: Kaser/Knütel, Römisches Privatrecht, *Kapitel*, *Rn.*").
*Katzenstein, Matthias*
Die Bedeutung der vertraglichen Bindung für die culpa-Haftung des Vertragsschuldners auf Schadensersatz, Teil 1: Die Irrelevanz des Vertrags und der Differenzierung nach dem Zeitpunkt der Schädigung für den Schadensersatz wegen Verletzung allgemeiner Erhaltunsginteressen, Jura 2004, 800, („zit.: Katzenstein, Jura 2004, *Seite.*").
*Kegel, Gerhard*
Vertrag und Delikt, Köln (u.a.), 2002, („zit.: Kegel, Vertrag und Delikt, *Seite.*").
Vermögensbestand - Vermögensherrschaft – Vermögensschutz (hrsg. von Klaus Luig und Heinz-Peter Mansel), Paderborn (u.a.), 2008, („zit.: Kegel, Vermögensbestand - Vermögensherrschaft - Vermögensschutz, *Seite.*").
*Kleineidam, Feodor*
Unmöglichkeit und Unvermögen nach dem bürgerlichen Gesetzbuch für das Deutsche Reich, Jena, 1900, („zit.: Kleineidam, Unmöglichkeit und Unvermögen, *Seite.*").
*Knetsch, Alfred*
Das Verhältnis von Vertrags- und Deliktsrecht – Eine Darstellung der französischen Doktrin zum Prinzip des „non-cumul" mit einem kritischen Ausblick auf das deutsche Recht, Köln, 1975, („zit.: Knetsch, Verhältnis von Vertrags- und Deliktsrecht, *Seite.*").
*Koenige, Heinrich*
Senatspräsident Dr. Förtsch (zum Ruhestand), Das Recht 1910, 439, („zit.: Koenige, Das Recht 1910, *Seite.*").
Reichsgerichtspräsident a.D. Dr. h.c. Förtsch (Nachruf), Das Recht 1917, 34, („zit.: Koenige, Das Recht 1917, *Seite.*").

*Köhler, Helmut*
Vertragliche Unterlassungspflichten, AcP 190 (1990), 496, („zit.: Köhler, AcP 190 (1990), *Seite.*“).
*Köpcke, Günther*
Typen der positiven Vertragsverletzung, Stuttgart (u.a.), 1965, („zit.: Köpcke, Typen der pVV, *Seite.*“).
*Koziol, Helmut*
Gedanken zum privatrechtlichen System des Rechtsgüterschutzes, in FS Canaris (2007), Band 1, München, 2007, („zit.: Koziol, in FS Canaris (2007), *Seite.*“).
Außervertragliche Schuldverhältnisse im CFR, in Der Gemeinsame Referenzrahmen, hrsg. von Martin Schmidt-Kessel, München, 2009, („zit.: Koziol, in Der Gemeinsame Referenzrahmen, *Seite.*“).
*Krebber, Sebastian*
Der nicht zufällige Kontakt ohne Vertragsnähe auf der Grenze zwischen vertraglicher und deliktischer Haftung, VersR 2004, 150, („zit.: Krebber, VersR 2004, *Seite.*“).
*Krebs, Peter*
Sonderverbindung und außerdeliktische Schutzpflichten, München, 2000, („zit.: Krebs, Sonderverbindung, *Seite.*“).
Die große Schuldrechtsreform, DB Beilage 14/2000, („zit.: Krebs, DB Beilage 14/2000, *Seite.*“).
Kodifizierung von Richterecht, in Das neue Schuldrecht in der anwaltlichen Praxis, hrsg. von Barbara Dauner-Lieb, Thomas Heidel, Manfred Lepa und Gerhard Ring, Bonn, 2002, („zit.: Krebs, in Das neue SchuldR in der anwaltl. Praxis, *Kapitel, Rn.*“).
*Kreß, Hugo*
Lehrbuch des allgemeinen Schuldrechts, München, 1929, („zit.: Kreß, Lehrbuch des allg. Schuldrechts, *Kapitel.*“).
*Kuhlmann, Kai*
Leistungspflichten und Schutzplichten (Diss.), Berlin, 2001, („zit.: Kuhlmann, Leistungspflichten und Schutzplichten, *Seite.*“).
*Laghzaoui, Ralf*
§ 253 BGB und der Nichtvermögensschaden bei Ansprüchen aus culpa in contrahendo und positiver Vertragsverletzung (Diss.), Aachen, 2000, („zit.: Laghzaoui, § 253 BGB und der Nichtvermögensschaden bei cic und pVV, *Seite.*“).
*Lalou, Henri (Begr.) / Azard, Pierre (Fortf.)*
Traité pratique de la responsabilité civile, 6$^{ème}$ édition, Paris, 1962, („zit.: Lalou/Azard, Responsabilité civile, *n°.*“).
*Lambert-Faivre, Yvonne*
Fondement et régime de l’obligation de sécurité, D. 1994, chron., 81, („zit.: Lambert-Faivre, D. 1994, chron., *Seite.*“).
*Larenz, Karl*
Die Methode der Auslegung des Rechtsgeschäfts, Zugleich ein Beitrag zur Theorie der Willenserklärung (Habil.), Leipzig, 1930, („zit.: Larenz, Die Methode der Auslegung des Rechtsgeschäfts, *Seite.*“).
Culpa in contrahendo, Verkehrssicherungspflicht und “sozialer Kontakt”, MDR 1954, 515, („zit.: Larenz, MDR 1954, *Seite.*“).
Entwicklungstendenzen der heutigen Zivilrechtsdogmatik, JZ 1962, 105, („zit.: Larenz, JZ 1962, *Seite.*“).
Zum Haftungsprivileg des § 708 BGB, in FS Westermann (1974), 299, („zit.: Larenz, in FS Westermann (1974), *Seite.*“).
Bemerkungen zur Haftung für „culpa in contrahendo“, in FS Ballerstedt (1975), 397, („zit.: Larenz, in FS Ballerstedt (1975), *Seite.*“).

Zur Beweislastverteilung nach Gefahrenbereichen, in FS Hauß (1978), 225, („zit.: Larenz, in FS Hauß (1978), *Seite*.“).
Lehrbuch des Schuldrechts, Band I – Allgemeiner Teil, 14., neubearbeitete Auflage, München, 1987, („zit.: Larenz, Schuldrecht I, *Kapitel*.“).
Lehrbuch des Schuldrechts, Band II – Besonderer Teil, 1. Teilband, 13., völlig neuverfaßte Auflage, München, 1986, („zit.: Larenz, Schuldrecht II/1, *Kapitel*.“).

*Larenz, Karl (Begr.) / Canaris, Claus-Wilhelm (Fortf.)*
Lehrbuch des Schuldrechts, Band II – Besonderer Teil, 2. Teilband, 13., völlig neuverfaßte Auflage, München, 1994, („zit.: Larenz/Canaris, Schuldrecht II/2, *Kapitel*.“).
Methodenlehre der Rechtswissenschaft, 3., neu bearbeitet Auflage, Berlin (u.a.), 1995, („zit.: Larenz/Canaris, Methodenlehre der Rechtswissenschaft, *Seite*.“).

*Larombière, Léobon*
Théorie et pratique des obligations (ou commentaire des Titres III et IV, Livre III du Code Civil), Tome VII – art. 1349 - 1386, Paris, 1885 (Nachdruck Bad Feilnbach, 1997), („zit.: Larombière, Théorie et pratique des obligations, t. VII, *art.*, *n°*.“).

*Larroumet, Christian*
Droit civil, Tome III - Les obligations, Le contrat, 2e partie – Effets, 6ème édition, Paris, 2007, („zit.: Larroumet, Droit civil, t. III-2, *n°*.“).

*Laurent, François*
Principes de droit civil, t. XX, 5ème édition, Bruxelles (u.a.), 1893, („zit.: Laurent, Principes de droit civil, t. XX, *n°*.“).

*Leroy, Michel*
Contribution à la notion de professionnel, les devoirs de répondre des risques créés et de maîtrise de professionnels (Thèse), Lille, 1995, („zit.: Leroy, Contribution à la notion de professionnel, *n°*.“).

*Le Tourneau, Philippe*
La verdeur de la faute ds la resp. civile (ou de la relativité de son déclin), RTD civ. 1988, 505, („zit.: Le Tourneau, RTD civ. 1988, *Seite*.“).

*Le Tourneau, Philippe (Hrsg.) / Krajeski, Didier / Stoffel-Munck, Philippe (Bearb.)*
Droit de la responsabilité et des contrats, 7ème édition, Paris, 2008, („zit.: Le Tourneau/Bearb., Droit de la responsabilité, *n°*.“).

*Le Tourneau, Philippe / Cadiet, Loïc*
Droit de la responsabilité et des contrats, 6ème édition, Paris, 2006, („zit.: Le Tourneau/Cadiet, Droit de la responsabilité (6ème éd., 2006), *n°*.“).

*Le Tourneau, Philippe / Leroy, Michel*
Juris Classeur Civil, Art. 1136 - 1145: fasc. 20, 2002, („zit.: Le Tourneau/Leroy, Jur. Cl. civ., art. 1136-1145: fasc. 20 (2002), *n°*.“).

*Le Tourneau, Philippe / Poumarède, Matthieu*
Juris Classeur Civil, Art. 1136 - 1145: fasc. 20, 2008, („zit.: Le Tourneau/Poumarède, Jur. Cl. civ., art. 1136-1145: fasc. 20, *n°*.“).

*Le Tourneau, Philippe / Leroy, Michel*
Juris Classeur Civil, Art. 1136 - 1145: fasc. 30, 2002, („zit.: Le Tourneau/Leroy, Jur. Cl. civ., art. 1136-1145: fasc. 30 (2002), *n°*.“).

*Le Tourneau, Philippe / Poumarède, Matthieu*
Juris Classeur Civil, Art. 1136 - 1145: fasc. 30, 2008, („zit.: Le Tourneau/Leroy, Jur. Cl. civ., art. 1136-1145: fasc. 30, *n°*.“).

*Looschelders, Dirk*
Schuldrecht, Allgemeiner Teil, 9., neu bearbeitete Auflage, München, 2011, („zit.: Looschelders, Schuldrecht AT, *Rn*.“).
Schuldrecht, Besonderer Teil, 6., neu bearbeitete Auflage, München, 2011, („zit.: Looschelders, Schuldrecht BT, *Rn*.“).

*Lorenz, Stephan*

Rücktritt, Minderung und Schadensersatz wegen Sachmängeln im neuen Kaufrecht: Was hat der Verkäufer zu vertreten ?, NJW 2002, 2497, („zit.: Stephan Lorenz, NJW 2002, *Seite*.“).

Schuldrechtsreform 2002 : Problemsschwerpunkte drei Jahre danach, NJW 2005, 1889, (zit.: Stephan Lorenz, NJW 2005, *Seite*.“).

Schuldrechtsmodernisierung – Erfahrungen seit dem 1. Januar 2002, in Karlsruher Forum 2005: Schuldrechtsmodernisierung – Erfahrungen seit dem 1. Januar 2002, Karlsruhe, 2006, („zit.: Stephan Lorenz, in Karlsruher Forum 2005, *Seite*.“).

*Lorenz, Stephan / Riehm, Thomas*

Lehrbuch zum neuen Schuldrecht, München, 2002, („zit.: Lorenz/Riehm, Lehrbuch zum neuen SchuldR, *Rn*.“).

*Lorenz, Werner*

Die Einbeziehung Dritter in vertragliche Schuldverhältnisse – Grenzen zwischen vertraglicher und deliktischer Haftung, JZ 1960, 108, („zit.: Werner Lorenz, JZ 1960, *Seite*.“).

*Madaus, Stephan*

Die Abgrenzung der leistungsbezogenen von den nicht leistungsbezogenen Nebenpflichten im neuen Schuldrecht, Jura 2004, 289, („zit.: Madaus, Jura 2004, *Seite*.“).

*Malaurie, Philippe / Aynès, Laurent (Begr.) / Stoffel-Munck, Philippe*

Droit civil – Les obligations, 3ème édition, Paris, 2007, („zit.: Malaurie/Aynès/Stoffel-Munck, Obligations, *n°*.“).

*Malaurie, Philippe / Aynès, Laurent (Begr.) / Gautier, Pierre-Yves*

Droit civil – Les contrats spéciaux, 3ème édition, Paris, 2007, („zit.: Malaurie/Aynès/Gautier, Contrats spéciaux, *n°*.“).

*Mankowski, Peter*

Die Anspruchsgrundlage für den Ersatz von „Mangelfolgeschäden“ (Integritätsschäden), JuS 2006, 481, („zit.: Mankowski, JuS 2006, *Seite*.“).

*Martine, Edmond Noël*

L'option entre la responsabilité contractuelle et la responsabilité délictuelle (Thèse), Paris, 1957, („zit.: Martine, L'option entre la responsabilité contractuelle et la responsabilité délictuelle, *Seite*.“).

*Marton, Géza*

Obligations de résultat et obligations de moyens, RTD civ. 1935, 499, („zit.: Marton, RTD civ. 1935, *Seite*.“).

*Marty, Gabriel / Raynaud, Pierre*

Droit civil – Les obligations, Tome I – Les sources, 2ème édition, Paris, 1988, („zit.: Marty/Raynaud, Les obligations, t. I, *n°*.“).

*Matter, Paul*

Conclusions de M. le procureur général Paul Matter zu CCass. civ., 20 mai 1936, D. 1936, I, 88 (95), („zit.: Matter, in Conclusions unter *arrêt Mercier*, CCass. civ., 20 mai 1936, D. 1936, I, *Seite*.“).

*Mattheus, Daniela*

Schuldrechtsmodernisierung 2001/2002 – Die Neuordnung des allgemeinen Leistungsstörungsrechts, JuS 2002, 209, („zit.: Mattheus, JuS 2002, *Seite*.“).

*Mayer, Hans-Jochem*

Die „obligations accessoires“ im französischen allgemeinen Vertragsrecht und ihr deutsches Pendant (Diss.), Tübingen, 1988, („zit.: Mayer, Die „obligations accessoires“, *Seite*.“).

*Mayer-Maly, Theo*

“Von solchen Handlungen, die den Kontrakten in ihrer Wirkung gleichkommen”, in FS Wilburg (1965), 129, („zit.: Mayer-Maly, in FS Wilburg (1965), *Seite*.“).

*Mayr, Vincent*

Schutzpflichten im deutschen und französischen Recht (Diss.), Frankfurt a.M., 2004, („zit.: Mayr, Schutzpflichten, *Seite*.“).

*Mazeaud, Denis*

Les clauses limitatives de réparation, in Les obligations en droit français et en droit belge - Convergences et divergences -, Brüssel (u.a.), 1994, („zit.: D. Mazeaud, in Obligations en dt. fr. et en dt. belge, *Seite*.").

Le régime de l'obligation de sécurité, GP 1997 (hors série), 1201, („zit.: D. Mazeaud, GP 1997 (hors série), *Seite*.").

*Mazeaud, Henri*

Responsabilité délictuelle et responsabilité contractuelle, RTD civ. 1929, 551, („zit.: H. Mazeaud, RTD civ. 1929, *Seite*.").

*Mazeaud, Henri / Mazeaud, Léon / Mazeaud, Jean / Chabas, François*

Leçons de droit civil – Obligations-théorie générale, Tome II/1, 7ème édition, Paris, 1985, („zit.: H., L., J. Mazeaud/Chabas, Droit civil, t. II/1 (7ème éd., 1985), *n°*.").

Leçons de droit civil – Obligations-théorie générale, Tome II/1, 8ème édition, Paris, 1991, („zit.: H., L., J. Mazeaud/Chabas, Droit civil, t. II/1, *n°*.").

*Mazeaud, Henri / Mazeaud, Léon / Mazeaud, Jean*

Leçons de droit civil – Principaux contrats, Tome III/2, 1ère partie: Vente et échange, 6ème édition, Paris, 1984, („zit.: H., L., J. Mazeaud, Droit civil, t. III/2/1, *n°*.").

*Mazeaud, Henri / Mazeaud, Léon*

Traité théorique et pratique de la responsabilité civile délictuelle et contractuelle, Tome I, 4ème édition, Paris, 1947, („zit.: H., L. Mazeaud, Responsabilité civile, t. I (4ème éd., 1947), n° 694.").

*Mazeaud, Henri / Mazeaud, Léon / Tunc, André*

Traité théorique et pratique de la responsabilité civile délictuelle et contractuelle, Tome I, 6ème édition, Paris, 1965, („zit.: H., L. Mazeaud/Tunc, Responsabilité civile, t. I, *n°*.").

*Mazeaud, Henri / Mazeaud, Léon / Mazeaud, Jean*

Traité théorique et pratique de la responsabilité civile délictuelle et contractuelle, Tome II, 6ème édition, Paris, 1970, („zit.: H., L., J. Mazeaud, Responsabilité civile, t. II, *n°*.").

*Mazeaud, Henri / Mazeaud, Léon / Mazeaud, Jean / Chabas, François*

Traité théorique et pratique de la responsabilité civile délictuelle et contractuelle, Tome III – 2ème volume, 6ème édition, Paris, 1983, („zit.: H., L., J. Mazeaud/Chabas, Responsabilité civile, t. III-2, *n°*.").

*Medicus, Dieter*

Probleme um das Schuldverhältnis, Vortrag gehalten vor der Juristischen Gesellschaft zu Berlin am 20. Mai 1987, Berlin (u.a.), 1987, („zit.: Medicus, Probleme um das Schuldverhältnis, *Seite*.").

Ansprüche auf Schadensersatz, JuS 1986, 665, („zit.: Medicus, JuS 1986, *Seite*.").

Das neue Schuldrecht, 3. Kapitel – Leistungsstörungsrecht, München, 2002, („zit.: Medicus, Das neue Schuldrecht, *Kapitel*, *Rn*.").

Bürgerliches Recht, Eine nach Anspruchsgrundlagen geordnete Darstellung zur Examensvorbereitung, 20., neubearbeitete Auflage, Köln (u.a.), 2004, („zit.: Medicus, Bürgerliches Recht (20. Aufl., 2004), *Rn*.").

Schuldrecht I, Allgemeiner Teil, 17., neu bearbeitete Auflage, München, 2006, („zit.: Medicus, Schuldrecht I, AT (17. Aufl., 2006), *Rn*.").

Schuldrecht I, Allgemeiner Teil, 19., neu bearbeitete Auflage, München, 2010, („zit.: Medicus, Schuldrecht I, AT, *Rn*.").

*Medicus, Dieter / Petersen, Jens*

Bürgerliches Recht, Eine nach Anspruchgrundlagen geordnete Darstellung zur Examensvorbereitung, 23., neu bearbeitete Auflage, München, 2011, („zit.: Medicus/Petersen, Bürgerliches Recht, *Rn*.").

*Meißner, Hellmut*

Die Beweislast bei positiver Forderungsverletzung (Diss.), Bochum, 1938, („zit.: Meißner, Beweislast bei positiver Forderungsverletzung, *Seite*.").

*Meller, Eberhard*
Obligation de sécurité (Diss.), Berlin, 1974, („zit.: Meller, Obligation de Sécurité, *Seite*.").
*Mertens, Hans-Joachim*
Verkehrspflichten und Deliktsrecht, VersR 1980, 397, („zit.: Mertens, VersR 1980, *Seite*.").
*Meurisse, R.*
Dommages et intérêts compensatoires, dommages et intérêts moratoires et mise en demeure, JCP 1947, I, 667, („zit.: Meurisse, JCP 1947, I, 667, *n°*.").
*Mommsen, Friedrich*
Die Unmöglichkeit der Leistung in ihrem Einfluss auf obligatorische Verhältnisse, Beiträge zum Obligationenrecht – Band I, Braunschweig, 1853, („zit.: Mommsen, Obligationenrecht I, *Seite*.").
Zur Lehre von dem Interesse, Beiträge zum Obligationenrecht – Band II, Braunschweig, 1855, („zit.: Mommsen, Obligationenrecht II, *Seite*.").
*Mommsen, Theodor / Krueger, Paul / Watson, Alan*
The Digest of Justinian, Volume IV, Philadelphia (Pennsylvania), 1985, („zit.: Mommsen/Krüger/Watson, Digesten *Buch*, *Titel*.").
*Motzer, Stefan*
Schutzpflichtverletzung und Leistungsunmöglichkeit, JZ 1983, 884, („zit.: Motzer, JZ 1983, *Seite*.").
*Müller, Eduard*
Le code civil en Allemagne, Son influence générale sur le droit du Pays – Son adaptation dans les Pays rhénans, in Le Code civil, 1804 - 1904, Livre du Centenaire, Tome II, 625, Paris, 1904, („zit.: Eduard Müller, in Livre du Centenaire, II, *Seite*.").
*Müller, Lothar*
Schutzpflichten im Bürgerlichen Recht, JuS 1998, 894, („zit.: Lothar Müller, JuS 1998, *Seite*.").
*Müller, Markus / Hempel, Rolf*
Nebenpflichten des Verkäufers unter besonderer Berücksichtigung der Verjährung, AcP 205 (2005), 246, („zit.: Markus Müller/Hempel AcP 205 (2005), *Seite*.").
*Münzel, Karl*
Zur Reform des Kraftfahrzeug-Haftungsrechts, NJW 1963, 1579, („zit.: Münzel, NJW 1963, *Seite*.").
*Musielak, Hans-Joachim*
Haftung für Rat, Auskunft und Gutachten (Habil.), Berlin (u.a.), 1974, („zit.: Musielak, Haftung für Rat, Auskunft und Gutachten, *Seite*.").
Die Haftung der Banken für falsche Kreditauskünfte, VersR 1977, 973, („zit.: Musielak, VersR 1977, *Seite*.").
Grundkurs BGB, 12., neu bearbeitete Auflage, München, 2011, („zit.: Musielak, Grundkurs BGB, *Rn*.").
*Nast*
La cause en matière de responsabilité du fait des choses, JCP 1941, I, 221, („zit.: Nast, JCP 1941, I, 221, *n°*.").
*Neumann, Irmgard*
Leistungsbezogene Verhaltenspflichten (Diss.), Augsburg, 1988, („zit.: Neumann, Leistungsbezogene Verhaltenspflichten, *Seite*.").
*Oechsler, Jürgen*
Gerechtigkeit im modernen Austauschvertrag, - Die theoretischen Grundlagen der Vertragsgerechtigkeit und ihr praktischer Einfluß auf Auslegung, Ergänzung und Inhaltskontrolle des Vertrages - (Habil.), Tübingen, 1997, („zit.: Oechsler, Gerechtigkeit im modernen Austauschvertrag, *Seite*.").
Vertragliche Schuldverhältnisse, 2. Auflage, München, 2007, („zit.: Oechsler, Vertragliche Schuldverhältnisse, *Rn*.").

*Ogorek, Regina*
Untersuchungen zur Entwicklung der Gefährdungshaftung im 19. Jahrhundert, Köln, 1975, („zit.: Ogorek, Untersuchungen zur Entwicklung der Gefährdungshaftung im 19. Jahrhundert, *Seite*.").
*Palandt, Otto (Begr.) / Heinrichs, Helmut (Bearb.)*
Bürgerliches Gesetzbuch, Kommentar, 60., neubearbeitete Auflage, München, 2001, („zit.: Palandt/*Bearbeiter* (60. Aufl., 2001), *§*, *Rn*.").
*Palandt, Otto (Begr.) / Ellenberger, Jürgen / Grüneberg, Christian / Sprau, Hartwig / Weidenkaff, Walter (Bearb.)*
Bürgerliches Gesetzbuch, Kommentar, 71., neu bearbeitete Auflage, München, 2012, („zit.: Palandt/*Bearbeiter*, *§*, *Rn*.").
*Picker, Eduard*
Positive Forderungsverletzung und culpa in contrahendo – Zur Problematik der Haftungen „zwischen" Vertrag und Delikt, AcP 183 (1983), 369, („zit.: Picker, AcP 183 (1983), *Seite*.").
Vertragliche und deliktische Schadensersatzhaftung, JZ 1987, 1041, („zit.: Picker, JZ 1987, *Seite*.").
*Pierrard, Marie-Jeanne*
La mise demeure et les dommages-intérêts compensatoires, JCP 1945, I, 466, („zit.: Pierrard, JCP 1945, I, 466, *n°*.").
*Planck, Gottlieb / Strohal, E. (Hrsg.) / Siber, H. (Bearb.)*
Planck's Kommentar zum Bürgerliches Gesetzbuch nebst Einführungsgesetze, Band II.1 – Recht der Schuldverhältnisse (Allgemeiner Teil), §§ 241 - 432, 4., völlig neu bearbeitete Auflage, Berlin, 1914, („zit.: Planck/*Bearbeiter*, *§*, *Rn*.").
*Planiol, Marcel*
Pourquoi la charge de la preuve, en cas d'accident, doit retomber sur l'ouvrier, malgré la nature contractuelle de l'obligation du patron, Rev. crit. 1888, 279, („zit.: Planiol, Rev. crit. 1888, *Seite*.").
Ètudes sur la responsabilité civile, Rev. crit. 1905, 277, („zit.: Planiol, Rev. crit. 1905, *Seite*.").
*Prölss, Jürgen*
Die Beweislastverteilung nach Gefahrenbereichen, VersR 1964, 901, („zit.: Prölss, VersR 1964, *Seite*.").
Beweiserleichterungen im Schadensersatzprozeß, Karlsruhe, 1966, („zit.: Prölss, Beweiserleichterungen, *Seite*.").
*Raab, Thomas*
Die Bedeutung der Verkehrspflichten und ihre systematische Stellung im Deliktsrecht, JuS 2002, 1041, („zit.: Raab, JuS 2002, *Seite*.").
*Raape, Leo*
Die Beweislast bei positiver Vertragsverletzung, Zugleich ein Beitrag zur Überlassung von Sachen gefahrdrohender Beschaffenheit, AcP 147 (1941), 217, („zit.: Raape, AcP 147 (1941), *Seite*.").
*Radé, Christophe*
L' impossible divorce de la faute et de la responsabilité civile, D. 1998, chron., 301, („zit.: Radé, D. 1998, chron., *Seite*.").
Réflexions sur les fondements de la responsabilité civile – 2. Les voies de la réforme: la promotion du droit à la sûreté, D. 1999, chron., 323, („zit.: Radé, D. 1999, chron., *Seite*.").
Juris Classeur Civil, Art. 1146 - 1155 : fasc. 10, 1999, („zit.: Radé, Jur. Cl. civ., art. 1146 - 1155: fasc. 10, *n°*.").
*Ranieri, Filippo*
Rezension, "Sammlung sämtlicher Erkenntnisse des Reichsgerichts in Zivilsachen", bearb. von Werner Schubert, „Nachschlagewerk des Reichsgerichts", hrsg. von Werner Schubert und Hans Peter Glöckner, AcP 195 (1995), 579, („zit.: Ranieri, AcP 195 (1995), *Seite*.").

*Rebe, Bernd / Rebell, Andreas*

Vertragliche Schadensersatzansprüche bei der Lieferung einer mangelhaften Sache (1. Teil), - Das Fallmaterial und die Argumente in der Rechtsprechung -, JA 1978, 544, („zit.: Rebe/Rebell, JA 1978, *Seite*.").

*Reichsgerichtskommentar / Ballhaus, Werner (Bearb.)*

RGRK – Reichsgerichtskommentar, 2. Buch – Recht der Schuldverhältnisse, §§ 241 - 413, 12. Auflage, Berlin, 1976, („zit.: RGRK/*Bearbeiter*, *§*, *Rn*.").

*Reinicke, Dietrich / Tiedtke, Klaus*

Kaufrecht, 6., vollständig überarbeitete Auflage, Neuwied (u.a.), 1997, („zit.: Reinicke/Tiedtke, Kaufrecht (6. Aufl.), *Rn*.").

*Reischl, Klaus*

Grundfälle zum neuen Schuldrecht, JuS 2003, 40, („zit.: Reischl, JuS 2003, *Seite*.").

Schuldverhältnis des „geschäftlichen Kontakts" durch Gefälligkeitshandlungen, in FS Musielak (2004), 411, („zit.: Reischl, in FS Musielak (2004), *Seite*.").

*Remien, Oliver*

Zweck, Inhalt, Anwendungsbereich und Rechtswirkung des Gemeinsamen Referenzrahmens: Eine erste Analyse des Standpunktes der Justizminister vom 18.4.2008, GPR 2008, 124, („zit.: Remien, GPR 2008, *Seite*.").

*Renner, Thomas*

Der französische Grundsatz des „non-cumul" vertraglicher und deliktischer Schadensersatzansrüche als Vorbild für eine Reform des deutschen Schuldrechts (Diss.), Mainz, 1988, („zit.: Renner, Grundsatz des „non-cumul" als Vorbild für eine Reform des dt. Schuldrechts, *Seite*.").

*Riedel, Martina*

Der Ersatz von Nichtvermögensschäden im Vertragsrecht (Diss.), Bonn, 2003, („zit.: Riedel, Ersatz von Nichtvermögensschäden im Vertragsrecht, *Seite*.").

*Ripert, Georges*

De l'exercice du droit de propriété dans ses rapports avec les propriétés voisines (Thèse), Aix, 1902, („zit.: Ripert, De l'exercice du droit de propriété dans ses rapports avec les propriétés voisines, *Seite*.").

La règle morale dans les obligations civiles, 4ème édition, Paris, 1949, („zit.: Ripert, La règle morale dans les obligations, *n°*.").

*Ripert, Georges / Boulanger, Jean*

Traité de droit civil d'après le traité de Planiol, Tome II – Obligations, Droits réels, Paris, 1957, („zit.: Ripert/Boulanger, Traité de droit civil, t. II, *n°*.").

*Rodière, René*

Le régime légal de l'obligation de sécurité due par les transporteurs à leurs voyageurs, JCP 1952, I, 997, („zit.: Rodière, JCP 1952, I, 997, *n°*.").

Les accidents d'ascenseurs, D. 1956, chron., 13, („zit.: Rodière, D. 1956, chron., *Seite*.").

*Rodière, René / Mercadal, Barthélémy*

Droit des transports terrestres et aériens, 5ème édition, Paris, 1990, („zit.: Rodière/Mercadal, Droit des transports, *n°*.").

*Säcker, Franz Jürgen / Rixecker, Roland / Rebmann, Kurt (Hrsg.) / Emmerich, Volker (Bearb.)*

Münchener Kommentar zum Bürgerlichen Gesetzbuch, Band 2 – Schuldrecht Allgemeiner Teil, §§ 241 - 432, 4. Auflage (Vorauflage), München, 2001, („zit.: MüKo/*Bearbeiter* (4. Aufl.-Voraufl., 2001), *§*, *Rn*.").

*Säcker, Franz Jürgen / Rixecker, Roland (Hrsg.) / Emmerich, Volker / Ernst, Wolfgang / Gottwald, Peter / Kramer, Ernst / Roth, Günther H. (Bearb.)*

Münchener Kommentar zum Bürgerlichen Gesetzbuch, Band 2 – Schuldrecht Allgemeiner Teil, §§ 241 - 432, 5. Auflage, München, 2007, („zit.: MüKo/*Bearbeiter*, *§*, *Rn*.").

*Säcker, Franz Jürgen / Rixecker, Roland (Hrsg.) / Häublein, Martin / Koch, Jens (Bearb.)*

Münchener Kommentar zum Bürgerlichen Gesetzbuch, Band 3 – Schuldrecht Besonderer Teil I, §§ 433 - 610, 6. Auflage, München, 2012, („zit.: MüKo/*Bearbeiter*, *§*, *Rn*.").

*Säcker, Franz Jürgen / Rixecker, Roland / Rebmann, Kurt (Hrsg.) / Ulmer, Peter / Schäfer, Carsten (Bearb.)*
Münchener Kommentar zum Bürgerlichen Gesetzbuch, Band 5 – Schuldrecht - Besonderer Teil III, §§ 705 - 853, 5. Auflage, München, 2009, („zit.: MüKo/*Bearbeiter*, *§*, *Rn.*“).
*Sainctelette, Charles*
De la responsabilité et de la garantie – Accidents de transport et de travail, Bruxelles / Paris, 1884, („zit.: Sainctelette, De la responsabilité et de la garantie, *Seite.*“).
*Saleilles, Raymond*
Les accidents de travail et la responsabilité civile (Essai d'une théorie objective de la responsabilité délictuelle), Paris, 1897, („zit.: Saleilles, Les accidents de travail et la responsabilité civile, *Seite.*“).
Etude sur la théorie générale de l'obligation d'après le premier projet de Code civil pour l'empire allemand, 3ème èdition, Paris, 1914, („zit.: Saleilles, Théorie générale de l'obligation, *n°.*“).
*Savatier, Jean*
La profession libérale – Etude juridque et pratique (Thèse), Paris, 1947, („zit.: Jean Savatier, La profession libérale, *Seite.*“).
*Savatier, René*
Règles générales de la responsabilité civile, Rev. crit. 1934, 409, („zit.: René Savatier, Rev. crit. 1934, *Seite.*“).
Traité de la responsabilité civile en droit français, Tome I, 2ème édition, Paris, 1951, („zit.: René Savatier, Responsabilité civile, t. I, *n°.*“).
Traité de la responsabilité civile en droit français, Tome II, 2ème édition, Paris, 1951, („zit.: René Savatier, Responsabilité civile, t. II, *n°.*“).
Les métamorphoses économiques et sociales du droit civil d'aujourd'hui, 1ère série – Panorama des mutations, 3ème édition, Paris, 1964, („zit.: René Savatier, Les métamorphoses économiques et sociales du droit civil, t. I, *n°.*“).
*Savaux, Eric*
La fin de la responsabilité contractuelle ?, RTD civ. 1999, 1, („zit.: Savaux, RTD civ. 1999, *Seite.*“).
*Sauzet, Marc*
De la responsabilité des patrons vis-à-vis des ouvriers dans les accidents industriels, Revue critique de la législation et la jurisprudence 1883, 596 (Teil 1) und 677 (Teil 2), („zit.: Sauzet, Rev. crit. 1883, *Seite.*“).
*Schapp, Jan*
Empfiehlt sich die „Pflichtverletzung“ als Generaltatbestand des Leistungsstörungsrechts?, JZ 2001, 583, („zit.: Schapp, JZ 2001, *Seite.*“).
*Schlechtriem, Peter*
Vertragsordnung und außervertragliche Haftung (Habil.), Frankfurt, 1972, („zit.: Schlechtriem, Vertragsordnung und außervertragl. Haftung, *Seite.*“).
Abgrenzungsfragen bei der positiven Vertragsverletzung, VersR 1973, 581, („zit.: Schlechtriem, VersR 1973, *Seite.*“).
Vertragliche und außervertragliche Haftung – Empfiehlt es sich, das Verhältnis von vertraglicher und außervertraglicher Haftung durch den Gesetzgeber neu zu ordnen, die Bereiche beider Haftungsarten neu abzugrenzen und ihre Ausgestaltung aneinander anzugleichen ?, in Gutachten und Vorschläge zur Überarbeitung des Schuldrechts, hrsg. vom Bundesminister der Justiz, Band II, Köln, 1981, („zit.: Schlechtriem, in Gutachten II, *Seite.*“)
*Schlechtriem, Peter (Begr.) / Schmidt-Kessel, Martin (Fortf.)*
Schuldrecht, Allgemeiner Teil, 6. Auflage, Tübingen, 2005, („zit.: Schlechtriem/Schmidt-Kessel, Schuldrecht AT, *Rn.*“).
*Schlossmann, Siegmund*
Der Vertrag, Leipzig, 1876, („zit.: *Schlossmann* (Der Vertrag (1876), *§.*“).

*Schmidt, Eike*
Das Schuldverhältnis, Heidelberg, 2004, („zit.: Eike Schmidt, Schuldverhältnis, *Rn*.").

*Schmidt, Karsten*
Gesellschaftsrecht, 4., völlig neu bearb. u. erw. Auflage, Köln (u.a.), 2002, („zit.: Karsten Schmidt, Gesellschaftsrecht, *Kapitel*.")

*Schmidt-Räntsch, Jürgen*
Das neue Schuldrecht, Einführung – Texte – Materialien, Köln, 2002, („zit.: Schmidt-Räntsch, Das neue SchuldR, *Seite*.").

*Schöller, W.*
Die Folgen schuldhafter Nichterfüllung, insbesondere der Schadensersatz wegen Nichterfüllung, bei Kauf, Werkvertrag, Miethe und Dienstvertrag nach dem B.G.B., Beiträge zur Erläuterung des Deutschen Rechts, begründet von Dr. J.A. Gruchot 46 (1902), 1, („zit.: Schöller, Gruchot 46 (1902), *Seite*.")

*Schönke, Adolf (Begr.) / Schröder, Horst (Fortf.) / Cramer, Peter / Sternberg-Lieb, Detlev (Bearb.)*
Strafgesetzbuch Kommentar, 28., neu bearbeitete Auflage, München, 2010, („zit.: Schönke, Schröder/*Bearbeiter*, StGB Komm., *§*, *Rn*.").

*Schur, Wolfgang*
Leistung und Sorgfalt (Habil.), Tübingen, 2001, („zit.: Schur, Leistung und Sorgfalt, *Kapitel*.").

*Schwab, Dieter*
Das neue Schuldrecht im Überblick, JuS 2002, 1 und 872, („zit.: Schwab, JuS 2002, *Seite*.").

*Schwartz, Renate*
Die Zufügung seelischen Schmerzes im französischen Recht (Diss.), München, 1965, („zit.: Schwartz, Die Zufügung seelischen Schmerzes, *Seite*.").

*Sériaux, Alain*
Droit des obligations, 2ème édtion, Paris, 1998, („zit.: Sériaux, Droit des obligations, *n°*.").

*Siber, Heinrich*
Grundriß des Deutschen Bürgerlichen Rechts, Band 2 – Schuldrecht, Leipzig, 1931, („zit.: Siber, Schuldrecht, *Kapitel*.").

*Soergel, Hans Theodor (Begr.) / Teichmann, Arndt / Wiedemann, Herbert (Bearb.)*
Kommentar zum BGB, Band 2 – Schuldrecht I, §§ 241 - 432, 12. Auflage, Stuttgart, 1990, („zit.: Soergel/*Bearbeiter*, (12. Aufl., 1990), *§*, *Rn*.").

*Soergel, Hans Theodor (Begr.) / Huber, Ulrich (Bearb.)*
Kommentar zum BGB, Band 3 – Schuldrecht II, §§ 433 - 515, 12. Auflage, Stuttgart, 1991, („zit.: Soergel/*Bearbeiter*, (12. Aufl., 1991), *§*, *Rn*.").

*Soergel, Hans Theodor (Begr.) / Mühl, Otto / Teichmann, Arndt (Bearb.)*
Kommentar zum BGB, Band 4/1 – Schuldrecht III/1, §§ 516 - 651, 12. Auflage, Stuttgart, 1997, („zit.: Soergel/*Bearbeiter*, (12. Aufl., 1997), *§*, *Rn*.").

*Soergel, Hans Theodor (Begr.) / Heintzmann, Walther (Bearb.)*
Kommentar zum BGB, Band 8 – Schuldrecht VI, §§ 535 - 610, 13. Auflage, Stuttgart, 2007, („zit.: Soergel/*Bearbeiter*, *§*, *Rn*.").

*Soergel, Hans Theodor (Begr.) / Spickhoff, Andreas (Bearb.)*
Kommentar zum BGB, Band 12 – Schuldrecht X, §§ 823 - 853, 13. Auflage, Stuttgart, 2005, („zit.: Soergel/*Bearbeiter*, *§*, *Rn*.").

*Sonnenberger, Hans Jürgen / Autexier, Christian*
Einführung in das französische Recht, 3., neubearbeitete Auflage, Heidelberg, 2000, („zit.: Sonnenberger/Autexier, Einführung in das frz.Recht, *Rn*.").

*Sourd, Julia*
L'obligation de sécurité en droit privé (Thèse), Bordeaux, 2004, („zit.: Sourd, L'obligation de sécurité, *Seite*.").

*Starck, Boris*
Essai d'une théorie générale de la responsabilité civile considérée en sa double fonction de garantie et de peine privée (Thèse), Paris, 1947, („zit.: Starck, Essai d'une théorie générale de la responsabilité civile, *Seite*.").
*Starck, Boris / Roland, Henri / Boyer, Laurent*
Obligations, Tome 2 – Contrat, 6ème edition, Paris, 1998, („zit.: Starck/Roland/Boyer, Obligations, t. 2, *n°*.").
*Staub, Hermann*
Die positiven Vertragsverletzungen und ihre Rechtsfolgen, in FS für den 26. Deutschen Juristentag (1902), 29, Berlin, 1902, („zit.: Staub, in FS für den 26. Dt. Juristentag (1902), *Seite*.").
Die positiven Vertragsverletzungen, mit einem Nachwort von Eike Schmidt, Bad Homburg v.d.H. (u.a.), 1969, („zit.: Staub, Die positiven Vertragsverletzungen, *Seite*.").
*von Staudinger, Julius / Schäfer, Karl (Bearb.)*
Kommentar zum Bürgerlichen Gesetzbuch mit Einführungsgesetz und Nebengesetzen, Zweites Buch – Recht der Schuldverhältnisse, §§ 823 - 832, 12. Auflage, Berlin, 1986, („zit.: Staudinger/*Bearbeiter* (12. Aufl., 1986), *§*, *Rn*.").
*von Staudinger, Julius / Olzen, Dirk (Bearb.)*
Kommentar zum Bürgerlichen Gesetzbuch mit Einführungsgesetz und Nebengesetzen, Buch 2 – Recht der Schuldverhältnisse, Einl zu §§ 241; §§ 241 - 243, (Einleitung zum Schuldrecht, Treu und Glauben), Neubearbeitung, Berlin, 2009, („zit.: Staudinger/*Bearbeiter*, *§*, *Rn*.").
*von Staudinger, Julius / Löwisch, Manfred (Bearb.)*
Kommentar zum Bürgerlichen Gesetzbuch mit Einführungsgesetz und Nebengesetzen, Buch 2 – Recht der Schuldverhältnisse, §§ 255 - 314, Neubearbeitung, Berlin, 2001, („zit.: Staudinger/*Bearbeiter* (Neubearbeitung 2001), *§*, *Rn*.").
*von Staudinger, Julius / Otto, Hansjörg (Bearb.)*
Kommentar zum Bürgerlichen Gesetzbuch mit Einführungsgesetz und Nebengesetzen, Buch 2 – Recht der Schuldverhältnisse, §§ 315 - 327, Neubearbeitung, Berlin, 2001, („zit.: Staudinger/*Bearbeiter* (Neubearbeitung 2001), *§*, *Rn*.").
*von Staudinger, Julius / Jagmann, Rainer (Bearb.)*
Kommentar zum Bürgerlichen Gesetzbuch mit Einführungsgesetz und Nebengesetzen, Buch 2 – Recht der Schuldverhältnisse, §§ 328 - 345, Neubearbeitung, Berlin, 2009, („zit.: Staudinger/*Bearbeiter*, *§*, *Rn*.").
*von Staudinger, Julius / Wimmer-Leonhardt, Susanne (Bearb.)*
Kommentar zum Bürgerlichen Gesetzbuch mit Einführungsgesetz und Nebengesetzen, Buch 2 – Recht der Schuldverhältnisse, §§ 516 - 534, Neubearbeitung, Berlin, 2005, („zit.: Staudinger/*Bearbeiter*, *§*, *Rn*.").
*von Staudinger, Julius / Reuter, Dieter (Bearb.)*
Kommentar zum Bürgerlichen Gesetzbuch mit Einführungsgesetz und Nebengesetzen, Buch 2 – Recht der Schuldverhältnisse, §§ 581 - 606, Neubearbeitung, Berlin, 2005, („zit.: Staudinger/*Bearbeiter*, *§*, *Rn*.").
*Stobbe, Otto*
Handbuch des Deutschen Privatrechts, Band 3, 2. Auflage, Berlin, 1885, („zit.: Stobbe, Deutsches Privatrecht, Bd. 3, *Seite*.").
*Stoll, Hans*
Das Handeln auf eigene Gefahr, Berlin (u.a.), 1961, („zit.: Hans Stoll, Handeln auf eigene Gefahr, *Seite*.").
Empfielt sich eine Neuregelung der Verpflichtung zum Geldersatz für immateriellen Schaden ?, Gutachten für den 45. Deutschen Juristentag, in Verhandlungen des 45. Deutschen Juristentages – Band I (Gutachten), („zit.: Hans Stoll, in Gutachten 45. Dt. Juristentag, *Seite*.").
Die Beweislastverteilung bei positiven Vertragsverletzungen, in FS Hippel (1967), 517, („zit.: Hans Stoll, in FS von Hippel (1967), *Seite*.").

Tatbestände und Funktionen der Haftung für culpa in contrahendo, in FS von Caemmerer (1978), Tübingen, 1978, („zit.: Hans Stoll, in FS von Caemmerer (1978), *Seite*.“).

*Stoll, Heinrich*

Abschied von der Lehre von der positiven Vertragsverletzung, AcP 136 (1932), 257, („zit.: Heinrich Stoll, AcP 136 (1932), *Seite*.“).

Die Lehre von den Leistungsstörungen, Denkschrift des Ausschusses für Personen-, Vereins- und Schuldrecht, Tübingen, 1936, („zit.: Heinrich Stoll, Lehre von den Leistungsstörungen, *Seite*.“).

*Stürner, Rolf*

Der Anspruch auf Erfüllung von Treue- und Sorgfaltspflichten, JZ 1976, 384, („zit.: Stürner, JZ 1976, *Seite*.“).

*Sutschet, Holger*

Der Schutzanspruch zu Gunsten Dritter (Diss.), Berlin, 1999, („zit.: Sutschet, Schutzanspruch zu Gunsten Dritter, *Seite*.“).

Schutzansprüche und Schutzpflichten Dritter im Lichte des § 311 III BGB, in FS Ehmann (2005), 95, („zit.: Sutschet, in FS Ehmann (2005), *Seite*.“).

*Teichmann, Arndt*

Nebenverpflichtungen aus Treu und Glauben, JA 1984, 545, („zit.: Teichmann, JA 1984, *Seite*.“).

*Terré, François / Simler, Philippe / Lequette, Yves*

Droit civil – Les obligations, 8ème édition, Paris, 2002, („zit.: Terré/Simler/Lequette, Les obligations (8ème éd., 2002), *Seite*.“).

Droit civil – Les obligations, 10ème édition, Paris, 2009, („zit.: Terré/Simler/Lequette, Les obligations, *n°*.“).

*Thiele, Wolfgang*

Leistungsstörung und Schutzpflichtverletzung, Zur Einordnung der Schutzpflichtverletzungen in das Haftungssystem des Zivilrechts, JZ 1967, 649, („zit.: Thiele, JZ 1967, *Seite*.“).

*Titze, Heinrich*

Die Unmöglichkeit der Leistung nach deutschem bürgerlichem Recht, Leipzig, 1900, („zit.: Titze, Unmöglichkeit der Leistung nach dt. bürgerl. Recht, *Kapitel*.“).

*Tunc, André*

La distinction des obligations de résultat et des obligations de diligence, JCP 1945, I, 449, („zit.: Tunc, JCP 1945, I, 449, *n°*.“).

Force majeure et absence de faute en matière contractuelle, RTD civ. 1945, 235, („zit.: Tunc, RTD civ. 1945, 235 *n°*.“).

La responsabilité civile, 2ème édition, Paris, 1989, („zit.: Tunc, La responsabilité civile, *n°*.“).

*Unberath, Hannes*

Die Vertragsverletzung (Habil.), Tübingen, 2007, („zit.: Unberath, Die Vertragsverletzung, *Seite*.“).

*Vavasseur, Auguste-Angélique*

Essai sur la réforme judiciare, Paris, 1881, („zit.: Vavasseur, Essai sur la réforme judiciare, *Seite*.“).

*Viney, Geneviève*

Responsabilité civile, JCP 1992, I, 3625, („zit.: Viney, JCP 1992, I, 3625, *n°*.“).

Responsabilité civile, JCP 1994, I, 3773, („zit.: Viney, JCP 1994, I, 3773 *n°*.“).

Rapport de Synthèse, GP 1997 (hors série), 1212, („zit.: Viney, GP 1997 (hors série), *Seite*.“).

*Vouin, Robert*

La bonne foi: Notion et rôle actuels en droit privé français (Thèse), Paris, 1939, („zit.: Vouin, La bonne foi, *Seite*.“).

*Wagner, Gerhard*
Deliktsrecht, in Der akademische Entwurf für einen Gemeinsamen Referenzrahmen, hrsg. von Reiner Schulze/Christian von Bar/Hans Schulte-Nölke, Tübingen, 2008, („zit.: Wagner, in Der akademische Entwurf für einen Gemeinsamen Referenzrahmen, *Seite*.").

*Weimar, Wilhelm*
Der Arzt- und Krankenhausvertrag zu Gunsten Dritter, JR 1972, 181, („zit.: Weimar, JR 1972, *Seite*.").

*Weller, Marc-Philippe*
Die Vertragstreue, Vertragsbindung - Naturalerfüllungsgrundsatz – Leistungstreue (Habil.), Tübingen, 2009, („zit.: Weller, Die Vertragstreue, *Seite*.").

*Wieacker, Franz*
Leistungshandlung und Leistungserfolg im bürgerlichen Schuldrecht, in FS Nipperdey (1965), 783, („zit.: Wieacker, in FS Nipperdey (1965), *Seite*.").

*Wiegand, Wolfgang*
Die Verhaltenspflichten – Ein Beitrag zur juristischen Zeitgeschichte, in FS Gagnér (1991), 547, („zit.: Wiegand, in FS Gagnér (1991), *Seite*.").

*Windscheid, Bernhard*
Zur Lehre des Code Napoleon von der Ungültigkeit der Rechtsgeschäfte, Düsseldorf, 1847, („zit.: Windscheid, Lehre des C. Napoleon von der Ungültigkeit der Rechtsgeschäfte, *Seite*.").
Rezension „Beiträge zum Obligationenrecht - Erste Abtheilung, Die Unmöglichkeit der Leistung in ihrem Einfluß auf obligatorische Verhältnisse" (1853) von Friedrich Mommsen, Kritische Zeitschrift für die gesammte Rechtswissenschaft, Band II (1855), 106, („zit.: Windscheid, Kritische Zeitschrift, Bd. II (1855), *Seite*.").

*Windscheid, Berhard / Kipp, Theodor*
Lehrbuch des Pandektenrechts, Band I, 9. Auflage, Frankfurt, 1906, („zit.: Windscheid/Kipp, Lehrbuch der Pandekten, Bd. 1, *§*.").

*Zachariä von Lingenthal (Begr.) / Crome, Carl (Bearb.)*
Handbuch des französischen Civilrechts, Band I, 8., vermehrte und verbesserte Auflage, Freiburg, 1894, („zit.: Zachariä/Crome, Handbuch des französischen Zivilrechts, Bd. I, *Seite*.").

*Zimmer, Daniel*
Die Haftung des Verkäufers bei Versendung einer mangelhaft verpackten Sache, BB 1988, 2192, („zit.: Zimmer, BB 1988, *Seite*.").

## Materialien

*Amtsblatt der Europäischen Gemeinschaften*
Entschließung zu den Bemühungen um eine Angleichung des Privatrechts der Mitgliedsstaaten, - Mitteilungen und Bekanntmachungen -, 1989, Abteilung C, („zit.: Entschließung zu den Bemühungen um eine Angleichung des Privatrechts der Mitgliedsstaaten vom 26. Mai 1989, Abl. 1989 C 158/*Seite*.").
Entschließung zu den Bemühungen um eine Angleichung des Privatrechts der Mitgliedsstaaten, - Mitteilungen und Bekanntmachungen -, 1994, Abteilung C, („zit.: Entschließung zur Angleichung bestimmter Bereiche des Privatrechts der Mitgliedsstaaten vom 6. Mai 1994, Abl. 1994 C 205/*Seite*.").
*von Bar, Christian / Clive, Eric / Schulte-Nölke, Hans (Hrsg.)*
, Definitions and Model Rules of European Private Law, - Draft Common Frame of Reference (DCFR), Full Edition -, vorbereitet durch Study Group on a European Civil Code / Research Group on EC Private Law (Acquis Group), München, 2009, Volume I: Intr., Princ., Def.; I.-1:101 to III.-4:207, Volume IV: VI.-1:101 to VII.-7:103, („zit.: von Bar/Clive/Schulte-Nölke, Principles, Definitions and Model Rules of European Private Law, *Band, Seite*.").
*von Bar, Christian / Zimmermann, Reinhard*
Grundregeln des Europäischen Vertragsrechts, - Teile I und II -, Deutsche Ausgabe, hrsg. von der Kommission für Europäisches Vertragsrecht, München, 2002, („zit.: von Bar/Zimmermann, Grundregeln des Europäischen Vertragsrechts, *Seite*.").
*Bundesminister der Justiz (Hrsg.)*
Abschlußbericht der Kommission zur Überarbeitung des Schuldrechts, Köln, 1992, („zit.: BMJ, Abschlußbericht, *Seite*.").
*Bundesminister der Justiz*
Diskussionsentwurf eines Schuldrechtsmodernisierungsgesetzes, Stand 4. August 2000, („zit.: Diskussionsentwurf eines Schuldrechtsmodernisierungsgesetzes (2000), *Seite*.").
*Dauner-Lieb, Barbara / Arnold, Arnd / Dötsch, Wolfgang / Kitz, Volker*
Anmerkungen und Fragen zur konsolidierten Fassung des Diskussionsentwurfs eines Schuldrechtsmodernisierungsgesetzes, abrufbar unter
http://www.uni-koeln.de/jur-fak/lbrah/index_schuldrecht.htm.
*Deutscher Bundestag*
Entwurf eines Gesetzes zur Modernisierung des Schuldrechts vom 14. Mai 2001, Drucksache 14/6040, Berlin, 2001, („zit.: BT-Drucks. 14/6040, *Seite*.").
*Deutscher Bundestag*
Entwurf eines Zweiten Gesetzes zur Änderung schadensrechtlicher Vorschriften vom 7. Dezember 2001, Drucksache 14/7752, Berlin, 2001, („zit.: BT-Drucks. 14/7752, *Seite*.").
*Fauvarque-Cosson, Bénédicte / Mazeaud, Denis (Hrsg.)*
Projet de cadre commun de référence, - Principes contractuels communs -, veröffentlicht durch Association Henri Capitant des Amis de la Culture Juridique Française / Société de Législation Comparée, Paris, 2008, („zit.: Fauvarque-Cosson/Mazeaud, Principes contractuels communs, *Seite*.").
*Königlich Preußische Staaten*
Gesetz-Sammlung für die Königlichen Preußischen Staaten, Jahrgang 1838, Berlin, 1838, („zit.: Preuß. Gesetz-Sammlung, 1838, *Seite*.").
*von Kübel, Franz Philipp (Verf.)*
Die Vorlagen der Redaktoren für die erste Kommission zur Ausarbeitung des Entwurfs eines Bürgerlichen Gesetzbuches, hrsg. von Werner Schubert, Recht der Schuldverhältnisse, Teil 1 – Allgemeiner Teil, Berlin (u.a.), 1980, („zit.: von Kübel, in Schubert (Hrsg.), Vorlagen der Redaktoren für die erste Kommission zur Ausarbeitung des Entwurfs eines BGB, Recht der Schuldverhältnisse, Bd. 1, 1980, *Seite*.").

*Mugdan, B. (Hrsg.)*
Die gesammelten Materialien zum Bürgerlichen Gesetzbuch für das Deutsche Reich, Band II – Recht der Schuldverhältnisse, Berlin, 1899, („zit.: Mugdan *Band*, *Seite*.“).

*Rat der Europäischen Union*
Mitteilung an die Presse 8397/08 (Presse 96), 2683. Tagung des Rates der Europäischen Union – Justiz und Inneres, Luxemburg, 18. April 2008, veröffentlicht auf Deutsch unter, http://www.consilium.europa.eu/uedocs/cms_data/docs/pressdata/de/jha/100379.pdf, („zit.: Mitteilung an die Presse, 8397/08 (Presse 96), 2683. Tagung des Rates der Europäischen Union – Justiz und Inneres, Luxemburg, 18. April 2008, *Seite*.“).
Mitteilung an die Presse 16325/08 REV 1 (Presse 344), 2908. Tagung des Rates der Europäischen Union – Justiz und Inneres, Brüssel, 27./28. November 2008, veröffentlicht auf Deutsch unter http://www.consilium.europa.eu/uedocs/cms_data/docs/pressdata/de/jha/105633.pdf, („zit.: Mitteilung an die Presse, 16325/08 REV 1 (Presse 344), 2908. Tagung des Rates der Europäischen Union – Justiz und Inneres, Brüssel, 27./28. November 2008, *Seite*.“).
Bericht über die Festlegung eines Gemeinsamen Referenzrahmens für ein Europäisches Vertragsrecht des Ausschuss für Zivilrecht (8286/08), Brüssel, 11. April 2008, veröffentlicht auf Deutsch unter http://register.consilium.europa.eu/pdf/de/08/st08/st08286.de08.pdf, („zit.: Bericht des Ausschuss für Zivilrecht, n° 8286/08, Brüssel, 11. April 2008, *Rn*.“).
Bericht über die Festlegung eines Gemeinsamen Referenzrahmens für ein Europäisches Vertragsrecht des Ausschuss für Zivilrecht (15306/08), Brüssel, 7. November 2008, veröffentlicht auf Deutsch unter http://register.consilium.europa.eu/pdf/de/08/st15/st15306.de08.pdf, („zit.: Bericht des Ausschuss für Zivilrecht, n° 15306/08, Brüssel, 7. November 2008, *Rn*.“).

*Schubert, Werner*
Sammlung sämtlicher Erkenntnisse des Reichsgerichts in Zivilsachen, Inhalt sämtlicher und Wiedergabe unveröffentlichter Entscheidungen zum Bürgerlichen Gesetzbuch, Jahrgänge 1900/1901, Frankfurt a.M., 1992, („zit.: *Entscheidung*, in Schubert, Sammlung 1900/1901, *Seite*.“)

*Sénat*
Rapport d'information n° 338, Commission des Lois constitutionnelles, de legislation, du suffrage universel, du Règlement et d'administration générale (Jean-Jacques Hyest / Hugues Portelli / Richard Yung), zum Projet de loi portent réforme de la prescription en matière civile, eingereicht am 20. Juni 2007, veröffentlicht unter http://www.senat.fr/rap/r06-338/r06-338.html, („zit.: Sénat, Rapport n° 338, session 2006-2007, Annex 1.“).

# Zitierte Gesetzestexte

## I. Vorschriften des französischen Rechts

art. 6 CCiv. « On ne peut déroger, par des conventions particulières, aux lois qui intéressent l'ordre public et les bonnes mœurs. »

art. 1128 CCiv. « Il n'y a que les choses qui sont dans le commerce qui puissent être l'objet des conventions. »

art. 1134 CCiv. « Les conventions légalement formées tiennent lieu de loi à ceux qui les ont faites.
Elles ne peuvent être révoquées que de leur consentement mutuel, ou pour les causes que la loi autorise.
Elles doivent être exécutées de bonne foi. »

art. 1135 CCiv. « Les conventions obligent non seulement à ce qui est exprimé, mais encore à toutes les suites que l'équité, l'usage ou la loi donnent à l'obligation d'après sa nature. »

art 1137 CCiv. « L'obligation de veiller à la conservation de la chose, soit que la convention n'ait pour objet que l'utilité de l'une des parties, soit qu'elle ait pour objet leur utilité commune, soumet celui qui en est chargé à y apporter tous les soins d'un bon père de famille.
Cette obligation est plus ou moins étendue relativement à certains contrats, dont les effets, à cet égard, sont expliqués sous les titres qui les concernent. »

art. 1142 CCiv. « Toute obligation de faire ou de ne pas faire se résout en dommages et intérêts en cas d'inexécution de la part du débiteur. »

art. 1146 CCiv. « Les dommages et intérêts ne sont dus lorsque le débiteur est en demeure de remplir son obligation, excepté néanmoins lorsque la chose que le débiteur s'était obligé de donner ou de faire ne pouvait être donnée ou faite que dans un certain temps qu'il a laissé passer. La mise en demeure peut résulter d'une lettre missive, s'il en ressort une interpellation suffisante. »

art. 1147 CCiv. « Le débiteur est condammné, s'il y a lieu, au payement de dommages et intérêts soit à raison de l'inexécution de l'obligation, soit à raison du retard dans l'exécution, toutes les fois qu'il ne justifie pas que l'inexécution provient d'une cause étrangère qui ne peut lui être imputée, encore qu'il n'y ait aucune mauvaise foi de sa part. »

art. 1148 CCiv. « Il n'y a lieu à aucuns dommages et intérêts lorsque, par suite d'une force majeure ou d'un cas fortuit, le débiteur a été empêché de donner ou de faire ce à quoi il était obligé, ou a fait ce qui lui était interdit. »

art. 1150 CCiv. « Le débiteur n'est tenu que de dommages et intérêts qui ont été prévus ou qu'on a pu prévoir lors du contrat, lorsque ce n'est point par son dol que l'obligation n'est point exécutée. »

art. 1151 CCiv. « Dans le cas même où l'inexécution de la convention résulte du dol du débiteur, les dommages et intérêts ne doivent comprendre à l'égard de la perte éprouvée par le créancier et du gain dont il a été privé, que ce qui est une suite immédiate et directe de l'inexécution de la convention. »

art. 1165 CCiv. « Les conventions n'ont effet qu'entre les parties contractantes; elles ne nuisent point au tiers, et elles ne lui profitent que dans le cas prévu par l'article 1121. »

art. 1184 CCiv. « La condition résolutoire est toujours sous-entendue dans les contrats synallagmatiques, pour le cas où l'une des deux parties ne satisfera point à son engagement.
Dans ce cas, le contrat n'est point résolu de plein droit. La partie envers laquelle l'engagement n'a point été exécuté, a le choix ou de forcer l'autre à l'exécution de la convention lorsqu'elle est possible, ou d'en demander la résolution avec dommages et intérêts.
La résolution doit être demandée en justice, et il peut être accordé au défendeur un délai selon les circonstances. »

art. 1315 CCiv. « Celui qui réclame l'exécution d'une obligation doit la prouver.
Réciproquement, celui qui se prétend libéré, doit justifier le payement ou le fait qui a produit l'extinction de son obligation. »

art. 1382 CCiv. « Tout fait quelconque de l'homme, qui cause à autrui un dommage, oblige celui par la faute duquel il est arrivé à le réparer. »

art. 1383 CCiv. « Chacun est responsable du dommage qu'il a causé non seulement par son fait, mais encore par sa négligence ou par son imprudence. »

art. 1384 CCiv. « On est responsable non seulement du dommage que l'on cause par son propre fait, mais encore de celui qui est causé par le fait des personnes dont on doit répondre, ou des choses que l'on a sous sa garde.
Toutefois, celui qui détient, à un titre quelconque, tout ou partie de l'immeuble ou des biens mobiliers dans lesquels un incendie a pris naissance ne sera responsable, vis-à-vis des tiers, des dommages causés par cet incendie que s'il est prouvé qu'il doit être attribué à sa faute ou à la faute des personnes dont il est responsable.
Cette disposition ne s'applique pas aux rapports entre propriétaires et locataires, qui demeurent régis par les articles 1733 et 1734 du code civil.
Le père et la mère, en tant qu'ils exercent l'autorité parentale, sont solidairement responsables du dommage causé par leurs enfants mineurs habitant avec eux.
Les maîtres et commettants, du dommage causé par leurs domestiques et préposés dans les fonctions auxquelles ils les ont employés;
Les instituteurs et les artisans, du dommage causé par leurs élèves et apprentis pendant le temps qu'ils sont sous leur surveillance.
La responsabilité ci-dessus a lieu, à moins que les père et mère et les artisans ne prouvent qu'ils n'ont pu empêcher le fait qui donne lieu à cette responsabilité.
En ce qui concerne les instituteurs, les fautes, imprudences ou négligences invoquées contre eux comme ayant causé le fait dommageable, devront être prouvées, conformement au droit commun, par le demandeur, à l'instance. »

art. 1385 CCiv. « Le propriétaire d'un animal, ou celui qui s'en sert, pendant qu'il est à son usage, est responsable du dommage que l'animal a causé, soit que l'animal fût sous sa garde, soit il fût égaré ou échappé. »

art. 1386 CCiv. « Le propriétaire d'un bâtiment est responsable du dommage causé par sa ruine, lorsqu'elle est arrivée par une suite du défaut d'entretien ou par le vice de sa construction. »

art. 1784 CCiv. « Ils [les voituriers par terre et par eau] sont responsables de la perte et des avaries des choses qui leur sont confiées, à moins qu'ils ne prouvent qu'elles ont été perdues et avariées par cas fortuit ou force majeure. »

art. 1891 CCiv. « Lorsque la chose prêtée a des défauts tels qu'elle puisse causer du préjudice à celui qui s'en sert le prêteur est responsable, s'il connaissait les défauts et n'en a pas averti l'emprunteur. »

art. 1927 CCiv. « Le dépositaire doit apporter, dans la garde de la chose déposée, les mêmes soins qu'il apporte dans la garde des choses qui lui appartiennent. »

art. 1992 CCiv. « Le mandataire répond non seulement du dol, mais encore des fautes qu'il commet dans sa gestion.
Néanmoins, la responsabilité relative aux fautes est appliquée moins rigoureusement à celui dont le mandat est gratuit qu'à celui qui reçoit un salaire. »

art. 2224 CCiv. n.F. « Les actions personnelles ou mobilières se prescrivent par cinq ans à compter du jour où le titulaire d'un droit a connu ou aurait dû connaître les faits lui permettant de l'exercer. »

art. 2226 CCiv. n.F. « L'action en responsabilité née à raison d'un événement ayant entraîné un dommage corporel, engagée par la victime directe ou indirecte des préjudices qui en résultent, se prescrit par dix ans à compter de la date de la consolidation du dommage initial ou aggravé.
Toutefois, en cas de préjudice causé par des tortures ou des actes de barbarie, ou par des violences ou des aggressions sexuelles commises contre un mineur, l'action en responsabilité civile est prescite par vingt ans. »

art. 2262 CCiv. a.F. « Toutes les actions, tant réelles que personnelles, sont prescrites par trente ans, sans que celui qui allègue cette prescription soit obligé d'en rapporter un titre ou qu'on puisse lui opposer l'exception déduite de la mauvaise foi. »

## II. Vorschriften des BGB a.F.

§ 195 BGB a.F. „[Regelmäßige Verjährungsfrist]

Die regelmäßige Verjährungsfrist beträgt dreißig Jahre.“

§ 276 BGB a.F. „[Haftung für eigenes Verschulden]

(1) Der Schuldner hat, sofern nicht ein anderes bestimmt ist, Vorsatz und Fahrlässigkeit zu vertreten. Fahrlässig handelt, wer die im Verkehr erforderliche Sorgfalt außer acht lässt. Die Vorschriften der §§ 827, 828 finden Anwendung.

(2) Die Haftung wegen Vorsatzes kann dem Schuldner nicht im voraus erlassen werden.“

§ 280 BGB a.F. „[Haftung bei zu vertretender Unmöglichkeit]

(1) Soweit die Leistung infolge eines von dem Schuldner zu vertretenden Umstandes unmöglich wird, hat der Schuldner dem Gläubiger den durch die Nichterfüllung entstehenden Schaden zu ersetzen.

(2) Im Falle teilweiser Unmöglichkeit kann der Gläubiger unter der Ablehnung des noch möglichen Teiles der Leistung Schadensersatz wegen Nichterfüllung der ganzen Verbindlichkeit verlangen, wenn die teilweise Erfüllung für ihn kein Interesse hat. Die für das vertragsmäßige Rücktrittsrecht geltenden Vorschriften der §§ 346 bis 356 finden entsprechend Anwendung.“

§ 281 BGB a.F. „[Herausgabe des Ersatzes bei Unmöglichkeit]

(1) Erlangt der Schuldner infolge des Umstandes, welcher die Leistung unmöglich macht, für den geschuldeten Gegenstand einen Ersatz oder einen Ersatzanspruch, so kann der Gläubiger Herausgabe des als Ersatz Empfangenen oder Abtretung des Ersatzanspruchs verlangen.

(2) Hat der Gläubiger Anspruch auf Schadensersatz wegen Nichterfüllung, so mindert sich, wenn er von dem im Absatz 1 bestimmten Rechte Gebrauch macht, die ihm zu leistende Entschädigung um den Wert des erlangten Ersatzes oder Ersatzanspruchs.“

§ 282 BGB a.F. „[Beweislast bei Unmöglichkeit]

Ist streitig, ob die Unmöglichkeit der Leistung die Folge eines von dem Schuldner zu vertretenden Umstandes ist, so trifft die Beweislast den Schuldner.“

§ 283 BGB a.F. „[Fristsetzung nach Verurteilung]

(1) Ist der Schuldner rechtskräftig verurteilt, so kann der Gläubiger ihm zur Bewirkung der Leistung eine angemessene Frist mit der Erklärung bestimmen, daß er die Annahme der Leistung nach dem Ablaufe der Frist ablehne. Nach dem Ablaufe der Frist kann der Gläubiger Schadensersatz wegen Nichterfüllung verlangen, soweit nicht die Leistung rechtzeitig bewirkt wird; der Anspruch auf Erfüllung ist ausgeschlossen. Die Verpflichtung zum Schadensersatze tritt nicht ein, wenn die Leistung infolge eines Umstandes unmöglich wird, den der Schuldner nicht zu vertreten hat.

(2) Wird die Leistung bis zum Ablaufe der Frist nur teilweise nicht bewirkt, so steht dem Gläubiger auch das im § 280 Abs. 2 bestimmte Recht zu.“

§ 284 BGB a.F. „[Verzug des Schuldners]

(1) Leistet der Schuldner auf eine Mahnung des Gläubigers nicht, die nach dem Eintritte der Fälligkeit erfolgt, so kommt er durch die Mahnung in Verzug. Der Mahnung steht die Erhebung der Klage auf die Leistung sowie die Zustellung eines Mahnbescheids im Mahnverfahren gleich.

(2) Ist für die Leistung eine Zeit nach dem Kalender bestimmt, so kommt der Schuldner ohne Mahnung in Verzug, wenn er nicht zu der bestimmten Zeit leistet. Das gleiche gilt, wenn der Leistung eine Kündigung vorauszugehen hat und die Zeit für die Leistung in der Weise bestimmt ist, daß sie sich von der Kündigung ab nach dem Kalender berechnen läßt.

(3) Abweichend von den Absätzen 1 und 2 kommt der Schuldner einer Geldforderung 30 Tage nach Fälligkeit und Zugang einer Rechnung oder einer gleichwertigen Zahlungsaufforderung in Verzug. Bei Schuldverhältnissen, die wiederkehrende Geldleistungen zum Gegenstand haben, bleibt Absatz 2 unberührt.

§ 285 BGB a.F. „[Kein Verzug ohne Vertretenmüssen]

Der Schuldner kommt nicht in Verzug, solange die Leistung infolge eines Umstandes unterbleibt, den er nicht zu vertreten hat."

§ 286 BGB a.F. „[Verzugsschaden]

(1) Der Schuldner hat dem Gläubiger den durch den Verzug entstehenden Schaden zu ersetzen.

(2) Hat die Leistung infolge des Verzugs für den Gläubiger kein Interesse, so kann dieser unter Ablehnung der Leistung Schadensersatz wegen Nichterfüllung verlangen. Die für das vertragsmäßige Rücktrittsrecht geltenden Vorschriften der §§ 346 bis 356 finden entsprechend Anwendung."

§ 325 BGB a.F. „[Vom Schuldner zu vertretendes Unmöglichwerden]

(1) Wird die aus einem gegenseitigen Vertrage dem einen Teile obliegende Leistung infolge eines Umstandes, den er zu vertreten hat, unmöglich, so kann der andere Teil Schadensersatz verlangen oder von dem Vertrage zurücktreten. Bei teilweiser Unmöglichkeit ist er, wenn die teilweise Erfüllung des Vertrages für ihn kein Interesse hat, berechtigt, Schadensersatz wegen Nichterfüllung der ganzen Verbindlichkeit nach Maßgabe des § 280 Abs. 2 zu verlangen oder von dem ganzen Vertrage zurückzutreten. Statt des Anspruchs auf Schadensersatz und des Rücktrittsrechts kann er auch die für den Fall des § 323 bestimmten Rechte geltend machen.

(2) Das gleiche gilt in dem Fall des § 283, wenn nicht die Leistung bis zum Ablaufe der Frist bewirkt wird oder wenn sie zu dieser Zeit teilweise nicht bewirkt ist."

§ 326 BGB a.F. „[Verzug; Fristsetzung mit Ablehnungsandrohung]

(1) Ist bei einem gegenseitigen Vertrage der eine Teil mit der ihm obliegenden Leistung im Verzuge, so kann ihm der andere Teil zur Bewirkung der Leistung eine angemessene Frist mit der Erklärung bestimmen, daß er die Annahme der Leistung nach dem Ablaufe der Frist ablehne. Nach dem Ablaufe der Frist ist er berechtigt, Schadensersatz wegen Nichterfüllung zu verlangen oder von dem Vertrage zurückzutreten, wenn nicht die Leistung rechtzeitig erfolgt ist; der Anspruch auf Erfüllung ist ausgeschlossen. Wird die Leistung bis zum Ablaufe der Frist nicht bewirkt, so findet die Vorschrift des § 325 Abs. 1 Satz 2 entsprechende Anwendung.

(2) Hat die Erfüllung des Vertrages infolge des Verzuges für den anderen Teil kein Interesse, so stehen ihm die im Absatz 1 bezeichneten Rechte zu, ohne daß es der Bestimmung einer Frist bedarf."

§ 462 BGB a.F. „[Wandelung; Minderung]

Wegen eines Mangels, den der Verkäufer nach den Vorschriften der §§ 459, 460 zu vertreten hat, kann der Käufer Rückgängigmachung des Kaufes (Wandelung) oder Herabsetzung des Kaufpreises (Minderung) verlangen."

§ 463 BGB a.F. „[Schadensersatz wegen Nichterfüllung]

Fehlt der verkauften Sache zur Zeit des Kaufes eine zugesicherte Eigenschaft, so kann der Käufer statt der Wandelung oder der Minderung Schadensersatz wegen Nichterfüllung verlangen. Das gleiche gilt, wenn der Verkäufer einen Fehler arglistig verschwiegen hat."

§ 480 BGB a.F. „[Gattungskauf]

(1) Der Käufer einer nur der Gattung nach bestimmten Sache kann statt der Wandelung oder der Minderung verlangen, daß ihm an der Stelle der mangelhaften Sache eine mangelfreie geliefert wird. Auf diesen Anspruch finden die für die Wandelung geltenden Vorschriften der §§ 464 bis 466, des § 467 Satz 1 und der §§ 469, 470, 474 bis 479 entsprechende Anwendung.

(2) Fehlt der Sache zu der Zeit, zu welcher die Gefahr auf den Käufer übergeht, eine zugesichtere Eigenschaft oder hat der Verkäufer einen Fehler arglistig verschwiegen, so kann der Käufer statt der Wandelung, der Minderung oder Lieferung einer mangelfreien Sache Schadensersatz wegen Nichterfüllung verlangen."

§ 635 BGB a.F. „[Schadensersatz wegen Nichterfüllung]

Beruht der Mangel des Werkes auf einem Umstande, den der Unternehmer zu vertreten hat, so kann der Besteller statt der Wandelung oder der Minderung Schadensersatz wegen Nichterfüllung verlangen."

§ 638 BGB a.F. „[Kurze Verjährung]

(1) Der Anspruch des Bestellers auf Beseitigung eines Mangels des Werkes sowie die wegen des Mangels dem Besteller zustehenden Ansprüche auf Wandelung, Minderung oder Schadensersatz verjähren, sofern nicht der Unternehmer den Mangel arglistig verschwiegen hat, in sechs Monaten, bei Arbeiten an einem Grundstück in einem Jahre, bei Bauwerken in fünf Jahren. Die Verjährung beginnt mit der Abnahme des Werkes.

(2) Die Verjährungsfrist kann durch Vertrag verlängert werden."

§ 852 BGB a.F. „[Verjährung]

(1) Der Anspruch auf Ersatz des aus einer unerlaubten Handlung entstandenen Schadens verjährt in drei Jahren von dem Zeitpunkt an, in welchem der Verletzte von dem Schaden und der Person des Ersatzpflichtigen Kenntnis erlangt, ohne Rücksicht auf diese Kenntnis in dreißig Jahren von der Begehung der Handlung an.

(2) Schweben zwischen dem Ersatzpflichtigen und dem Ersatzberechtigten Verhandlungen über den zu leistenden Schadensersatz, so ist die Verjährung gehemmt, bis der eine oder der andere Teil die Fortsetzung der Verhandlungen verweigert.

(3) Hat der Ersatzpflichtige durch die unerlaubte Handlung auf Kosten des Verletzten etwas erlangt, so ist er auch nach der Vollendung der Verjährung zur Herausgabe nach den Vorschriften über die Herausgabe einer ungerechtfertigten Bereicherung verpflichtet."

**STUDIEN ZUM VERGLEICHENDEN UND INTERNATIONALEN RECHT**

Herausgeber: Bernd von Hoffmann (†), Erik Jayme und Heinz-Peter Mansel

Band 1 Ferdinand Henke: Die Datenschutzkonvention des Europarates. 1986.

Band 2 Peter Czermak: Der express trust im internationalen Privatrecht. 1986.

Band 3 Peter Kindler: Der Ausgleichsanspruch des Handelsvertreters im deutsch-italienischen Warenverkehr. Eine rechtsvergleichende und kollisionsrechtliche Untersuchung. 1987.

Band 4 Wilhelm Denzer: Stellung und Bedeutung des Engineers in den FIDIC-Bauvertragsbedingungen. 1988.

Band 5 Marijan-Maximilian Lederer: Die internationale Enteignung von Mitgliedschaftsrechten unter besonderer Berücksichtigung der französischen Enteignungen 1982. 1989.

Band 6 Rainer Esser: Klagen gegen ausländische Staaten. 1990.

Band 7 Chang Jae-Ok: Auf dem Weg zu einer Materialisierung des Immateriellen? Personen-, Persönlichkeitsschutz und Geldersatz des immateriellen Schadens in rechtsvergleichender Hinsicht am Beispiel des koreanischen und japanischen Zivilrechts unter besonderer Berücksichtigung des deutschen Rechts. 1990.

Band 8 Paul-Frank Weise: Lex mercatoria. Materielles Recht vor der internationalen Handelsschiedsgerichtbarkeit.1990.

Band 9 Werner Born: Der Auftrittsvertrag für Musikgruppen im Bereich der Rock- und Popmusik. 1990.

Band 10 Ralf Erich Jürgens: IPR und Verfassung in Italien und in der Bundesrepublik Deutschland. 1990.

Band 11 Rainer Gildeggen: Internationale Schieds- und Schiedsverfahrensvereinbarungen in Allgemeinen Geschäftsbedingungen vor deutschen Gerichten. 1991.

Band 12 Klaus Grabinski: Die kollisionsrechtliche Behandlung des Durchgriffs bei rechtlich verselbständigten Unternehmen in privater oder öffentlicher Hand. 1991.

Band 13 Dieter Stummel: Konkurs und Integration. Konventionsrechtliche Wege zur Bewältigung grenzüberschreitender Insolvenzverfahren. 1991.

Band 14 Joachim Güntzer: Die Rechtsstellung des Geschäftsführers im spanischen Aktienrecht. Die Neuregelung des spanischen Aktienrechts nach dem Beitritt Spaniens zur EG. 1991.

Band 15 Sabine Isenburg-Epple: Die Berücksichtigung ausländischer Rechtshängigkeit nach dem Europäischen Gerichtsstands- und Vollstreckungsübereinkommen vom 27.9.1968. Untersuchungen zum Anwendungsbereich von Art. 21 EuGVÜ unter schwerpunktmäßiger Behandlung der Frage nach der Bestimmung eines europäischen Streitgegenstandsbegriffs. 1992.

Band 16 Ulrich Nickl: Die Qualifikation der culpa in contrahendo im Internationalen Privatrecht. 1992.

Band 17 Theo Rauh: Leistungserschwerungen im Schuldvertrag. Eine rechtsvergleichende Untersuchung des englischen, US-amerikanischen, französischen und deutschen Rechts unter besonderer Berücksichtigung der gerichtlichen Praxis. 1992.

Band 18 Bernadette Chaussade-Klein: Vorvertragliche "obligation de renseignements" im französischen Recht. 1992.

Band 19 Josef Sievers: Verbraucherschutz gegen unlautere Vertragsbedingungen im französischen Recht. Vom Code civil zum "Code de la consommation" – die Entstehung eines Sonderprivatrechts für Verbraucher. 1993.

Band 20 Achim Schäfer: Grenzüberschreitende Kreditsicherung an Grundstücken, unter besonderer Berücksichtigung des deutschen und italienischen Rechts. 1993.

Band 21 Eugenio Hernández-Breton: Internationale Gerichtsstandsklauseln in Allgemeinen Geschäftsbedingungen. Unter besonderer Berücksichtigung des deutsch-südamerikanischen Rechtsverkehrs (dargestellt am Beispiel Argentinien, Brasilien und Venezuela). 1993.

Band 22 Ingo Reng: Unterhaltsansprüche aufgrund nichtehelicher Lebensgemeinschaft – Internationales Privatrecht und ausländisches materielles Recht. 1994.

Band 23 Stefanie Roloff: Die Geltendmachung ausländischer öffentlicher Ansprüche im Inland. 1994.

Band 24 Katharina Ludwig: Der Vertragsschluß nach UN-Kaufrecht im Spannungsverhältnis von Common Law und Civil Law. Dargestellt auf der Grundlage der Rechtsordnungen Englands und Deutschlands. 1994.

Band 25 Malte Diesselhorst: Mehrparteienschiedsverfahren. Internationale Schiedsverfahren unter Beteiligung von mehr als zwei Parteien. 1994.

Band 26 Manfred Kost: Konsensprobleme im internationalen Schuldvertragsrecht. 1995.

Band 27 Wolff-Heinrich Fleischer: Das italienische Wettbewerbsrecht und die Probleme des selektiven Parfümvertriebs unter Berücksichtigung der Rechtslage in Frankreich und Deutschland. 1995.

Band 28 Angelika Fuchs: Lateinamerikanische Devisenkontrollen in der internationalen Schuldenkrise und Art. VIII Abschn. 2 b) IWF-Abkommen. 1995.

Band 29 Jacques Matthias Aull: Der Geltungsanspruch des EuGVÜ: "Binnensachverhalte" und Internationales Zivilverfahrensrecht in der Europäischen Union. Zur Auslegung von Art. 17 Abs. 1 S. 1 EuGVÜ. 1996.

Band 30 Hartmut Ost: EVÜ und fact doctrine. Konflikte zwischen europäischer IPR-Vereinheitlichung und der Stellung ausländischen Rechts im angelsächsischen Zivilprozeß. 1996.

Band 31 Stefan Wagner: Die Testierfähigkeit im Internationalen Privatrecht. 1996.

Band 32 Wolfgang Jakob Hau: Positive Kompetenzkonflikte im Internationalen Zivilprozeßrecht. Überlegungen zur Bewältigung von *multi-fora disputes*. 1996.

Band 33 Markus Schütz: UN-Kaufrecht und *Culpa in contrahendo*. 1996.

Band 34 Volker Geyrhalter: Das Lösungsrecht des gutgläubigen Erwerbers. Ein "vergessener" Kompromiß und die Auswirkungen auf das heutige deutsche Recht unter besonderer Berücksichtigung des internationalen Sachenrechts. 1996.

Band 35 Andreas Kramer: Abwicklungsstörungen bei Kaufverträgen. Die Lieferung vertragswidriger Sachen im deutschen und italienischen Recht. 1996.

Band 36 Petra Krings: Erfüllungsmodalitäten im internationalen Schuldvertragsrecht. 1997.

Band 37 Tonja Gaibler: Der rechtsgeschäftliche Irrtum im französischen Recht. 1997.

Band 38 Dirk Otto: Rechtsspaltung im indischen Erbrecht. Bedeutung und Auswirkungen auf deutsch-indische Nachlaßfälle. 1997.

Band 39 Gregor W. Decku: Zwischen Vertrag und Delikt. Grenzfälle vertraglicher und deliktischer Haftung dargestellt am Beispiel der Berufs- und Expertenhaftung zum Schutze des Vermögens Dritter im deutschen und englischen Recht. 1997.

Band 40 Gregor W. Decku: Zwischen Vertrag und Delikt. Grenzfälle vertraglicher und deliktischer Haftung dargestellt am Beispiel der Berufs- und Expertenhaftung zum Schutze des Vermögens Dritter im deutschen und englischen Recht. 1997.

Band 41 Ulrike Höpping: Auswirkungen der Warenverkehrsfreiheit auf das IPR unter besonderer Berücksichtigung des Internationalen Produkthaftungsrechts und des Internationalen Vertragsrechts. 1997.

Band 42 Helene Boriths Müller: Die Umsetzung der europäischen Übereinkommen von Rom und Brüssel in das Recht der Mitgliedstaaten. Dargestellt am Beispiel Deutschlands und Dänemarks. 1997.

Band 43 Bernd von Hoffmann / Myong-Chang Hwang (eds.): The Public Concept of Land Ownership. Reports and Discussions of a German-Korean Symposium held in Seoul on October 7-9, 1996. 1997.

Band 44 Oliver Heeder: Fraus legis. Eine rechtsvergleichende Untersuchung über den Vorbehalt der Gesetzesumgehung in Deutschland, Österreich, der Schweiz, Frankreich und Belgien unter besonderer Berücksichtigung des Internationalen Privatrechts. 1998.

Band 45 Heinrich Schütt: Deliktstyp und Internationales Privatrecht. Dargestellt an grenzüberschreitenden Problemen der Arzthaftung. 1998.

Band 46 Axel Steiner: Die stillschweigende Rechtswahl im Prozeß im System der subjektiven Anknüpfungen im deutschen Internationalen Privatrecht. 1998.

Band 47 Martina Schulz: Der Eigentumsvorbehalt in europäischen Rechtsordnungen. Rechtsvergleichende Untersuchung des deutschen, englischen und französischen Rechts unter besonderer Berücksichtigung von Erweiterungen und Verlängerungen. 1998.

Band 48 Karin Dreher: Die Rechtswahl im internationalen Erbrecht. Unter besonderer Berücksichtigung des italienischen IPR-Reformgesetzes N. 218 vom 31. Mai 1995. 1999.

Band 49 Giuliano Gabrielli: Das Verhältnis zwischen der Anfechtung wegen Eigenschaftsirrtums und den Gewährleistungsansprüchen im deutschen, österreichischen und italienischen Recht. 1999.

Band 50 Bernd von Hoffmann / Myong-Chan Hwang (eds.): Developments in Land Law. Reports and Discussions of a German-Korean Symposium held in Berlin and Trier on July 21-24, 1997. 1999.

Band 51 Volker Heidbüchel: Das UNCITRAL-Übereinkommen über unabhängige Garantien und Standby Letters of Credit. Vergleiche mit den Richtlinien der Internationalen Handelskammer, dem deutschen, englischen und US-amerikanischen Recht. 1999.

Band 52 Jan Christoph Nordmeyer: Pflichtteilsansprüche und Wiedervereinigung. Eine systematische Analyse der Ausgleichsansprüche nach BGB-Pflichtteilsrecht unter besonderer Berücksichtigung der durch den Wiedervereinigungsprozeß eingetretenen Wertveränderungen. 1999.

Band 53 Bettina Linder: Vertragsabschluß beim grenzüberschreitenden Verbraucherleasing. 1999.

Band 54 Almontasser Fetih: Die zivilrechtliche Haftung bei Vertragsverhandlungen. Eine rechtsvergleichende Studie zum deutschen, französischen, ägyptischen und islamischen Recht. 2000.

Band 55 Sona Rajani: Die Geltung und Anwendung des Gemeinschaftsrechts im Vereinigten Königreich von Großbritannien und Nordirland. Der Grundsatz der Parlamentssouveränität im Wandel. 2000.

Band 56 Joachim Kayser: Gegenmaßnahmen im Außenwirtschaftsrecht und das System des europäischen Kollisionsrechts. Eine Analyse der EU-Abwehrverordnung gegen die Auswirkungen extraterritorialer Rechtserstreckung eines Drittlandes. 2001.

Band 57 Albrecht Conrad: Qualifikationsfragen des Trust im Europäischen Zivilprozeßrecht. 2001.

Band 58 Bernd Borgmann: Die Entsendung von Arbeitnehmern in der Europäischen Gemeinschaft. Wechselwirkungen zwischen Kollisionsrecht, Grundfreiheiten und Spezialgesetzen. 2001.

Band 59 Aleksandar Jaksic: Arbitration and Human Rights. 2002.

Band 60 Islamisches und arabisches Recht als Problem der Rechtsanwendung. Symposium zu Ehren von Professor Emeritus Dr. iur. Omaia Elwan. Veranstaltet vom Institut für ausländisches und internationales Privat- und Wirtschaftsrecht der Universität Heidelberg und der Gesellschaft für Arabisches und Islamisches Recht e.V. Herausgegeben von Herbert Kronke, Gert Reinhart und Nika Witteborg. 2001.

Band 61 Patrick Fiedler: Stabilisierungsklauseln und materielle Verweisung im internationalen Vertragsrecht. 2001.

Band 62 Werner Mangold: Die Abtretung im Europäischen Kollisionsrecht. Unter besonderer Berücksichtigung des spanischen Rechts. 2001.

Band 63 Eike Dirk Eschenfelder: Beweiserhebung im Ausland und ihre Verwertung im inländischen Zivilprozess. Zur Bedeutung des US-amerikanischen discovery-Verfahrens für das deutsche Erkenntnisverfahren. 2002.

Band 64 Bernd Ehle: Wege zu einer Kohärenz der Rechtsquellen im Europäischen Kollisionsrecht der Verbraucherverträge. 2002.

Band 65 Heiko Lehmkuhl: Das Nacherfüllungsrecht des Verkäufers im UN-Kaufrecht. 2002.

Band 66 Jochen Nikolaus Schlotter: Erbrechtliche Probleme in der Société Privée Européenne. IPR-Harmonisierung im einheitlichen Europäischen Rechtsraum. 2002.

Band 67 Konrad Ost: Doppelrelevante Tatsachen im Internationalen Zivilverfahrensrecht. Zur Prüfung der internationalen Zuständigkeit bei den Gerichtsständen des Erfüllungsortes und der unerlaubten Handlung. 2002.

Band 68 Tobias Bosch: Die Durchbrechungen des Gesamtstatuts im internationalen Ehegüterrecht. Unter besonderer Berücksichtigung deutsch-französischer Rechtsfälle. 2002.

Band 69 Ursula Philipp: Form im amerikanischen Erbrecht. Zwischen Formalismus und harmless error. 2002.

Band 70 Christian Stefan Wolf: Der Begriff der wesentlich engeren Verbindung im Internationalen Sachenrecht. 2002.

Band 71 André Fomferek: Der Schutz des Vermögens Minderjähriger. Ein Vergleich des deutschen und des englischen Rechts unter Berücksichtigung des schottischen und irischen Rechts. 2002.

Band 72 nicht erschienen

Band 73 Markus Dreißigacker: Sprachenfreiheit im Verbrauchervertragsrecht. Der Verbraucher im Spannungsfeld zwischen kultureller Identität und Privatautonomie. 2002.

Band 74 Vassiliki Myller-Igknay: Auskunftsansprüche im griechischen Zivilrecht. Auswirkungen im deutsch-griechischen Rechtsverkehr sowie im deutschen internationalen Privat- und Verfahrensrecht. 2003.

Band 75 Stefan Bruinier: Der Einfluss der Grundfreiheiten auf das Internationale Privatrecht. 2003.

Band 76 Nika Witteborg: Das gemeinsame Sorgerecht nichtverheirateter Eltern. Eine Untersuchung im soziologischen, rechtsgeschichtlichen, verfassungsrechtlichen, rechtsvergleichenden und internationalen Kontext. 2003.

Band 77 Peter Stankewitsch: Entscheidungsnormen im IPR als Wirksamkeitsvoraussetzungen der Rechtswahl. 2003.

Band 78 Jan Wilhelm Ritter: Euro-Einführung und IPR unter besonderer Berücksichtigung nachehelicher Unterhaltsverträge. Eine Untersuchung mit Blick auf das deutsche, französische und schweizerische Recht. 2003.

Band 79 Wolf Richard Herkner: Die Grenzen der Rechtswahl im internationalen Deliktsrecht. 2003.

Band 80 Ira Ditandy: Internationale Zuständigkeit. Neuregelung durch die LOPJ 1985. Vergleich mit dem europäischen Vorbild und Auswirkungen auf das spanische internationale Zivilverfahrensrecht. 2003.

Band 81 Andrea Verena Schefold: Werbung im Internet und das deutsche Internationale Privatrecht. 2004.

Band 82 Klaus Herkenrath: Die Umsetzung der Richtlinie 93/13/EWG über missbräuliche Klauseln in Verbraucherverträgen in Deutschland, dem Vereinigten Königreich, Frankreich und Italien. Auswirkungen nationaler Umsetzungstechniken auf dem Harmonisierungserfolg. 2003.

Band 83 Alexander Thünken: Das kollisionsrechtliche Herkunftslandprinzip. 2003.

Band 84 Barbara v. Daumiller: Die Rechtswahl im italienischen internationalen Erbrecht: und ihre Auswirkungen im deutsch-italienischen Rechtsverkehr. 2003.

Band 85 Robert Mödl: Macht, Verantwortlichkeit und Zurechnung im Konzern. Eine rechtsvergleichende Untersuchung auf der Grundlage des deutschen, spanischen und US-amerikanischen Rechts. 2003.

Band 86 Ursula Kerpen: Das Internationale Privatrecht der Persönlichkeitsrechtsverletzungen. Eine Untersuchung auf rechtsvergleichender Grundlage. 2003.

Band 87 Barbara Ploeckl: Umgangsrechtsstreitigkeiten im deutsch-französischen Rechtsverkehr. Bestehende internationale und nationale Regelungen und der geplante *europäische Besuchstitel*. 2003.

Band 88 Katrin Wannemacher: Die Außenkompetenzen der EG im Bereich des Internationalen Zivilverfahrensrechts. Der räumliche Anwendungsbereich des Art. 65 EGV am Beispiel der EuGVO und der EheVO. 2003.

Band 89 Maren B. Eilinghoff: Das Kollisionsrecht der ungerechtfertigten Bereicherung nach dem IPR-Reformgesetz von 1999. 2004.

Band 90 Patrick Niehr: Die zivilprozessuale Dokumentenvorlegung im deutsch-englischen Rechtshilfeverkehr nach der deutschen und der englischen Prozessrechtsreform. 2004.

Band 91 Anna Christina Gördes: Internationale Zuständigkeit, Anerkennung und Vollstreckung von Entscheidungen über die elterliche Verantwortung. Die VO(EG) Nr. 1347/2000, ihre geplanten Änderungen und das Verhältnis beider zum Minderjährigen- und Kinderschutzabkommen. 2004.

Band 92 Martin Rädler: Rechtsbehelfe des Käufers eines Unternehmens oder einer unternehmerischen Beteiligung gegen den Verkäufer im deutschen und französischen Recht. 2004.

Band 93 Marc-Yngve Dietrich: Rechtsstellung und Beteiligung der Gläubiger im französischen Insolvenzverfahren. 2004.

Band 94 Katia Niemann: Die rechtsgeschäftliche und organschaftliche Stellvertretung und deren kollisionsrechtliche Einordnung. Deutschland und England im Vergleich. 2004.

Band 95 Daniel Ludwig: Neuregelungen des deutschen Internationalen Insolvenzverfahrensrechts. Eine Untersuchung unter vergleichender Heranziehung der Europäischen Insolvenzverordnung. 2004.

Band 96 Cordelia Faulenbach: Der gemeinschaftsrechtliche Vorbehalt im europäischen Wettbewerbsrecht. Die Herkunftslandanknüpfung der E-Commerce-Richtlinie unter dem Einfluss der Grundfreiheiten. 2004.

Band 97 Ulf Dörner: Der Vertragsgerichtsstand nach dem Protokoll von Buenos Aires. 2004.

Band 98 Martin Schmidhuber: Verhaltenskodizes im nationalen und grenzüberschreitenden elektronischen Geschäftsverkehr. Zur Frage der Integration der Selbstregulierung durch Private in die staatliche Rechtsordnung. 2004.

Band 99 Florian Kienle: Die fehlerhafte Banküberweisung im internationalen Rechtsverkehr. Unter besonderer Berücksichtigung des Artikels 4A US Uniform Commercial Code. 2004.

Band 100 Thomas Alexander Brandt: Die Adoption durch eingetragene Lebenspartner im internationalen Privat- und Verfahrensrecht. 2004.

Band 101 Florian Pulkowski: Subunternehmer und Internationales Privatrecht. Der Subunternehmer als Quasi-Verbraucher im Europäischen Kollisionsrecht. 2004.

Band 102 Ulrich Becker: Grundrechtsschutz bei der Anerkennung und Vollstreckbarerklärung im europäischen Zivilverfahrensrecht. Bestimmung der Grenzen für die Einführung eines europäischen Vollstreckungstitels. 2004.

Band 103 Thomas Badelt: Aufrechnung und internationale Zuständigkeit unter besonderer Berücksichtigung des deutsch-spanischen Rechtsverkehrs. 2005.

Band 104 Florian D. Wagner: Vorvertragliche Aufklärungspflichten im internationalen Franchising. Zur Harmonisierung von Delikts- und Vertragsstatut im internationalen Privatrecht unter besonderer Berücksichtigung der Franchise-Gesetzgebung des US-Bundesstaates Kalifornien. 2005.

Band 105 Vera Heine: Die Umsetzung der *EG-Richtlinie über missbräuchliche Klauseln in Verbraucherverträgen* im englischen und deutschen Recht. 2005.

Band 106 Alexander Franz: Überregionale Effektentransaktionen und anwendbares Recht. Eine kollisionsrechtliche Untersuchung unter besonderer Berücksichtigung der Vorschrift des § 17 a DepotG. 2005.

Band 107 Hanna-Maria Uhlenbrock: Gesetzliche Regelungen für nichteheliche Lebensgemeinschaften in Deutschland und Frankreich. Ein Vergleich des Unterhaltsrechts bei der eingetragenen Lebenspartnerschaft und beim Pacte civil de Solidarité. 2005.

Band 108 Katrin Stieß: Anknüpfungen im internationalen Urheberrecht unter Berücksichtigung der neuen Informationstechnologien. 2005.

Band 109 Hendrik Otto: Der gesetzliche Abschlussprüfer im italienischen Recht. Eine rechtsvergleichende Untersuchung unter besonderer Berücksichtigung der zivilrechtlichen Haftung. 2005.

Band 110 Frauke Stuphorn: Bankhaftung für Kreditauskünfte im deutschen und französischen Recht. 2005.

Band 111 Nina Fürer: Die zivilrechtliche Haftung für Raucherschäden. 2005.

Band 112 Giovanni B. Barillà: *Contratto autonomo di garanzia* e *Garantievertrag.* Categorie civilistiche e prassi del commercio. 2005.

Band 113 Timo Torz: Gerichtsstände im Internationalen Insolvenzrecht zur Eröffnung von Partikularinsolvenzverfahren. 2005.

Band 114 Martina Schmid: Die Grenzen der Auslegungskompetenz des EuGH im Vorabentscheidungsverfahren nach Art. 234 EG. Dargestellt am Beispiel der überschießenden Richtlinienumsetzung. 2005.

Band 115 Stephan Lesage-Mathieu: Dispositives Kollisionsrecht im prozessualen Kontext. 2005.

Band 116 Jürgen Görtz: Die subjektiven Grenzen der Rechtskraft US-amerikanischer Urteile. 2005.

Band 117 Vera Hoppe: Die Einbeziehung ausländischer Beteiligter in US-amerikanische class actions. Unter Berücksichtigung des Class Action Fairness Act 2005. 2005.

Band 118 Silke Pütz: Parteiautonomie im internationalen Urhebervertragsrecht – Eine rechtsdogmatische und rechtspolitische Betrachtung der Grenzen freier Rechtswahl im internationalen Urhebervertragsrecht unter besonderer Berücksichtigung des neuen deutschen Urhebervertragsrechts. 2005.

Band 119 Alice Nieroba: Die europäische Rechtshängigkeit nach der EuGVVO (Verordnung (EG) Nr. 44/2001) an der Schnittstelle zum nationalen Zivilprozessrecht. 2006.

Band 120 Jan Kayser: Alternative Formen gerichtlicher und außergerichtlicher Streitbeilegung im deutschen und französischen Zivilprozess. Les modes alternatifs judiciaires et extrajudiciaires de résolution des conflits en procédure civile allemande et française. 2006.

Band 121 Mirko Ehrich: Der internationale Anwendungsbereich des deutschen und französischen Rechts gegen irreführende Werbung. Freie Wahl von Form und Mittel, Rom II und Herkunftslandprinzip. 2006.

Band 122 Daniel Thelen: Die Haftung des Sekundärschädigers für Gewalttaten anderer im US-amerikanischen Deliktsrecht ausgehend von dem Problem rechtsextremistisch motivierter Gewalttaten. 2006.

Band 123 Anne Winterling: Die Entscheidungszuständigkeit in Arbeitssachen im europäischen Zivilverfahrensrecht. 2006.

Band 124 Sarah Gerling: Die Gleichstellung ausländischer mit inländischen Vollstreckungstiteln durch die Verordnung zur Einführung eines Europäischen Vollstreckungstitels für unbestrittene Forderungen. Im Vergleich zum bisherigen Recht und zur Rechtslage in den USA. 2006.

Band 125 Christian Bank: Präventivmaßnahmen börsennotierter Gesellschaften zur Abwehr feindlicher Übernahmeversuche in Deutschland und Großbritannien. Eine rechtsvergleichende Untersuchung des deutschen und britischen Rechts unter Berücksichtigung der Europäischen Übernahmerichtlinie. 2006.

Band 126 Christian Weis: Kaufrechtliche Gewährleistung und Garantievergabe in Deutschland und Spanien. Unter besonderer Berücksichtigung des Unternehmenskaufs. 2006.

Band 127 Emilio Maus Ratz: Der Nacherfüllungsanspruch nach UN-Kaufrecht. Im Lichte der deutschen, spanisch-mexikanischen und US-amerikanischen Rechtswissenschaft. 2006.

Band 128 Constanze Jacobs: Die Sachmängelgewähr im deutschen und belgischen Kaufrecht nach Umsetzung der Verbrauchsgüterkauf-Richtlinie. 2006.

Band 129 Ulrike Teichert: Lückenfüllung im CISG mittels UNIDROIT-Prinzipien – Zugleich ein Beitrag zur Wählbarkeit nichtstaatlichen Rechts. 2007.

Band 130 Sascha Reichardt: Internationale Zuständigkeit im Gerichtsstand der unerlaubten Handlung bei Verletzung europäischer Patente. 2006.

Band 131 Bilgehan Cetiner: Die Sachmängelhaftung des Verkäufers im UN-Kaufrecht und im neuen deutschen Schuldrecht. Eine rechtsvergleichende Studie. 2006.

Band 132 Jan Streer: Die Umsetzung der Verbrauchsgüterkaufrichtlinie im englischen Recht durch die Sale and Supply of Goods to Consumer Regulations 2002. 2007.

Band 133 Kathrin Wannenmacher: Einstweilige Maßnahmen im Anwendungsbereich von Art. 31 EuGVVO in Frankreich und Deutschland: Eine Betrachtung ausgesuchter Verfahren des einstweiligen Rechtsschutzes im internationalen Zivilverfahrensrecht – gerichtliche Zuständigkeit, Anerkennung und Vollstreckung. 2007.

Band 134 Wim Kreytenberg: Die individuelle Schwerpunktbestimmung internationaler Schuldverträge nach der Ausweichklausel des Artikel 4 Absatz 5 Satz 2 EVÜ. Ein Beitrag zur Förderung von Rechtssicherheit und Einzelfallgerechtigkeit im europäischen Kollisionsrecht der Schuldverträge. 2007.

Band 135 Nikolaus Geiben: Der Vorvertrag im Internationalen Privatrecht. Unter besonderer Berücksichtigung des Immobilienerwerbs im portugiesischen und brasilianischen Recht. 2007.

Band 136 Predrag Maksimovic: Der Kapitalschutz im europäischen, serbischen und deutschen Recht der Gesellschaft mit beschränkter Haftung. 2007.

Band 137 Alexander Rathenau: Die Anwendung des EuGVÜ durch portugiesische Gerichte unter Berücksichtigung des autonomen internationalen Zivilverfahrensrechts. 2007.

Band 138 Matthias Creydt: Die Besicherung von Weltraumvermögenswerten. Ein neues einheitliches internationales Sicherungsrecht und dessen Vergleich zum US-amerikanischen Mobiliarsicherungsrecht. 2007.

Band 139 Oliver Borkhardt: Registerpublizität und Kollisionsrecht besitzloser Mobiliarsicherheiten nach dem neuen Art. 9 UCC. 2007.

Band 140 Jens Engelmann-Pilger: Deliktische Haftung für das Fehlverhalten Dritter im Common Law. 2007.

Band 141 Bastian Rotmann: Der Schutz des Dritten in der europäischen Mobiliarzwangsvollstreckung. Eine rechtsvergleichende Untersuchung vor dem Hintergrund der Verordnung (EG) Nr. 805/2004 zur Einführung eines Europäischen Vollstreckungstitels für unbestrittene Forderungen. 2007.

Band 142 Oliver Ratzel: Die Präklusion isolierter Unterhaltsverfahren durch den ausländischen Scheidungsverbund. Zugleich ein Beitrag zur internationalen Verbundszuständigkeit im Lichte der Quellenveränderung. 2007.

Band 143 Bettina Maria Stade: Die Konstitutionalisierung des Zivilprozessrechts in Spanien und Deutschland vor dem Hintergrund der Europäisierung des Zivilprozessrechts. 2007.

Band 144 Julia El-Bitar: Der deutsche und der französische Kulturgüterschutz nach der Umsetzung der Kulturgüterrückgaberichtlinie. Eine materiellrechtliche und kollisionsrechtliche Untersuchung. 2007.

Band 145 Aris Kaschefi: Sachmängelhaftung im französischen Kaufrecht vor und nach Umsetzung der Verbrauchsgüterkaufrichtlinie. Mit rechtsvergleichenden Hinweisen zum deutschen Recht unter besonderer Berücksichtigung von Weiterfressersachverhalten. 2007.

Band 146 Isabel Roth: Die internationale Zuständigkeit deutscher Gerichte bei Persönlichkeitsrechtsverletzungen im Internet. 2007.

Band 147 Theresa Wilhelmi: Das Weltrechtsprinzip im internationalen Privat- und Strafrecht. Zugleich eine Untersuchung zu Parallelitäten, Divergenzen und Interdependenzen von internationalem Privatrecht und internationalem Strafrecht. 2007.

Band 148 Alice Halsdorfer: Privat- und kollisionsrechtliche Folgen der Verletzung von Kulturgüterschutznormen auf der Grundlage des UNESCO-Kulturgutübereinkommens 1970. 2008.

Band 149 Thomas Müller-Froelich: Der Gerichtsstand der Niederlassung im deutsch-amerikanischen Rechtsverkehr. Eine Untersuchung zu Fragen der Entscheidungs- und Anerkennungszuständigkeit. 2008.

Band 150 Christopher Luhn: Privatautonomie und Inhaltskontrolle von Eheverträgen. Ein kritischer Vergleich des deutschen und des australischen Rechts mit Bezügen zum Internationalen Privatrecht. 2008.

Band 151 Kristin Kohler: Die grenzüberschreitende Verbraucherverbandsklage nach dem Unterlassungsklagengesetz im Binnenmarkt. 2008.

Band 152 Dorothee Maria Kaulen: Die Anerkennung von Gesellschaften unter Artikel XXV Abs. 5 S. 2 des deutsch-US-amerikanischen Freundschafts-, Handels- und Schifffahrtsvertrags von 1954. 2008.

Band 153 Birka Vanessa Stroschein: Parteizustellung im Ausland. Eine systemvergleichende Untersuchung des Gemeinschafts- und Staatsvertragsrechts unter Einbeziehung des deutschen, französischen, englischen und US-amerikanischen Zustellungsrechts. 2008.

Band 154 Nancy Gruschinkse: Das europäische Kollisionsrecht der Aufrechnung unter besonderer Beachtung des Insolvenzfalles. 2008.

Band 155 Hans-Christian Frick: Sprachrisiko im Zeitalter des Ethnomarketings. US-amerikanische Erfahrungen und europäische Rechtsentwicklung. 2009.

Band 156 Stephan Mangold: Verbraucherschutz und Kunstkauf im deutschen und europäischen Recht. 2009.

Band 157 Robert Beier: Die gesetzlichen Rechte des überlebenden Ehegatten nach dem deutschen und spanischen Kollisionsrecht. Unter besonderer Berücksichtigung der *viudedad aragonesa*. 2009.

Band 158 Julia-Marie Oppermann: Internationale Handelsschiedsgerichtsbarkeit und Verjährung. 2009.

Band 159 Stephan Boese: Strukturprinzipien im Gläubigerschutz. Eine rechtsvergleichende Untersuchung zur GmbH und zur englischen Limited Company. 2009.

Band 160 Thomas Rosa: Das Kaufrecht nach dem Zivilgesetzbuch der Tschechischen und Slowakischen Republik. Eine rechtsvergleichende Darstellung im Lichte des deutschen Bürgerlichen Gesetzbuches. 2009.

Band 161 Roland Weis: Rechnungslegungspflichten von EU-Scheinauslandsgesellschaften im Land ihrer tatsächlichen wirtschaftlichen Betätigung. Insbesondere im Hinblick auf in Deutschland tätige englische Limiteds. 2009.

Band 162 Henning Frase: "Leoninische Vereinbarungen" und Ergebnisbeteiligungspflicht im deutschen und italienischen Gesellschaftsrecht. Zum *patto leonino* des italienischen Rechts und möglichen Entsprechungen im deutschen Recht. 2010.

Band 163 Christiane Tödter: Europäisches Kindschaftsrecht. Nach der Verordnung (EG) Nr. 2201/2003. 2010.

Band 164 Edda Gampp: *Perpetuatio fori internationalis* im Zivilprozeß und im Verfahren der freiwilligen Gerichtsbarkeit. 2010.

Band 165 Mei Wu: Die Reform des chinesischen Beweisrechts vor dem Hintergrund deutscher und US-amerikanischer Regelungsmodelle. 2010.

Band 166 Corina Leimert: Stand und Entwicklung des italienischen Rechts der Unternehmenszusammenschlüsse (gruppi di società / gruppi di imprese). 2010.

Band 167 Kasim Özen: Die Scheidungsgründe im türkischen Zivilgesetzbuch. 2010.

Band 168 Helena Isabel Maier: Marktortanknüpfung im internationalen Kartelldeliktsrecht. Eine internationalzuständigkeits- und kollisionsrechtliche Untersuchung unter Einbeziehung rechtsvergleichender Überlegungen zum englischen Recht. 2011.

Band 169 Thomas Spernat: Die gleichgeschlechtliche Ehe im Internationalen Privatrecht. Unter besonderer Berücksichtigung des Einflusses des EG-Vertrags. 2011.

Band 170 Max Johann Lipsky: Statutenwechsel im italienischen Sachenrecht – Auswirkungen auf den Im- und Export von Mobiliarsicherheiten. Eine Untersuchung der rechtlichen Beständigkeit dinglicher Kreditsicherheiten im deutsch-italienischen Rechtsverkehr. 2011.

Band 171 Silvia Karolina Seilstorfer: Die Umsetzung der Verbrauchsgüterkaufrichtlinie in Portugal mit rechtsvergleichenden Hinweisen zum deutschen Recht. 2011.

Band 172 Stephan Georg Knöchel: Anerkennung französischer Urteile mit Drittbeteiligung. Eine Untersuchung der Anerkennung von Drittbindungswirkungen nach der EuGVVO und autonomem deutschem Recht. 2011.

Band 173 Kristina Menzel: Vollstreckungsschutz zugunsten privater Altersvorsorge. Eine rechtsvergleichende Untersuchung zum deutschen und schweizerischen Recht. 2011.

Band 174 Manuela Krach: Scheidung auf Mexikanisch. Das materielle Recht der Scheidung im Mehrrechtsstaat Mexiko unter Berücksichtigung von Eheschließung und Ehewirkungen. 2011.

Band 175 Vanessa Sofia Wagner: Verkehrsschutz beim redlichen Erwerb von GmbH-Geschäftsanteilen. Ein Vergleich des Rechts für Gesellschaften mit beschränkter Haftung in Deutschland, England und Italien. 2011.

Band 176 Alexander Swienty: Der Statutenwechsel im deutschen und englischen internationalen Sachenrecht unter besonderer Betrachtung der Kreditsicherungsrechte. 2011.

Band 177 Kathrin Süß: Streitbeilegungsmechanismen im Verbraucherrecht. Unter besonderer Berücksichtigung der australischen Rechtsordnung. 2011.

Band 178 Efe Direnisa: Die materielle Rechtskraft im deutschen und türkischen Zivilverfahrensrecht. 2012.

Band 179 Julia Faenger: Leistungsunabhängige Nebenpflichten zum Schutz des Integritätsinteresses im deutschen und französischen Recht. Eine rechtsvergleichende Betrachtung ausgehend von den Rücksichtspflichten des § 241 Abs. 2 BGB. 2012.

www.peterlang.de